suhrkamp taschenbuch 2024

»Erst in der zweiten Hälfte des neunzehnten Jahrhunderts tritt mit zwei wahrhaft repräsentativen Gestalten, mit Machado de Assis und Euclides da Cunha, Brasilien in die Aula der Weltliteratur ein.«

Das schrieb Stefan Zweig 1941. Seitdem sind vierzig Jahre vergangen, und die moderne brasilianische Literatur zählt wie die hispanoamerikanische zu den interessantesten und vielseitigsten der zeitgenössischen Literaturen der Welt. Ziel des vorliegenden Bandes ist es, grundlegende Informationen über Autoren und Werke zu vermitteln, um einem größeren Leserkreis den Zugang zu dieser Literatur zu erleichtern.

Chronologisch werden die wichtigsten Namen dieses Jahrhunderts vorgestellt: Machado de Assis, Euclides da Cunha, Lima Barreto, Mário de Andrade, Carlos Drummond de Andrade, Graciliano Ramos, Jorge Amado, Gilberto Freyre, Guimarães Rosa, Clarice Lispector, João Cabral de Melo Neto; dazu noch ein kurzer Abriß der Entwicklung von Kurzgeschichte und Roman von 1964 bis 1980. Bio-bibliographische Angaben komplettieren den Band.

Brasilianische Literatur

Herausgegeben von Mechtild Strausfeld

suhrkamp taschenbuch
materialien

Suhrkamp

suhrkamp taschenbuch 2024
Erste Auflage 1984
© Suhrkamp Verlag Frankfurt am Main 1984
Suhrkamp Taschenbuch Verlag
Alle Rechte vorbehalten,
insbesondere das des öffentlichen Vortrags,
der Übertragung durch Rundfunk und Fernsehen
sowie der Übersetzung, auch einzelner Teile.
Satz: Bruno Leingärtner, Nabburg
Druck: Nomos Verlagsgesellschaft, Baden-Baden
Printed in Germany
Umschlag nach Entwürfen von
Willy Fleckhaus und Rolf Staudt

1 2 3 4 5 6 – 89 88 87 86 85 84

Inhalt

I

Mechtild Strausfeld
Brasilianische Literatur von Machado de Assis bis heute:
Versuch einer Annäherung 9

Antônio Cândido
Die Stellung Brasiliens in der neuen Erzählliteratur
Lateinamerikas 20

Roberto Schwarz
Wer sagt mir, Machado de Assis sei nicht Brasilien? 47

Walnice Nogueira Galvão
Os Sertões von Euclides da Cunha für Ausländer 76

Osman Lins
Der Schriftsteller Lima Barreto: Sprache – Themenkreise –
die Problematik biographischer Reflexe im Werk 102

José Guilherme Merquior
Drei Schriftsteller des ›Modernismo‹: Mário de Andrade,
Manuel Bandeira und Jorge de Lima 121

Haroldo de Campos
Macunaíma: Die strukturale Imagination 159

Antônio Cândido
Themen der Unruhe in der Poesie
von Carlos Drummond de Andrade 173

Emir Rodríguez Monegal
Graciliano Ramos und der Regionalismus
aus dem brasilianischen Nordosten 208

Alice Raillard
Jorge Amado – ›engagierter‹ Schriftsteller
und ›populärer‹ Erzähler   234

Curt Meyer-Clason
Der Sertão des João Guimarães Rosa   249

Benedito Nunes
Clarice Lispectors Passion   273

João Alexandre Barbosa
Grundlegende Begriffe im Werk
von João Cabral de Melo Neto   289

Clélia Pisa
Der Kosmos von Osman Lins   319

Alfredo Bosi
Situation und Formen der zeitgenössischen
brasilianischen Kurzgeschichte   329

Mario Carelli
Der brasilianische Roman von 1964 bis heute   351

II

Bio-Bibliographien   367
Sekundärliteratur allgemein   392
Quellenhinweise / Über die Verfasser   395
Zeittafel   399

I

Mechtild Strausfeld

Brasilianische Literatur von Machado de Assis bis heute: Versuch einer Annäherung

für Curt Meyer-Clason, Vermittler und Übersetzer
brasilianischer Literatur

Was nun die Völker angeht: Wir haben in diesen Ländern eine solche Menge vorgefunden, daß niemand sie aufzählen könnte. Es sind sanfte, umgängliche Leute; alle, Männer und Frauen, gehen nackt und bedecken ihren Körper an keiner Stelle, und so gehen sie bis zum Tode. (...) Sie haben kein privates Eigentum, denn alles gehört der Gemeinschaft. Sie leben miteinander ohne König oder Herrscher. Jeder Mann ist sein eigener Herr und besitzt soviele Weiber, wie er will. Sie haben keine Tempel und keine Gesetze, sie verehren nicht einmal Götzen. (...) Sie leben ganz nach den Gesetzen der Natur, sie neigen mehr zum Epikuräertum als zum Stoizismus. (...) Und wenn das Paradies auf Erden irgendwo auf der Welt zu finden ist, dann sicherlich unweit von hier. Davon bin ich fest überzeugt.[1]

Dieses Fragment aus dem Brief Amerigo Vespuccis *Novus Mundus* (1503) ist der erste Text, der in Europa von der Existenz Brasiliens berichtete. Schon drei Jahre zuvor, d. h. im Jahr der Entdeckung, hatte Pêro Vaz de Caminha, Begleiter der portugiesischen Expedition von Pedro Alvarez Cabral, aber schon einen Brief an König Manuel in Lissabon geschickt, in dem er ebenfalls das neue Land und die natürliche Güte seiner Bewohner lobte. Sein Bild des »edlen Wilden« fällt jedoch weniger bombastisch aus als die Schilderungen Kolumbus aus dem *Bordbuch*. »Ihre Hautfarbe ist braun, etwas rötlich; sie haben gutgeschnittene Gesichter und Nasen. Sie gehen nackt, ohne irgendeine Bekleidung. (...) Ihr Haar ist glatt. Und ihr Kopf ist bis auf einen langen Haarbüschel über der Scheitelhöhe geschoren (...)«[2] Dieser Brief verschwand seltsamerweise – wie zahlreiche andere Chroniken der Zeit – in streng verschlossenen Archiven und wurde der Öffentlichkeit erst 1817 zugänglich gemacht, wirkte also nicht wie die Schilderungen von Vespucci oder Kolumbus in das Denken und die Utopievorstellungen der Europäer hinein.

Die paradiesischen Impressionen Vespuccis kontrastierten schon bald mit einer Schreckensvision, die Hans Staden 1557 in Marburg unter dem Titel *Wahrhaftige Historie und Beschreibung einer Landschaft der Wilden, Nacketen, grimmigen Menschenfresser, in der Neuen Welt Amerika gelegen* publizierte. Staden konnte in der Tat von außergewöhnlichen Erfahrungen berichten. Neun Monate lang lebte er als Gefangener der Tupí-Indianer in ständiger Furcht, von ihnen als Leckerbissen verspeist zu werden. Der spannende, eher schmucklose Tatsachenbericht ist zugleich die erste »anthropologische« Quelle über die Ureinwohner Brasiliens. Bestätigt wurde sein Buch noch im gleichen Jahr durch die Chronik von Jean de Léry *Unter den Menschenfressern am Amazonas*, in dem dieser den rituellen Kannibalismus zwar aufzeichnete, zugleich aber auch das wohl verständnisvollste Zeugnis seiner Zeit über die Sitten und Bräuche der Indios lieferte.[3]

Das Land »ohne Gold und Silber«, wie der vernichtende Kommentar der ersten Entdecker lautete, erhielt seinen Namen nach dem Brasilholz, das sogleich nach Europa verschifft wurde. Die Besiedlung und Erschließung verlief insgesamt weitaus ruhiger als die von Mexiko oder Peru, da das portugiesische Mutterland vollauf mit seinen afrikanischen und asiatischen Kolonien und dem Gewürzhandel beschäftigt war. Einige wichtige Fakten der Geschichte Brasiliens sollten aber erwähnt werden: 1549 landeten die ersten Schiffe mit der »schwarzen Fracht« aus Afrika. In den nächsten drei Jahrhunderten wurden etwa drei bis vier Millionen Sklaven herübergeschafft, die vor allem auf den Zuckerrohrplantagen arbeiteten. Brasilien entwickelte sich zu einer Zwei-Klassen-Gesellschaft: *Herrenhaus und Sklavenhütte*[4], wie sie Gilberto Freyre in dem gleichnamigen Buch bezeichnet hat. Sie überdauerte relativ unbeschadet alle Wirtschaftszyklen, sei es der Baumwollboom, die Kaffeeblüte, den kurzen Goldrausch (1700-1750) oder zuletzt noch das Kautschukfieber. Parallel dazu verliefen eine zunehmende Vermischung der Rassen und die Veränderung der Gesellschaftsschichten, was dazu führte, daß sich in den Städten die Dienstleistungsberufe, der Beamtenstand und das Kleinbürgertum zwischen die »Herren« und »Sklaven« schoben. Erst 1888 wurde die Sklaverei in Brasilien abgeschafft.

Ebenfalls 1549 landeten die Jesuiten in Brasilien. Sie verbanden Christianisierungs- mit Besiedlungspolitik, unterwiesen die Eingeborenen im katholischen Glauben und lehrten sie bessere Ackerbaumethoden oder Handwerksberufe. Sie gründeten die ersten Schulen, wenngleich weniger aus dem Bedürfnis heraus, den Eingeborenen das ABC beizubringen, als mit der Absicht, die Kinder möglichst früh dem Einfluß der Eltern zu entziehen und sie nach eigenen Vorstellungen zu erziehen. Diese kulturzerstörende Katechisierungsarbeit kommentiert Gilberto Freyre in dem erwähnten grundlegenden Buch zum Verständnis Brasiliens wie folgt:

Die Bemühungen der brasilianischen Jesuiten galten vorzüglich dem eingeborenen Kind. Vorzüglich waren die Bemühungen aber nur vom Standpunkt der Gesellschaft Jesu aus gesehen. Sie bestanden darin, in einer möglichst kurzen Zeit alle Eingeborenen-Werte, die mit der Theorie und Moral der Kirche unvereinbar waren, auszumerzen. (. . .) Der unmündige Indianerjunge, der von dem Pater aus seinem wilden Leben herausgeholt wurde, hatte nur seine Milchzähne, um dem Zivilisationsbringer damit in die aufdringliche Hand zu beißen.[5]

Als die Jesuiten 1765 des Landes verwiesen wurden, konnten zwar einige zwangschristianisierte Indios in den Missionen lesen, der Negativsaldo für die Bevölkerung hingegen war immens.

In den nächsten fünfzig Jahren kümmerte sich sozusagen niemand um die Erziehung oder Kultur des Landes, was einem Stillstand in der Entwicklung gleichkam. Dies änderte sich erst wieder 1807, als der portugiesische König vor Napoleon fliehen mußte und sich in Rio de Janeiro niederließ. 15 000 Höflinge kamen in seinem Gefolge, die zu ihrer Unterhaltung, wie sie es aus Lissabon gewohnt waren, auch Zeitungen oder Bücher verlangten, deren Druck in Brasilien bislang untersagt war. So belebte sich unter König João VI. das Kultur- und Erziehungswesen in allen Bereichen: Es entstanden Schulen, Fachhochschulen, Museen und Bibliotheken. Die erste Universität Brasiliens wurde allerdings erst im 20. Jahrhundert gegründet – im Gegensatz zu Hispanoamerika, wo seit 1550 Universitäten gebaut wurden. Laut Darcy Ribeiro wurden während der dreihundertjährigen Kolonialzeit schätzungsweise nur 2800 Akademiker und Ärzte in Brasilien ausgebildet.[6] Ein Skandal.

1822 proklamierte Brasilien seine Unabhängigkeit. Der Stellvertreter König Joãos wurde als Pedro I. zum Kaiser gekrönt und regierte bis 1831. Sein zunächst noch minderjähriger Nachfolger, Pedro II., leitete die Geschicke Brasiliens dann von 1840 bis 1889; in diesen Jahren konstituierte das Land sich als föderalistische Republik. Während der Kaiserzeit zählten der Ausbau des Schulsystems oder die Förderung kultureller Aktivitäten keineswegs zu den Themen, denen besondere Beachtung zuteil geworden wäre. Der Hof imitierte und importierte die Moden, Geistesströmungen und die Literatur aus Europa. Daher darf man vielleicht behaupten, daß das eigentliche Kulturleben Brasiliens noch keine hundert Jahre alt ist.

Stefan Zweig hat in seinem Buch *Brasilien – ein Land der Zukunft* dazu bemerkt:

Erst in der zweiten Hälfte des neunzehnten Jahrhunderts tritt mit zwei wahrhaft repräsentativen Gestalten, mit Machado de Assis und Euclides da Cunha Brasilien in die Aula der Weltliteratur ein. Machado de Assis bedeutet für Brasilien, was Dickens für England und Alphonse Daudet für Frankreich. Er hat die Fähigkeit, lebendige Typen, die sein Land, sein Volk charakterisieren, lebendig zu erfassen, ist ein geborener Erzähler, und die Mischung von leisem Humor und überlegener Skepsis gibt jedem seiner Romane einen besonderen Reiz. Mit *Dom Casmurro*, dem populärsten seiner Meisterwerke, hat er eine Figur geschaffen, die für sein Land so unsterblich ist wie David Copperfield für England und Tartarin de Tarascon für Frankreich; dank der durchsichtigen Sauberkeit seiner Prosa, seinem klaren und menschlichen Blick, stellt er sich den besten europäischen Erzählern seiner Zeit zur Seite.

Im Gegensatz zu Machado de Assis war Euclides da Cunha kein Schriftsteller von Profession; sein großes nationales Epos, *Os Sertões*, ist gleichsam durch einen Zufall entstanden. Euclides da Cunha, seinem Beruf nach Ingenieur, hatte als Vertreter der Zeitung »O Estado de São Paulo« eine der militärischen Expeditionen gegen die Canudos, eine aufständische Sekte in dem wilden und düsteren Gebiet des Nordens begleitet. Der Bericht über die Expedition, mit prachtvoller dramatischer Kraft gestaltet, wuchs sich in Buchform zu einer umfassenden psychologischen Darstellung der brasilianischen Erde, des Volkes, des Landes aus, wie sie seitdem mit ähnlichem Tiefblick und soziologischer Weitsicht nie mehr erreicht worden ist.[7]

In den nächsten beiden Jahrzehnten folgten in rascher Folge neue Namen, neue Werke, begann der Aufschwung der brasilianischen Literatur. Beflügelt wurde er dann durch die Ereignisse der »Woche der Modernen Kunst von São Paulo«, die in diesem Jahrhundert die wohl wichtigste Zäsur im Kulturleben des Landes darstellt. Die »modernistische Revolution« aus dem Jahr 1922 rüttelte die Intellektuellen auf, zwang sie zur Stellungnahme, zum Überdenken ihrer Arbeit, zur Auseinandersetzung mit ihrem Land. Die brasilianische Kunst und Literatur befreite sich von den europäischen Modellen und wurde sozusagen »in einer Woche« eigenständig und *modern*. 1928 erschien der Roman *Macunaíma – der Held ohne jeden Charakter* von Mário de Andrade, einem der Wortführer der »Woche der Modernen Kunst«. Er wurde zum Roman Brasiliens schlechthin, Macunaíma zum Synonym für Brasilianer. Für den Verfasser hat der Brasilianer »keinen Charakter (. . .) weil er weder eine eigene Zivilisation besitzt noch traditionelles Bewußtsein (. . .) Er ist wie ein zwanzigjähriger Jüngling: man kann mehr oder weniger gewisse generelle Tendenzen bemerken, aber noch keine bestimmte Aussage treffen«.[8] Und zur gleichen Zeit verblüffte Heitor Villa-Lobos das Pariser Musikpublikum mit dem kategorischen Satz: »Le folklore – c'est moi!«

Das Jahr 1930 stellt eine Zäsur in der brasilianischen Geschichte dar. Die Bevölkerung überschritt die vierzig Millionen, Getúlio Vargas wurde Präsident des Landes und instaurierte den *Estado Novo*. Damit wird der Beginn des modernen Brasiliens markiert. Die bis dahin weitgehend intakt gebliebene Herrschaft der Oligarchien, der »Herrenhäuser«, geriet durch das allmähliche Aufkommen einer Mittelschicht, durch das Entstehen der großen Metropolen, durch das erwachende Selbstbewußtsein (nicht zuletzt gefördert durch die »Woche der Modernen Kunst«) in Bewegung.

Der Populismus unter Getúlio Vargas versuchte das gigantische Land gewaltsam zu industrialisieren und zu aktualisieren. Sein Konzept überdauerte seinen Sturz (1945) und prägte auch noch die Politik der nächsten Präsidenten. Unter der Herrschaft von Kubitschek (1956-61) begann eine fieberhafte Industrialisierung mit Hilfe ausländischen Kapitals. In fünf Jahren sollten Versäumnisse von fünfzig Jahren aufgeholt, Irrtümer korrigiert und Wegweiser für die Zukunft errichtet werden, das Land sozusagen im Nu aus der Unterentwicklung in das Industriezeitalter katapultiert werden. Aber die wichtigsten

Reformen unterblieben (z. B. die Agrarreform), die Konflikte spitzten sich zu, und die Versuche, die krassesten sozialen Ungerechtigkeiten zu mildern, schlugen fehl. Die Spannungen steigerten sich unaufhaltsam, die Militärs wurden unruhig und befürchteten auch für Brasilien revolutionäre Veränderungen, wie sie 1959 in Cuba stattgefunden hatten. 1961 wählten die Brasilianer ihren (bislang) letzten legitimen Präsidenten, João Goulart. Drei Jahre später putschten die Militärs: Es begann eine Zeit harter Repression und diktatorialer Willkür. Die Jahre 1969-72 sind durch Stadtguerillakämpfe, Entführungen, Verfolgungen und einen »schmutzigen Krieg« charakterisiert; zugleich sind es die Jahre des vielzitierten brasilianischen Wirtschaftswunders mit hohen Wachstumsraten, schneller Industrialisierung und zunehmender Verstädterung. Viele Intellektuelle mußten das Land verlassen, Theater wurden geschlossen, Bücher zensiert oder verboten, Kinoproduktionen von Glauber Rocha oder Vertretern des *Cinema Novo* untersagt. Die Liste der Flüchtlinge ist lang, die unerbittliche Repression dauerte fast zehn Jahre an. Von 1976 an durften einige Exilierte zurückkehren, so der (damals schwerkranke) Ethnologe, Politiker und Romancier Darcy Ribeiro, der wohl beliebteste Liedermacher und Dichter Chico Buarque de Holanda und andere Künstler. Aber der eigentliche Rückstrom begann erst 1979, mit dem Beginn der von Präsident Figueiredo versprochenen Politik allmählicher Redemokratisierung, der *apertura*. Eine umfassende Amnestie ermöglichte es wenig später sogar dem ehemaligen Terroristen Fernando Gabeira, der die Entführung des nordamerikanischen Botschafters Charles Burke Elbrick (1969) organisiert hatte, später gefangen und gefoltert wurde und schließlich im Austausch gegen den entführten deutschen Botschafter von Holleben 1970 nach Algerien ausgeflogen wurde, in seine Heimat zurückzukehren. Sein Empfang auf dem Flughafen in Rio geriet zu einem Fest: triumphierend wurde er auf den Schultern seiner Freunde durch die Menschenmassen getragen. Die politische »Öffnung« hatte tatsächlich begonnen.[9]

Seitdem hat das Kulturleben Konjunktur. Der autobiographische Bericht von Fernando Gabeira *Die Guerilleros sind müde* erschien 1979 und wurde (wie auch die beiden Fortsetzungen) nicht nur zum größten Verkaufserfolg in der Verlagsgeschichte Brasiliens, sondern auch zum Kopfkissenbuch der Nation, die hier zum ersten Mal ihre unmittelbare Vergangenheit ohne falsches Pathos beschrieben fand: Guerilla, Folter, Exil. Seit 1979 werden jährlich rund 12 000 Titel publiziert, davon sind etwa die Hälfte Neuerscheinungen. Der Trend geht zum brasilianischen Buch, zum literarischen Titel. Bestseller, die in den 70er Jahren die Schaufenster füllten, sind weniger gefragt als die Klassiker Proust, Thomas Mann oder T. S. Eliot. Von den inzwischen 120 Millionen Brasilianern können allerdings nur etwa 500 000 Bücher kaufen: mit sinkender Tendenz bei steigenden Inflationsraten. Hinzugefügt sei, daß in Brasilien knapp 3 % der Bevölkerung stolze 70 % des Reichtums besitzen.

In dem riesigen Land gibt es kaum mehr als dreihundert Buchläden, insgesamt nicht mehr als 2000 Verkaufsstellen. Öffentliche Bibliotheken existieren nur in verschwindender Anzahl und mit äußerst bescheidenen Fonds. Die Analphabetenrate liegt inoffiziell bei etwa 40 %.

Die kulturelle Infrastruktur dauert fort, nichts hat sich geändert: eines der mangelhaftesten Bildungssysteme, das Fehlen von Buchhandlungen und Bibliotheken, keine Lesegewohnheiten. (. . .) Und schließlich der Preis des Buches. Die Auflagen sind im Schnitt lächerlich, sie liegen bei drei-, fünf- oder zehntausend Exemplaren, verkauft im Verlauf von einem Jahr. (. . .) Es ist dies eine Situation wirtschaftlicher, politischer und sozialer Ungerechtigkeit eines Volkes, das seine elementaren Probleme nicht gelöst hat. (. . .) Das Land ist ausländischem Kapital ausgeliefert, multinationale Gesellschaften haben die Überhand, die Auslandsverschuldung, die Ausbeutung der Bodenschätze, die Zerstörung gewachsener Landschaften durch Abholzung nehmen zu. Dazu eine Klasse, die mehr und mehr Vorzüge genießt, während die große Mehrheit am Rande des Existenzminimums lebt.[10]

1982 fanden zum ersten Mal wieder freie Wahlen in den Bundesstaaten statt. Die Opposition siegte in allen Großstädten und in den bevölkerungsstärksten Provinzen. Dank des Wahlsystems, das jeder Provinz gleichviel Stimmen zubilligt, konnte sich die Regierungspartei jedoch an der Macht halten. Für 1984, d. h. zwanzig Jahre nach dem Putsch, sind Präsidentschaftswahlen angekündigt. Inzwischen versucht die Regierung Figueiredo verzweifelt, das Land vor dem wirtschaftlichen Zusammenbruch zu bewahren: Die jährlichen Inflationsraten betragen ca. 100 %, die Auslandsverschuldung kletterte von 12,5 Milliarden Dollar (1973) auf 48,3 Milliarden (1978) und hat sich inzwischen schon wieder verdoppelt (rund 100 Milliarden Dollar). Elementarste Überlebensprobleme kollidieren mit den Auflagen des Internationalen Währungsfonds, der drastische Sparmaßnahmen verlangt. Keine Lösung scheint in Sicht, die diese Problematik bewältigen könnte. Die Verarmung breiter Bevölkerungsschichten nimmt erschreckend und immer schneller zu. Bei einer jährlichen Bevölkerungszunahme von 2,1 % fehlen immer mehr Arbeitsplätze; immer mehr Jugendliche fordern Schulen, Kleidung, Essen. Im Jahr 2000 wird es 200 Millionen Brasilianer geben. Die Ballungszentren São Paulo, Rio de Janeiro, Santos, Salvador, Recife und Belo Horizonte wachsen überproportional, ihre »Favelas« wuchern beängstigend und umzingeln die Städte kilometerbreit. Dennoch dauert die Flucht in die Metropolen an, denn die Überlebensmöglichkeiten auf dem Lande sind noch geringer. Die Probleme Brasiliens sind so gigantisch wie das Land.

Vor diesem Hintergrund möchte die vorliegende Zusammenstellung versuchen, einzelne Autoren oder literarische Strömungen zu erläutern. Beginnend mit den Klassikern Machado de Assis und Euclides da Cunha werden einige wichtige Romanciers und Lyriker einzeln vorgestellt; Artikel über den Modernismo, Regionalismus, die zeitgenössische Erzählung und eine kleine Bestandsaufnahme des Romans von heute komplettieren das Panorama der brasilianischen Literatur im 20. Jahrhundert, die Antônio Cândido in seinem einführenden Artikel zusammenfaßt.

Selbstverständlich bleiben viele Lücken, werden wichtige Autoren nicht erwähnt. Die zeitgenössische Lyrik müßte in einem eigenen Aufsatz behandelt werden, Außenseiter wie z. B. Ariano Suassuna bleiben unbeachtet. Das Ziel dieses Buches liegt aber nicht in der (in diesem Umfang ohnehin unerreichbaren) Vollständigkeit, sondern möchte zum einen Hintergrundinformationen liefern und zum anderen Interesse und Neugier für eine Literatur wecken, die ungerechtfertigt im Schatten der hispanoamerikanischen stand (und steht). Das Buch möchte, wie Mario Carelli in seinem Artikel schreibt:

(. . .) die Verschiedenheit der literarischen Temperamente und die beinahe schon überbordende Vielfalt (. . .) deutlich machen. (. . .) Wir können heute den Charakter des dortigen Romans nicht mehr formelhaft mit dem Exotismus der Tropen und der Rassenmischung bezeichnen. (. . .) Tatsächlich hat die brasilianische Literatur die europäischen und nordamerikanischen Einflüsse bereits mehr oder weniger verdaut, und ihre innere Differenzierung beschränkt sich durchaus nicht mehr nur auf Unterschiede in der Thematik. (. . .) Der brasilianische Roman ist alles andere als tot. (. . .) Jedem unter uns bleibt es überlassen, seinen Autor oder seine Autorin zu entdecken.

In Europa oder in den USA gab es keinen »Boom« der brasilianischen Literatur, der vergleichbar wäre mit dem des hispanoamerikanischen Romans in den sechziger und siebziger Jahren. Erst jetzt beginnen Franzosen und Nordamerikaner, Italiener und Spanier mit der »Entdeckung« brasilianischer Literatur. In Deutschland ist die Situation dank der unermüdlichen Vermittler- und Übersetzertätigkeit von Curt Meyer-Clason besser als in anderen europäischen Ländern; allerdings haben bei uns weder die hispanoamerikanischen noch die brasilianischen Romanciers bislang den Kritiker- und Verkaufserfolg, der ersteren in den zuvor genannten Ländern wie selbstverständlich zufällt.

»Europa hat unermeßlich mehr Tradition und weniger Zukunft, Brasilien weniger Vergangenheit und mehr Zukunft, alles Geleistete ist hier ein Teil des noch zu Leistenden«[11], schrieb Stefan Zweig 1941. Heute, da die Entfernungen immer weniger wichtig werden, die aktuellen Probleme hingegen immer drängender näherrücken, sind die Bewohner der Alten und Neuen Welt aufgefordert, gemeinsam nach Lösungen für die Herausforderungen unserer Zeit zu suchen und solidarisch zusammenzuarbeiten. Die Clichés über Brasilien, *Samba, Karnaval, Macumba* oder *Pelé* reichen nicht aus, um das Land und seine Bewohner zu charakterisieren oder gar zu erklären. Die Literatur bietet sich als mögliches Hilfsmittel für ein besseres Verständnis an, da sie Einsichten vermittelt, die über die Clichés hinausreichen. Die hier vorliegenden Aufsätze können das Verständnis der brasilianischen Literatur und ihrer Besonderheiten möglicherweise etwas erleichtern.

Abschließend noch ein »utopisches« Wort von Darcy Ribeiro, der die Aufgaben eines Brasilianers oder Lateinamerikaners von heute wie folgt umreißt:

> Wir sind uns bisher wenig oder gar nicht bewußt, daß auf unseren Schultern zum großen Teil die Aufgabe lastet, eine neue Okzidentalität zu schaffen, die zum ersten Mal eine achtbare menschliche Zivilisation sein wird. Angesichts der unfruchtbaren Hegemonie Anglo-Amerikas, das nur darauf bedacht zu sein scheint, Gewinne einzustreichen und die Geschichte aufzuhalten; angesichts eines auf seine geographischen Grenzen reduzierten Europa, das durch die willkürlichen Grenzziehungen der zwei großen Hegemonialmächte geteilt ist und sich duckt aus Furcht vor einem dritten Krieg, der am Vorabend seiner Zerstörung ausbrechen könnte; angesichts einer sozialistischen Welt, die daran gehindert ist, ihre befreienden Potentialitäten zu realisieren, weil sie so absorbiert ist von der Aufgabe, ihre auf Repressalien begründete Macht zu erhalten und das bei einer Wirtschaft, die fünfmal weniger produziert als die ihrer Gegner; angesichts all dieser Fakten sehe ich für uns nur die dringende Aufgabe, unsere Zivilisation zu humanisieren und auf solidarische Wege zu leiten, damit die Menschen von der Angst befreit werden und ihnen die Lebensfreude wiedergegeben wird.[12]

Vielleicht reizt das Zitat zum Widerspruch, vielleicht aber auch zum Nachdenken über neue Formen des europäisch-lateinamerikanischen Miteinanders.

Herzlich danken möchte ich zum Schluß allen Autoren, die bei der Auswahl und Beschaffung der Artikel geholfen haben, desgleichen den Kritikern, die neue Aufsätze schrieben oder ihre Arbeiten zur Verfügung stellten und den Kürzungen zustimmten. Ebenfalls danken möchte ich den Übersetzern für ihre Mitarbeit, für Anregungen und Informationen. Ohne ihre Hilfe hätte dieser Band, der eine Einladung zum Lesen sein möchte, nicht publiziert werden können.

Anmerkungen

1 Amerigo Vespucci, *Die Neue Welt*, in: *Die Neue Welt. Chroniken Lateinamerikas von Kolumbus bis zu den Unabhängigkeitskriegen*, hg. von Emir Rodríguez Monegal, Frankfurt/M. 1982 (suhrkamp taschenbuch 811), S. 81-88.

2 Pêro Vaz de Caminha, *Die natürlichen Wilden*, in: *Die Neue Welt*, S. 78-80.
3 Vgl. Hans Staden, *Mit den Kannibalen leben*, in: *Die Neue Welt*, S. 261-284.
  Vgl. Jean de Léry, *Visionen der französischen Antarktis*, in: *Die Neue Welt*, S. 242-260, und ders., *Unter Menschenfressern am Amazonas. Brasilianisches Tagebuch 1556-1558*, Erdmann, Tübingen *1967*.
4 Gilberto Freyre, *Herrenhaus und Sklavenhütte. Ein Bild der brasilianischen Gesellschaft*, Klett-Cotta, Stuttgart 1982. Vgl. hierzu den ausgezeichneten Essay von Darcy Ribeiro, *Gilberto Freyre. Einführung zu Casa-Grande & Senzala*, in: *Unterentwicklung, Kultur und Zivilisation. Ungewöhnliche Versuche*, Frankfurt/M. 1980 (edition suhrkamp 1018), S. 95-175.
5 Gilberto Freyre, a.a.O., S. 148.
6 Darcy Ribeiro, *Über das Selbstverständliche*, in: *Unterentwicklung, Kultur und Zivilisation*, S. 31.
7 Stefan Zweig, *Brasilien – ein Land der Zukunft*, Insel, Frankfurt/M. 1981, S. 164.
8 Mário de Andrade, *Macunaíma, der Held ohne jeden Charakter*, Suhrkamp, Frankfurt/M. 1983; Nachwort von Curt Meyer-Clason, ebd., S. 171.
9 Vgl. *Schriftsteller und politische »Öffnung« in Brasilien*. Beiträge von João Ubaldo Ribeiro, Márcio Souza, Ferreira Gullar und Ignácio de Loyola Brandão, in: die horen 129, April 1983, *Horizonte '82. Zweites Festival der Weltkulturen. Dokumente zur Literatur, Malerei, Kultur und Politik Lateinamerikas*, zusammengestellt von Michi Strausfeld.
10 Ignácio de Loyola Brandão, *Alles bleibt noch zu tun*, in: die horen 129, S. 73.
11 Stefan Zweig, a.a.O., S. 169.
12 Darcy Ribeiro, *Lateinamerikanische Nation*, in: die horen 129, S. 32.

Antônio Cândido
Die Stellung Brasiliens in der neuen Erzählliteratur Lateinamerikas

1. Vorbemerkung

Es ist bezeichnend, daß Brasilien auf der Themenliste dieser Tagung als einziges Land ausdrücklich genannt wird. Die übrigen Tagesordnungspunkte beziehen sich explizit oder implizit auf eine Gesamtheit von Nationen, die die als »lateinamerikanisch« bezeichnete kulturelle Wirklichkeit bilden. Wenn nur im Hinblick auf eine dieser Nationen das Bedürfnis nach einer gesonderten Behandlung entstand, so muß es damit Probleme geben – und es gibt sie in der Tat.

Wenn man weltweit von der »neuen lateinamerikanischen Erzählliteratur« spricht, denkt man beinahe ausschließlich an die in der Tat beeindruckende Produktion *aller* Autoren spanischer Sprache, die sich über *alle* Länder des spanischsprachigen Amerikas – neunzehn an der Zahl, wenn ich mich nicht irre – verteilen. Es ist dies eine komplexe, umfangreiche und mächtige Einheit; und erst nachträglich erinnert man sich, daß ihr eine andere, ungeteilte Einheit gegenübersteht, die portugiesisch spricht und die man der Vollständigkeit halber in das Panorama einbeziehen muß. Und dann fallen einem sogleich mehrere Namen ein, in erster Linie Guimarães Rosa und Clarice Lispector.

Dieselbe Betrachtungsweise herrscht auch in Brasilien vor, wo man, wenn von dieser Erzählliteratur die Rede ist, an die Produktion unserer spanisch sprechenden Verwandten denkt, meist in einer verallgemeinernden oder gar vereinfachenden Perspektive, die den Mexikaner Rulfo, den Kolumbianer García Márquez, den Peruaner Arguedas, den Paraguayer Roa Bastos, den Argentinier Cortázar als verschiedene Aspekte desselben Phänomens zu sehen erlaubt. Unsere eigenen Schriftsteller dagegen betrachten wir als eine besondere Spezies, um deren Integrierung ins Gesamtbild wir uns erst nach einigem Nachdenken bemühen.

Spanien zerfiel in eine Unzahl von amerikanischen Nationen
doch auf dem wohltönenden Stamm der Sprache des ão[1]
vereinigte Portugal zweiundzwanzig ungleiche Orchideen

sagt Mário de Andrade in seinem Gedicht *Noturno de Belo Horizonte* in Anspielung auf die Einheit des portugiesischen Amerika und auf die Anzahl der späteren brasilianischen Bundesstaaten.[2] Nun, einige dieser Bundesstaaten und gelegentlich auch Gruppen von ihnen haben die Unabhängigkeit durchaus angestrebt, wie etwa die Confederação do Ecuador (Konföderation der Äquator-Provinzen) aus dem Jahre 1824 und die Republik von Piratini (1835-1845), um die wichtigsten, von Bürgerkriegen begleiteten Versuche dieser Art zu nennen. Man könnte sich folgende, vielleicht müßige, doch interessante Frage stellen: Gäbe es, wenn diese Republiken Bestand gehabt hätten, heute drei portugiesischsprachige Literaturen in Amerika? Die Konföderation der Äquator-Provinzen deckte sich genau mit unserem jetzigen *Nordosten,* dessen literarische Produktion stets eine beträchtliche Eigenständigkeit aufwies und im 20. Jahrhundert mit einem eindrucksvollen regionalistischen Roman ihren Höhepunkt erlebte. Die Republik von Piratini entsprach dem Bundesstaat Rio Grande do Sul, dessen literarische Produktion ebenfalls Besonderheiten aufweist, so daß sie in mancher Hinsicht der Gaucho-Literatur des Rio-de-la-Plata nähersteht als dem städtischen Roman von Rio de Janeiro.

In den siebziger Jahren des 19. Jahrhunderts vertrat ein Schriftsteller aus dem Nordosten, Franklin Távora, die These, daß es in Brasilien zwei selbständige Literaturen derselben Sprache gebe: eine des Nordens und eine des Südens. Beide Regionen hätten eine unterschiedliche historische Entwicklung durchgemacht und wichen auch hinsichtlich der ethnischen Zusammensetzung der Bevölkerung, der Sitten, der sprachlichen Eigentümlichkeiten etc. deutlich voneinander ab. Er gab daher den von ihm veröffentlichten regionalistischen Romanen die Sammelbezeichnung *Literatur des Nordens.* In unseren Tagen hat ein Schriftsteller aus Rio Grande do Sul, Viana Moog, mit einigem Scharfsinn zu zeigen versucht, daß es in Brasilien in Wahrheit verschiedene Literaturen gebe, welche die regionalen Besonderheiten widerspiegelten. Man darf also annehmen, daß, hätte sich Brasilien in mehrere portugiesisch sprechende Länder aufgeteilt, es heute auch mehrere Nationalliteraturen in dieser Sprache gäbe, die dem hispanischen Block als ein komplexes Ganzes mit größerem Gewicht gegenüberstünden, wodurch sich auf der internationalen Ebene andersgelagerte Probleme der Einschätzung und Zuordnung ergäben.

Doch die Wirklichkeit ist so, wie sie eingangs skizziert wurde und geht von der Voraussetzung aus, daß die iberischen Literaturen Lateinamerikas – also neunzehn plus eine – eine Reihe von gemeinsamen Merkmalen aufweisen. Diese Übereinstimmungen gehen, so wird angenommen, natürlich auf die Kolonisierung unserer Länder durch die Monarchien der Iberischen Halbinsel zurück, zwischen denen es bekanntlich viele Gemeinsamkeiten gibt: auf die Sklaverei als Produktionsverhältnis; Monokultur und Bergbau als hauptsächliche Wirtschaftszweige; die weitverbreitete Vermischung der Bevölkerung mit sogenannten farbigen Völkern; das Aufkommen einer Elite von »Kreolen«, die sich überall mit deutlich erkennbarer Gleichzeitigkeit an die Spitze des Unabhängigkeitsprozesses stellte, um ihn zum eigenen Vorteil zu nutzen und die bestehende wirtschaftliche und gesellschaftliche Ordnung ganz oder weitgehend unverändert zu erhalten.

In der Tat handelt es sich dabei um historische Voraussetzungen, die insgesamt gesehen ein hohes Maß an Übereinstimmungen aufweisen. Dem wäre auf literarischer Ebene die Nachahmung der europäischen, vor allem der französischen Literaturströmungen hinzuzufügen, die sich mit denen aus den Mutterländern vermischten und zur Schaffung einer gewissen Autonomie diesen gegenüber beitrugen. Überall in Lateinamerika war Frankreich ein Faktor nicht nur der Entfremdung, sondern auch der Einigung und Abgrenzung von den Mutterländern.

In unseren Tagen treten weitere Merkmale zutage, die für eine gewisse Einheitlichkeit der Physiognomie Lateinamerikas sorgen, wie zum Beispiel die überstürzte und unmenschliche Verstädterung infolge eines Industrialisierungsprozesses mit überall analogen Erscheinungsformen. Dieser macht aus der Landbevölkerung elende und marginalisierte Massen, beraubt sie ihrer stabilisierenden Lebensgewohnheiten und liefert sie aufgrund ihrer wirtschaftlichen Lage einer ausweglosen Konsumneurose aus. Verantwortlich dafür ist in fast allen unseren Ländern der räuberische Kapitalismus der Mammutkonzerne, die mächtiger sind als die Regierungen ihrer Ursprungsländer, und die uns (mit Ausnahme von Cuba) in Kolonien neuen Typs verwandeln. An der Spitze dieser Kolonien stehen Militärregierungen oder jedenfalls militärisch beherrschte Regierungen, die sich von internationalen Interessengruppen oder von der einheimischen herrschenden Klasse leichter manipulieren lassen.

Auf kulturellem Gebiet ist der Einfluß der Vereinigten Staaten geradezu erdrückend, angefangen bei der Romantechnik und der Protestlyrik bis hin zu der aufdringlichen Präsenz des Fernsehens mit seiner massiven importierten Gewalt, die in der realen *violência* nicht nur der Metropolen, sondern bei uns allen, ihren Satelliten, ihr Gegenstück hat.

So existieren in Vergangenheit und Gegenwart zahlreiche Gemeinsamkeiten, die es erlauben, Kultur und Literatur Lateinamerikas als eine »Einheit« zu betrachten. In Abwandlung der Verse von Mário de Andrade könnte man sagen: Auf dem Stamm der iberischen Sprachen hat die imperialistische Deformation zwanzig blutige Orchideen vereinigt: untereinander ungleich, vor allem aber ungleich im Hinblick auf den Imperialismus.

Aus diesem Grunde gehört der Fall Brasilien durchaus in den thematischen Rahmen dieser Tagung. Allerdings empfiehlt es sich, den Hintergründen der gegenwärtigen Tendenzen in der brasilianischen Literatur genauer nachzugehen und dabei weiter in die Vergangenheit auszuholen, als dies bei den Literaturen in spanischer Sprache notwendig wäre, deren Gewicht innerhalb der Gesamtheit der lateinamerikanischen Literatur erheblich größer ist. Und bevor ich zum Schluß komme, möchte ich aus zwei zeitgenössischen brasilianischen Texten zitieren, in denen diametral entgegengesetzte Standpunkte zu dieser Problematik vertreten werden: das erste Zitat stammt aus der Erzählung *Intestino grosso* (Dickdarm) von Rubem Fonseca:

»Gibt es eine lateinamerikanische Literatur?«
»Daß ich nicht lache. Es gibt nicht einmal eine brasilianische Literatur mit Gemeinsamkeiten in Struktur, Stil, Charakterdarstellung usw. Es gibt Autoren, die in derselben Sprache schreiben, nämlich in portugiesisch, was schon viel heißen will, das ist alles. Ich habe nichts mit

Guimarães Rosa gemein, ich schreibe über Menschen, die in der Stadt zusammengepfercht leben, während die Technokraten den Stacheldraht noch stacheliger machen.«

Und nun die Meinung von Roberto Drummond, die er in einem Gespräch mit dem Verleger Granville Ponce äußerte:

Meiner Ansicht nach haben wir Vertreter der lateinamerikanischen Kultur es nicht nötig, Ableger einer Bewegung aus New York oder London zu sein. Wir sind selbst in der Lage, den Ton anzugeben. Genau das tut die lateinamerikanische Literatur zur Zeit, heute findest du nämlich amerikanische Autoren, die Borges nachahmen.

Dies sind gegensätzliche Standpunkte, die nicht nur im Bewußtsein der Schriftsteller existieren, sondern auch bei den Kritikern und Lesern. Man darf sie nicht aus dem Blick verlieren.

2. Universalismus und Regionalismus

Ebenso wie die ursprünglichen portugiesischen Landschenkungen auf dem amerikanischen Kontinent schließlich zu einem Land zusammenwuchsen, gab und gibt es dort nach gängiger Auffassung nur eine Literatur in portugiesischer Sprache. Doch eben deshalb artikulierten sich die räumlichen Unterschiede nachdrücklich im Regionalismus, der teilweise vielleicht auch Ausdruck verkümmerter Nationalliteraturen ist, wenngleich er unter dem Gesichtspunkt der Einigung des Landes eine Suche nach den Merkmalen der Nationalität darstellt.

Zu Beginn der Unabhängigkeit, die mit der Romantik zusammenfiel, bestand dieses identitätsstiftende und einigende Element im Indianismus, der die Ureinwohner des Landes als eine Art mythischer Vorfahren im Kampf gegen die Kolonialmacht schilderte. Kurz darauf trat der Regionalismus in der erzählenden Literatur auf den Plan; die Eigentümlichkeit einer jeden Region, auf die er das Augenmerk lenkte, betrachtete er als eine Möglichkeit, brasilianische Eigenart zu verkörpern. Aufgrund ihrer organischen Verbindung zur Landschaft und einer gewissen kulturellen Isolierung schienen diese regionalen Besonderheiten das Land besser zu repräsentieren als Sitten und Sprachgebrauch in den Städten, die ständig dem ausländischen Einfluß unterworfen waren.

Diese Tendenz zur Betonung regionaler Besonderheiten durchzieht mit von Periode zu Periode wechselnder Intensität unsere ganze Literaturgeschichte. Im 19. Jahrhundert fiel dieser Tendenz die bedeutende gesellschaftliche Aufgabe der *Erkundung* des Landes zu. Zu Beginn des 20. Jahrhunderts verkam sie unter der Bezeichnung »literatura sertaneja« zur paternalistischen, pseudo-patriotischen und sentimentalen Trivialliteratur, die das Pittoreske unter dem fragwürdigen Blickwinkel des Exotismus ausbeutete. Meiner Ansicht nach war ein Schriftsteller aus Rio Grande do Sul, Simões Lopes Neto, der einzige, der innerhalb dieser diskreditierten Strömung gute Literatur geschrieben hat, u. a. deshalb, weil er es verstand, die richtigen Erzählperspektiven zu wählen. Er setzte den Erzähler mit der dargestellten Person gleich und vermied auf diese Weise die paternalistische Distanz zwischen der direkten (»volkstümlichen«) und der indirekten (»gebildeten«) Rede.

Doch bereits vor dem Indianismus und dem Regionalismus, seit etwa 1840, wandte sich die brasilianische Erzählliteratur der anderen Tendenz nationaler Selbstbesinnung mit Hilfe der Literatur zu: der Beschreibung der Lebenswirklichkeit in den großen Städten, vor allem in Rio de Janeiro und seinem Einzugsgebiet, was gegenüber der Vielfalt regionaler, pittoresker Aspekte eine einheitsstiftende Perspektive zur Geltung brachte. Wenn diese Tendenz einerseits die mechanische Nachahmung Europas und somit eine gewisse Entfremdung begünstigte, so trug sie andererseits dazu bei, die zentrifugalen Kräfte zu überwinden und landesweit eine Art Hochsprache zu verbreiten, die allen gemeinsam war und sich an alle richtete. Diese Sprache erhob den Anspruch, die Probleme aller Menschen und aller Himmelsrichtungen im Rahmen der Lebensgewohnheiten des vorherrschenden Zivilisationsmodells zum Ausdruck zu bringen. Somit bildete sie ein Gegengewicht zum Partikularen einer jeden Region.

Einen frühen Höhepunkt erreicht diese Tendenz mit Machado de Assis. Er stellte *den Menschen* schlechthin, der zum Substrat *der Menschen* in jedem Land, jeder Gegend, jedem Dorf gehört, in den Vordergrund und trug so zweifellos dazu bei, daß der Regionalismus in der brasilianischen Erzählliteratur eine zweitrangige Option blieb. Dieser Reifungsprozeß war von entscheidender Bedeutung und hatte weitreichende Konsequenzen, denn Machado de Assis verstand es nicht nur meisterhaft, den gewählten thematischen Schwerpunkt zu konsolidieren, sondern interessierte sich auch für Erzähltechniken, die unkonventionell waren und innovativ hätten sein können. Außerdem besaß er ein kritisches, von provinziellen Vorurteilen freies Bewußtsein seiner eigenen Position, wie aus seinem Aufsatz *Instinto de nacionalidade* (Gespür für nationale Eigenart) aus dem Jahre 1873 ersichtlich wird.

Die vorstehenden, scheinbar nicht zur Sache gehörenden Überlegungen möchten folgende historischen Voraussetzungen der heutigen brasilianischen Literaturszene in Erinnerung rufen:

1. In der brasilianischen Erzählliteratur war das Regionale, das Ländlich-Pittoreske, das Partikulare mit seiner Tendenz zur Vereinzelung und Abkapselung nie ein zentrales und entscheidendes Element;

2. in ihr gab es schon früh eine gewisse ästhetische Option für städtische, dem Universellen verpflichtete Ausdrucksformen, die den Zusammenhang mit überregionalen und übernationalen Problemen betonten;

3. zwischen diesem Allgemeinen und jenem Partikularen bestand stets eine Art dialektisches Spiel, so daß die starken zentrifugalen Kräfte (die im Grenzfall beinahe zur Bildung verkümmerter autonomer Literaturen führen) immer wieder mit den zentripetalen Kräften (die der geschichtlichen Tendenz zur politischen Einigung entsprechen) zu einer Versöhnung gelangen.

3. Die Konsolidierung des Romans

Die zeitgenössische brasilianische Erzählprosa setzt sich – betrachtet man ihre Stellung innerhalb der Tradition unserer Literatur und läßt die ausländischen Einflüsse außer acht – mit dem Werk ihrer unmittelbaren Vorgänger aus den dreißiger und vierziger Jahren auseinander, entwickelt es weiter oder verwirft es.

Von 1930 an erlebte der brasilianische Roman eine Phase der Blüte und Konsolidierung. Zum ersten Mal trat er als eine eigenständige, kompakte Größe von zentraler Bedeutung innerhalb der Literatur in Erscheinung, von deren Wesen und Aufgabe er eine neue Auffassung signalisierte. Dank der auf die liberale Revolution jenes Jahres folgenden Radikalisierung konnten sich die Errungenschaften der künstlerischen und literarischen Avantgarde der zwanziger Jahre, die in Brasilien *Modernismo* genannt wird, leichter durchsetzen. Diese Radikalisierung des Geschmacks wie auch der politischen Ideen ging einher mit der Verbreitung des Marxismus, dem Aufkommen des Faschismus, der katholischen Erneuerung. Das hervorstechende kulturelle Phänomen war der außerordentliche Erfolg des sogenannten Nordost-Romans, der dem Regionalismus eine neue Qualität gab, indem er die paternalistische und exotische Sehweise zugunsten einer oftmals aggressiven kritischen Einstellung aufgab. Dabei nahm er nicht selten den Standpunkt des Ausgebeuteten ein und bereicherte gleichzeitig die literarische Landschaft um einen prononcierten Realismus in Vokabular und Auswahl der dargestellten Wirklichkeitsausschnitte. Graciliano Ramos – einer der wenigen wirklich großen Erzähler unserer Literatur –, Rachel de Queiróz, José Lins do Rego, der frühe Jorge Amado sind die wichtigsten Namen dieser literarischen Erneuerungsbewegung, zu der mehrere Dutzend guter Schriftsteller zählen.

Gleichzeitig gewann auch der städtische Roman insgesamt gesehen an Qualität und Bedeutung, in einigen Fällen übrigens in polemischer Absicht, nämlich als Reaktion auf die Schriftsteller aus dem Nordosten. Dies gilt für Otávio de Faria, einen rechtsgerichteten Romancier und Essayisten, der eine dramatische Erzählliteratur propagierte, die sich mit Gewissenskonflikten und religiösen Problemen in Verbindung mit der Klassenzugehörigkeit der Figuren befassen sollte, wie sie in seinem bisher unvollendeten Romanzyklus *Tragédia burguesa* (Bürgerliche Tragödie) vorkommen. Cornélio Pena und Lúcio Cardoso, die ebenfalls von katholischen Wertvorstellungen geprägt sind, errichteten gespensterhafte Welten als Schauplätze seelischer Konflikte.

Als dritte Richtung ließe sich diejenige betrachten, die in ideologischer Hinsicht gleichen Abstand zur Rechten und zur Linken wahrt und sich in literarischer Hinsicht von realistischer Härte ebenso fernhält wie von Angst und Zerrissenheit:

Marques Rebelo, João Alphonsus, Ciro dos Anjos, die ebenso wie die zuvor genannten aus dem Südosten stammen, mit Rio de Janeiro als Gravitationszentrum.

Des weiteren läßt sich eine Strömung ausmachen, die man als radikale Stadtliteratur bezeichnen könnte. Ihre Autoren richten ihr Augenmerk eher auf die gesellschaftlichen Dissonanzen als auf persönliche Probleme, und obwohl sie von der Region, aus der sie stammen, geprägt sind, entwickeln sie keine regionalistischen Neigungen. Dies gilt ebenso für das umfangreiche Werk von Érico Veríssimo wie für das schmale, aber bewundernswerte Werk von Dyonelio Machado, die beide aus Rio Grande do Sul stammen.

Im allgemeinen wurden diese verschiedenen Strömungen sowohl von den Autoren als auch von den Kritikern als miteinander unvereinbar betrachtet: man entschied sich für die eine *oder* für die andere Gruppe. Das hängt damit zusammen, daß den Schriftstellern das Thematische besonders am Herzen lag, während sie die Schreibweise eher als Mittel zum Zweck denn als zentralen, allumfassenden Gegenstand des literarischen Prozesses verstanden. Die dreißiger und vierziger Jahre waren vor allem eine Phase der thematischen Erneuerung und der Suche nach einem natürlichen Stil. Hingegen war den meisten Schriftstellern die Bedeutung der stilistischen Revolution, an der sie zuweilen arbeiteten, nicht recht bewußt. Man darf in der Tat nicht vergessen, daß diese Autoren, von denen einige scheinbar sorglos mit der Sprache umgingen und sich oft sprachliche Unkorrektheiten leisteten, in Wahrheit am Aufbau einer neuen Ausdrucksweise arbeiteten. Die Voraussetzung dafür hatten die Modernisten der zwanziger Jahre mit den von ihnen erkämpften und praktizierten Freiheiten geschaffen. Beispiele für derartige stilistische Neuerungen sind das Gelingen des sich an die mündliche Rede anlehnenden Sprachduktus bei José Lins do Rego; die Hereinnahme der Poesie und eine diskontinuierliche Kompositionsweise beim frühen Jorge Amado; die Aktualisierung der traditionellen Sprache bei Graciliano Ramos oder Marques Rebelo; die unter die Haut gehende Nüchternheit von Dyonélio Machado; die schlichte Natürlichkeit von Érico Veríssimo.

Ihre radikale Einstellung veranlaßte viele dieser Autoren, nach anti-akademischen Lösungen zu suchen und volkstümliche Ausdrucksformen zu übernehmen, was dazu führte, daß sie vom ideologischen Aspekt ihrer Arbeit ein deutlicheres Bewußtsein bekamen als von ihrem Beitrag zur formalen Erneuerung. Jedenfalls erlebt die immer noch nicht abgeschlossene Tendenz zur Entliterarisierung bei ihnen einen wichtigen Aufschwung, das heißt, die Tendenz zum Bruch mit den Tabus in Wortschatz und Syntax, zur Vorliebe für von der konventionellen Kritik als »niedrig« angesehenen Ausdrücke, zur Auflösung der überkommenen Erzählstrukturen. Eine derartige Schreibweise hatten Mário de Andrade und Oswald de Andrade bereits in den zwanziger Jahren auf einem hohen Niveau der Stilisierung (fast als restringierten Ideolekt) in die Wege geleitet; jetzt schickte sie sich an, zur selbstverständlichen, allen zugänglichen Sprache der erzählenden Literatur zu werden.

Jene Autoren-Generationen machten mit dem Regionalismus alten Typs Schluß und führten den modernen städtischen Roman zu neuer Blüte, indem sie ihn von der Frivolität befreiten, die ihn in den ersten beiden Jahrzehnten unseres Jahrhunderts geprägt hatte. Ihre Nachfolger, die in den fünfziger Jahren debütierten oder ihren künstlerischen Höhepunkt erreichten, waren weniger originell, sorgten aber für das, was man als Konsolidierung des Durchschnitts bezeichnen könnte, der nach den Worten von Mário de Andrade für die Literatur wesentlich ist. Was vorher die Ausnahme war, wurde nun zur Regel, und wenn es auch keine Höhenflüge außergewöhnlicher Kreativität gab, so erschien doch eine größere Anzahl guter Bücher als jemals zuvor in unserer Literatur. Ich denke etwa an Autoren wie Dalton Trevisan (Erstpublikation im Jahre 1954), einen Meister der knappen, grausamen Kurzgeschichte und Schöpfer einer Art urbaner Mythologie seiner Heimatstadt Curitiba. Ich denke weiter an Osman Lins (Erstpublikation 1955), der vom gängigen Realismus ausging und zu einer bemerkenswerten experimentellen Unruhe fand, die sein Schaffen bis zu seinem Tod (1978) ständig auf der Höhe der Zeit hielt. Oder auch an Fernando Sabino mit seinem Roman *O Encontro marcado* (1956, dt. *Schwarzer Mittag*), einer Chronik der Jugend und des literarischen Debüts eines Schriftstellers, ein Buch, dessen eiliger Stil aus dem realistischen Bericht einen Angriff auf die Wirklichkeit macht, um ihr einen besonders intensiven Ausdruck abzugewinnen. Des weiteren wäre Otto Lara Resende zu erwähnen, Verfasser eines Romans, der zunächst an Bernanos anknüpft, um sich bald von ihm zu lösen und zur beeindruckenden Sprödigkeit einer banalen Tragödie zu finden, zur Nüchternheit eines Notizbuches (*O Braço direito*, 1963 [Der rechte Arm]). Oder auch Lygia Fagundes Telles (literarische Reife mit *Ciranda de pedra*, 1954, Der steinerne Reigen), die das große Verdienst hatte und hat, im Roman und in der Erzählung jene Durchsichtigkeit zu erzielen, die einem durchdringenden und enthüllenden Blick auf die Welt angemessen ist, ohne jede Schwerfälligkeit in Sprache oder Charakterzeichnung. Diese und andere Schriftsteller repräsentieren das hohe Durchschnittsniveau, das die brasilianische Erzähl-Literatur der fünfziger und sechziger Jahre kennzeichnet.

Ich möchte darauf hinweisen, daß keiner dieser Schriftsteller Regionalist ist und daß sie sich alle im Universum urbaner Wertvorstellungen bewegen, relativ abgehoben von Ort, Zeit, Sitten und Gebräuchen; Bezüge, die sich nur in der Feinstruktur der Bücher nachweisen lassen. Überdies benutzt keiner von ihnen die Literatur zur Verbreitung seiner weltanschaulichen Positionen, mit einer Reihe von Ausnahmen, die nach dem Militärputsch von 1964 allerdings zunehmen. Es ist daher schwierig, bei ihnen eine »Option« im oben beschriebenen Sinne festzustellen. Rechts oder links? Gesellschaftsroman oder psychologischer Roman? Volkstümlicher oder gehobener Stil? Derartige Kriterien, die in früheren Kontroversen eine große Rolle spielten, werden gegenstandslos bei Büchern, die eine umfassende Lebenserfahrung ausdrücken, derzufolge Parteinahme oder soziale Anklage durch die Sicht der betreffenden Personen oder Gruppen, durch die Existenz- und Seinsweise überwunden werden.

4. Die Aufhebung des Besonderen im Allgemeinen

Bevor wir jedoch zur jüngsten Phase der brasilianischen Erzählliteratur – den sechziger und siebziger Jahren – kommen, müssen wir den Blick zurückwenden auf das Werk einiger Erneuerer, die lange vorher zu schreiben begannen, wie Clarice

Lispector, Guimarães Rosa und Murilo Rubião. Sie brachten einen neuen Ton in die Literatur, der in allen drei Fällen einem scharfsichtigen Kritiker, Álvaro Lins, sogleich auffiel, im Falle der beiden letztgenannten Autoren jedoch vom Publikum und von der Mehrheit der Kritiker erst viel später erkannt wurde.

Der Roman *Perto do coração selvagem* (dt. *Nahe dem wilden Herzen*) von Clarice Lispector (1943) war für die Prosa beinahe ebenso wichtig wie *Pedra de sono* (Stein des Schlafes) von João Cabral de Melo Neto (1942) für die Lyrik. In diesem Roman trat das Thema in gewisser Weise in den Hintergrund, die Schreibweise dagegen in den Vordergrund, was deutlich machte, daß die Arbeit am Text ausschlaggebend für die volle Wirkung der Fiktion war. Mit anderen Worten: Clarice Lispector zeigte, daß die gesellschaftliche oder individuelle Wirklichkeit, die das Thema liefert, und das verbale Instrumentarium, das die Sprache abgibt, ihre Berechtigung vor allem der Tatsache verdanken, daß sie eine eigene Wirklichkeit schaffen, die nach den Regeln ihrer eigenen Logik verstanden sein will. Es handelt sich nicht mehr darum, den Text als etwas anzusehen, das auf diesen oder jenen Aspekt der Welt und des Daseins verweist; sondern darum, von ihm zu verlangen, er möge für uns die Welt oder jedenfalls eine Welt schaffen. Natürlich geschieht dies in jedem Werk; aber wenn der Autor ein geschärftes Bewußtsein davon hat, so bleibt dies nicht ohne Einfluß auf die Art seines Schreibens, und die Kritik sieht sich vor die Notwendigkeit gestellt, ihre Maßstäbe zu überprüfen, einschließlich ihrer Neigung zu einseitigen Positionsbestimmungen (entweder Thema a *oder* Thema b; rechts *oder* links; psychologisch *oder* gesellschaftlich). Der Kritiker wird nämlich, ebenso wie der Schriftsteller selbst, immer deutlicher erkennen, daß die Macht der Fiktion in erster Linie auf der literarischen Konvention beruht, die es ihr erlaubt, eine Welt außerhalb der Welt zu schaffen.

Guimarães Rosa veröffentlichte 1946 eine Sammlung von regionalistischen Erzählungen, *Sagarana* (dt. *Sagarana*), die dank einer verblüffenden Erfindungskraft bei der Gestaltung der Fabel und dank der Konstruktion einer neuen Sprache auf andere Weise neue Wege ging. In jahrelanger stiller Arbeit setzte er diese Entwicklung fort und führte sie in einer Reihe längerer Erzählungen zu einem Höhepunkt, von denen die letzte sich schließlich zu einem Roman auswuchs: *Corpo de baile* (dt. *Corps de Ballet*) und *Grande sertão: Veredas* (dt. *Grande Sertão), die beide* 1956 *erschienen.*

Diese Bücher waren, weit mehr als die von Clarice Lispector, ein literarisches Ereignis, denn sie griffen eine ebenso bedenkliche wie unvermeidliche Tendenz der brasilianischen Literatur auf, den Regionalismus; und diesen trieb Guimarães Rosa dergestalt auf die Spitze, daß er ihn sprengte und zu etwas Neuem machte. So gelang es ihm, mit Hilfe einer höchst umstrittenen Partikularität, die er mit beinahe unerbittlicher Ausführlichkeit erforschte, zu einer höchst unumstrittenen Universalität vorzudringen. Machado de Assis hatte gezeigt, wie ein junges Land von geringer Bildung eine hochbedeutende Literatur, deren Geltung keine räumlichen Grenzen kannte, hervorbringen konnte, indem er die Versuchung zum Pittoresken ignorierte, die zu seiner Zeit beinahe unwiderstehlich war. Der Weg, den Guimarães Rosa zurücklegte, verlangte größere Kühnheit: Er verfolgte dasselbe Ziel, doch nicht dadurch, daß er der Gefahr aus dem Wege ging, sondern indem er sich ihr stellte. Mit fliegenden Fahnen ging er zur genauesten und vollständigsten Darstellung des Pittoresken und Regionalen über, und eben dadurch vermochte er dessen Partikularität zu überwinden, um es zu einem für alle Menschen gültigen Wert zu erheben. Die ländliche Welt des Sertão gibt es in Brasilien auch heute noch, und sie zu ignorieren wäre eine Verkennung der Wirklichkeit. So ist es nicht verwunderlich, daß sie sich dem Bewußtsein des Künstlers ebenso aufdrängt wie dem des Politikers und des Revolutionärs. Rosa nahm diese Herausforderung an und machte sie zum Gegenstand nicht einer regionalistischen Literatur, sondern einer mehrdimensionalen Fiktion, deren Bedeutung weit über das ihr zugrunde liegende konkrete Milieu hinausgeht.

Er wurde der größte zeitgenössische Erzähler portugiesischer Sprache, indem er zeigte, wie man über den Realismus hinausgehen kann und dabei zu einem vertieften Verständnis für das Reale gelangt; wie man sich in den Bereich des Fantastischen begeben und doch ein überzeugendes Gefühl für Wahrheit vermitteln kann; wie man größte Treue gegenüber der sprachlichen Tradition und dem regionalen Hintergrund mit moderner Schreibweise verbinden kann. Außerdem schuf der Autor in *Grande Sertão: Veredas* eine Erzähltechnik, die man in Anlehnung an die »unendliche Melodie« als unendlichen Monolog bezeichnen könnte, und die auf die spätere brasilianische Erzählliteratur einen entscheidenden Einfluß ausüben sollte.

Dank dieser ihm zu Gebote stehenden Ausdrucksmittel war er vielleicht der erste Schriftsteller, dem es gelang, die beiden grundlegenden und bislang stets getrennten Obsessionen unserer Erzählliteratur zur Synthese zu bringen: das Verlangen nach dem Besonderen als Selbstbestätigung und Selbstfindung sowie das Verlangen nach dem Allgemeinen als Suche nach Wertvorstellungen, die für die ganze Menschheit verbindlich sind. Wie Machado de Assis in dem erwähnten Aufsatz aus dem Jahre 1873 bereits andeutete, ging es darum, das Besondere – und sei es in der Gestalt des Pittoresken – als Bestätigung einer Autonomie zum Ausdruck zu bringen, die über das Pittoreske hinausweist.

Mit der Sammlung von Erzählungen, die 1947 unter dem Titel *O Ex-Mágico* (dt. *Der Feuerwerker Zacharias*) erschien, führte Murilo Rubião das absurde Außerordentliche in die brasilianische Erzählliteratur ein. Gewiß gab es auch vorher Beispiele für andere Spielarten des Außerordentlichen[4], vor allem lyrischer Prägung, wie etwa die wundervolle Erzählung *O Iniciado do vento* (Der Eingeweihte des Windes) von Anibal Machado, einem der kultiviertesten Autoren unserer neuen Literatur, der vom Modernismo kam und der in den vierziger Jahren bekannt wurde. Doch für das Absurde gab es nur vereinzelte Beispiele in der Poesie, wie etwa die Dezimen eines merkwürdigen Volksdichters vom Anfang des 19. Jahrhunderts, des Schuhmachers Silva; oder in den vierziger Jahren des 19. Jahrhunderts die »Pantagruelische Poesie« einiger Vertreter der romantischen Bohème.

Mit gewissenhafter Unbeirrbarkeit und absolut einseitiger Vorliebe für diese Gattung (außerhalb derer er nichts schreibt) arbeitete Murilo Rubião zu einem Zeitpunkt, da der soziale Realismus in der Literatur vorherrschte, an absurden Erzählungen und wies damit einen Weg, dessen Eigenart nur wenige erkannten und den andere Schriftsteller erst später einschlugen. Bis zur überarbeiteten und erweiterten Neuausgabe seines Erstlingsbuches im Jahre 1966 unter dem Titel *Os Dragões e outros contos (*dt. *Der Feuerwerker Zacharias)* blieb er ein beinahe unbekannter Autor. Das damalige Prestige von Borges, der beginnende Ruhm von Cortázar und die bald folgende Verbreitung von Büchern wie *Hundert Jahre Einsamkeit* von García Márquez in Brasilien ließen Kritiker wie Leser auf diesen unauffälligen einheimischen Vorläufer aufmerksam werden, der sich jedoch erst in den siebziger Jahren endgültig durchsetzte und in seiner ganzen Bedeutung anerkannt wurde. Inzwischen hatte sich in der epischen Literatur Brasiliens ein Wandel vollzogen, und Murilo Rubião, der zuvor als Ausnahme gegolten hatte, wurde nun beinahe zu einem verpflichtenden Vorbild.

5. Politische Verhärtung und ästhetische Avantgarde

Die sechziger Jahre unseres Jahrhunderts waren anfangs turbulent und zuletzt fürchterlich. Zunächst waren sie geprägt von der hochfliegenden, doch leider auch desorganisierten Radikalisierung des Populismus unter der Regierung von João Goulart. Dann führten die panische Angst der Bourgeoisie vor einer Revolution und das Eingreifen des Imperialismus zum Militärputsch von 1964, dessen Urheber den brutalen Druck der ersten Jahre des Regimes von 1968 an zu einem System blutiger Unterdrückung steigerten.

Die erstgenannte Phase, die Ära Goulart, war im kulturellen Bereich, im Theater, im Kino, in der Poesie und im Erziehungswesen gekennzeichnet durch ein wachsendes Interesse an der Volkskultur sowie durch ein nachhaltiges Bemühen, den Wünschen und Forderungen des Volkes Ausdruck zu verleihen. Der Putsch brachte all diese Bestrebungen zwar nicht mit einem Schlag zum Erliegen, aber doch nach und nach. Daraufhin traten verschiedene mehr oder weniger chaotische, schrille und bilderstürmerische Formen der Revolte auf, wie etwa der *Tropicalismo*. Tatsächlich handelte es sich hierbei um einen soziokulturellen Wandlungsprozeß, dessen Kern die Studentenbewegungen von 1968 waren, und der zu einer Konventionsfeindlichkeit führte, die noch heute die kulturelle Produktion beherrscht. Dieser Vorgang muß im Zusammenhang gesehen werden mit einer Veränderung der Lebensformen, der Auflösung der traditionellen Kleidermode, dem Bruch der herkömmlichen Hierarchie, der zwischen Pathos und Überspanntheit schwankenden Suche nach einer Situation des *Catch-as-catch-can* in einem kulturellen Niemandsland.

Im Bereich der Prosaliteratur brachten die sechziger Jahre einige bedeutende Werke mehr oder weniger konventionellen Zuschnitts hervor, wie etwa die Romane von Antônio Callado, dem dank seines schriftstellerischen Könnens und seiner Unerschrockenheit die Erneuerung der »engagierten Literatur« gelang. Er wurde mit dem Roman *Quarup* (1967) zum ersten qualifizierten Chronisten des Putsches von 1964 und schrieb in seinem folgenden Roman, *Bar Don Juan* (1971), die ungeschminkte Geschichte des linken Abenteurertums. Auf derselben Linie bewegt sich die politische Fabel des Romans *Incidente em Antares* (1971, Zwischenfall in Antares) von dem Altmeister des realistischen Romans, Érico Veríssimo. Im Laufe der Jahre wuchs eine Generation heran, die man als die »Generation der Repression« bezeichnen könnte. Sie setzte sich aus jungen Schriftstellern zusammen, die nach dem Putsch zu künstlerischer Reife gelangt waren. Als Beispiel sei Renato Tapajós mit seinem Roman *Em câmara lenta* (1977; In Zeitlupe) genannt, einem hellsichtigen Zeitdokument und einer Analyse des Terrorismus unter Verwendung einer avancierten Erzähltechnik (der Roman wurde von der Zensur beschlagnahmt und erst 1979 per Gerichtsbeschluß freigegeben).

Den entscheidenden Beitrag der sechziger und vor allem der siebziger Jahre lieferten allerdings jene Arbeiten, die in eine neue Richtung wiesen, und in deren radikaler sprachlichen und erzähltechnischen Experimentierfreudigkeit jene Phase des ästhetischen Avantgardismus und der politischen Verhärtung ihren Ausdruck fand.

Wenn wir schon mit Bezug auf die Autoren der fünfziger Jahre von der Schwierigkeit einer klaren »Option« sprachen, von dem Ende der einseitigen Zuordnung zu einer bestimmten Richtung, so kann man im Hinblick auf die Schriftsteller, die sich zwanzig Jahre später durchsetzten, von einem regelrechten Sieg der Pluralität sprechen. Es geht hier nicht mehr um ein friedliches Nebeneinander unterschiedlicher Spielarten von

Roman und Erzählung, sondern um eine Weiterentwicklung dieser Gattungen der fiktionalen Literatur, die in Wirklichkeit ihren spezifischen Gattungscharakter aufgeben, indem sie literarische Techniken und Sprachebenen einbeziehen, die früher innerhalb der Gattungsgrenzen undenkbar gewesen wären. Das Ergebnis sind Texte, die sich nicht mehr einordnen lassen: Romane, die sich eher lesen wie Reportagen; Erzählungen, die sich von Gedichten oder Chroniken nicht mehr unterscheiden oder graphische Symbole und Fotomontagen enthalten; Autobiographien, die Erzählton und Technik dem Roman entlehnen; Prosatexte, die eigentlich Theaterszenen sind; Texte, in denen Zeitungsausschnitte, Dokumente, Erinnerungen, Reflexionen aller Art nebeneinanderstehen. Die fiktionale, erzählende Literatur wird in ihrem Innersten erschüttert durch den Boom der modernen Massenmedien, den erstaunlichen Aufschwung von Zeitschriften und kleineren Wochenzeitungen, durch Reklame, Fernsehen, poetische Avantgarden, die seit Ende der fünfziger Jahre aktiv sind, wozu insbesondere der Konkretismus gehört – ein *storm-center,* das Denkgewohnheiten vor allem deshalb verunsichern konnte, weil es sich auf eine anspruchsvolle theoretische Reflexion stützte. Eine Vorstellung von dem, was an der neuesten Erzählprosa typisch ist, vermittelt die Reihe *Nosso Tempo* (Unsere Zeit) aus dem Verlag Ática in São Paulo. Dieser veröffent-licht vor allem junge Autoren in Editionen, deren Äußeres aufgrund der auffällig-kühnen graphischen Gestaltung dem Duktus der Texte vergleichbar ist, so daß beide ein organisches antikonventionelles Ganzes bilden, das den Leser zugleich abstößt und fesselt. Und diese »abstoßende Fesselung« scheint einer der Schlüssel zum Verständnis unserer zeitgenössischen Erzählliteratur zu sein.

Zunächst jedoch war es das sanftere Werk von Clarice Lispector, das prägenden Einfluß auszuüben schien. Von ihr gehen vermutlich die strukturauflösenden Tendenzen aus, wonach das Erzählen einer Fabel zugunsten des Beschreibens aufgegeben wird, das mit einer gewissen Vorliebe für unscharfe Konturen betrieben wird. Der Verlust des Überblicks geht auf die gewissenhafte Ansammlung von sorgfältig beschriebenen Einzelheiten zurück, die ein scharfsinniger Kritiker einer aufs konkrete Detail fixierten weiblichen Sicht der

Dinge zuschrieb. Dies mag das Entstehen einförmiger Texte des Typs »nouveau roman« erklären – dessen bisher unbemerkte Vorläuferin Clarice Lispector vielleicht war und die sich dann bei Erzählerinnen in ihrer Nachfolge finden wie z. B. bei Maria Alice Barroso (Erstpublikation 1960) und Nélida Piñon (Erstpublikation 1961).

Ein anderes Merkmal der jüngsten Literatur ist die Fiktionalisierung nicht-fiktionaler Gattungen (Crônica[3], Autobiographie), ganz zu schweigen von der Abwanderung der Fiktion aus dem Bereich des geschriebenen Wortes, wobei sie die Substanz von Erzählung und Roman anderen Künsten zuführte: dem Kino, Theater, der Fernsehserie (die von Tag zu Tag an Bedeutung gewinnt und auf begabte Schriftsteller anziehend wirkt). Man weiß, welch hervorragendes Betätigungsfeld die Fiktion im Kino fand, vor allem seit dem *Cinema Novo* der fünfziger und sechziger Jahre, als es sich einbürgerte, daß die Regisseure die Drehbücher ihrer Filme selbst entwarfen und schrieben. Viele potenzielle Romanschriftsteller verwirklichten sich in diesem Medium, während zahlreiche Lyriker das Lied bevorzugten, wie Vinicius de Moraes.

6. Der aggressive Realismus

Es gibt die mehr oder weniger einhellige Meinung, das Beste an der neuesten brasilianischen Prosaliteratur sei die Erzählung. In der Tat haben mehrere Verfasser von Erzählungen durch eine eigenwillige Erkundung der Wirklichkeit auf sich aufmerksam gemacht, wobei sie neuartige Kunstmittel verwendeten, die sie teils ihrem Erfindungsreichtum, teils der Umformung traditioneller Kunstmittel verdanken. Es ist weder möglich noch sinnvoll, sie alle hier aufzuzählen, doch einige Namen seien genannt.

João Antônio veröffentlichte im Jahre 1963 den beeindrukkenden Band *Malagueta, perus e bacanaço* (Pfeffer, Truthähne und ein toller Typ), doch sein Meisterwerk – und ein Meisterwerk unserer Literatur überhaupt – ist die längere Erzählung *Paulinho Perna Torta* (Paulchen Krummbein) aus dem Jahre 1965. Darin scheint das Streben nach einer Prosa, die allen Wirklichkeitsebenen gerecht wird, auf besonders geglückte Weise verwirklicht, wobei der Monolog, die Verwendung des Argot, die Aufhebung der Unterschiede zwischen gesprochener und geschriebener Sprache, der galoppierende Erzählrhythmus als exakter Ausdruck gedanklicher Vorgänge Mittel sind, das Milieu des Verbrechens und der Prostitution in all seiner Roheit zu schildern.

Diese Art des vorurteilslosen Ultrarealismus kennzeichnet auch die gelungensten Teile der Produktion eines anderen großen Meisters der Erzählung, Rubem Fonseca, der 1963 zum ersten Mal an die Öffentlichkeit trat. Auch er stößt den Leser durch die geschilderte Gewalt vor den Kopf, nicht nur dank der Wahl seiner Themen, sondern auch dank seiner Stilmittel, mit denen er Existenz und Handeln in der Rede des Ich-Erzählers meisterhaft verschmilzt, neuartige Formen des Erzählablaufs zur Diskussion stellt und die Grenzen der Literatur in Richtung auf eine ungeschminkte Wiedergabe des Lebens selbst erweitert.

Diese beiden Schriftsteller sind profilierte Vertreter einer der auffallenden Tendenzen der Gegenwartsliteratur, die man als aggressiven Realismus bezeichnen könnte und deren Initiatoren sie möglicherweise waren. Dasselbe gilt auch für andere Schriftsteller wie etwa Ignácio de Loyola Brandão, dessen Roman *Zero* (dt. *Null*) bereits 1971 fertiggestellt war, in Brasilien aber keine Chance zur Veröffentlichung hatte und daher 1974 zuerst in einer italienischen Übersetzung verlegt wurde. Als er schließlich 1975 in Brasilien erschien, wurde er von der Zensur verboten, die ihn erst 1979 freigab.

Eine andere wichtige Tendenz ist die sich nunmehr verallgemeinernde Aufkündigung des realistischen Paktes, der die erzählende Literatur während der letzten zweihundert Jahre prägte. Verantwortlich für diese Entwicklung ist die Einbeziehung des Außerordentlichen, das aus seinem Schattendasein in den Vordergrund trat und dessen Vorläufer, wie wir sahen, Murilo Rubião mit seinen Erzählungen des Absurden gewesen war. Was den Geschmack von Autoren und Publikum in diese Richtung lenkte, war zweifellos die Beliebtheit der hispanoamerikanischen Erzählliteratur. Allerdings hatte José J. Veiga, lange bevor diese Art von Literatur zur Mode wurde, deren Anhänger Legion sind, *Os Cavalinhos de Platiplanto* (1959; Die Pferdchen von Platiplanto) geschrieben – Erzählungen, die von einer katastrophenartigen Ruhe gekennzeichnet sind.

Es sei daran erinnert, daß der Verstoß gegen die Norm sich auch mit Hilfe von graphischen Zeichen, Abbildungen, Fotografien vollziehen kann, die nicht nur in den Text eingefügt sind, sondern die zum graphischen Erscheinungsbild der Bücher selbst gehören, wie etwa in den erwähnten Editionen des Verlags Ática. Als Beispiel dafür seien die beiden Bücher von Roberto Drummond genannt: *A Morte de D. J. em Paris* (1975; Der Tod von D. J. in Paris), Erzählungen, ein großer Publikumserfolg, sowie der Roman *O Dia em que Ernest Hemingway morreu crucificado* (1978; Der Tag, an dem E. Hemingway gekreuzigt wurde). Das Außerordentliche prägt den Text hier ebenso wie den graphischen Kontext.

Viele Autoren verfolgen eine Linie, die man als eher traditionell bezeichnen könnte, ohne daß sie deshalb konventionell zu nennen wäre; denn in der Tat bewegen sich diese Schriftsteller innerhalb der Tradition mit einer Kühnheit, die jener ihrer Kollegen keineswegs nachsteht. Dies gilt ebenso für die Wahl der Themen, für die Verletzung der literarischen Gewohnheiten wie für das Streben nach einer umgangssprachlichen Natürlichkeit, die seit dem Modernismo ein Ziel der Literatur ist und sich erst jetzt, wie es scheint, wirklich einbürgert. In diesem Zusammenhang wäre das unauffällige Werk von Luís Vilela zu nennen, einem recht schaffensfreudigen Autor, der 1967 mit einem Erzählband *Tremor de terra* (Erdbeben) erstmals an die Öffentlichkeit trat.

7. Gegenliteratur

Aus dem Gesagten geht hervor, daß wir es mit einer Gegenliteratur zu tun haben, mit einer Literatur *gegen* das nationale Stilideal der Eleganz und der Makellosigkeit; *gegen* die sich auf die Wahrscheinlichkeit stützende konventionelle Auffassung von Realismus und die ihr zugrundeliegende, konventionelle Auswahl von Wirklichkeitsausschnitten; *gegen* die herkömmliche Logik des Erzählens, d. h. die wohlstrukturierte Abfolge von Anfang, Mitte, Schluß mittels einer souveränen Technik der »Dosierung« der Effekte; und schließlich *gegen* die gesellschaftliche Ordnung, ohne daß die Texte damit einen bestimmten politischen Standpunkt bezögen (auch wenn der Autor einen solchen vielleicht hat). Eben dies ließe sich als ein weiteres Merkmal der neuesten brasilianischen Literatur bezeichnen: Die implizite Verweigerung ohne explizite Übernahme einer Ideologie.

All diesen Tendenzen, die mit dem historischen Augenblick wie auch mit dem Einfluß der künstlerischen Avantgarden zusammenhängen, ist gemein, daß sie eine doppelte Bewegung leisten: Negation und Überwindung. Die Militärdiktatur hat – mit ihrer repressiven Gewalt, der Zensur, der Verfolgung nonkonformistischer Intellektueller – diese oppositionelle Haltung sicherlich geschürt, ihre deutliche Artikulierung aber gleichzeitig verhindert. Auf literarischer Ebene bestand die Plattform der Avantgarden ebenfalls in der Negation, wie im Falle des Konkretismus in der Poesie, der seine entscheidende Phase in den sechziger Jahren erlebte. Dies trifft auch für andersgeartete Bewegungen desselben Jahrzehnts zu, wie den *Tropicalismo*, der eine aufgeregte und endgültige Negation der die Kunst und Literatur beherrschenden Werte propagierte, wie guter Geschmack, Ausgewogenheit, Sinn für Proportionen.

Was ich oben als aggressiven Realismus bezeichnet habe, läßt sich diesem gedanklichen Kontext zuordnen – vor allem, wenn man sich in Erinnerung ruft, daß er einer Ära entspricht, in der alle Lebensbereiche in den Städten von Gewalt gekennzeichnet waren. Guerrilla, ausufernde Kriminalität, Überbevölkerung, Landflucht, Zusammenbruch des gewohnten Lebensrhythmus, wirtschaftliche und gesellschaftliche Marginalität – alle diese sich überstürzenden Vorgänge stürmen auf das Bewußtsein der Schriftsteller ein und schaffen immer neue Bedürfnisse beim Leser. Ein interessanter Gradmesser für diese Entwicklung ist der Wandel der Zensur, die sich innerhalb von 20 Jahren trotz des Zwangscharakters des Militärregimes genötigt sah, in zunehmendem Maße die Schilderung sexueller Vorgänge, Schimpfworte, Grausamkeit, Obszönität in Film, Theater, Presse und Buch zuzulassen.

Vielleicht läßt sich dieser aggressive Realismus am besten in der Ich-Erzählung verwirklichen, die – wie bereits angedeutet, vermutlich aufgrund des Einflusses von Guimarães Rosa – in der gegenwärtigen brasilianischen Prosaliteratur dominiert.

Die Brutalität der Lebenssituation kommt in der Brutalität des in ihr stehenden Handlungsträgers (Protagonist) zum Ausdruck, mit dem sich der Erzähler identifiziert, was jede Unterbrechung des Erzählflusses und jeden kritischen Abstand zwischen Erzähler und Erzähltem unmöglich macht. In der naturalistischen Literatur versucht der Er-Erzähler mit Hilfe der erlebten Rede, sich mit der literarischen Figur aus dem Volk auf dieselbe Stufe zu stellen. In Brasilien jedoch war dies aus gesellschaftlichen Gründen schwierig: Aufgrund seiner prekären gesellschaftlichen Stellung und der Geringschätzung der Sklavenarbeit wollte der Schriftsteller alles vermeiden, was Zweifel an seinem sozialen *Status* hätte aufkommen lassen können. Daher benutzte er erst einmal in der indirekten Rede (die ihn, den Erzähler definierte) die Sprache der Gebildeten und bezog die Sprache des Volkes in Anführungszeichen als direkte Rede ein (die den *anderen* definierte); und erst nachdem dies alles geklärt war, skizzierte er in der erlebten Rede eine vorsichtige Verschmelzung beider Redeweisen.

Dies erklärt den *exotischen* Charakter des Regionalismus wie auch der zahlreichen Romane mit städtischer Thematik. Der Wunsch nach Aufrechterhaltung der gesellschaftlichen Distanz veranlaßte den Schriftsteller trotz seiner literarisch motivierten *Sympathien*, seine überlegene Position klarzustellen sowie Sprache und Angelegenheiten des Volkes in einer paternalistischen Weise zu behandeln. Deshalb verschanzte er sich hinter der dritten Person, die den Standpunkt des bürgerlichen Realismus bezeichnet.

Die Bestrebungen des heutigen Schriftstellers gehen in die umgekehrte Richtung. Er möchte den gesellschaftlichen Abstand zum Verschwinden bringen, indem er sich mit der Situation des Volkes, die den Stoff abgibt, identifiziert. Er benutzt die Ich-Erzählung als Kunstmittel, um Autor und literarische Figur zu verschmelzen, wobei er eine Art permanente und unkonventionelle direkte Rede einführt, die eine engere Verschmelzung erlaubt als die erlebte Rede. Dieser stilistische Statusverzicht des Erzählers ist ein außerordentlich wichtiges Merkmal der gegenwärtigen brasilianischen Erzählliteratur (und vielleicht auch anderer Literaturen).

Dazu ist jedoch folgendes anzumerken: Schriftsteller wie Rubem Fonseca sind ausgezeichnet, solange sie dieses Verfahren benutzen; wenn sie aber zur dritten Person übergehen oder Lebenssituationen ihrer eigenen gesellschaftlichen Klasse schildern, scheint ihre Qualität nachzulassen. Damit stellt sich die Frage, ob diese Schriftsteller nicht auf dem Wege zu einem neuen Exotismus sind, der zukünftigen Lesern noch stärker auffallen wird; ob sie nicht eher deshalb erfolgreich sind, weil sie Themen, Situationen und Redeweisen von Asozialen, Prostituierten oder städtischen Analphabeten präsentieren, die auf den Leser der Mittelklasse dieselbe Anziehungskraft ausüben wie jeder andere pittoreske Gegenstand auch. Wie dem auch sei, diese Schriftsteller sind große Neuerer, weil sie dabei sind, den literarischen Raum außerordentlich zu erweitern. Die Neuerungen, die die Prosaautoren der dreißiger und vierziger Jahre einführten, betrafen die Thematik, den Wortschatz und die Annäherung an die mündliche Redeweise. Ihre heutigen Kollegen gehen weiter und verändern die Eigenart des Erzählstils selbst, auch wenn sie die überragende Bedeutung jener Vorläufer nicht erreichen.

Dieser Drang zum Erneuern und Experimentieren mag die kreative Ausdauer beeinträchtigen, weil er der Detailarbeit an jedem einzelnen Text gilt. Dies ist der Grund für das Abrücken von den großen Entwürfen früherer Zeiten, wie etwa *O Ciclo da cana-de-açúcar* (Zuckerrohr-Zyklus) von Lins do Rego (fünf Bände), der *Os Romances da Bahia* (Bahia-Zyklus) von Jorge Amado (sechs Bände), *Tragédia burguesa* (Bürgerliche Tragödie) von Otávio de Faria (mehr als zehn veröffentlichte Bände), *O Espelho partido* (Der zersprungene Spiegel) von Marques Rebelo (auf sieben Bände angelegt) und *O Tempo e o vento* (Die Zeit und der Wind) von Érico Veríssimo (drei Bände). Der epische Atem verflüchtigt sich, und kleinere Formen wie Erzählung, Chronik, Sketch werden schließlich zu idealen Gattungen. Diese Kurzformen erleichtern dem Autor die schwierige Aufgabe, die von der *Violência*, dem Außerordentlichen und der Brillanz der Darstellung erzeugte Spannung bis zum Ende durchzuhalten.

Zugleich stehen wir vor dem Problem, daß es für diese Erzählliteratur keine Wertungsmaßstäbe gibt. Kategorien wie Schönheit, Anmut, Rührung, Symmetrie oder Harmonie kommen niemandem mehr in den Sinn. Was zählt, ist der Schock, dessen Qualität von seiner Heftigkeit oder seiner Raffiniertheit abhängt. Nicht Ergriffenheit oder Nachdenklichkeit sind beabsichtigt; vielmehr will man mit Texten, die unter die Haut gehen, die sich aber nur schwer einordnen lassen, die Leser verunsichern und den Scharfsinn der Kritiker auf die Probe stellen.

Vielleicht ist es daher angebracht, in diesem Zusammenhang einmal über die Grenzen der Neuerungen nachzudenken, die allmählich zur Routine werden und sich kaum gegen die Abnutzung der Zeit zu wehren vermögen. Es scheint dieser neuen Literatur aber auch gar nicht auf Langlebigkeit anzukommen, besteht sie doch häufig aus provisorischen Hervorbringungen, die sich an den eiligen Leser wenden und die darauf angewiesen sind, den Literaturbetrieb laufend und kurzfristig zu bedienen. In diesem Kampf gegen die Eile und das rasche Vergessen kommt es zu Übersteigerungen der verwendeten Kunstmittel, die unter den Händen der mit dem Strom schwimmenden Mehrheit schließlich zu abgegriffenen Klischees werden.

8. Die nicht-fiktionalen Autoren

Vielleicht ist dies der Grund dafür, daß die kreativsten und jedenfalls interessantesten Bücher der jüngsten Erzählliteratur in Brasilien von nicht-fiktionalen Schriftstellern stammen oder nicht einmal fiktionalen Charakter aufweisen. Sie benutzen eine eher traditionelle Schreibweise, verzichten auf spektakuläre Kunstmittel, respektieren die Grenzen des geschriebenen Wortes, verschmähen die Vermischung der Kunstmittel und Kunstgattungen und legen keinen Wert auf Provokationen mit stilistischen oder strukturellen Mitteln.

Ich denke dabei an Bücher wie *Maíra* (dt. *Maíra*), den Roman des Anthropologen und Denkers Darcy Ribeiro (1976); *Três mulheres de três PPP* (Drei Frauen dreier Beamten), einen Band mit Erzählungen des Filmkritikers Paulo Emilio Salles Gomes (1977) sowie die vier veröffentlichten Memoirenbände des Rheumatologen Pedro Nava *Baú de ossos*, 1972 (Truhe der Gebeine); *Balão cativo*, 1973 (Gefesselter Ballon); *Chão de ferro*, 1976 (Eisenerde); *Beira-Mar*, 1978 (Meeresufer).[5] Darcy Ribeiro, der auf ein bedeutendes Werk als Anthropologe und Erziehungswissenschaftler zurückblicken kann – ganz abgesehen von seinem mutigen, fortschrittlichen Wirken als Mann des öffentlichen Lebens –, hat vorher niemals erzählende Literatur geschrieben. Sein Roman, ein origineller Rückgriff auf den Indianismus, entwickelt seine Handlung auf drei Ebenen – der Ebene der Götter, der Indianer und der Weißen. Die Beziehung zwischen diesen Ebenen, die schöpferische Kraft der Mythen in Verbindung mit der gesellschaftlichen Ordnung der Primitiven, das alles bedrohende Eindringen der Weißen werden mit erzählerischer Meisterschaft, ohne stilistische Klischees oder Vorurteile behandelt, so daß hier eine Modernität erreicht wird, die nicht die der Avantgarden ist, sondern die der sich auf das Wesentliche beschränkenden Ausdrucksformen. Pathetisch, aber auch ironisch knüpft er an die Rolle des Indianers in der erzählenden Literatur an, stellt sie jedoch in eine völlig neue Dimension, eine Leistung, die an die Umformung des Regionalismus durch Guimarães Rosa erinnert: eine Revolution.

Paulo Emílio Salles Gomes war zeit seines Lebens ein Kinoexperte, der größte Filmkritiker Brasiliens und Begründer der brasilianischen Kinematheken, Verfasser klassischer Monographien über Jean Vigo und Humberto Mauro. Seine freischweifende, außergewöhnliche Phantasie ließ ihn immer wieder zu neuen Ufern streben, doch erst gegen Ende seines Lebens, im Alter von sechzig Jahren, schrieb er die drei längeren Erzählungen des oben erwähnten Bandes, die mit einer seltenen Freiheit in Stil und Handlungsaufbau von komplizierten Liebesbeziehungen handeln. Seine souveräne und unbequeme Modernität artikuliert sich jedoch in einer fast klassischen, durchsichtigen und ironischen Prosa, mit einem Anflug von Libertinage, der an französische Erzähler des 18. Jahrhunderts erinnert.

Pedro Nava, ein bedeutender Arzt, war als Literat nur einigen Freunden bekannt, da er modernistische Zirkel in seinem Heimatstaat Minas Gerais besucht und einige wenige Gedichte geschrieben hatte, die von der Originalität eines begabten Dilettanten zeugten. Plötzlich, im Alter von siebzig Jahren, veröffentlichte er nach und nach erstaunliche Memoiren in einer überaus nuancenreichen und ausladenden Sprache, die den Leser auf proustsche Weise fasziniert. Zu Recht lesen wir sie wie fiktionale Literatur, denn in der Tat erfüllen die plastische Charakterzeichnung wie auch die einfallsreiche Anordnung der Ereignisse in gelungener Weise alle Ansprüche der Fiktion; und diese Ereignisse werden, obwohl zunächst durch Dokumente belegt, mit einer Phantasie behandelt, die eines Romanschriftstellers würdig ist.

Es gibt also in der gegenwärtigen brasilianischen Literatur einen Umstand, der nachdenklich stimmt: Die fiktionale Erzählprosa hat auf so vielfältige Weise versucht, aus ihren Normen auszubrechen, neue Kunstmittel zu übernehmen, sich mit anderen Künstlern und anderen Medien zu liieren, daß uns schließlich eine Reihe von Werken unter dem Gesichtspunkt der Fiktionalität als gelungen und befriedigend erscheinen, die ohne innovative Absicht entstanden, ohne Verankerung in einer literarischen Schule, ohne Rücksichten auf herrschende Moden, wozu sogar ein Werk gehört, das gar nicht fiktional ist. Sollte dies ein Zufall sein? Oder eine Warnung? Eine Antwort darauf vermag und wage ich nicht zu geben. Ich konstatiere lediglich eine Situation, die zumindest verwunderlich ist und die einer kritischen Untersuchung bedarf.

Aus dem Brasilianischen von Berthold Zilly

Anmerkungen des Übersetzers

Die Übersetzung folgt dem Vortragsmanuskript; der Druckfasssung entnommen sind lediglich die Zwischenüberschriften.
1 »ão«. Dieser Nasal-Diphthong gilt sowohl bei Portugiesen/Brasilianern wie auch bei Ausländern als besonders charakteristischer Laut. Nicht zuletzt aufgrund seiner außerordentlichen Häufigkeit gilt er vielleicht als wenig ästhetisch.
2 Brasilien hat jetzt 23 Bundesstaaten.
3 *Crônica* ist eine Gattung, die es mit dieser Bezeichnung in der deutschen Literatur eigentlich nicht gibt. Es kann zwar eine Chronik im historischen Sinne sein, hat aber auch die Bedeutung von Kurztext, Anekdote, Glosse, Bericht über ein aktuelles Ereignis oder eine Alltagsbegebenheit. Vgl. auch den Artikel zu Drummond de Andrade, S. 173.

4 »O insólito« ist eine wichtige, wenngleich etwas unscharfe Kategorie der brasilianischen Literaturkritik, für die es im Deutschen keine genaue Entsprechung gibt. Gemeint ist vor allem: a) alles Normabweichende, Befremdliche, Frappierende, den Erwartungshorizont formal und inhaltlich Sprengende, das Groteske und/oder: b) das Übersinnliche, Übernatürliche, Phantastische; es entspricht teilweise dem Begriff des »maravilloso« der hispanoamerikanischen Literatur.

5 Bis heute, 1984, sind zwei weitere Bände erschienen, insgesamt also sechs.

Roberto Schwarz
Wer sagt mir, Machado de Assis sei nicht Brasilien?

1. Ein nationaler Autor?

Die Titelfrage wurde von einem Zeitgenossen Machado de Assis' gestellt und bezieht sich auf Pedro Rubião de Alvarenga, die Zentralfigur aus *Quincas Borba* (dt. *Quincas Borba*).[1] Rubião ist einfältig (obwohl nicht lauter) im Umgang mit Geld, mit der Philosophie, der Liebe, der Politik, und schließlich läßt ihn der Größenwahn sein Urteilsvermögen verlieren. Dies alles kann als eine Allegorie Brasiliens verstanden werden, obwohl es nicht offensichtlich ist. Im Gegensatz dazu kritisieren andere Autoren an Machado de Assis das Fehlen von Absichten und Nationalkolorit, behaupten, er wolle ausländische Modelle einführen und interessiere sich nicht für die nationalen Probleme.

Diese unterschiedlichen Auffassungen dauern noch bis in unsere Tage an. Noch vor kurzem gaben sie Anlaß zu einer Polemik in der Abgeordnetenkammer, als man den Patronatsherren der brasilianischen Literatur wählte. Ist der berühmte Autor indianistischer Romane, José de Alencar (1829-1877), nicht viel nationaler als Machado de Assis? Die Meinung der subtilen Kritiker (die anderen allerdings lediglich als elitär und wenig national erscheinen) geht in die entgegengesetzte Richtung: der Autor von *Quincas Borba* sei der brasilianischste unter unseren Schriftstellern.

Auch Machado de Assis beschäftigte sich mit diesem Problem. Er schrieb nach der indianistischen Welle, war Zeitgenosse des romantischen Lokalismus und später des naturalistischen Deskriptivismus und versuchte, seine Position folgendermaßen zu erklären:

Es besteht kein Zweifel daran, daß sich eine Literatur, vor allem eine Literatur, die im Entstehen begriffen ist, in erster Linie von Dingen nähren muß, die ihre Region ihr anbietet; aber man darf keine absoluten Doktrinen entwickeln, die sie verarmen lassen. Man muß vom

Schriftsteller vor allem ein tiefes Gefühl verlangen, das ihn zum Menschen seiner Zeit und seines Landes macht, auch wenn er Themen behandelt, die in Zeit und Raum weit entfernt liegen. Ein berühmter französischer Kritiker, der vor einiger Zeit das Werk des schottischen Schriftstellers Masson analysierte, wies völlig zu Recht darauf hin, daß man ein guter Bretone sein könne, ohne fortwährend vom Ginster zu sprechen, und ebenso sei Masson ein guter Schotte, ohne die Distel zu erwähnen. Er führte dazu weiter aus, in Masson ein inneres *Schottentum* gefunden zu haben, das anders und besser sei als das einfache und oberflächliche.[2]

Die Literatur Machado de Assis' stellt ohne Zweifel jenen inneren »Brasilianismus« dar, der bis zu einem gewissen Punkt auf das Lokalkolorit verzichtet. Es handelt sich hier um ein schwierig zu präzisierendes Attribut, das zu erklären allerdings noch komplizierter ist.

Wir müssen festhalten, daß die auf der Hand liegenden Besonderheiten des Landes – mit der sich die Bürger stolz oder lachend identifizieren – keineswegs im Roman Machados fehlen, aber auch nicht seinen Grundton ausmachen. Sagen wir lieber, daß Machado statt nach Identifikations*elementen* nach *Beziehungen* und *Formen* suchte – deren nationale Physiognomie tief reicht, ohne deshalb offenkundig zu sein.

Der Leser findet in *Quincas Borba* Anspielungen auf wichtige nationale Ereignisse, auf regionale Details, Beobachtungen über die Naturschönheit des Landes, populäre Wendungen und eine umfangreiche Sammlung von *Carioca*-Charakteren. Allerdings wird dies alles nur kurz präsentiert, ohne den Nachdruck, der den historischen, regionalistischen, urbanen Romanen oder denen, die die nationale Mystifikation zur Grundlage haben, eigen ist; diese spezialisierten sich auf die Erforschung der genannten Aspekte. Der Mitstreiter Machado blieb aber nicht zurück: auch er lieferte auf jedem einzelnen dieser Gebiete Beweise seiner Meisterschaft, doch relativierte er sie zur gleichen Zeit. Er besaß die notwendige Bescheidenheit, seine Mitstreiter zu berücksichtigen, doch verbarg sich dahinter möglicherweise die Absicht, sie zu übertreffen.[3] Ohne das Pittoreske zu vernachlässigen, benutzte er es als – ausgesprochen zufälliges – Element, das als Übergang zu bedeutungsvolleren Ebenen diente. Die Kritik nahm dies zur Kenntnis und spaltete sich. Einigen erschien die Ironie bei der

Behandlung des Lokalkolorits und allem Unmittelbaren als Mißachtung: Machado fehle es an Liebe gegenüber unseren Dingen (Natur, soziale Angelegenheiten, Nationalität). Andere begrüßten ihn als unseren ersten Schriftsteller mit universalen Präokkupationen (der ihnen das Gefühl gab, über den rein lokalen Begrenzungen ersterer zu stehen). Man erinnere sich daran – und dies spricht zugunsten letzterer –, daß der Universalismus tatsächlich eine Komponente in der Literatur Machados ist. Diese speist sich, unter anderem, aus der Psychologie der französischen Moralisten des 17. Jahrhunderts, die sich auf die allgemeine menschliche Natur berief und ebenso aus der modischen ›klinischen‹ Neugier hinsichtlich des Funktionierens der Psyche und der Aspekte des Unbewußten.

Beide Überzeugungen, die eine dagegen, die andere dafür, nahmen den reduzierten Stellenwert wahr, den die lokale Beschreibung in den Romanen von Machado de Assis einnimmt: daraus schlossen sie, daß ihre Bedeutung gering sei. Dieser Schluß ist zweifelsohne falsch. Er ist es sogar so weit, daß vor kurzem eine umfangreiche soziologische Studie über die in Brasilien zwischen dem Kaiserreich und der Republik durchgeführten Veränderungen erschien, die sich allein auf den dokumentarischen Wert der Beschreibungen Machado de Assis' stützte.[4] Hier tritt offen zutage, daß Machado nicht nur nicht unaufmerksam war, sondern, genauer gesagt, der Aufmerksamste unter unseren Schriftstellern. Und mehr noch: Der Autor der genannten Studie, von der Menge und der Genauigkeit dieser sozialen Details beeindruckt, akzeptierte sie als Quellenmaterial und ließ die sie immer begleitende Ironie unberücksichtigt (die jene aber gut verstanden, die auf der Trennung zwischen Autor und unmittelbaren Umständen beharrten). Deshalb dokumentiert dieses Buch vorzüglich die Breite und Redlichkeit der Chronistentätigkeit Machados, und vielleicht ist dies der Punkt, an dem die Polemik endet. Letztlich muß jede Position noch untermauert werden: Die lokalen Beschreibungen sind zahlreich vorhanden und überaus wichtig, was nicht heißt, daß sie nicht bewußt reduziert seien, ausgerichtet vor allem in ihrer komischen Beziehung auf die als universal geltenden Themen, denen sie als Materie dient. *Wir werden sehen, daß diese ungleiche Verbindung, weit davon entfernt, ein Defekt zu sein, vielmehr eines der Geheimnisse der Erzählweise Machados und ihres nationalen Charakters ist.*

Eine dritte Strömung sieht Machado zwischen der Dialektik von Lokalem und Universalem. Sie ist der Meinung, er sei weiter als andere in der Bearbeitung sozialer Fakten fortgeschritten, in der kritischen Nutzung der früheren brasilianischen Literatur. Dies habe ihn paradoxerweise dazu geführt, auf das Pittoreske und Exotische zu verzichten, und ihm gleichzeitig erlaubt, die zahlreichen ausländischen Modelle ohne Unterwürfigkeit je nach ihrem Stellenwert zu integrieren. Daher sei er unser erster Romancier, den man unabhängig von der Sympathie, die dem Mitbürger gebührt, lesen könne, und er sei deshalb nicht weniger national. Meiner Meinung nach ist dies die interessanteste Konzeption, und auf ihr baut die vorliegende Studie auf.[5]

Doch auch in dialektischen Positionen selbst existiert eine Dialektik. Der Konflikt zwischen ›Lokalisten‹ und ›Universalisten‹ verband sich mit dem Zyklus der politischen Unabhängigkeit und der lange währenden Liquidierung des kolonialen Komplexes. Es war notwendig, das Land von der portugiesischen Ex-Metropole zu unterscheiden und gleichzeitig seinen Status als kultivierte Nation zu unterstreichen. In diesem Zusammenhang rückten einige die Originalität Brasiliens in den Vordergrund und andere den westlichen Charakter seiner Zivilisation. Die Dialektik des Lokalen und des Universalen verursacht das Wanken dieser Gegenüberstellung, indem sie entgegengesetzte Begriffe in das Zentrum derselben Bewegung zur Bestätigung der nationalen Identität stellte; hier ergänzen sie sich harmonisch.

Allerdings geriet das Konzert der zivilisierten Nationen, dessen Teil zu sein wir anstrebten und wohin zu führen diese Dialektik versprochen hatte, in Verruf. An seine Stelle trat die Weltgeschichte des Kapitals auf den ersten Platz, dessen untrennbare Kapitel die Kolonialisierung Amerikas, der Imperialismus einiger sowie die ökonomische, politische und kulturelle Abhängigkeit anderer und der Klassenkampf sind. Die Dialektik des Lokalen, Nationalen, Universalen und anderer verwandter Kategorien bleibt deshalb nicht wirkungslos; vielmehr definieren sich die Begriffe neu, wenn das Versprechen zu harmonisieren ausbleibt. Die Harmonie dieses Systems erfordert und reproduziert Ungleichheiten und Entfremdungen jeder Art in einem Ausmaß, das ihre Aussöhnung nur schwer vorstellbar macht.

Mit dieser Perspektive, die sich in den dreißiger Jahren entwickelte und sich den meisten Brasilianern nach dem Militärputsch im Jahre 1964 aufdrängte, rückte die Vergangenheit in ein düsteres Licht: statt einen lokalen Beitrag zur Vielfältigkeit der Kulturen zu leisten, trat die Geschichte der nationalen Deformation als Instanz des grotesken oder katastrophalen Marsches des Kapitals in den Vordergrund. (Auf diese Weise werden die nationalen Eigenarten durch angemessene Vermittlungen zu einer umfassenderen Historie zusammengebracht und erscheinen nicht mehr als zu pflegende Originalität, sondern als *De-facto*-Situation, die sich im internationalen System als nicht vorteilhaft erweist.)[6]

Der Horizont Machados war ein anderer, weil der Schriftsteller emsig für das Entstehen einer nationalen Kultur kämpfte. Aber er war auch nicht harmonisch. Machado, der ein besonderes Gefühl gegenüber brasilianischen Dingen hegte und vom europäischen *fin de siècle* beeinflußt war, sah die Zukunft keineswegs optimistisch. In seinem Werk hängen Aufbau und Zerstörung eng zusammen. Eine beeindruckende Suche nach der Schöpfung authentischer nationaler Formen geht einher mit der ironischen (und emphatischen) Betonung ihrer Willkürlichkeit. Der Roman Machados ist an der Konsolidierung der brasilianischen Literatur ebenso beteiligt wie an der Zerstörung von Formen, die alle Avantgardisten der Welt als Ausdruck der sich andeutenden allgemeinen Krise der bürgerlichen Kultur anstrebten. Schließlich war es eine Bewegung, die Bericht erstattet über die Situation im eigenen Land, das sich als kultivierte Nation genau in dem Moment zu konstituieren versuchte, da die imperialistische Expansion die Krise der Nationalität und der bürgerlichen Gesellschaft einleitete.

In *Quincas Borba* findet der Leser das ›Lokale‹ und das ›Universale‹ immer Seite an Seite, aber wohldifferenziert. Machado war nicht an der *Synthese* interessiert, sondern an seiner *Ungleichheit*, die ihm charakteristisch erschien. War sie vielleicht, um mit seinen Worten zu sprechen, eines der Themen, das ihm seine Region anbot? In diesem unversöhnlichen Nebeneinander, in dem die Gesamtheit einer historischen und kulturellen Situation erkennbar ist, machen sich die Begriffe gegenseitig lächerlich. Außerdem ist bereits die emphatische Festlegung dieser Ebenen, die allmählich zu unterschiedlichen rhetorischen Ebenen wurden, schon ein komisches Hilfsmittel, etwas, was einem Verzeichnis der Entfremdung ähnelt. So befindet sich zum Beispiel im Gemüsegarten der Gevatterin Angélica eine Vielzahl von Tieren: Vögel, Welpen, Hennen, Kühe, außerdem ein Truthahn; Angélicas Beziehungen zum Bereich der menschlichen Interessen sind jedoch minimal und könnten in eine These abstrakter Psychologie übersetzt werden, derzufolge ihr der Truthahn mehr bedeutet als die Bedrängnisse ihres Nächsten. Diese These ist allgemeingültig, doch die Gevatterin stammt aus Barbacena. Der Charme des Kapitels liegt in der Abweichung, nicht in der Harmonie, in der Spannung zwischen der Verallgemeinerung der These und den lokal gebundenen Details der Persönlichkeit. Welchen Sinn hätte es, zu sagen, daß diese allumfassend wurde? Sollte es aber nicht möglich sein, in der Gevatterin eine universale Figur zu sehen, so reicht möglicherweise der Hinweis, daß die Präsenz des Universalen in einem Gemüsegarten in Barbacena schon ein so lächerliches Zusammentreffen ist (aber warum nur?), daß es Machado, seinem gewissenhaften Schöpfer, bedeutsam erschien.

Viele und jede einzelne dieser Ungleichheiten sind harmlos, und alle sind sie entzückend. Trotzdem ist das Gesamtbild desolat. Der vitale Reichtum, der sich in der sozialen Beobachtung ankündigt, entfaltet sich nicht, da der Sprung zur verallgemeinernden Reflexion, die systematisch wiederholt wird, jede andere Bewegung vereitelt. Da die Reflexion viel abstrakter ist – und hier zeigt sich die Ungleichheit –, kann sie nicht mehr als eine willkürliche Linie der vielfältigen Aspekte, die in der Beobachtung anklangen, festhalten. Diese wird zu einem lächerlichen Vorwand für die Reflexion reduziert und verliert die Bedeutung, die ihr auf der gleichen Ebene und noch darüber hinaus zukäme. In anderen Worten, dieser Verlust ist genau das, was Machado festhalten wollte. Im Licht der mimetischen Kraft und unter dem Eindruck der Lebendigkeit der Beobachtung stellt sich andererseits die Armut der verallgemeinernden Reflexion als willkürlich heraus: diese Disqualifizierung ist ebenfalls etwas, das Machado darstellen wollte. Die Disqualifizierung ist wechselseitig. Beobachtung und Reflexion bilden ebenso wie Dick und Doof aus dem Kino ein komisches Paar.

Der Eindruck der Leere ist überwältigend und eindeutig. Trotzdem ist es schwierig, ihr Feld zu bestimmen, da es nicht vorgezeichnet ist. Der trockene Übergang von der lokalen Anekdote zu ihrer bewußten Wiedereroberung auf der Ebene der Verallgemeinerung schließt, da dies ein formales Prinzip im Roman Machados ist, den Rückgriff auf Begriffe der Synthese aus. Genau dort könnte man die Erfahrung des gemachten Prozesses erfassen, der allgemeiner ist als das strikt Lokale und weniger abstrakt als das Universale. Sagen wir, daß dieser Prozeß literarisch stattfindet; er *geht* aus der Lektüre *hervor*, doch erhält er weder eine Bezeichnung noch ist er Objekt der Reflexion. Diese bleibt dem Leser überlassen. Mit anderen Worten: wir stellen die Hypothese auf, daß die *Brasilianität* Machados nicht in der hervorragenden Arbeit lokaler Beobachtungen wurzelt, von der sie natürlich abhängt; wie sie auch nicht durch den Universalismus-Diskurs, einen bedeutenden Aspekt seiner Literatur, aufgehoben wird. Diese beiden greifbaren Dimensionen entwickeln sich (mit anderen) zu Formeln und Formen, die sie relativieren und deren dissonante Materie sie sind. Sie allerdings vermitteln das »intime Erleben seiner Zeit und seines Landes«, auf das sich Machado bezieht.

Halten wir also fest, daß diese Formeln und Formen die literarische Transkription realer, entscheidender – obwohl nicht offenkundiger – Formen des nationalen Prozesses sind. Aufgrund ihrer Themen sind die Romane Machados auffallend willkürlich und belanglos. Im Gegensatz dazu fixiert und erforscht ihr Aufbau Grundsätze, Bewegungen und Einschätzungen, die der Praxis des brasilianischen Lebens verpflichtet sind. *Diese Grundsätze sind weder universal noch zufällig, sondern solche Notwendigkeiten der historischen nationalen Situation, daß nur eine ausgedehnte Reflexion in der Lage wäre, sie zu erfassen.* Machado unterscheidet sich von der launischen und bruchstückhaften Zufälligkeit der Wochenchronik eines Journalisten durch den Gegenstand und die verwendete Form; dennoch imitiert sein Roman in seiner Grundaussage die strukturellen Notwendigkeiten seines Landes. Es handelt sich, wenn man es so ausdrücken kann, um unsere *logische* Eigenart. Um dieses Argument zu stützen, sollte der Leser uns in diesem Aufsatz einige Ausführungen erlauben, die sich auf die Geschichte beziehen.

2. Der Kontext

In Brasilien wurden Romane gelesen, bevor brasilianische Romanciers existierten. Als diese etwa zur Mitte des 19. Jahrhunderts auftauchten, war es ganz natürlich, daß sie den guten oder schlechten Modellen folgten, die Europa bereits in unseren Lesegewohnheiten entwickelt hatte. Diese triviale Beobachtung enthält allerdings viele Implikationen: Unsere Vorstellung hatte sich in einer Form konsolidiert, deren Voraussetzungen zu einem großen Teil nicht aus dem Land rührten oder die verändert worden waren. War es nun die Form, die nicht paßte oder war es die Realität?

Etwas Ähnliches geschah mit den Ideen. Um antikolonial zu sein, mußte die Unabhängigkeitsbewegung (1822) notwendigerweise auch Elemente der liberalen Doktrin beinhalten. Da diese auf dem Boden der bürgerlichen Emanzipation in Europa entstanden waren, hatten sie nur sehr wenig mit den Realitäten unserer Ökonomie zu tun, die auf der Sklavenarbeit basierte. Ungeachtet der Versuchung, die davon ausging, schien die Welt der neuen Ideen nicht zu uns zu passen. Wessen Partei ergreifen?

Der nachahmende und artifizielle Charakter des ideologischen Lebens Brasiliens wurde fortwährend von unserer Kritik angeprangert und entwickelte sich zu einem seiner wichtigsten Gemeinplätze (ein Punkt, an dem sich reaktionäre Kräfte mit linken Strömungen versöhnen). Seine Berechtigung ist offensichtlich: Jeder brasilianische Intellektuelle weiß, daß er fortwährend Ideologien und Theorien diskutiert, deren Grundlage problematisch ist. Aber sein Selbstbetrug ist weniger offenkundig und viel interessanter. Nehmen wir an, daß sich die ›Intelligentsia‹ eines Landes aufgrund irgendeines Wunders von ausländischen Ideen befreien würde: Fände sie auf diesem Weg die authentische Ideologie, nach der sie so intensiv sucht? Ohne Zweifel würde sie ihren eigenen Klassenstandpunkt finden, aber der Nutzen davon wäre wahrscheinlich nicht sehr fortschrittlich. Vor allem würde sie die Härte der bestehenden Produktionsverhältnisse erkennen, die nicht weniger horrend sind, weil nicht wir sie erfunden haben; und es würde deutlich, daß die ausländischen Ideen uns zumindest erlauben, sie im Namen der moralischen Empörung und des Fortschritts zu kritisieren. Sähe man genauer hin, würde man bemerken, daß sich somit auch der nationale Charakter genannter Verhältnisse verflüchtigte. Auf eine gewisse Weise sind diese Produktionsverhältnisse ebenso fremd wie zu uns gehörig, da sie im Rahmen einer für uns unheilvollen internationalen Arbeitsteilung aufkamen und sich immer weiter reproduzieren.

Also ist das Nationale keineswegs so national, wie man annimmt. Andererseits sind die ausländischen Ideen auch nicht so weit entfernt von unserem Entwicklungsprozeß, wie es den Anschein hat, was nicht bedeutet, sie könnten dazu dienen, ihn zu verstehen. Für eine richtigere Behandlung des Problems muß man also Distanz gewinnen.

Nachdem Brasilien die Unabhängigkeit erreicht hatte, wurde es zu einer Nation unter anderen, die am materiellen, sozialen und kulturellen Fortschritt der modernen Welt teilhaben sollte, der ihr theoretisch offenstand. Auf der anderen Seite vollzog sich der Bruch mit den kolonialen Verhältnissen vor dem Hintergrund des Freihandels und der kommerziellen Expansion Englands, was zu einer weiteren internationalen Arbeitsteilung führte. Diese revolutionierte nicht den Großgrund- und Sklavenbesitzer, der am Export, den das Land noch aus der Kolonialzeit beibehalten hatte, interessiert war, sondern stärkte im Gegenteil noch seine Position. Auf diese Weise tritt Brasilien in die moderne Welt ein und wird mittels des nunmehr gestiegenen Imports von Sklaven ihrer Güter teilhaftig (dazu zählt auch die Vermehrung der literarischen Schulen); später wird es dank der Kaffeeproduktion einen kulturellen Aufschwung und einen Höhepunkt in der Sklavenhaltung erleben.[7]

Das Problem ähnelt bis zu einem gewissen Punkt dem der sogenannten formalen Freiheiten, die nach Heinrich Heine den Reichen Wohlergehen und den Armen einen Schlafplatz unter der Brücke garantieren.

Die Grenze dieser Analogie liegt auf der Hand, da ein Land kein Individuum ist: Die Nachteile des Fortschritts und des nationalen Rückstands konnten von den Afrikanern nicht auf dieselbe Weise beurteilt werden wie von unseren Eliten. Aber auch sie, die Nutznießer, fühlten sich nicht recht wohl. Die Zivilisation, die sie anstrebten, vertrug sich nicht mit der Sklaverei, die sie verteidigten. Zahlreiche ideologische Widersprüche entstanden aus dieser Spannung, und das 19. Jahrhundert war in Brasilien voll davon – sie waren unvermeidlich und formten ein System.

Man beachte auch den flagranten Fall des Liberalismus in allen seinen verschiedenen Dimensionen. Es handelt sich um die Lehre, in deren Namen die Völker Amerikas mit ihrer kolonialen Abhängigkeit brachen und der deshalb Teil der neuen Identität wurde. Es ging um das internationale Handelssystem, zu dem das Land gezwungen wurde, weil die diplomatische Anerkennung durch England unerläßlich für die Konsolidierung der Unabhängigkeit war. Es handelte sich um ein äußerst verführerisches Gedankengut der modernen Welt, das die Reden und die Literaturen der Länder füllte, deren Kultur uns als Modell der Zivilisation erschien. Schließlich ging es vor allem um eine Praxis, die dem internationalen Markt verpflichtet war und die unsere nationale Wirtschaft essentiell anstrebte: den Export.

Mit anderen Worten waren die Ideen und das ökonomische Kalkül der europäischen Bourgeoisie um 1880 nicht nur wahlverwandt mit unseren Eliten, sondern auch ein wirkungsvoller, untrennbarer Teil unserer sozialen Entwicklung, *so untrennbar wie die Sklavenarbeit,* dergegenüber sie im Widerspruch stand, mit der sie aber leben mußte.

Wie sollte man die beiden Termini zur selben Zeit übernehmen? Die nationale Entwicklung söhnte sie jedenfalls aus.

Auf der Ebene der Prinzipien ist dieser Widerspruch offenkundig. Wenn wir einige seiner Verzweigungen betrachten, erlaubt dies dem Leser, eine Vorstellung von den ideologischen Ambiguitäten zu bekommen, in denen Brasilien lebte und die Machado de Assis als Rohstoff seiner Romane dienten.

Vom liberalen Standpunkt aus war die Sklaverei – Basis der

brasilianischen Wirtschaft – eine Schande, außerdem eine Rückschrittlichkeit. Vom Standpunkt der Sklavenhalter war die liberale Lehre ausländisch, antiökonomisch und abscheulich. Aber diese Position hatte den Geist des Jahrhunderts gegen sich, und ein Dichter hätte nur schwerlich die Knechtschaft preisen können, und sei es aus Nationalismus und gegen das heuchlerische England gerichtet, das uns den Handel mit den Afrikanern verbieten wollte. Das verhinderte allerdings auch nicht, daß dieser Handel ebenso wie die Institution der Sklaverei ausführlich und beharrlich verteidigt wurde. Man höre nur die für dieses Dilemma aufschlußreichen Sätze eines Zeitgenossen: »Auf der einen Seite stehen die Gegner der Sklaverei, von rhetorischen Sentimentalitäten unterstützt und bewaffnet mit revolutionärer Metaphysik, die hinter den Abstraktionen herlaufen, um sie in soziale Regeln umzusetzen. Auf der anderen Seite stehen die stummen und gedemütigten Arbeiter in der Haltung jener, die sich schuldig erklären oder über eine nicht bekennbare Rache nachsinnen.«[8]

Um die Verwirrung vollständig zu machen, erinnere man sich daran, daß der Sklaven haltende Großgrundbesitz bereits in seinen Ursprüngen im kolonialen 17. Jahrhundert ein Unternehmen des Handelskapitals war und daß der Gewinn schon deshalb immer seine Hauptanliegen bildete. Nun ist der Gewinn als subjektive Priorität den alten Formen des Kapitals aber ebenso zu eigen wie den allermodernsten. Also waren unsere ungebildeten und abscheulichen Sklavenhalter bis zu einer bestimmten Epoche – als diese Produktionsform unrentabler wurde als die Lohnarbeit – im Grunde viel konsequentere Kapitalisten als unsere Verteidiger von Adam Smith, die im Kapitalismus vor allem die Freiheit sahen. Man sieht schließlich, wie das Mißverständnis bereits im intellektuellen Leben existierte.

Hinsichtlich der Rationalität vermischten und verkehrten sich die Rollen auf ganz normale Weise: Die liberale Wirtschaftswissenschaft, deren Basis die freie Arbeit ist, wurde im Land nicht angewendet und roch nach Phantasie und Moralismus; der Obskurantismus hieß Verantwortung und Nationalismus; der Altruismus tendierte zur Implantation des Mehrwerts usw.[9]

Mit anderen Worten war der Liberalismus in Brasilien Elément einer ideologischen Komödie, *die sich von der europäischen unterschied.* Es trifft zu, daß die Freiheit der Arbeit, die Gleichheit vor dem Gesetz und der Universalismus generell auch in Europa als Ideologie vorherrschten; dort allerdings stimmten sie mit dem Erscheinungsbild überein, da sie das Wesentliche verhehlten: die Ausbeutung der Arbeitskraft. Bei uns waren dieselben Ideen in einem anderen, fast ursprünglichen Sinn falsch. Die Erklärung der Menschenrechte, die z. B. teilweise in die brasilianische Verfassung von 1824 aufgenommen wurde, verdeckte nicht nur nichts, sondern machte die Institution der Sklaverei nur noch verrufener.[10]

Da der Liberalismus dem Erscheinungsbild schließlich ebensowenig entsprach, war seine Rolle scheinbar eine *andere* – aber welche? –, obwohl er immer seine ursprüngliche Begrifflichkeit und sein Prestige bewahrte. Um diese Rolle zu erläutern, muß man das Land in seiner Gesamtheit betrachten.

Wenn man schematisch vorgeht, könnte man sagen, daß die Kolonialisierung, die auf dem Monopol an Grundbesitz beruhte, drei Bevölkerungsklassen hervorgebracht hat: den Großgrundbesitzer, den Sklaven und den »freien Mann«, der aber in Wirklichkeit auch abhängig war. Zwischen den beiden erstgenannten besteht eine klare Beziehung; uns interessiert die Vieldeutigkeit des letzteren. Weder Eigentümer noch Proletarier (auch nicht Leibeigener), hing sein Zugang zum sozialen Leben und zu den materiellen Gütern vom *Wohlwollen* und von der *Gunst* eines Mächtigen ab. Die charakteristische Figur dieser Gruppe ist der Beamte. Die Begünstigung ist also der Mechanismus, mit dessen Hilfe sich eine der großen Gesellschaftsklassen reproduziert, die noch eine andere impliziert: die Besitzenden. Man beachte außerdem, daß sich das ideologische Leben zwischen diesen beiden Klassen abspielt, es also durch denselben Mechanismus aufgefangen wird. Auf diese Weise prägte und beeinflußte die *Begünstigung* die nationale Existenz insgesamt in tausend Formen und Namen, indem sie neben den grundlegenden Produktionsverhältnissen auch die merkantile Großproduktion mit Gewalt aufrechterhielt.

Es handelt sich um unsere fast universale Mediation, die in ideologischer Sicht den Vorrang zu haben scheint vor der (brutalen) Sklaverei und vor den (entwürdigenden) Vermögensverhältnissen.[11]

Aber diese Ideologie war nicht in der Lage, die Konstruktionen des Liberalismus zu bekämpfen. Auch wenn sie reif und praxiserfahren gewesen wäre, hätte sie schwerlich zum Impuls einer großen theoretischen Kraftanstrengung werden können, die fähig gewesen wäre, sich dem entgegenzustellen, was mit dem hegemonischen Pol der bürgerlichen Welt verknüpft war. Mit den Worten Machado de Assis »ist es der äußere Einfluß, der die Richtung der Bewegung bestimmt; augenblicklich existiert in unserer Umgebung nicht die Kraft, die notwendig wäre, um neue Lehren zu entwickeln«.[12] Und warum sollte man auch die Zivilisation angreifen, die uns als Modell diente? Im Gegenteil mußte man soviel wie möglich von ihren Argumenten und ihren Institutionen übernehmen, was wir auch begierig taten, um unsere Modernität zu beweisen, auch wenn sie sich weder mit der Günstlingswirtschaft noch mit der Sklaverei vertrugen. Aber auch diese Assimilierung brachte die Sklaverei nicht zum Verschwinden. Was nun?

Zwischen der liberalen Sprache und der dynamischen Praxis der Günstlingswirtschaft entwickelte sich eine Verbindung: Sie herrschte in den Handlungen vor, verzichtete aber auf eine umfassendere ideologische Artikulierung. So ergibt sich ein Mechanismus einer sehr speziellen *Wiedergewinnung*, in dem sich die Terminologie der modernen bürgerlichen Gesellschaft nach den Regeln der Günstlingswirtschaft bewegte, die nicht notwendigerweise ihre eigenen waren. Zur Einschätzung dieser Dissonanz, die dieses Zusammenspiel normal und alltäglich werden ließ, darf man nicht vergessen, daß die bürgerliche Gesellschaft in Europa im Verlauf ihrer historischen Selbstbestätigung die Autonomie des Individuums, die Universalität des Gesetzes, die Uneigennützigkeit der Kultur, den gerechten Lohn, die Ethik der Arbeit usw. postuliert hatte. Die Günstlingswirtschaft hingegen praktizierte die Abhängigkeit des Individuums, die Ausnahme von der Regel, die Eigennützigkeit der Kultur, die persönliche Entlohnung und persönliche Dienstleistungen. Das Element des *Willkürlichen*, das leichte Spiel mit Achtung und Selbstachtung, das die Günstlingswirtschaft an die erste Stelle rückte und der sie die materiellen Interessen unterordnete, war genau das, was der Liberalismus im Kontext des feudalen Europas bekämpft hatte.

Der Gegensatz ist gewaltig. Betrachten wir dennoch seine Entschlußkraft, die von grundlegender Bedeutung in unserem ideologischen und literarischen Leben ist: *Hat man sich die europäischen Ideen und Überlegungen einmal zu eigen gemacht, können sie der vorgeblichen »objektiven« Rechtfertigung für das Moment der Willkür, das in der Natur der Günstlingswirtschaft liegt, dienen.* Dies drückte sich in der Sprache des Liberalismus aus, deren Syntax, wenn man so sagen darf, gebrochen oder besser modifiziert wurde; und diese Modifizierung bildet ein System, das erforscht werden muß. Folglich schrieb man die Unabhängigkeit der Abhängigkeit methodisch zu, die Nützlichkeit der Kapriole, die Universalität den Ausnahmen, das Verdienst der Verwandtschaft, die Gleichheit dem Privileg usw.

Vom liberalen Standpunkt aus sind dies Dissonanzen, vom Standpunkt der Günstlingswirtschaft aus Harmonien. Was könnte es zwischen dem, der Gefälligkeiten erweist und dem, der sie erhält, besseres geben als einen »rationalen« Grund, der die Willkür der Gunsterweisung legitimiert? Die illustre Doktrin ehrt beide Teile, unterstreicht ihre Teilhabe an der modernen und überlegenen europäischen Kultur und erkennt auch dürftig ihre Freiheit an, was in einem Land, in dem die Sklavenarbeit und die brutale persönliche Herrschaft dominieren, keineswegs überflüssig ist.

Es handelt sich um eine eigenartige Konstellation. Die liberale Ideologie wird in ihrer deskriptiven und kognitiven Dimension geopfert, da die freie Arbeit ja nicht existiert, an die sich die Erscheinungsformen, die dieser Ideologie eine glaubhafte Basis verleihen, anlehnen. Statt dessen wird sie zum Gradmesser der Affinität zwischen unseren Eliten und der modernen Welt; aber diese Affinität hält nicht einmal der geringfügigsten Untersuchung stand und kann sich lediglich aufgrund der Komplizenschaft zwischen dem, der die Gunst verteilt und dem, der sie empfängt, am Leben erhalten. Man beachte den Unterschied: Es ist nicht die Ideologie, die das Zusammenleben dieser antagonistischen Interessen ermöglicht, sondern die bewußte Komplizenschaft zwischen den interessierten Partnern, die es dem einen oder anderen und dem Land erlaubt, überhaupt Ideologien zu haben . . . *In diesem Sinne funktionieren sie gewissermaßen erst auf zweiter Ebene*, und dieses Funktionieren unterstellt den Aufschub, nicht aber die Unterdrückung der ursprünglichen Absicht. So entsteht eine Art unvermeidliches inneres Ungleichgewicht: Das europäische Kriterium ist immer vorhanden, sei es, um uns zu verherrlichen oder zu beschämen, ohne daß irgend jemand es wirklich ernst nähme oder es von der Regel ausschlösse. Schließlich und endlich ist die Vorherrschaft der persönlichen Willkür innerhalb dieser Bewegung ebenfalls eine Einzigartigkeit, da es sich um eine menschliche Dimension handelt, vor der auch der Liberalismus in seiner seriösen Form zittert.

Man beachte zuletzt noch, daß dieses ungelöste Zusammenspiel keineswegs ein intellektuelles Gebilde ist, sondern ein unmittelbares Faktum, das noch dazu im Alltagsleben der brasilianischen Eliten weit verbreitet ist. Seine Präsenz kann man in den Institutionen, in den Ideen, in den Künsten, in der Politik usw. leicht feststellen. Deshalb wird es zu einem Ausgangspunkt für die literarische Verarbeitung, vor allem für den Roman.

In bezug auf die künstlerische Materie hat dieses Zusammenspiel das Verdienst, eine bescheidene Summe der nationalen Problematik zu sein, wie ich es in dieser historischen Skizze darzulegen versucht habe. Ohne Zweifel handelt es sich um eine lokale Besonderheit, aber diese Besonderheit baut auf den bestehenden Beziehungen auf; fast könnte man von einer logischen Besonderheit sprechen, deren Gleichung die Glieder unserer Aufnahme in die Weltgeschichte enthält, von der diese Gleichung wiederum eine Formel ist. Ich hoffe, daß ich ihre Verwandtschaft mit den »Ungleichheiten«, auf denen der Roman Machados beruht, später für den Leser deutlich machen kann.

Diese Besonderheiten stellten den Romancier ständig vor neue Probleme. Welche Form kam ihnen zu?

José de Alencar (1829-1877) schuf zum Beispiel in seinen städtischen Romanen – dem romantisch-realistischen Modell der Anhänger Balzacs nachgezeichnet – Gestalten, die von Konflikten und Ideen nach Art des romantisch-liberalen Individualismus geprägt sind. Dies gilt für die Hauptfiguren. Im Gegensatz dazu rangiert bei den Nebenfiguren, die der Erzählung Lokalkolorit verleihen, die Beobachtung vor dem importierten Modell. Hier weisen die Ideologien eine andere und eine anspruchslosere Ordnung auf, die der Sphäre der Günstlingswirtschaft untergeordnet ist. Schematisch können wir sagen, daß die in dem zentralen Konflikt zugrundeliegende Gesellschaft bürgerlich-liberal ist (also europäisch), während die peripheren Figuren in Brasilien leben. Von ihrem Standpunkt aus erscheinen die Helden als lächerliche und gekünstelte Gestalten und handeln nach paternalistischen Normen. Umgekehrt tragen die sekundären Figuren aus der Sicht des zentralen Konflikts nichts Neues bei und sind daher überflüssig. Insgesamt gesehen ist die unharmonische Koexistenz des Liberalismus und der Günstlingswirtschaft nicht der *Gegenstand* dieser Bücher, sondern ihre *Schwäche*. Um sie aufzufangen, hätte man eine neue Form suchen müssen.[13]

In seinen vier ersten und eher mittelmäßigen Romanen versuchte Machado diesem Problem auszuweichen.[14] Da er den liberalen Ideen und Versprechungen skeptisch gegenüberstand, wollte er sie in seiner Erzählung unterdrücken. Er versuchte, die Probleme der Selbstbestätigung des Individuums in die interfamiliäre Sphäre zu verbannen, in der der Paternalismus ohne jede Einschränkung herrschte. Er präsentierte diese Sphäre als unbestreitbaren Lebenshorizont, setzte sie aber nicht dem drückenden, doch aktuellen Vergleich mit der Thematik der Menschenrechte bzw. des Individuums aus. Ein Anachronismus, dessen ideologische Zweckmäßigkeit offensichtlich ist: Machado erzählte paternalistisch, nicht aber romantisch und liberal, um sich einen Platz an der Sonne zu sichern. Währenddessen trat der Zeitgeist zur Hintertür herein, da es in diesen Büchern darum ging, den Paternalismus zu rationalisieren, das heißt, die Willkür der herrschenden Klassen zu zivilisieren und sie soweit wie möglich dem modernen bürgerlichen Denken anzupassen. In der Tat half die Klarheit, mit der Machado diese Probleme sah, daß diese Romane dem Schatten des Lächerlichen entgingen, von dem das Werk Alencars wegen seiner romantisch-liberalen Ausdrucksweise immer bedroht war. Doch bezahlen die Romane Machados ihre Überlegenheit mit einer gewissen Dürftigkeit und Bedeutungslosigkeit: Die moderne Welt fehlt in diesen Romanen, die vor allem durch die Unverhältnismäßigkeit zwischen dem Genie des Autors und der Begrenztheit des Ergebnisses beeindrucken. In Wahrheit konnten die Familienprobleme keine

Metapher mehr für die zeitgenössische Welt sein. Erst mit vierzig Jahren fand Machado mit den *Memorias póstumas de Brás Cubas* (1881; dt. *Postume Memoiren des Braś Cubas*) zu einer Lösung, die Sklaverei, Liberalismus und Paternalismus unter dem Zeichen der Unverantwortlichkeit des Erzählers verschwisterte. Zu diesem Zeitpunkt hatte er seinen sozialen Aufstieg geschafft und sah keine Veranlassung mehr, die Probleme des brasilianischen Lebens zu verschleiern.

3. Eine originäre und moderne Form

Das vorherrschende formale Charakteristikum der Romane Machados in seiner zweiten Schaffensperiode ist der außerordentlich *unstete* Erzähler. Diese Flatterhaftigkeit erhellt eine Auffassung von psychischem Funktionieren, auf die wir später zurückkommen und die den Aufbau der Figuren bestimmt. Sie ist auch Ausdruck eines Klassenstandpunkts und benötigt große rhetorische Virtuosität für ihre literarische Verwirklichung. Schließlich werden wir sehen, daß sie sogar das äußerst subtile Bindegewebe der Prosa Machados ist. Jetzt aber ist ausschlaggebend, daß sie auf formaler Ebene eine Transposition des freien Willens bedeutet, der von der Günstlingswirtschaft nicht zu trennen ist. Machado setzt also eine entscheidende Strömung unseres ideologischen Lebens in das formale Zentrum seines Romans.

Die literarischen Konsequenzen sind zahlreich und ausschlaggebend. Vor allem muß die Kühnheit des gewählten Weges genannt werden, der auf Helden, Konflikte, Ideen und die Atmosphäre des romantisch-liberalen Individualismus verzichtet, die auf die eine oder andere Weise in zeitgenössischen Romanen vorherrschten. Das Problem dieser Romane bestand in dem Konflikt zwischen der persönlichen *Beschaffenheit* (in bezug auf die Liebe, die Ideale, die Vokation, den sozialen Ehrgeiz, den Gewinn usw.) und dem normalen Funktionieren der bürgerlichen Ordnung. In diesem Zusammenhang mußte die Flatterhaftigkeit einem frivolen Thema gleichen ... Auf der anderen Seite weiß man, wie sich Machado von den englischen Humoristen des 18. Jahrhunderts (Stern, Swift, Fielding) inspirieren ließ, die das Frivole überaus schätzten. Daher darf man festhalten, daß die literarische Unabhängigkeit nicht auf dem Fehlen von Modellen beruht, sondern auf der Freiheit, mit der diese verwendet werden. Indem er die realistisch-naturalistischen Schemata Europas aus dem 19. Jahrhundert mied, nicht aber ihren forschenden und wissenschaftsliebenden Geist, den Machado sich gründlichst zu eigen gemacht hatte, vermied er es, uns ein bald europäisiertes, bald exotisches Brasilien vorzuführen. So wurde er zum größten brasilianischen Realisten.

Wer Flatterhaftigkeit sagt, meint häufigen Wechsel, der auf subjektiven Gründen beruht. Der unstete Erzähler macht die Personen, ihre Ideen, seine Erzählung, sogar den Leser von seinen Launen abhängig. Nun ist aber die Unterordnung der Realität unter das Hin und Her der Selbsteinschätzung des Erzählers – und der Personen – genau deshalb komisch, weil der Sinn für die Realität eben nicht verlorenging, sondern sich in gewisser Weise sogar sublimierte.

In *Quincas Borba* (ebenso wie in den anderen Büchern des reifen Machado de Assis) schleichen sich die Elemente eines realistischen Romans ein und verbreiten sich. Da ist die lange Zeit herbeigesehnte Erbschaft von Quincas Borba, da sind die Geldverwicklungen, die ehebrecherischen Lieben, der soziale Aufstieg, die individualistische Philosophie, das klinische Interesse am Wahnsinn, die politische Ambition usw. Diese Ebene, die ja existiert und einen der Horizonte des Buches bildet, übermittelt ihre Bewegung dem Roman letztlich nicht, weil der Erzähler sie ständig *unterbricht* und die Dynamik der sozialen Standpunkte der Bewegung der *Laune* unterordnet, die entweder seine eigene oder die der Personen sein kann. *Die Realität wird entweder als eigene Dynamik verstanden oder stellt im Zusammenhang mit den für das Gleichgewicht der Selbsteinschätzung notwendigen Kompensationen einen symbolischen Wert dar.* Vom Standpunkt des Erzählflusses dominiert der zweite Aspekt: Das Gesetz der symbolischen Kompensationen, dem alles in dieser Welt als Rohstoff dienen kann, bestimmt zu jeder Zeit das Gesetz der Realität und endet, wie man sehen wird, im *Nichts*. Mit etwas gutem Willen ahnt der Leser vielleicht eine Variante der Dualitäten, deren soziologische Ursachen wir zuvor erläutert haben.

Da die Ideen und Ideologien sich der Schwerkraft persönlicher Phantasie unterordnen, können sie nur sekundär durch das eigene oder kognitive Interesse beurteilt werden, das sich mit dieser Bezeichnung definiert. Ihre wichtigste Dimension findet sich in der Befriedigung, die sie denen verschafft, die sie ausdrücken. Sie liegt aber außerhalb von ihnen und hängt von momentanen Umständen ab. Die Flatterhaftigkeit des Erzählers in Machados Romanen verleiht – als formale Lösung – den Ideen aufgrund der Kraft ihrer historischen Konstellation die Dimension, die sie im Brasilien dieser Epoche tatsächlich besessen haben, das heißt: Alle Ideen funktionieren auf der zweiten Ebene. Beispiel dafür ist die liberale Ausdrucksweise von João de Souza Camacho, die der Leser im LVII. Kapitel bewundern kann, oder die Philosophie des Humanismus, eine satirische Mischung aus materialistischem Monismus und Sozialdarwinismus, die es Quincas Borba erlaubt, sich erhabener als Sankt Augustinus zu fühlen, und die dazu führt, daß der arme Rubión sich für mächtig genug hält, jene »mit offenem Mund stehen zu lassen, die ihn vorher nicht beachtet hatten«. Wer nur ein paar Seiten politischer oder philosophisch-wissenschaftlicher Literatur aus dem 19. Jahrhundert Brasiliens gelesen hat, wird die bemerkenswerte Genauigkeit im Ton dieser Satiren wiederfinden. Diese Genauigkeit – und das möchte ich betonen – ist nicht nur auf Machados große journalistische Vergangenheit zurückzuführen, sondern sie besitzt eine tiefere Wurzel: die Situation, in der die Ideen ausgebreitet werden, wenn sie schließlich in die Bewegung seiner Erzählung einbezogen sind. Es ist, als hätten sie ihren Platz und ihre natürliche (oder nationale) Komik gefunden. Machado hatte die Form erreicht bzw. entwickelt, die es ihm erlaubte, gängige Beobachtungen mit künstlerischem Erfolg aufzunehmen. Er hatte es *geschafft, die aufbauende Dimension mit der mimetischen Fähigkeit zu vereinbaren und Komposition mit Empirie zu verbinden*. Es reichte, die alltägliche Realität niederzuschreiben, und der Witz wurde deutlich.

Etwas Ähnliches geschieht mit den Figuren. Ihre realen Konflikte (d. h. die Widersprüche, die mit dem Geld, der Liebe, der Familie, der gesellschaftlichen Klasse, der politischen oder intellektuellen Ambition zusammenhängen) sind Teil der Intrige, die sie zwar beeinflussen, deren innere Logik sie aber nicht steuern können. Dies kommt daher, weil sowohl der Erzähler als auch die Personen die Konflikte nicht nach ihrem objektiven Anspruch bewerten, wie es jeder realistische Bürger täte und wie dies selbstverständlich auch die gleichnamige literarische Strömung tat. Ständig fliehen sie in kompensatorische Phantasien, in denen die realen Schwierigkeiten durch imaginäre Größe ausgeglichen werden. Sogar die beharrlichen und mühevollen Pläne von Sofia und Cristiano Palha, die methodisch arbeiten, um reich zu werden und in die höhere Gesellschaft zu gelangen, nehmen nicht den ersten Platz ein, sondern ihre vorübergehenden psychologischen Befriedigungen.

Unsere These lautet, daß dieses »Fehlen von Realismus« ein Element des brasilianischen Realismus ist (und tatsächlich findet es sich, weniger tief und systematisch, in verschiedenen entscheidenden Momenten unserer Literatur). Der ständige Übergang zum Imaginären, das kompensatorischer Natur ist, verdeutlicht die systematische Interferenz zwischen der Günstlingswirtschaft – die hier als Willkür und Suche nach persönlicher Dankbarkeit verstanden wird – und den eigentlichen Erfordernissen der bürgerlichen Praxis, die *objektiver Natur* sind.

Doch die Erfordernisse der Objektivität werden niemals respektiert, weder von den Personen noch vom Erzähler, was nicht bedeutet, daß sie nicht immer gegenwärtig wären und sich gegenseitig lächerlich machten. Wenn andererseits sowohl der Erzähler als auch die Personen nicht zögern, Partei zu ergreifen für die unmittelbare imaginäre Befriedigung und sie sich gegen das persönliche Opfer (die Askese) entscheiden, das die Objektivität verlangt, so gewinnen sie dadurch einiges an Leben und Spontaneität, das sie andernfalls bestimmt nicht hätten. Möglicherweise sind sie durch die Imagination entfremdet, aber lebendig. Wo liegt wohl das Gute? Dies ist eine der problematischen Achsen der Haltung Machados, in der sich die exzentrische Position des Landes in der Beziehung zur Welt des Kapitals widerspiegelt. Sicherlich bringt sie auch einige Vorteile mit sich, die allerdings schwierig zu behandeln sind, will man nicht in die Reaktion verfallen – trotzdem existieren sie und animieren unsere Literatur.

Wie dem auch sei: Indem Machado den Schritt zum Imaginären zunächst formal vollzog, verlieh er ihm die unvermeidliche Allgemeingültigkeit eines Apriorismus. Folglich bewegen sich die Figuren in einem vorgezeichneten Kreis, der definitionsgemäß eng ist und der menschliche Eigenschaften, die an eine umfassendere und weniger unmittelbare Absicht gebunden sind, nicht ermöglicht (sogar wenn sie abwägen oder abzuwägen glauben, werden die Menschen Opfer der Unmittelbarkeit imaginärer Befriedigung). Mehr noch: Über die ziemlich offensichtliche Begrenztheit dieses Kreises besteht kein Zweifel, obwohl die Augenfälligkeit natürlich der humoristischen Absicht entspringt. Tatsächlich existiert in *Quincas Borba* nicht eine einzige *offene* Figur, in deren Perspektive der Leser eintauchen könnte, um das Leben zu erforschen. Allen ihren Lastern sind deutliche Schranken gesetzt, was sie reizvoll macht und nicht erlaubt, sie wirklich ernst zu nehmen: Ihretwegen macht der Leser nicht den gewünschten Schritt nach vorn. Andererseits scheint dies die allgemeine und äußerst ernste Regel des Lebens zu sein. Etwas Ähnliches geschieht auf der Ebene der Ideen; auch sie tragen zunächst das Zeichen der Harmlosigkeit, da sie erst auf der sekundären Ebene wirken. Personen und Ideen erleiden etwas, das einer grundlegenden und unwiderruflichen Reduktion vergleichbar ist, in der sich vielleicht dieselbe exzentrische Situation Brasiliens ausdrückt. Diese Lebensart war selbst im Lichte der von den eigenen Eliten vertretenen Ideologie zu verdammen: Unsere Anekdoten konnten lebendig sein, aber sie besaßen keinerlei Bedeutung für die Erforschung der zeitgenössischen Szene. Doch – und hier liegt das historische Paradox – geht dieser Mangel an Bedeutung mit sehr viel Vitalität einher. Scheinbar schließen historische Marginalität und Entfremdung die Lebensfreude nicht aus, obgleich sie sie vergiften, wie die Literatur Machados zeigt. Die Gültigkeit von *Quincas Borba* liegt nicht in seinen Ideen oder Personen, die zwar kühn, aber dennoch begrenzt sind (die Eheanalyse des Paares Palha ist z. B. durchaus gewagt), sondern in der Bewegung, die sie beständig als bereits bekannte Puppen oder Marionetten präsentiert. Diese Bewegung ist allerdings offen und fordert die Interpretation heraus. Als formale Einheit ist die Flatterhaftigkeit von Natur aus kurz: Eine Position wird zugunsten einer anderen aufgegeben, die wiederum aufgegeben wird. Ihr Charakteristikum ist die *Diskontinuität*. Besser gesagt: Die Bewegung, die Kontinuität besitzt und sich häufig, wenngleich stets innerhalb einer kleinen Sphäre, vervollständigt, wechselt vom Bedürfnis zur unmittelbaren imaginären Befriedigung über, sei es die des Erzählers oder die der Personen, während die als real angesehenen Konflikte, deren Logik objektiv und deren Lösung langwierig ist, nicht Objekt eines Willens oder eines dauerhaften Bewußtseins sind. Der Kontrast zum gängigen Schema des Romans um 1880, der auf der zeitlichen Stabilität und der Spannung eines individuellen Plans beruht, könnte nicht größer sein. Von der Komposition gesehen ist die Konsequenz radikal: Sowohl das dramatische Element als auch die sie begleitende erzählerische Ökonomie verschwinden. Das Zusammenspiel bleibt offen, ohne Hierarchien oder ein Zentrum, und es entfaltet sich mittels Abschweifungen, Assoziationen, Analogien, Parallelen, Wiederholungen usw. An die Stelle der dramatischen Ökonomie des Konfliktes zwischen Individuum und Gesellschaft tritt die Kurve der wiederholten imaginären Kompensationen, an deren Ende Müdigkeit, Überdruß, Erschöpfung, Skepsis oder Wahnsinn stehen. Die Rhythmen des Zusammenspiels in der Erzählweise Machados gehören dieser Art an.

Wir werden die Argumente früherer Abschnitte nicht wiederholen, um die Affinität dieser Rhythmen mit der Praxis der Günstlingswirtschaft zu verdeutlichen. Aber untersuchen wir, wovor Machado flüchtete, als er die Form des romantisch-individualistischen Romans verließ, auf die sich z. B. die hochfahrenden Pläne eines jungen Mannes hätten stützen können. Tatsächlich ist der postulierte und darüber hinaus für die volle Leistungsfähigkeit notwendige Hintergrund die für Karrieren offene Gesellschaft, die es ermöglicht, daß sich ein Herr Niemand in Napoleon verwandelt. Nun ließ sich in Brasilien allerdings der entscheidende Klassenunterschied keineswegs aufgrund persönlicher Verdienste überwinden. Es gab keine Karriere vom Sklaven zum freien Mann, und noch weniger zum Minister. Es gab noch eine andere Ebene, auf der dieses Schema nicht zu uns paßte: Der romantische Roman hält auf individueller Ebene die Radikalität ohne Konzessionen hoch; aber in der Welt der Günstlingswirtschaft sind Konzessionen und Übereinkünfte nicht nur nicht Zeichen von Schwäche, sondern selbst unerläßlich für die Macht. Um überhaupt einschätzen zu können, bis zu welchem Punkt sich Machado von diesen Modellen entfernte, erinnere man sich an Rubião, der aus der Provinz in die Hauptstadt kommt, von Armut zu Reichtum, aus der Anonymität in die Politik, von der Einfältigkeit zur Ideologie gelangt, und doch erscheint sein Weg in keinem Augenblick als Schritt von Reinheit zu Korruption. Als armer Provinzler überschlug sich Rubião, Quincas Borba zu dienen und zufriedenzustellen, immer in der Hoffnung, von dem verrückten Millionär in seinem Testament bedacht zu werden. Als er später von den Cariocas beraubt wird, stellt sich der Konflikt zwischen den Schlauköpfen der Hauptstadt und einem naiven Schlaukopf aus Barbacena. Dieser Konflikt hat nichts Romantisches an sich. *In Brasilien, das keinen Feudalismus kannte, wehrt sich die Provinz nicht gegen die Geldgesellschaft, deren blasser Abklatsch sie ist.*

Der Gegensatz zwischen Feudalismus und Kapitalismus, der sich besser oder schlechter in den Gegensätzen zwischen Stadt und Land, Armen und Reichen, Familie und Markt, Talent und Überleben spiegelt, ist der einzige, auf dem fast alle europäischen Romane aufbauten.

Machado gestaltete nicht nur die Erzählweise auf zutiefst nationale Weise neu, sondern gelangte auch zu äußerst modernen Ergebnissen. Zwischen 1880 und 1900 schrieb er Bücher, deren Verwandtschaft mit Proust, Nietzsche, Freud, Dostojewski, Kafka, Pirandello, Baudelaire und anderen auf der Hand liegt. Die erzählerische Flatterhaftigkeit hat ihre *Spleen*-Momente, kennt die Willkür und Verführung des Bösen, sie weiß, daß in einer Person viele andere existieren und daß die Identität mit Konventionen und Masken zu tun hat, sie weiß, daß nicht erwiesen ist, daß das Leben einen Sinn habe, sie macht die Proustsche Erfahrung der Zeit und setzt vor allem eine Art von Ökonomie des psychischen Lebens in Bewegung, das auf einem System von Kompensationen beruht und keine Auffassung respektiert, in denen der Traum, der Lapsus, die Automatismen, die assoziative Verkettung, die Frustration, der Ersatz, die Zergliederung, die Perversionen usw. ihren Platz haben, wie der Leser später feststellen wird. Kurzum: Sie macht aus einem rationalen Verhalten einen besonderen Fall, und das infolge einer beobachtenden und äußerst vernünftigen Haltung.

Ohne die Gründe dieser Modernität weiter zu untersuchen,

kann man vielleicht sagen, daß in einem Land, in dem der Kapitalismus seine klassische Form nicht erreicht hat, die Grenzen der bürgerlichen Gesellschaft sozusagen an der Oberfläche des Lebens sichtbar werden – was sie nicht weniger erkennbar macht – und nicht wie in Europa, wo sie das Ergebnis harter kritischer Arbeit darstellen. Man beobachte, daß verschiedene avantgardistische Werke der brasilianischen Kultur wie das von Oswald de Andrade, Guimarães Rosa oder João Cabral de Melo Neto eine solche Konvergenz zwischen Avantgarde-Kunst und sozial »rückschrittlichen« Formen aufweisen. Natürlich findet die Selbstkritik der bürgerlichen Ordnung zumindest teilweise im Namen jener Kräfte statt, die sie zerstörte. Allerdings finden sich diese Kräfte in den Ländern der kapitalistischen Peripherie einfach auf der Straße. Wenn dies im internationalen Wettlauf als Rückschritt gilt, erlaubt es doch die Verbindungen, die wir zu entwickeln versuchen, die vielleicht aber keine ausgesprochen brasilianische Angelegenheit sind.

Um unsere Überlegungen ein wenig zu konkretisieren, betrachte man die Entwicklung von Rubião. Er durchläuft die Sphären des Geldes, der Philosophie, der Liebe und der Politik, und alles endet im Delirium des Größenwahns (die Identifikation mit Napoleon III.), im Elend, im *Nichts*. (Rubião endet ohne den Anflug eines Gefühls der Niederlage im Nichts.) Trotzdem handelt es sich nicht um eine Entwicklung, in der ein Schritt zum nächsten führt. Das Nichts ist von Anfang an und in allen seinen Formen vorhanden. Es sind die »Goldfischchen«, die sich im Kopf der Personen tummeln, die »Schmetterlinge der Hoffnung«, die »goldenen Flügel« einer Idee, d. h. die Phantasien, die das Leben von Arm und Reich stets begleiten. Die bürgerliche Gesellschaft (allerdings mit dem Duft der Aristokratie angereichert) sieht für Rubião so ähnlich aus wie die Goldfischchen, die in einer Glaskugel glänzen und locken. Es sind ein wenig infantile Anzeichen des regen imaginären Lebens, an Stelle der Regeln praktischer Ernüchterung. Vielleicht sah Araripe Jr., dem wir den Titel dieses Aufsatzes entliehen, in dem armen Teufel deshalb auch die Figur Brasiliens.

Die Haltlosigkeit Rubiãos ist sicherlich eine Synthese sozialer Beobachtung und verbindet sich mit dem wenig organischen Charakter der bürgerlichen Gesellschaft in Brasilien. Dennoch stimmt sie überraschend mit den Präokkupationen der avantgardistischen Literatur und Psychologie überein, die sich weniger für die objektive Dynamik der sozialen Lage und der Ideologien interessierten (was Thema der realistischen Literatur war), sondern für die Dynamik der Beziehung zwischen dem Individuum und eben diesen Positionen und Ideologien. Auch dies sind objektive und sehr lebendige Beziehungen, deren System von Zweckbestimmtheit mehr oder weniger unbewußt ist, und die den Mythos der Einheit, der Authentizität und der Permanenz des Individuums in einzelne Vorgänge zerlegen. Auf diese Weise existieren in Rubião problemlos nebeneinander der ungehobelte und glücklose Liebhaber; der genießerische Protz mit eitlen politischen Ambitionen, der beflissene Freund großzügiger Gastfreundschaft, der Müßiggänger, der Gerichtsverhandlungen und Abgeordnetensitzungen besucht, um sich die Zeit zu vertreiben; der ignorante Förderer der Literatur und der Künste, der den Passanten wie ein Komtur oder wie ein Senator erscheint; der eiserne Anhänger der Philosophie des Humanismus, mit ihrer darwinistischen Maxime »für den Sieger die Kartoffeln«, dem es oblag, hart zu sein und die Hauptstadt zu erobern; der arme Teufel aus Barbacena; der Kaiser von Frankreich usw. Wer hätte gedacht, daß Machado aufgrund seiner Beobachtung unserer Rückschrittlichkeit – eine Angelegenheit, auf die man wirklich nicht stolz sein konnte – dieses so moderne Gefühl von Diskontinuität und Anonymität psychischer Vorgänge ebenso wie ihre Überlappung mit dem sozialen Prestige erreicht hätte?

Aber die Haltlosigkeit ist nicht geschlossen konstruiert. So wie Rubião sich seinen Illusionsbedürfnissen und den Möglichkeiten, die ihm das Geld eröffnen, wonniglich überläßt, gibt auch der Erzähler zerstreute Kommentare ab, zieht unstete Assoziationen und überläßt sich seinen eigenen Bedürfnissen und gelegentlichen symbolischen Vorteilen. Daher rührt die verschachtelte Erzählweise, die den Herrschaftsbereich der Haltlosigkeit quasi erweitert und sie schließlich zur beständigen Bewegung der Welt macht, in die sogar der Leser eingesponnen ist. Der Erzähler vertieft den Illusionshunger seiner Figur – böswillig? gelassen gegenüber dem Schicksal? –

z. B. hinsichtlich der Zuneigung, die Rubião für seinen Hund empfindet, und das Thema endet, weil es nur ein einziges ist. Eine analoge Ausdehnung der Bewegung kann, auch wenn sie in erlauchteste Richtung geht, Sofia mit den Göttern des Olymps in einem Impuls vereinen, oder Dona Tónica mit dem Kaiser Caligula. Allgemeiner ausgedrückt dehnt sich der Verlauf imaginärer Kompensationen, die mit Eigenliebe zu tun haben, auf die Gesamtheit des Lebens aus, in dem das Unglück des einen die Freuden des anderen mäßigt. Die gleiche Befriedigung des Lesers, der sich über diesem Hin und Her erhaben glaubt, wird vom Autor regelmäßig kritisiert, als wären die Scheinheiligkeit, der Sadismus und die Cliquenwirtschaft verachtenswerte Unsensibilität oder nutzheischende Sympathie. Zweck des Ganzen ist natürlich, den Erzähler, der immer das letzte Wort haben will, wieder als überlegene Gestalt zu bestätigen, wodurch sich die Erweiterung des Vorgangs vervollständigt und Schriftsteller, Werk und Publikum impliziert.

Die Verallgemeinerung dieses Auf und Ab, dessen Endsumme gleich null ist, übt Selbstkritik an unserem liberalen und sklavenhaltenden Paternalismus: Nichts bleibt intakt. Hinzugefügt werden muß, daß die Summe mit den Fakten aus dem Leben unserer Eliten gebildet wurde. Aber das Ergebnis, das die Abhängigen erreichen würden, ganz zu schweigen von den Sklaven, wäre negativ. Das letzte Bild böte kein Gleichgewicht, auch wenn es sich um ein noch so erbärmliches Gleichgewicht handelte.

Abschließend möchte ich noch einmal zusammenfassen. Wenn wir diese Bewegung verfolgen, sehen wir, daß der Erzähler im Werk Machados jederzeit aufhört, sich mit der eben eingenommenen Position zu identifizieren. Es reicht ihm, daß sie Form annimmt, um sie zugunsten einer anderen, gewissermaßen entgegengesetzten, sofort wieder aufzugeben. Die Gegensätze können verschiedener Art sein. Auf diese Weise ändert der Erzähler von Satz zu Satz oder von Absatz zu Absatz oder von Kapitel zu Kapitel das Thema, die Gattung, die literarische Schule, das rhetorische Register usw. So springt er beispielsweise von der epischen Inspiration zur Handelssprache, zur christlichen Inbrunst, zur weltlichen Nichtigkeit, zum Größenwahn, zur wissenschaftlichen These. Oder er geht von der lapidaren Kürze zur minutiösen Beschreibung über, vom Grandiosen zum Unbedeutenden, von der Wörtlichkeit zur Allegorie, von der allgemeinen Regel zum Ausnahmefall und so immer weiter. Vom technischen Standpunkt aus wurzelt in diesem Fall alles in der präzisen Kunst des Kontrastes und der Formulierungen. Der Leser kann die Meisterschaft Machados an dieser Kunstfertigkeit erkennen.

Die Konstante dieser Bewegung heißt *Unterbrechung*. Sie unterstreicht die Willkür des Erzählers, der das Unvorhergesehene und die *Diskontinuität* zu seinem Gesetz erhebt – und das alles, um sich nicht betroffen zu fühlen. Dennoch zeigt die Lektüre, daß auch diese Willkür ihre Regeln hat: Die Aufeinanderfolge der Erzähler-Standpunkte baut allmählich einen Zyklus auf, der sich immer wiederholen und variieren wird. Im Roman Machados wird die Chronik unseres Bürgertums von 1880 durch verschiedene Prismen gesehen: durch die heroische Antike (biblische und griechisch-römische Vergleiche); durch das egoistische Interesse, das dem modernen Individualismus eigen ist; durch die absolute Distanz, die durch den Standpunkt Sirius' und des Todes eingeführt wird; durch das System imaginärer Kompensationen, mit denen die Eigenliebe die erlittenen Demütigungen mildert; durch die heruntergekommene Komplizenschaft zwischen Autor und Leser; durch das familiäre und katholische Dekor; durch den komischen Abgrund zwischen der liberalen bürgerlichen Norm und dem Sonderfall Brasilien. Es scheint eine kapriziöse Ansammlung zu sein (deren Begriffe in dieser Aufzählung nur unzureichend definiert sind), die aber dennoch ihre eigene Logik besitzt, in die sich Machados rein literarisches Denken einfügt.

Das Ergebnis der Sprunghaftigkeit des Erzählers, die zu dem gleichbleibend bürgerlichen Charakter des Hintergrundgeschehens kontrastiert, ist ein Perspektivenreigen, der unter dem Zeichen der Frivolität steht: Was bedeuten die Bibel, Griechenland, Sirius, der Tod, der Stolz, die wissenschaftlichen Theorien usw. für den Egoismus des modernen und praktischen Individuums? Phantasien. Die Pirouetten des Erzählers wiederholen sich auf der Ebene der ebenso flatterhaften Personen. Die gleiche Intrige, die sich aus Anekdoten lokaler Färbung zusammensetzt, kann das bürgerliche und kalkulatorische Vorgehen an die erste Stelle rücken, aber nur relativ, denn es ist ja auch eine Frivolität: Die Personen eignen es sich wegen des imaginären Prestiges und wegen der praktischen Nützlichkeit an. Der Zierwert ist nicht geringer als der anderer Perspektiven, die ihrerseits für die Gegenüberstellung der Sprunghaftigkeiten angebracht und funktional sind.

In Machados Universum ist ein utilitaristisches Verhalten nicht sonderlich nützlich und setzt sich auch nicht gegenüber der Sinnlosigkeit, die ebenfalls ihre Vorteile hat, durch. Ist das Nutzlose nützlich und das Nützliche nutzlos? Ist die persönliche Willkür eine Frivolität oder ist sie letztendliche Realtität?

Zusammengenommen sind die hier entwickelten Fragestellungen widersprüchlich. Trotzdem vereint die rhetorische Virtuosität Machados sie in einem Prosagewebe, das interessanterweise eine außerordentliche nationale Wahrscheinlichkeit besitzt. Die Kontraste in der Prosa Machados klären und prüfen vielleicht reale Gegensätze. Sie können als Ausarbeitung der Perspektiven und Wechselfälle im ideologischen Leben Brasiliens um 1880 untersucht werden, in dem die Sklavenarbeit, der Kapitalismus, die liberale Ideologie, die paternalistischen Beziehungen und die sehr relative nationale Unabhängigkeit ein eigenartiges Ganzes bildeten.

Dies wollte ich dem Leser gerne übermitteln.

Aus dem Spanischen von Ulli Langenbrinck

Anmerkungen

1 Der Kritiker, auf den ich mich beziehe, heißt Araripe Jr. (1848–1911). Er hing naturalistischen Strömungen an. Machado de Assis wurde 1839 geboren und starb 1908. Sein Roman *Quincas Borba* wurde ab 1886 zunächst in Fortsetzungen in der Frauenzeitschrift *A Estação* veröffentlicht und erschien dann 1891 als Buch.
2 Machado de Assis, *Instinto de Nacionalidade* (1873), in: *Obra Completa*, Aguilar, Rio de Janeiro 1959, Bd. III.
3 Antônio Cândido, *Formação da Literatura Brasileira*, Martins, São Paulo 1959, Bd. II, Kap. III: Aparecimento da ficção.
4 Raymundo Faoro, *Machado de Assis: A Piramide e o Trapézio*, C. E. Nacional, São Paulo 1974.
5 Vor allem Lucia Miguel Pereira, *Prosa de Ficção*, J. Olímpico, Rio de Janeiro 1957.

6 Siehe auch Antônio Cândido, *Literatura e Subdesenvolvimento*, in: Argumento No 1, Paz e Terra, Rio de Janeiro, Oktober 1973.
7 Siehe auch Celso Furtado, *O Mito do Desenvolvimento Económico*, Paz e Terra, Rio de Janeiro 1971, besonders Kap. II.
8 Die Worte stammen von Pereira Barreto, einem fortschrittlichen Mann, der mit der Kaffeeproduktion zu tun hatte. Seiner Meinung nach sollte die Abschaffung der Sklaverei nicht aufgeschoben werden; er betrachtete die Aufhebung der Sklaverei als automatische Folge des Fortschritts in der Landwirtschaft. Das Zitat findet sich in: Paula Beiguelman, *Teoría e Acção do Pensamento Abolicionista*, Dioneira, São Paulo 1967.
9 Siehe auch Fernando H. Cardoso, *Capitalismo e Escravidão*, Difusão Européia do Livro, São Paulo 1968.
10 Emilia Viotti da Costa, *Introdução ão Estudio da Emancipação Política*, in: C. G. Mota (Hg.), *Brasil em Perspectiva*, Difusão Européia do Livro, São Paulo 1968.
11 Siehe auch Sergio Buarque de Holanda, *Raízes do Brasil*, J. Olímpio, Rio de Janeiro 1956, Kap. III, und M. S. de Carvalho Franco, *Homens Livres na Ordem Escravocrata*, Instituto de Estudos Brasileiros, São Paulo 1969.
12 In: *A Nova Geração*, Obra Completa, Bd. III.
13 Diese Beobachtungen stützen sich vor allem auf *Senhora* (1875), einen der besten Romane Alencars.
14 *Resureição* (1872), *A Mão e a Luva* (1874), *Helena* (1876) und *Iaiá Garcia* (1878).

Walnice Nogueira Galvão
Os Sertões von Euclides da Cunha für Ausländer

Die seit nunmehr 80 Jahren anhaltende Beschäftigung mit *Os Sertões* hat bei uns zu einem ansehnlichen Bestand an Sekundärliteratur geführt. Gewiß haben diese Untersuchungen einerseits wichtige Erkenntnisse zum Verständnis dieses Werkes zutage gefördert, doch haben sie andererseits neue Probleme aufgeworfen. Auch kann man nicht daran vorbeigehen, in welch hohem Maße dieses Buch die Fähigkeit besitzt, radikale und nicht immer durchdachte Stellungnahmen – pro oder kontra – zu provozieren. In all diesen Jahrzehnten haben die meisten Kommentatoren das Buch entweder verabscheut oder leidenschaftlich geliebt.

Die Gefühle von Liebe oder Haß, die dem Buch entgegengebracht werden, übertragen sich leicht auf die Person des Autors. Sein rätselhafter Charakter, sein von unglaublichen Schicksalsschlägen gezeichnetes Leben kann sich unversehens zwischen Leser und Werk schieben. Um dieser Versuchung zu entgehen, verfiel man ins andere Extrem; man versuchte, von der Person des Autors ganz abzusehen, um so zu einer angeblich objektiven Einschätzung des Werkes zu gelangen. Die Gefahr dieser Position liegt darin, daß man unter Umständen das Werk gut zu kennen meint und schließlich aus allen Wolken fällt, wenn man von den dramatischen Wechselfällen im Leben des Autors erfährt. Auf diese Weise kann der Leser den Eindruck bekommen, man habe ihn an der Nase herumgeführt.

Am besten machen wir uns zunächst einmal mit den verschiedenen Abschnitten seines romanhaften Lebens bekannt und wenden uns dann seinem Werk zu.

Was Euclides da Cunha widerfuhr, war eigentlich gar nicht so ungewöhnlich. Vielmehr sind die Vorgänge, von denen im folgenden die Rede sein wird, aufgrund der traditionellen patriarchalischen Struktur der brasilianischen Familie ohne weiteres verständlich und sogar recht häufig. Als schockierend empfindet man sie vielleicht dann, wenn man feststellt, daß das Leben eines so wissenschaftsgläubigen Autors so wenig wissenschaftlich verlief, daß sein persönliches Handeln so irrational war. Wäre er ein gewöhnlicher Mitbürger gewesen, so stünde sein Verhalten ganz im Einklang mit dem, was man die Verteidigung von Ehre, Familie und Eigentum zu nennen pflegt. Doch da es sich um eine Persönlichkeit des öffentlichen Lebens, um einen berühmten Mitbürger handelte, auf den die ganze Nation stolz war, entstand ein ungeheures Aufsehen. Gerade darum gab und gibt es das Bemühen – bei Persönlichkeiten des öffentlichen Lebens und anderen Berühmtheiten durchaus keine Seltenheit –, über das Privatleben von Euclides da Cunha, das er selbst durch sein Handeln vor aller Welt ausgebreitet hatte, den Mantel der Verschämtheit zu legen.

Dabei ist es nichts Außergewöhnliches, wenn jemand versucht, seine ehebrecherische Gattin samt Nebenbuhler umzubringen. Die herrschenden Sitten zwingen den betrogenen Mann zu einer solchen Handlungsweise, will er seine Ehre und Selbstachtung wahren. Und er darf damit rechnen, daß ihn ein wohlwollendes Gericht, das sich von denselben gewohnheitsrechtlichen Wertvorstellungen leiten läßt wie er, freisprechen wird. Bis zum heutigen Tage hat sich daran nichts geändert. Und dabei verhielt sich Euclides eine Zeitlang außerordentlich zivilisiert, denn er akzeptierte es, daß das Kind eines anderen zusammen mit seinen eigenen Kindern aufwuchs.

Zur Vorgeschichte dieser Verwicklungen gehört der Umstand, daß er ein Jahr lang weit entfernt von seiner Frau gelebt hatte, die in Rio blieb, während er die Kommission zur Erforschung des Oberlaufs des Purús-Flusses im Amazonas-Gebiet leitete. Im Dezember 1904 war er abgereist und im Januar 1906 kehrte er nach Rio zurück. Als er zu Hause ankam, war seine Fau schwanger. Einige Monate später kam ein Sohn zur Welt, der den Namen Mauro erhielt, von ihm als eigenes Kind anerkannt wurde, aber schon nach sieben Tagen starb. Gegen Ende des darauffolgenden Jahres wurde ein weiteres außerehelich gezeugtes Kind geboren. Und alle Beteiligten, wie friedlich oder unfriedlich auch immer, lebten noch eine Zeitlang zusammen, einschließlich der beiden älteren Kinder des Ehepaares, Solon und Euclides da Cunha junior. Es wird berichtet, daß Euclides von dem fremden, blonden Kind inmitten seiner eigenen, brünetten Kinder zu sagen pflegte, es sei ein Maiskolben inmitten einer Kaffeepflanzung.

Dieses Zusammenleben findet erst in dem Augenblick sein Ende, als die Gattin mit den Kindern auszieht und zu Dilermando de Assis übersiedelt, dem anderen Mann in ihrem Leben. Am 15. August 1909 stürmt Euclides mit der Waffe in der Hand in die Wohnung seines Rivalen und beginnt um sich zu schießen. Dilermando und sein Bruder Dinorah treten dem Angreifer eilends entgegen, während Dona Saninha und die Kinder in ein rückwärtiges Zimmer flüchten. Die Brüder hatten beide die militärische Laufbahn eingeschlagen, Dilermando war damals Heeres- und Dinorah Seekadett. Euclides traf Dinorah an der Wirbelsäule; eine Verletzung, die ihn zum Invaliden machte und zum Abbruch seiner Laufbahn zwang – Jahre später beging er Selbstmord. Doch Dilermando schoß zurück und traf Euclides tödlich. Nachdem Dilermando de Assis vor Gericht gestellt und wegen Notwehr freigesprochen worden war, heiratete er Dona Saninha, mit der zusammen er weitere Kinder hatte. Es sieht so aus, als habe man seine Karriere behindert, indem man ihn stets auf entlegene Posten versetzte und bei Beförderungen überging. Jedenfalls steht fest, daß er sich zeit seines Lebens immer wieder genötigt sah, öffentlich gegen die nicht abreißende Kette von Verleumdungen Einspruch zu erheben, wobei er sogar Bücher zu seiner Rechtfertigung schrieb.

So waren die Militärs bei dieser Affäre unter sich, da Euclides ja Armeeleutnant der Reserve war und seine Gattin die Tochter eines Generals. Staatliche Instanzen und öffentliche Meinung verlangten mit solcher Vehemenz nach dem Blut des Täters, daß der geringste Zweifel an dessen Unschuld den Ausschlag beim Urteil geben mußte. Wenn es trotz dieser für Dilermando höchst ungünstigen Umstände nicht möglich war, ihn schuldig zu sprechen, so deshalb, weil sich dafür in der Tat keine legale Grundlage finden ließ.

Euclides wurde in der brasilianischen Akademie für Literatur aufgebahrt und mit allen öffentlichen Ehren zu Grabe getragen. Die Nation trauerte.

Die Konstellation jedoch, die den Hintergrund für diesen blutigen Zusammenstoß bildete, sollte sich nicht so rasch verändern. Dem zweiten Sohn von Euclides, der denselben Namen trug wie er und als Seekadett ebenfalls die militärische Laufbahn einschlug, wurde vermutlich von klein auf die Vorstellung vermittelt, eines Tages der Rächer seines Vaters – und somit der Ehre der Familie und des Eigentums – sein zu müssen. Im Jahre 1916 schoß er im Gerichtsgebäude von Rio de Janeiro ebenfalls auf Dilermando de Assis. Der Angegriffene, der später einmal brasilianischer Meister im Scheibenschießen werden sollte, wurde wiederum an mehreren Stellen verletzt, doch tötete er mit einem gezielten Schuß Euclides da Cunha junior. Wiederum kam es zum Prozeß, und wiederum gab es einen Freispruch wegen Notwehr. Jahrzehnte später erklärte Dilermando dem Schriftsteller Francisco de Assis Barbosa, er habe noch vier Kugeln im Körper, die man nicht habe herausoperieren können, zwei vom Vater und zwei vom Sohn.[1]

Diese ›gerichtsnotorische‹ Seite von Euclides' Leben darf seine Leistungen als Mann des öffentlichen Lebens jedoch nicht verdunkeln: Er war Journalist, Teilnehmer an der republikanischen Kampagne für den Sturz der Monarchie, Schriftsteller und Ingenieur. Man muß sich vergegenwärtigen, was Brasilien im letzten Viertel des vergangenen Jahrhunderts war: ein Land mit kolonialen Strukturen, das den Ansturm der industriellen Revolution zu spüren begann. Maschine, Eisenbahn, Landstraße, öffentliche Hygiene, Flußschiffahrt, Industrialisierung in Stadt und Land – das waren Themen, mit denen sich Euclides als Autor wie auch praktisch handelnd als Ingenieur beschäftigte. Und er stand nicht allein; einer ganzen Generation oder gar zweien erschien der Beruf des Ingenieurs als eine der vornehmsten Möglichkeiten, sich in den Dienst des Vaterlandes zu stellen. Euclides selbst war Ingenieur von Beruf, alles andere, was er sonst tat, waren Nebentätigkeiten, die es ihm ermöglichten, das Familienbudget aufzubessern; und als Ingenieur stand er im Staatsdienst, wie es der Tradition eines Landes entspricht, in dem die Schicht der Gebildeten sich stets an die Futterkrippen des Staates drängte und bis zum heutigen Tage drängt.

Kurz zuvor waren die ersten Ingenieurschulen entstanden, damals – im Unterschied zu heute – Hochburgen der Modernität. In dieser Hinsicht lösten die neuen technischen Hochschulen die alten juristischen und medizinischen Fakultäten allmählich ab, auf denen die Söhne der herrschenden Klasse sich zu Juristen und Ärzten ausbilden ließen und so den Grundstein für ihre politische Karriere legten. In Rio de Janeiro, der Hauptstadt des Landes, gab es zwei Bildungsanstalten dieser Art, die polytechnische Hochschule, in die Euclides zunächst eintrat, und die militärische Hochschule, auf die er bald überwechselte. Hier war der Schulbesuch kostenlos und bildete bereits einen Bestandteil der militärischen Laufbahn, weswegen diese Schule von den Söhnen jener Teile der herrschenden Klasse besucht wurde, die vermögenslos waren. Dort spielte sich auch der Vorfall ab, bei dem Euclides zum ersten Male ins Licht der Öffentlichkeit trat: Aus Protest gegen die Monarchie schleuderte er seinen Degen in dem Augenblick zu Boden, als der Kriegsminister der Militärschule einen Besuch abstattete.

Euclides brach seine Ausbildung ab, die er erst nach der Ausrufung der Republik (1889) fortsetzte und an der neuen Kriegshochschule als Militär-Ingenieur im Offiziersrang abschloß.

In dieser Eigenschaft wurde er unter anderem bei der zentralbrasilianischen Eisenbahngesellschaft eingesetzt, bei den Befestigungswerken der nationalen Hafengesellschaft in Rio, bei der Leitung der militärischen Bauvorhaben im Bundesstaat Minas Gerais. Vom Abschluß seiner Ausbildung 1891 bis zu seinem Ausscheiden aus dem Heer als Oberleutnant der Reserve im Jahre 1896 war er fünf Jahre lang als Militär-Ingenieur tätig. Danach arbeitete er ausschließlich als Hoch- und Tiefbau-Ingenieur im zivilen Bereich, verblieb aber im öffentlichen Dienst. Von den Bauwerken, die er in dieser Funktion an verschiedenen Orten schuf, blieb eines der Nachwelt erhalten: die Brücke über den Rio Pardo in der Stadt São José do Rio Pardo, im Bundesstaat São Paulo. Kurz vor seinem Tod, als Euclides aufgrund der Veröffentlichung von *Os Sertões* bereits ein bekannter Mann und Mitglied der brasilianischen Akademie für Literatur geworden war, nahm er an einem Auswahlverfahren zur Besetzung des Lehrstuhls für Logik am Gymnasium Pedro II. in Rio de Janeiro teil. Zwar kam er lediglich auf den zweiten Platz, doch wurde er nach einigem Hin und Her schließlich in dieses Amt berufen, obwohl der bestplazierte Bewerber Farias Brito war, der vielleicht bedeutendste Philosoph Brasiliens.

Seine akademische Ausbildung stand im Zeichen geistiger Strömungen, die an der Militärhochschule jener Zeit den Ton angaben und hier stärker als sonstwo vertreten waren, sich jedoch auch in anderen Bereichen des brasilianischen Geisteslebens bemerkbar machten. Die beiden großen Themen jener Zeit waren die Sklavenbefreiung und die Errichtung der Republik. Naturwissenschaft, Mathematik, Positivismus, Determinismus, Evolutionismus standen hoch im Kurs; die maßgeblichen Namen waren Comte, Darwin und Spencer. Man kann nicht oft genug daran erinnern, daß das Motto auf der brasilianischen Nationalflagge seit der friedlichen Ausrufung der Republik durch die Militärs im Jahre 1889 (ein Jahr nach der Abschaffung der Sklaverei) *Ordnung und Fortschritt* lautet, Zitat aus dem Werk von Auguste Comte.

In dieser Hinsicht unterschied sich Euclides' Bildungsweg nicht von dem seiner Zeitgenossen, oder genauer gesagt, von dem des kleinen Kreises der Gebildeten, der zur herrschenden Klasse gehörte und gewissermaßen ihre intellektuelle Avantgarde bildete.

Was die beiden großen Themen des Zeitalters betrifft, die Kampagne für die Abschaffung der Sklaverei und die Kampagne für die republikanische Staatsform, so traten sie in Brasilien ein wenig losgelöst vom lateinamerikanischen Kontext auf. Als die meisten Kolonien »südlich des Rio Grande« gegen Anfang des 19. Jahrhunderts ihre Unabhängigkeit von Europa erlangten, ging die Entwicklung überall dahin, daß sie sich gleichzeitig als Republiken freier Menschen konstituierten. In Brasilien dagegen bedeutete die Erlangung der Unabhängigkeit (im Jahre 1822) lediglich die Verlegung der Hauptstadt vom Mutterland in die Kolonie. Diese Verlegung, die seit 1808, als der portugiesische König Johann VI. auf der Flucht vor den Truppen Napoleons nach Brasilien kam, sorgfältig vorbereitet worden war, stellte in Wahrheit eine Option der portugiesischen Krone dar. Vor die Wahl gestellt zwischen einem armen Mutterland und einer reichen Kolonie entschied sie sich für letztere.[2] So kam es, daß der zur Thronfolge berechtigte Sohn des portugiesischen Königs selber die Unabhängigkeit proklamierte und aus der Kolonie eine unabhängige Nation machte, die die Sklaverei sowie die monarchische

Staatsform beibehielt, mit einem portugiesischen König, der weiterhin als Staatsoberhaupt Anspruch auf die portugiesische Thronfolge erhob. Erst sehr viel später, im Jahre 1888, sollten die Sklaven ihre Freiheit erlangen, und ein Jahr danach, 1889, sollte das Land die republikanische Staatsform annehmen. In dieser Ungleichzeitigkeit im Verhältnis zum übrigen Lateinamerika sind auch die Gründe dafür zu suchen, daß Brasilien die Einheit seines gewaltigen Territoriums bewahren konnte und nicht in eine Anzahl kleinerer Nationen zerfiel.

Mit einem alleinregierenden Monarchen an der Spitze, der die Kolonie ungeteilt übernahm und das Land nach der Unabhängigkeit ungeteilt bewahrte, war die Entwicklung zum Einheitsstaat besiegelt. Allerdings darf man nicht vergessen, daß diese Einheit in der Kolonialzeit mit Feuer und Schwert durchgesetzt worden war und selbst danach bei mehrfachen Gelegenheiten mit Feuer und Schwert abgesichert werden mußte. Schon vor der Erringung der Unabhängigkeit im Jahre 1822 hatte es mehrere Bewegungen gegeben, die die Befreiung von der portugiesischen Herrschaft anstrebten, und die in der Regel republikanisch und regionalistisch orientiert waren. *Unabhängigkeit,* das hieß in diesem Zusammenhang zugleich *Republik,* aber es hieß keineswegs auch *große Nation.* Der Kampf dieser Bewegungen für die Befreiung vom kolonialen Joch war stets auf einzelne Landesteile beschränkt. Es versteht sich von selbst, daß sämtliche Versuche dieser Art mit aller Härte niedergeschlagen wurden.

Die Ideale der französischen Revolution und des nordamerikanischen Unabhängigkeitskrieges gaben den Freiheitsbestrebungen in ganz Lateinamerika Auftrieb, so daß sie ihre Losungen dem Wortschatz jener beiden Bewegungen entlehnten. So nimmt es nicht wunder, wenn Euclides da Cunha (und damit stand er in Brasilien keineswegs allein) die Ausrufung der Republik mit der französischen Revolution in Verbindung brachte, obwohl es dafür keinerlei historische Grundlage gibt und beide Ereignisse in sozio-ökonomischer und politischer Hinsicht zwei völlig verschiedenen Phasen angehören. Unter seinen Jugendgedichten finden sich vier Sonette, die den Anführern der französischen Revolution gewidmet sind und deren Namen als Überschriften tragen: *Danton, Marat, Robespierre* und *Saint-Just.* So kam es, daß alles, was auch nur von ferne so aussah, als könne es die Konsolidierung des neuen republikanischen Staatswesens bedrohen, sogleich als reaktionär und restaurativ verschrieen wurde. Jede beliebige Störung der öffentlichen Ordnung wurde von den Zeitgenossen so interpretiert. Jahrzehnte mußten ins Land gehen, bevor man aufhörte, das geringste Anzeichen von Unzufriedenheit sogleich mit dem Makel des *Monarchismus* zu belegen.

In allen seinen Schriften zeigt sich Euclides da Cunha dieser Ideenwelt zutiefst verpflichtet. Abgesehen von der Analyse einer ländlichen Volkserhebung in *Os Sertões,* behandelte er so verschiedenartige Gegenstände wie nationale und internationale Politik, soziale Fragen, Literatur, Geographie und Geopolitik, wirtschaftliche Projekte. Die Artikel, die er darüber schrieb, wurden später zu Sammelbänden vereinigt, von denen zwei noch zu seinen Lebzeiten, im Jahre 1907, erschienen, *Contrastes e Confrontos* sowie *Peru versus Bolivia* (Gegensätze und Gegenüberstellungen/Peru kontra Bolivien). Doch stammen aus seiner Feder zahlreiche weitere Arbeiten, die in die Gesamtausgabe des Verlages Companhia José Aguilar (Rio, 1966) aufgenommen wurden, Artikel eines kämpferischen Journalisten, ebenso wie amtliche Berichte, öffentliche Reden und Vorträge.

Im Jahre 1897 war Euclides kein journalistischer Debütant mehr, hatte er doch bis dahin nicht nur für Studentenzeitungen, sondern bereits für die größten Blätter von Rio und São Paulo[3] geschrieben, doch erst in jenem Jahre bereitete er in zwei Artikeln den Weg zu dem Buch vor, das ihn später berühmt machen sollte. Beide Artikel erschienen im Abstand von einigen Monaten unter dem Titel »Unsere Vendée« in der Zeitung *O Estado de São Paulo*. In diesen Artikeln befaßte sich Euclides erstmals mit jenen Ereignissen, die sich seit geraumer Zeit weit hinten im Sertão von Bahia abspielten. Anlaß für den ersten Artikel war offenbar die aufsehenerregende Niederlage der dritten Militärexpedition, die man gegen Canudos, die befestigte Siedlung der Aufständischen, entsandt hatte. Am 3. März 1897 wurde der Kommandant dieser Expeditionsarmee, Oberst Moreira César, im Kampf tödlich verwundet; seine Truppen ergriffen die Flucht. Der zehn Tage später erschienene Artikel beschäftigte sich jedoch überraschenderweise kaum mit der kriegerischen Seite dieses Ereignisses; im Vordergrund steht vielmehr die Analyse des geographischen Milieus. Der Verfasser geht auf den Bodentypus ein, auf Windverhältnisse, Klima, Vegetation; er entwirft eine Theorie der endemischen Dürre jener Region, untersucht die dortigen Gewässer und betont die Bedeutung der Bodenerhebungen und der topographischen Verhältnisse ganz allgemein. Letztere Faktoren waren offensichtlich von großer Bedeutung für die militärische Entscheidungsfindung und für die Schwierigkeiten, mit denen die Regierungstruppen zu kämpfen hatten. Erst am Schluß des Artikels spricht der Verfasser von den dort lebenden Menschen, die er als offenkundige Produkte ihres Milieus bezeichnet, und deren Aufstand er kurz mit der Erhebung der Bauern aus der Vendée in Beziehung setzt.

Dieser Artikel ist der Embryo von *Os Sertões*. Man spürt das ernsthafte Bestreben, das Umfeld sorgfältig und »wissenschaftlich« zu eruieren, die bestimmenden Einflüsse des Milieus auf den Menschen und sein Handeln festzustellen, dem Rätsel der ethnischen Entwicklung dieser Bevölkerung zu Leibe zu rücken. Die behauptete Analogie zur Vendée geht darauf zurück, daß man die Errichtung der Republik in Brasilien mit der französischen Revolution gleichsetzte; eine aufständische Bewegung im Sertão konnte also nur konterrevolutionär sein. Die Französische Revolution sah sich im Programm der gesellschaftlichen Umwälzung vom eigenen Staatsgebiet her durch die Bauern der Provinz Vendée in Frage gestellt, die 1793 zu den Waffen griffen und die Wiederherstellung des *Ancien Régime* mit König und allem, was dazugehört, forderten. Was jetzt, wenn auch ein Jahrhundert später, in Brasilien geschah, konnte nichts anderes sein. Eine Horde von Unbekannten, irgendwo im Sertão, bekämpfte aus unerfindlichen Beweggründen die brasilianische Armee und brachte ihr eine Niederlage bei. Das konnte nichts anderes sein als ein gefährliches Wiederaufflackern der monarchistischen Restauration gegen das junge, kaum zehn Jahre alte republikanische Staatswesen, das seinerseits die Ideale der französischen Revolutionäre von 1789 verkörperte. Deswegen war Canudos »unsere Vendée«. Es sei gleich hinzugefügt, daß Euclides diese Fehleinschätzung schließlich durchschaute und zur Zeit der Niederschrift von *Os Sertões* den Glauben daran – zumindest teilweise – verloren hatte.

Anfang April wurde die vierte Expeditionsarmee aufgestellt, die jedoch trotz ihrer Stärke nur langsam vorankam. Dem Sieg, der aufgrund der Größenordnung der eingesetzten Mittel in greifbarer Nähe schien, stellten sich immer wieder alle möglichen Hindernisse entgegen. In dieser Phase, Mitte Juli, veröffentlichte Euclides seinen zweiten Artikel unter demselben Titel. Wiederum betonte er die Rauheit der Natur und der Menschen, gegen die die Soldaten anzukämpfen hatten. Diesmal befaßte er sich eingehender mit dem militärischen Geschehen und stellte eine Reihe von wohlwollenden und entschuldigenden Überlegungen über die Umstände an, die die erfolgreiche Beendigung dieses Feldzugs hinauszögerten. Hier ist bereits ein weiteres Merkmal von *Os Sertões* vorgeprägt, die sorgfältige Analyse eines jeden Schrittes der kriegführenden Regierungsarmee, die Frage nach Richtigkeit und Fehlerhaftigkeit von Entscheidungen, nach denkbaren Alternativen, nach eingestandenen oder uneingestandenen Verantwortlichkeiten. Mit anderen Worten, Euclides nimmt den Standpunkt eines Heeresstrategen ein. In *Os Sertões* beklagt er zwar das Los der Aufständischen und die an ihnen begangenen Grausamkeiten, doch gleichzeitig, als gäbe es da keinerlei Widerspruch, zeigt er auf, welche Strategie notwendig gewesen wäre, um das Vorgehen der Armee effizienter zu machen. Doch im Juli 1897 war die Zeit zum Umdenken noch nicht gekommen; in diesem zweiten Artikel mit der Überschrift »Unsere Vendée« ist der Sertão-Bewohner noch eine unbekannte Größe, die man mit einem bequemen Stereotyp belegt – er ist »der Feind« –, und der brasilianische Soldat ist noch der Held.

Die Veröffentlichung dieser beiden Artikel sollte Euclides' Lebensweg grundlegend verändern. Denn in jenem Feldzug, zu dem damals Truppen aus dem ganzen Land zusammengezogen worden waren und der unter dem Kommando von drei Generälen stand, blieb eine Entscheidung weiterhin aus. Man rechnete mit einem überwältigenden Sieg der Regierungstruppen, da die kämpfenden Parteien militärisch in keiner Weise vergleichbar waren. Auf der einen Seite stand die reguläre Armee, ausgerüstet mit modernstem Gerät einschließlich Repetiergewehren und Kanonen, befehligt von einem Offizierskorps, das über reichhaltige Erfahrungen bei der Niederschlagung von Volksbewegungen verfügte und von kämpferischem

Elan beseelt war, überzeugt davon, eine gerechte Sache, eine republikanische Herzensangelegenheit zu verteidigen. Zahlreiche der hier eingesetzten Truppenteile hatten bereits an anderen Befriedungsaktionen dieser Art teilgenommen; denn an Aufständen und Unruhen bestand in jenen Jahren wahrhaftig kein Mangel. Auf der anderen Seite dagegen standen ein paar arme Teufel, die weder lesen noch schreiben konnten und deren ganze Ausrüstung aus höchst primitiven Waffen bestand, aus Macheten, Sicheln, aus kurzläufigen Vorderladern, die mit selbstzubereitetem Pulver und mit Steinkugeln geladen wurden. Da der Feldzug, der mittlerweile eine beträchtliche Größenordnung erreicht hatte, sich endlos in die Länge zog, verließ der Kriegsminister persönlich seine Amtsräume in Rio de Janeiro, begab sich in den Sertão und schlug in Monte Santo, unweit Canudos, sein Hauptquartier auf. Zu seiner Begleitung gehörte Euclides da Cunha, der offiziell dem Generalstab zugewiesen war, obwohl er lediglich die Aufgabe hatte, für die Zeitung O *Estado de São Paulo* Reportagen zu schreiben. Damit befand sich Euclides gegenüber der Mehrheit seiner Kollegen in einer privilegierten Situation. Für seine Entsendung als Kriegsberichterstatter brachte er eine ganze Reihe von Vorzügen mit. Er konnte auf eine mehrjährige intensive Mitarbeit bei verschiedenen Zeitungen zurückblicken; er hatte bereits zwei Artikel über eben diesen Krieg geschrieben; und schließlich – ein Vorzug, der nicht geringer wog als die anderen – war er Militär.

Wie kam es, daß die Presse sich plötzlich so sehr für jene Rebellion im fernen Sertão interessierte? Wenige Themen – und wenn, dann stets solche, die mit der nationalen Sicherheit zu tun haben – sind in der brasilianischen Presse so einmütig und so ausführlich behandelt worden wie dieser Feldzug. Im Jahre 1897, vor allem nach der Niederlage der Expedition Moreira César im März jenes Jahres, konnte man keine brasilianische Zeitung aufschlagen, ohne an bevorzugter Stelle immer wieder auf dieses Thema zu stoßen. Was vorher gelegentliche Nachricht war, bekam nun einen festen Platz, mit eigener Überschrift, auf der ersten Seite. Und der Krieg von Canudos machte sich in allen Sparten der Zeitungen breit, in Leitartikeln, Chroniken, Reportagen, Inseraten und sogar im humoristischen Teil. Als wirksames Instrument der Meinungsmanipulation lange vor dem Zeitalter der elektronischen Medien leistete die Zeitung jenen politischen Gruppen unschätzbare Dienste, die ein Interesse daran hatten, Panik zu verbreiten und alle Aufmerksamkeit auf einen einzigen Feind zu lenken. Da es keine Invasionen gab, stand auch kein äußerer Feind zur Verfügung. Doch da hatte man ja ganz in der Nähe einen inneren Feind, der so marginalisiert war, daß er nicht einmal gegen die ihm zugedachte Rolle protestieren konnte. Aufgabe der Zeitung war es, den erwähnten politischen Interessen als Sprachrohr zu dienen, und die von innen durch einen Umsturz bedrohte Nation zur Wachsamkeit und zur Mobilisierung aufzurufen. Es war gewiß nicht das erste Mal (und auch nicht das letzte Mal), daß das Medium Zeitung sich zu so etwas hergab. Doch für Brasilien war dies sicherlich eine außerordentliche Pionierleistung. Mochte diese dem Lande auch eher zur Schande als zur Ehre gereichen – die Wirkung dieses Mediums jedenfalls war überwältigend.

Die damaligen Zeitungen schossen aus allen Rohren. Als die Nachricht von der Niederlage der Expedition Moreira César in Rio und São Paulo eintraf, brachen Straßentumulte aus – die natürlich nicht spontan waren, sondern von Rädelsführern in eine bestimmte Richtung gelenkt wurden. Und wogegen richteten sich diese Tumulte? Stürmte man etwa den Präsidentenpalast, warf man Bomben in Botschaftsgebäude, griff man Kasernen an, ging man gegen die Vertreter des Bundesstaates Bahia im Abgeordnetenhaus vor? Keineswegs: Man verwüstete vier monarchistische Zeitungsredaktionen, drei in Rio und eine in São Paulo. Es gab nur ein Todesopfer an diesem Tage, einen Journalisten namens Gentil de Castro, der für seine Verbindungen zu monarchistischen Gruppen bekannt war und der auf offener Straße in der Hauptstadt des Landes Opfer eines Attentats wurde.

Da die Nation eine in politischer und wirtschaftlicher Hinsicht außerordentlich instabile Phase durchmachte und dringend nach einem Ventil für die aufgestaute Unzufriedenheit gesucht wurde, griff man auf die altbekannte und sich auch diesmal bewährende Taktik zurück, alle Schuld auf einen gemeinsamen Feind zu schieben, eine Methode, die uns an die Judenverfolgung im Hitler-Deutschland erinnert. Der Sündenbock im damaligen Brasilien hieß Monarchismus. Doch in

Wirklichkeit gab es nur ein paar versprengte Monarchisten, deren Namen allgemein bekannt waren, ehemalige Honoratioren der Kaiserzeit, die sich – anders als die Mehrheit ihrer Standesgenossen – dem neuen Regime nicht angeschlossen hatten. Die junge Republik, die damals nicht einmal ein Jahrzehnt alt war, hatte bereits zwei Bürgerkriege bestehen müssen, die sogenannte föderalistische Revolution, die den äußersten Süden des Landes in einen jahrelangen Kriegszustand gestürzt hatte, sowie den Aufstand der Flotte in der Bucht von Rio de Janeiro. Obwohl es sich dabei um ziemlich verworrene Rebellionen handelte, von denen man nicht recht wußte, was sie eigentlich wollten – so etwas erfährt man vermutlich mit einiger Gewißheit erst dann, wenn solche Erhebungen gelingen, und nicht dann, wenn sie scheitern –, wurden sie sogleich als monarchistisch hingestellt. Doch beide Umsturzversuche wurden aus den bestehenden Institutionen heraus unternommen, wobei der erste von etablierten Politikern angeführt und der zweite von einem großen Teil der Marine getragen wurde.

Im Falle von Canudos trafen mehrere Umstände glücklich zusammen, die den Vorwurf des Monarchismus zu bestätigen schienen. In der Tat hatte jener im fernen Sertão verlorene Menschenhaufen eine allenfalls vage Vorstellung von dem Unterschied zwischen republikanischer und monarchischer Staatsform. So weiß man, daß Antônio Conselheiro[4] die Vertreibung der kaiserlichen Familie für moralisch höchst verwerflich hielt; schließlich war es Prinzessin Isabel gewesen, die ein Jahr vor Ausrufung der Republik das Gesetz über die Sklavenbefreiung unterzeichnet hatte, in dessen Genuß auch zahlreiche Anhänger Antônio Conselheiros gekommen waren. Ein weiterer Grund für seine Vorbehalte gegen die Republik war die Einführung der Ziviltrauung, die die Ehe ihres sakramentalen Charakters beraubte und sie in ein Vertragsverhältnis wie jedes andere verwandelte. Diese beiden Vorwürfe finden sich in einem Antônio Conselheiro zugeschriebenen und kürzlich veröffentlichten Manuskript, das eine Sammlung von Predigten und Ansprachen darstellt.[5] Dies genügte, um aus der befestigten Siedlung Canudos die Brutstätte einer restaurativen Verschwörung mit nationalen und internationalen Verzweigungen zu machen. Ein weitgespanntes Netz monarchistischer Umtriebe mit Sitz in Paris, New York, London und Buenos Aires, schleuste angeblich über seine gut funktionierenden Geheimkanäle ständig modernste Waffen und ausländische Fachleute für die militärische Ausbildung der Rebellen ein, um in Brasilien die Machtübernahme vorzubereiten.[6] Der offene Aufstand von Canudos sei lediglich ein provokatorischer Unruheherd dieser ganzen Bewegung, der die Armee binden solle, um das übrige, von Streitkräften entblößte Land zu einer leichten Beute der Verschwörer zu machen. Einziger Nachteil dieser Verschwörungstheorie ist, daß nichts davon stimmte und Antônio Conselheiro nichts davon ahnte.

Neben der Angst vor dem Monarchismus gab es einen weiteren Umstand, der sich vortrefflich zur Verteufelung des Feindes eignete: seine Unbekanntheit. Niemand wußte, wer er war, welches seine Absichten und Beweggründe waren, warum er sich wehrte, für welche Ideen er kämpfte, was ihn dazu brachte, sich mit solcher Verbissenheit in jener Stein- und Kaktuseinöde, weit ab von allen Straßen, festzusetzen. Um so leichter war es, ihn zum Gegenstand beliebiger Projektionen zu machen, jeder Art von Furcht, Entsetzen, Abscheu. Mit Sicherheit war dieser Feind kein Brasilianer. Er mußte einem anderen Menschenschlag angehören, einem anderen Volk, sogar einer anderen Rasse. Die damaligen Zeitungen gingen in ihrer Verantwortungslosigkeit so weit, zur Charakterisierung der Sertão-Bewohner alle erdenklichen Bezeichnungen zu verwenden, die ihnen ihre so unbotmäßige Menschlichkeit absprachen – wie Tiere, Ungeheuer, Phantome. Ein derartiges Vokabular war kein Privileg der Journalisten; es fand sich bei führenden Politikern, militärischen Befehlshabern, sogar bei solchen Persönlichkeiten des öffentlichen Lebens, die sich der Sache des Liberalismus verschrieben hatten wie Rui Barbosa. Letzterer zum Beispiel nannte die Einwohner von Canudos in einem Vortrag, den er in Salvador, der Hauptstadt Bahias hielt und den die Tageszeitung *O Comércio de São Paulo* in 15 Folgen (vom 9. 6.-7. 7. 1897) abdruckte, »eine Horde von Geistesgestörten und Kriminellen« und betrachtete das Ganze lediglich als einen Fall für die Polizei.

Es muß eine allgemeine Erleichterung gewesen sein, als man für den Feind endlich einen Namen fand. Immerhin handelte es sich ja weder um einen Expolitiker aus der Kaiserzeit noch um dessen Sohn oder Vetter, noch um einen rebellierenden Offizier oder ehemaligen Sklaven, weder um Indianer noch um Städter. Im ersten seiner beiden mit »Unsere Vendée« überschriebenen Artikel nannte Euclides den Feind *sertanejo* (Bewohner des Sertão) und *tabaréu* (Provinzler, Hinterwäldler), Synonyme für Bewohner des Hinterlandes. Bereits im zweiten Artikel verwendete er jene Vokabel, die in der Presse mittlerweile in Mode gekommen war: *jagunço*. In diesem zweiten Artikel, ebenso wie in den Reportagen, die er als Sonderberichterstatter des *O Estado de São Paulo* schrieb und später als Buch unter dem Titel *Tagebuch einer Expedition* veröffentlichte, erscheint das Wort kursiv gedruckt, Beleg für seine Fremdartigkeit. Später, in *Os Sertões*, verschwindet der Kursivdruck; die Bezeichnung ist zum Bestandteil der sprachlichen Norm geworden. Die historischen Vergleiche, die Euclides da Cunha in diesem zweiten Artikel anstellt, sind für den Feind nicht sehr schmeichelhaft. Obwohl er dies sicherlich nicht beabsichtigt, sind die Analogien, die ihm einfallen, allesamt rassistisch. Der Kampf zwischen brasilianischer Armee und Sertanejos wird entweder mit dem Kampf zwischen Römern und Barbaren oder mit dem zwischen den zeitgenössischen Europäern und den Negern in Afrika verglichen. Dahinter steht die Vorstellung vom Widerstreit zwischen Zivilisation und Barbarei, zwischen überlegener und unterlegener Rasse.

Der Ausdruck Jagunço, der sich seit jener Zeit im literarischen Leben des Landes ohne Kursivdruck eingebürgert hat, bewegt sich auf einem schwankenden Wortfeld. Ebenso wie der abwechselnd verwendete Ausdruck Cangaceiro, bedeutet er soviel wie bezahlter Leibwächter. Allerdings findet Jagunço eher im Sertão des nördlichen Minas Gerais und des Staates Bahia Verwendung, während Cangaceiro in den eigentlichen Nordost-Staaten geläufiger ist, wie Sergipe, Alagoas, Paraíba, Pernambuco, Rio Grande do Norte und Ceará. Was die Herkunft dieser Wörter betrifft, so ist der Cangaceiro ursprünglich derjenige, der unter dem Cangaço lebt, wobei mit Cangaço seine typische Ausrüstung gemeint ist – zwei sich auf der Brust kreuzende Patronengürtel, zwei über die Schulter gehängte Ledersäcke, Dolch, Gewehr und kurze Schrotflinte. Nicht zu vergessen der berühmte Lederhut mit seinen Verzierungen, der wegen seiner Signalwirkung von Bedeutung ist. Das Wort Jagunço geht ebenfalls auf einen Bedeutungswandel durch Metonymie zurück, denn es bezeichnet eigentlich den mit einer Eisenspitze bewehrten Stock, der beim Viehtreiben benutzt wird, ein für den armen Bewohner des Sertão, des Gebietes der extensiven Viehwirtschaft, unentbehrliches Arbeitsgerät. Von dieser urspünglichen Verwendung bis zu den Bedeutungserweiterungen, mit denen das Wort benutzt wurde und wird, war es ein weiter Weg. Auf jeden Fall bezeichnete und bezeichnet Jagunço bis zum heutigen Tage einen Banditen, einen vor Gewalttaten nicht zurückschreckenden bewaffneten Mann, der nicht dem Staatsapparat und den regulären Streitkräften angehört. Die Einwohner von Canudos Jagunços nennen hieß sie pauschal mit Banditen gleichsetzen. Wie man sieht, trug die Bezeichnung Jagunço zwar der Besonderheit des Feindes Rechnung, wurde jedoch andererseits mit all ihrer herabsetzenden Konnotation benutzt.[7]

Aus dem *Tagebuch einer Expedition*, wie die gesammelte Ausgabe der von Euclides als Sonderkorrespondent des *Estado de São Paulo* verfaßten Reportagen überschrieben ist, geht hervor, wie wenig vom Kriege er selbst miterlebt hat. Etwa zwei Drittel der Reportagen handeln von der Anreise, und nur im letzten Drittel berichtet er als Augenzeuge. Eben darin liegt eine der Schwierigkeiten, die man bei der Lektüre von *Os Sertões* hat: aufgrund der gewählten Erzählperspektive bleibt der Leser im unklaren, mit welcher Art von Quelle er es jeweils zu tun hat. Deshalb die folgende Hintergrundinformation: Am 16. September schrieb Euclides seine erste Reportage aus dem Feldlager, das zum Belagerungsring von Canudos gehörte. Da der Krieg bereits am 5. Oktober zu Ende ging, erlebte er ihn also nicht einmal einen Monat lang als Augenzeuge mit.

Es lohnt sich, die Entwicklung von Euclides' Anschauung über den Krieg, die übrigens nicht viel anders aussah als bei den anderen Berichterstattern, im Verlaufe dieses Tagebuches zu verfolgen. Die Gegenüberstellung der verschiedenen Reportagen ergibt eine Reihe von aufschlußreichen Gemeinsamkeiten. Man merkt sogleich, daß die Reporter bereits auf dem Weg nach Canudos wußten, was sie schreiben würden. Die zuerst abgesandten Berichte sind durchweg Ansammlungen von Gemeinplätzen. Die Rebellen sind Monarchisten, Banditen, Ketzer, verderbt, vertiert, hinterhältig; sie stehen im Dienste reaktionärer Interessen und exotischer Ideologien, sie sind keine Brasilianer. Die Soldaten hingegen sind vaterländisch, heldenhaft, selbstlos, hochherzig in ihrer Hingabe für die republikanische Sache, tüchtig, diszipliniert, zivilisiert. Die Republik ist in Gefahr, sie muß dringend gerettet werden, koste es, was es wolle. Von Blutbädern zu sprechen, war noch nicht an der Tagesordnung; und der Völkermord galt noch nicht als eine moderne Strategie.

Doch an einem bestimmten Punkt spürt man, daß die Gemeinplätze aufgrund der Beobachtung ins Wanken gebracht werden. Die Berichterstatter beginnen zu ahnen, daß sie doch nicht so gut unterrichtet sind und äußern erste Zweifel. Und fast alle zeigen sich schließlich entsetzt über die Greuel, die sie mitanschauen müssen. Das Ende des Krieges und die Art und Weise dieses Endes hinterlassen bei ihnen allen Betroffenheit und Verlegenheit.

Alle großen brasilianischen Zeitungen schicken Sonderberichterstatter auf den Kriegsschauplatz, wobei in einigen wenigen Fällen der Reporter auch Kombattant war. Abgesehen von dem *Estado de São Paulo* veröffentlichen folgende Zeitungen regelmäßige Reportagen: *Gazeta de Notícias, A Notícia, Jornal do Brasil, Jornal do Comércio, O País, República* aus Rio de Janeiro; *Diário de Notícias* sowie *Jornal de Notícias* aus Bahia. Unter den Reportern tauchen unter anderen folgende Namen auf: Lelis Piedade, Oberstleutnant Siqueira de Menezes (unter dem Pseudonym de Hoche), Oberst Favila Nunes, Hauptmann Manuel Benício, Major Manuel de Figueiredo, Alfredo Silva sowie Oberst Constantino Néri.

Die beste Reportage schrieb zweifellos Manuel Benício im *Jornal do Comércio*. Er arbeitet weniger mit Gemeinplätzen als seine Kollegen, scheut vor der Schilderung kleiner Details nicht zurück, wie zum Beispiel Angaben über die Preise von Lebensmitteln oder Waschmitteln, er beschreibt die Desorganisation und den Hunger, unter dem er selbst und die Soldaten leiden, er schreibt von der schlechten Ortswahl bei der Errichtung des Lagers, die er dafür verantwortlich macht, daß die Soldaten sogar in ihren eigenen Zelten beschossen und getötet werden. Kurz, seine Berichterstattung ist so fesselnd, daß sie selbstverständlich sofort abgebrochen wird; am 24. Juli schickt er seinen letzten Bericht ab und geht dann nach Rio zurück, so daß er über die entscheidende Schlußphase dieses Feldzugs nicht mehr berichten kann; ein empfindlicher Verlust für die Geschichtsschreibung. Später sollte Manuel Benício ein Buch schreiben mit dem Titel *O Rei dos Jagunços* (Der König der Jagunços), doch leider ohne die Anschaulichkeit, die er als Berichterstatter bewiesen hatte. Dieses Buch erschien 1899, also drei Jahre vor *Os Sertões*.

Als Reporter nahm Euclides eine eigentümliche Haltung ein, die man als die von jemandem bezeichnen könnte, der die Dinge von höherer Warte sehen möchte. Zwar finden sich bei ihm dieselben Gemeinplätze und derselbe allmählich einsetzende Gewissenskonflikt wie in den Reportagen der Kollegen. Doch er sträubt sich dagegen, das zu sehen, was nicht großartig und heldenhaft ist. So wird ein Zwischenfall auf dem Schiff des Kriegsministers, der Glanz und Triumph von dessen Abreise verdunkelte – ein zwangsverpflichteter »Freiwilliger« sprang ins Wasser, um zu fliehen, doch der Bedauernswerte wurde wieder aufgefischt –, in anderen Reportagen registriert, doch Euclides schweigt dazu. Alfredo Silva berichtet von diesem Zwischenfall in seiner ersten Reportage für *A Notícia*, die er am 4. 8. aus Bahia schickte und die am 11./12. August veröffentlicht wurde; er erzählt außerdem, daß der erste Steuermann unter einer Kolik litt. Über die eiserne Zensur, mit der die Journalisten sich herumschlugen und gegen die sie sich wehrten, zum Teil sogar durch verschleierte Hinweise in ihrer Berichterstattung, verliert Euclides kein einziges Wort, nicht einmal die leiseste Andeutung. Die von den Regierungstruppen verübten Greuel, wie etwa die systematische Enthauptung der Gefangenen, die er selbst fünf Jahre später in seinem Buch leidenschaftlich anprangern sollte, kommen in seinen Reportagen nicht vor, dafür aber in denen von Lelis Piedade und Favila Nunes. Über den Menschenhandel, den die Sieger mit Frauen und Kindern der Besiegten treiben, schweigt sich Euclides ebenfalls aus. Doch war diese Angelegenheit so ernst, daß das patriotische Komitee von Bahia energisch eingriff und diese neuen Sklaven im Rahmen seiner Möglichkeiten freikaufte; den von drei Mitgliedern dieses Komitees unterzeichneten Bericht konnte man in der Presse nachlesen, auch im

Estado de São Paulo. So, wie man in unserer Zeit als Geste christlicher Barmherzigkeit vietnamesische Waisenkinder adoptiert hat, um sie vom Bösen zu erlösen und für die Werte der abendländischen bürgerlichen Gesellschaft zu gewinnen, entstand damals in Brasilien die Sitte, Jagunço-Kinder zu adoptieren. Wie die Journalisten berichteten, taten dies sogar am Krieg beteiligte Generäle. Euclides erhielt eins dieser Kinder geschenkt, doch in seinen Reportagen ist von diesem Brauch keine Rede. Nicht in seinen Reportagen, dafür aber in seinem erst kürzlich veröffentlichten Feldtagebuch findet sich folgende Eintragung: »Ich muß die traurige Feststellung machen, daß der kleine Jagunço, den ich vom General erhalten habe, weiterhin krank ist und die Reise nach Monte Santo vielleicht nicht überleben wird.«[8]

Je weiter das *Tagebuch einer Expedition* voranschreitet, desto mehr geraten die ursprünglichen Ansichten des Verfassers ins Wanken, der von dem unerwarteten Widerstand der Rebellen verblüfft ist und nicht umhin kann, sie zu bewundern. Doch immer wieder fällt er in Vermutungen über irgendein Geheimnis zurück, das sich hinter der ganzen Sache verbergen müsse, und gelegentlich beschließt er seine Telegramme mit einem »Es lebe die Republik!« oder »Die Republik ist unsterblich!« Und er war keineswegs der einzige; da man sich mitten in der französischen Revolution wähnte, redeten sich alle, auch die am Feldzug teilnehmenden Offiziere, mit dem Titel *Bürger* (Citoyen) an.

Das Ende des Kriegs und die Art seiner Beendigung hinterließen bei den Gebildeten Brasiliens ein Trauma. Da die belagerte Siedlung sich nicht ergeben wollte, wurde sie in blutigen Kämpfen Schritt für Schritt erobert, und der endgültige Sieg wurde durch den Einsatz einer primitiven Form von Napalm erzwungen. Man überschüttete die Hütten systematisch mit Petroleum und beschoß sie dann mit Dynamitgranaten, deren Explosion zu Flächenbränden führte. Reporter und Soldaten beobachteten, wie die Einwohner von Canudos zu Asche verbrannten, sie sahen menschliche Körper in Flammen, Frauen mit Kindern auf dem Arm, die sich ins Feuer stürzten.

Wenn am Anfang des Konflikts allenthalben der Schlachtruf nach Ausrottung erhoben wurde, von Studenten, Abgeordneten, Senatoren, Intellektuellen, Journalisten, Militärs, so ist die Kehrtwendung jetzt vollkommen. In dem Augenblick, da die Ausrottung tatsächlich stattfindet, sind alle entsetzt. Augenfällig wird der Wandel auf der Ebene des sprachlichen Ausdrucks. An die Stelle der abschätzigen Bezeichnungen für die Bewohner von Canudos treten nun Wörter wie »Brasilianer« und »Brüder«. Nachdem sie gestorben sind, verwandeln sie sich in Menschen und Mitbürger. Rui Barbosa, ein berühmter Jurist und Politiker, der die Aufständischen vorher als »Horden von Geistesgestörten und Kriminellen« abgetan hatte, nennt sie jetzt »meine Mandanten« und verkündet, er wolle den Habeas-Corpus für sie beantragen, für die Toten selbstverständlich.[9] Überall im Lande erhebt sich Protest; öffentliche und private Organisationen weigern sich, den Siegesfeierlichkeiten beizuwohnen. Die ganze Nation ist beschämt. Die Armee wird mit Schmähungen überschüttet. Kaum ist die Gefahr vorbei, kommen also die Gewissensqualen. Das *mea culpa* bürgert sich ein; Kriegsbücher mit anklagender Tendenz beginnen zu erscheinen, eine Entwicklung, deren Höhepunkt *Os Sertões* sein wird. Daß dieses Buch sogleich nach Erscheinen ein überwältigender Erfolg wurde und seinen Verfasser mit einem Schlage berühmt machte, geht zu einem großen Teil auf diesen Meinungsumschwung zurück. Wie jedes große Buch bündelt, strukturiert und gestaltet es grundlegende Tendenzen der Gesellschaft, indem es ihnen einen symbolischen Ausdruck verleiht. Es ist, als hätte der Prozeß der Reue über die kollektive Schuld in diesem Buch seinen Höhepunkt erreicht. Die Befürchtungen, mit denen Euclides der Veröffentlichung entgegengesehen hatte, erwiesen sich als unbegründet, denn bei den staatlichen Stellen und sogar bei der Armee wurde das Buch mit unendlicher Erleichterung aufgenommen.[10] Noch heute hat dieses schwierige, vielgekaufte und wenig gelesene Buch im Bücherregal einer jeden halbwegs bildungsbeflissenen brasilianischen Familie seinen festen Platz. Die meisten seiner Besitzer wissen nicht einmal, was sich zwischen den Buchdeckeln befindet, aber sie wissen, daß sie darauf stolz sein dürfen.

Andererseits ist ein Volk mit einer solchen Fähigkeit zur Selbstkritik ein großes Volk. Wir irrten, doch vor aller Augen legten wir ein Geständnis ab und zeigten Reue. Zwar werden die zu Unrecht Getöteten dadurch nicht wieder lebendig und niemand fühlt sich deswegen bemüßigt, die Lage der heute in ungerechten Verhältnissen Lebenden zu erkennen und zu verändern, doch das ist nebensächlich. Dafür gehört zu unserem kulturellen Erbe nun ein Buch von Rang: *Os Sertões*.

Vom Ende des Krieges am 5. Oktober 1897 bis zur Veröffentlichung des Buches am 1. Dezember 1902 vergingen fünf Jahre. Diese Zeit nutzte Euclides, indem er aus Büchern und Zeitungen Informationen über den Feldzug zusammenstellte und Theorien studierte, von denen er Hilfe beim Verständnis des Geschehenen erwartete. Es ist der ergreifende Versuch eines redlichen Intellektuellen, der seine akademische Ausbildung in den größten Städten des Landes erworben hat, nun endlich sein eigenes Volk zu verstehen. Zwei Umstände behindern ihn ernsthaft dabei: Erstens die Tatsache, daß er, von Hause aus wissenschaftsgläubig und positivistisch eingestellt, es hier mit einer religiösen Bewegung zu tun hat. Zweitens der Unterschied zwischen dem brasilianischen Sertão-Bewohner und dem europäischen Bauern mit seiner engen Beziehung zu seinem Grund und Boden, seiner Traditionsverbundenheit, seinen Sitten und Gebräuchen. Der Blickwinkel ist unverkennbar deterministisch, was schon aus dem dreiteiligen Aufbau des Buches hervorgeht – das Land, der Mensch, der Kampf. Euclides versucht nachzuweisen, daß aufgrund des natürlichen und des gesellschaftlichen Milieus, wozu auch die Rassenzugehörigkeit zählt, geschehen mußte, was geschah. Geographie und Klima determinieren seiner Meinung nach die Herausbildung menschlicher Gemeinschaften, während die Rasse den Charaktertyp und kollektive Verhaltensweisen determiniert.[11] Aus der Rassenmischung zwischen Indianern und Weißen (die Neger spielen seiner Meinung nach hier eine untergeordnete Rolle) sei in der Abgeschlossenheit des Sertão ein Mischlingstypus hervorgegangen, der ein unbeständiges Temperament habe, jeder Art von Aberglauben leicht zum Opfer falle, unfähig sei zum Aufbau einer Kultur. Die Merkmale der minderwertigen Rassen, die an der Mischung beteiligt gewesen seien, kämen vor allem im Augenblick der Krise zum Vorschein und nähmen im Mystizismus Gestalt an. Das ist *grosso modo* seine Erklärung für das Phänomen Canudos. Euclides stand ganz unter dem Einfluß der Theoretiker des anormalen Verhaltens von Massen – ein Thema, das für die

Entstehung der Sozialwissenschaften im 19. Jahrhundert von entscheidender Bedeutung war, als das geistige Europa die Bestürzung über das Auftreten unkontrollierbarer Volksmengen in der französischen Revolution noch nicht verwunden hatte. Andererseits sieht sich Euclides des öfteren vor die Schwierigkeit gestellt, die schöpferischen Leistungen dieser degenerierten Mischlinge zu erklären. Trotz der Beharrlichkeit, mit der er immer wieder auf seine Rassentheorie zurückkommt, schildert er den unglaublichen Erfindungsreichtum der Bewohner von Canudos, die zum Beispiel ausgeklügelte Guerilla-Taktiken entwickeln, um sich gegen einen hochgerüsteten, konventionellen Gegner zu behaupten. Ohne die Widersprüche, in die er sich damit verwickelt, zu bemerken, beschreibt und bewundert Euclides diese Taktiken, die noch dem heutigen Leser Bewunderung abnötigen, auch nach den Glanzleistungen auf diesem Gebiet, mit denen der Vietkong weltweites Aufsehen erregt hat.

Die ständige Wiederholung widersprüchlicher Äußerungen bietet die Möglichkeit, zwei Bücher in einem zu lesen. In dem einen sind die Rebellen heldenhaft, stark, überlegen, erfinderisch, ausdauernd, furchtlos; in dem anderen Buch sind sie unwissend, degeneriert, rassisch minderwertig, abartig, Attribute, mit denen auch ihr Anführer Antônio Conselheiro und ihre ganze Siedlung belegt werden. Sobald Euclides sich als Militärstratege fühlt und auf seine militärischen Kenntnisse zurückgreift, übt er scharfe Kritik an der Ineffizienz des Heeres, bewundert aber seine großartigen Vorstöße sowie individuelle Heldentaten der Soldaten. Die Verschränkung dieser beiden Betrachtungsweisen führt auf stilistischer Ebene zur ständigen Präsenz von Antithese und Oxymoron. Der Sertão-Bewohner ist ein Herkules-Quasimodo, Antônio Conselheiro gehört ebenso in eine Nervenheilanstalt wie in die Annalen der Geschichte, eine brasilianische Region – nämlich Mato Grosso – wird »tropisches Sibirien« genannt, der Oberst Moreira César hätte die Zwangsjacke ebenso verdient wie den Purpurmantel, der Sertão ist das Paradies. Diese aufgewühlte Schreibweise, die in einem Atemzug zwei Extreme zu vereinigen sucht, verleiht dem Text eine außerordentliche dramatische Spannung. Selbst in den beiden ersten Teilen, bevor er sich seinem eigentlichen Thema als Geschichtsschreiber des

Krieges zuwendet, werden das geographische Milieu und der darin lebende Mensch mit spannungssteigernden, der fiktionalen Literatur entlehnten Ausdrucksmitteln beschrieben. Die Elemente der Natur treten wie handelnde Wesen auf, der Boden windet sich und platzt auf, die Pflanzen greifen mit ihren beißenden Stacheln an, die Wasser stürzen sich hinunter, die Dämmerung eilt herbei, das grelle Tageslicht erschlägt.[12]

In dieser Antithese kommt auch die traumatische Beziehung zwischen dem Intellektuellen und dem Volk, zu dem er gehört, zum Ausdruck. Wie läßt sich das, was man als Städter aus Büchern gelernt hat, mit der Wirklichkeit jener gefährlichen fremden Wesen in Einklang bringen, die ebensosehr Brasilianer sind wie wir selbst? Wie kann man sie begreifen, verstehen, sich mit ihnen anfreunden, wenn sie so verschieden von uns sind, wenn sie weder unsere Wissenschaft noch unsere Vorstellungen von Revolution akzeptieren? Warum geben sie nicht zu, daß wir recht und sie unrecht haben? Warum hassen sie uns? Gewiß sind die Methoden, mit denen wir die Verbindung zu ihnen herstellen, tödlich: was wir nicht verstehen, versuchen wir zu zerstören. Aber auch das nehmen sie nicht untätig hin: sie, die Rückständigen, die Fanatiker, die Minderwertigen wehren sich und gehen zum Gegenangriff über. Die Faszination, mit der Euclides vom Heldentum nicht nur der Armee, sondern auch der Bewohner von Canudos spricht, kann man gut nachempfinden. Wie auch sollte er sie nicht bewundern? Wie sollte er nicht für immer traumatisiert sein, wenn er dort in Canudos Brasilien entdeckt hat, wo er zum ersten Mal der im Elend lebenden Plebs begegnet ist, die bis heute die Mehrheit der brasilianischen Bevölkerung bildet, eine Plebs, deren Handeln im Grunde unverständlich ist?

Diese aufrührerische Plebs bezeichnet nicht das Ende eines historischen Prozesses, sondern seine Kontinuität. Angesichts der heute vorherrschenden Entwicklungsideologie neigen wir dazu, die Verbindungslinien zwischen der Gegenwart und dem Krieg von Canudos zu vergessen. Wer weiß zum Beispiel, daß sich ein bedeutender Teil des Feldlagers, das den Belagerungsring um Canudos bildete, auf einer Anhöhe befand, die den Namen Favela trug, ein Ortsname, der auf eine dort häufig vorkommende Pflanze zurückgeht? Als die einfachen Soldaten, die keine Berufsmilitärs waren und ebenfalls zur

Plebs gehörten, nach Kriegsende ins Zivilleben zurückkehrten, bekamen sie als Belohnung in der Hauptstadt des Landes Grundstücke zugewiesen. Zufällig waren diese Immobilien von bescheidenem Wert, und sie lagen auf den Hügeln rings um die Stadt Rio de Janeiro. Und diesen Wohnsiedlungen, in denen sich die ehemaligen Soldaten nach ihrer Entlassung aus dem Dienst am Vaterland ihre dürftigen Häuschen bauten, gab man den Namen Morro da Favela (Favela-Berg). Mit der Beschleunigung der Landflucht besiedelten immer mehr aus dem Landesinnern kommende Menschen die benachbarten Anhöhen und Ebenen. Schließlich wurde der Name Favela zu einem normalen Substantiv und dient zur Bezeichnung aller Elendssiedlungen am Rande der großen und reichen brasilianischen Städte. Wie die *Barriadas* oder *Callampas* in anderen Ländern Lateinamerikas ist die Favela eine Ansammlung behelfsmäßiger Behausungen ohne städtische Versorgungseinrichtungen, errichtet auf zunächst unverkäuflichen Grundstücken, wo diese von der Unterentwicklung produzierten plebejischen Massen sich für den Arbeitsmarkt bereithalten.

Daß der Krieg von Canudos das Gewissen der Nation so nachhaltig verunsicherte, obwohl er doch nur einer von zahllosen Aufständen in unserer Geschichte war, ist weitgehend auf das Buch von Euclides da Cunha zurückzuführen. Dieses Buch hindert uns zu vergessen, was geschehen ist und weiterhin geschieht, es stellt die offizielle Ideologie vom brasilianischen Nationalcharakter in Frage, die das friedliche Naturell des brasilianischen Volkes herausstellt. Wie läßt sich diese unangenehme und störende Erinnerung ausmerzen? Vor etwas mehr als 10 Jahren errichtete man in jener Gegend ein Bauwerk zum Wohle der Bevölkerung. Mitten im dürren, wüstenähnlichen Sertão baute man einen Stausee. Tausende von Quadratkilometern standen anderswo zur Verfügung, wo man dieses so notwendige Wasserreservoir ebenfalls hätte anlegen können. Zufällig, und mit den allerbesten technokratischen Argumenten, wurde entschieden, das ideale Gelände sei genau dort, wo die verkohlten Ruinen der Siedlung von Canudos standen. Nach der offiziellen Zählung der Armee aus dem Jahre 1897 hatte Canudos 5 200 Haushalte, was bei einer vorsichtigen Schätzung von 5 Bewohnern je Haushalt eine Gesamtbevölkerung von 26 000 Einwohnern ergibt – eine ansehnliche Zahl in einer Epoche, als in São Paulo, der heutigen Megalopolis mit ihren 12 Millionen Einwohnern, knapp 200 000 Menschen lebten. Was Kanonen, Petroleum und Dynamit übriggelassen hatten, war lästig; auch gab es in der Region noch Menschen, in deren Erinnerung jene Ereignisse fortlebten. Unnötig zu sagen, daß man heute in Canudos keine Feldforschung mehr betreiben kann; die Ruinen liegen unter vielen Tonnen Wasser begraben.

Das Buch von Euclides da Cunha erregt Ärgernis, seine Sprache ist maniriert, sein Standort unklar und schwankend, wo nicht gar offen widersprüchlich; die antithetischen Formulierungen wirken eher verwirrend als klärend. Die Kluft zwischen der beanspruchten Wissenschaftlichkeit und den furchtbaren Tatsachen, von denen er berichtet, ist unüberbrückbar und erlaubt keine erhellende Synthese. Die rhetorischen Figuren der Antithese und des Oxymorons enthüllen nur die Unfähigkeit des Autors, die Besonderheit dieser Phänomene gedanklich zu bewältigen. Die Haltung des Militärstrategen kollidiert mit seiner Sympathie für die Rebellen; eine Vermittlung findet nicht statt. Doch bleibt die Frage, ob wir – angesichts all dieser Anstrengungen zur Auslöschung eines so denkwürdigen Abschnitts der Geschichte aus dem Gedächtnis der Nation – Canudos nicht gänzlich vergessen hätten, wäre da nicht das Buch von Euclides da Cunha, das uns ärgert und zum Nachdenken über Probleme zwingt, die in veränderter Form bis heute fortbestehen. *Os Sertões* bleibt eine Provokation für das historische Gedächtnis Brasiliens und erinnert uns an das, was wir der Mehrheit unserer Landsleute angetan haben und weiterhin antun.

Aus dem Brasilianischen von Berthold Zilly

Anmerkungen

1 Siehe den von einem Autorenkollektiv verfaßten Sammelband: *Reportagens que abalaram o Brasil*, Ed. Bloch, Rio de Janeiro 1973, S. 40.

2 Siehe María Odila Silva Dias: *A Internalização da Metrópole*, in: *1822 – Dimensões*, hg. von Carlos Guilherme Mota, Ed. Perspectiva, São Paulo 1972.
3 Siehe die wertvolle Untersuchung von Olímpio de Sousa Andrade, die sich in der erwähnten Gesamtausgabe der Werke von Euclides da Cunha (Verlag Aguiler) findet. Vgl. dazu auch vom gleichen Verfasser: *História e Interpretação de Os Sertões*, Ed. Edart, São Paulo ³1966.
4 A. d. Ü.: Antônio Conselheiro war der Anführer der messianischen Bewegung von Canudas und damit natürlich auch Anführer des Aufstands, der eigentlich eher ein Verteidigungskampf war. Nur aus der Perspektive der Herrschenden waren die Bewohner von Canudos »Aufständische«.
5 Ataliba Nogueira, *Antônio Conselheiro e Canudos*, Companhia Editora Nacional, São Paulo 1974.
6 Siehe z. B. die Telegramme der Auslandskorrespondenten, die in der Tageszeitung *Folha da Tarde* aus Rio de Janeiro am 2. August 1897 und am 7. August 1897 abgedruckt wurden.
7 Zur Wortgeschichte von *Jagunço* siehe: José Calasans, *Os Jagunços de Canudos*, in: *Caravelle Nr. 15*, Toulouse 1970 (Reihe: Cahiers du Monde Hispanique et Luso-Brésilien).
8 Euclides da Cunha, *Caderneta de Campo*, Ed. Cultrix-INL, São Paulo 1975 (hg. von Olímpio de Sousa Andrade), S. 55.
9 Dies geht aus den Aufzeichnungen zu einer nicht gehaltenen Rede von Rui Barbosa hervor. Siehe Olímpio de Sousa Andrade, *História e Interpretação, de ›Os Sertões‹*, S. 144.
10 Antônio Cândido, *O Escritor e o Público* , in: *Literatura e Sociedade*, Companhia Editora Nacional, São Paulo 1966.
11 Antônio Cândido, *Euclides da Cunha Sociólogo*, in: *O Estado de São Paulo*, 13. 12. 1952.
12 Alfredo Bosi, *História Concisa da Literatura Brasileira*, Ed. Cultrix, São Paulo 1970.

Osman Lins
Der Schriftsteller Lima Barreto:
Sprache – Themenkreise –
die Problematik biographischer Reflexe im Werk

Ein schon gebrochener Mensch schaut an einem trüben Sommermorgen des Jahres 1920 mit fast glanzlosen und dennoch wachen Augen durch ein Fenster der Psychiatrischen Klinik auf die Botafogobucht, die unter dem verhangenen Himmel schimmert. Der Betrachter am Fenster, der in Rio de Janeiro geboren ist und seit 39 Jahren dort lebt, weiß, daß es der Tag des heiligen Sebastians ist. Manchmal zuckt es in seinem dunklen Gesicht, und die Fingerspitzen der wohlgeformten Hände zittern ein wenig. Seit dem 25. Dezember weilt er in dieser Klinik, mittellos eingeliefert, nachdem er die vorausgegangene Nacht ohne Geld durch die Vorstadtstraßen geirrt war, um eine Polizeistation zu suchen: Phantastische Gesichte verfolgten ihn, und er wollte Anzeige erstatten. Er ist nicht zum ersten Mal wegen geistiger Umnachtung dort eingeliefert worden, und er gelobt sich nachdrücklich, dies solle das letzte Mal gewesen sein. Nicht weil ihm das Krankenhaus unerträglich scheint, auch entbehrt er die eigene Wohnung nicht sonderlich. Jahre zuvor hat er sogar in das seit der Jugend unregelmäßig geführte *Intime Tagebuch* geschrieben: »Mein Haus ist mir zuwider.«[1] Die Beziehungen zu seiner Familie sind ebenfalls nicht gerade stimulierend. Als er seiner Schwester 1909 ein Exemplar seines ersten veröffentlichten Buches schickt, erhält er ein kurzes, nichtssagendes Briefchen, ohne die leiseste Andeutung von Freude oder Ermunterung: keinerlei Kommentar zu dem Gelesenen. So ist es eher Rücksichtnahme, wenn er sich das Versprechen gibt, nicht noch einmal in die Anstalt zu gehen: »Es ist zu bedrückend für die anderen, auch für meine Verwandten.«[2] Er beschließt, sich das Leben zu nehmen, falls er wieder dorthin muß.

Seine Geisteskrankheit wird im allgemeinen auf wiederholte Anfälle von Trunksucht zurückgeführt. Entspricht diese Vermutung jedoch den Tatsachen? Er trinkt viel und bedauert das mehr als einmal in seinem *Intimen Tagebuch*. Man darf indessen annehmen, daß seine Krisen einem heftigen und hoffnungslosen Konflikt mit der Welt entspringen, genauer gesagt: mit dem Land, in dem er geboren ist, in dem er lebt und als mehr oder weniger Unbekannter sterben wird. Dieses Unbekanntsein wird durch die Eintragung eines Arztes im *Buch der Krankengeschichten aus dem Irrenhaus* bestätigt: »Individuum aus dem Kreis der Intellektuellen, *angeblich Schriftsteller*, von dem schon vier Romane veröffentlicht worden sind.«[3] Die vier Romane, auf die der Arzt – Angehöriger eines Standes, über dessen Dünkel dieser Irre und Trinker in seinen Glossen häufig herzieht – so vage anspielt, heißen: *Erinnerungen des Schreibers Isaías Caminha, Trauriges Ende des Policarpo Quaresma, Numa und die Nymphe* und *Leben und Tod des M. J. Gonzaga de Sá*. Liegt nicht vielleicht hierin, in der Liebe dieses Menschen zum Schreiben – und im ungerechtfertigten Mangel an öffentlicher Anerkennung –, die Ursache seiner geistigen Störungen? Wenn er selbst sich zu diesem Unheil äußert, gibt er eine ungewöhnliche Erklärung dafür. Er erinnert sich, *Verbrechen und Irrsinn* von Maudsley und Dostojewskis *Erinnerungen aus einem Totenhause* gelesen zu haben. »Ich dachte erbittert (ich weiß nicht, ob es bloß das war), daß ich, wenn ich die Ratschläge des ersten befolgt und den zweiten nicht gelesen hätte, vielleicht nicht hierher gekommen wäre; ich befände mich dann zu dieser Stunde in der Rua do Ouvidor, um nachzufragen, wer wohl neuer Kriegsminister würde, damit man mich auf die erste freiwerdende Stelle befördere.«[4] Er macht die Literatur – ohne es ironisch zu meinen – für seine Geisteskrankheit und seine Bedürftigkeit verantwortlich, für die stellvertretend hier die Erinnerungen des großen Russen an seine Gefängniszeit stehen. Offensichtlich zieht er es vor, bedürftig und verrückt zu sein als gesund und geistig unbedeutend. Kein Preis ist ihm für den Entschluß zu hoch, sein ganzes Leben dem Schreiben zu widmen.

In den drei Jahren, die auf seine Entlassung folgen, bereitet der Schriftsteller fünf Bände vor, die auch seine Zeitungsartikel enthalten. Von ihnen wird nur einer – *Geschichten und Träume* – veröffentlicht. Als er am 1. Januar 1922 im Alter von 41 Jahren stirbt, hinterläßt er ein umfangreiches Werk, das die

Kritiker unterschiedlich beurteilen. Agripino Grieco hält zum Beispiel die *Erinnerungen des Schreibers Isaías Caminha* für ein »wahres Meisterwerk« und den Romancier Afonso Henriques de Lima Barreto für unseren »ersten Seelen-Schöpfer«.

Unter denen, die sich mit einem bestimmten Autor befassen, gibt es eine Tendenz, Rangordnungen festzulegen und zuweilen radikal, subjektiv und vereinfachend das »Gute« und das »Schlechte« zu trennen. Heißt das nicht den langen und verschlungenen Kampf dessen mißverstehen, der sich mit der Sprache abmüht? Es wäre unangemessen zu behaupten, daß es im Werk eines Schriftstellers neben einwandfreien Texten nicht auch unausgereifte und sogar mißratene Seiten gibt – und wir wollen nicht einmal bestreiten, daß sich nicht selten in einem Gesamtwerk ein Buch findet, das alle anderen in den Schatten stellt und in dem sich das Genie des Autors zu entfalten scheint. Auf Lima Barreto bezogen sind die erwähnten Niveauunterschiede sozusagen ausgeglichen durch bestimmte Eigenheiten literarischer und menschlicher Art, die alle seine Bücher durchziehen und ihnen Einheitlichkeit verleihen. Sein abwechslungsreiches Werk ist ein zusammenhängendes Ganzes, das deutlich von der Persönlichkeit seines Autors zeugt.

Seine Ausdrucksmittel sind beispielsweise strengen Koordinaten unterworfen und bilden sich seit den *Erinnerungen des Schreibers Isaías Caminha* mit allen persönlichen Vorzügen und Schattenseiten heraus – Schattenseiten, die eine oberflächliche Wertung schlicht als Mißgriff oder Inkompetenz abtut. Es ist zwecklos, bei Lima Barreto schillernde Sätze voll Nebensinn und kaum wahrnehmbaren Anspielungen zu suchen, wie sie bei Machado de Assis so häufig sind. Andererseits verfällt er nie in die hohle Ornamentik seines Zeitgenossen Coelho Neto, den er wiederholt angreift: »Herr Coelho Neto ist das unheilvollste Subjekt, das sich in unseren intellektuellen Kreisen eingefunden hat.«[5] »Ich kann nicht verstehen, daß Literatur darin bestehen soll, Kult mit dem Wörterbuch zu treiben.«[6] In seinem Vortrag *Das Los der Literatur* erklärt er, auf Taine gestützt, daß die Schönheit »schon nicht mehr in der Form liegt, im Zauber des Gestalteten, in Proportion und Harmonie der Teile, wie es die Hellenisierenden jüngster Zeit möchten, in deren Betrachtungsschema große moderne Werke und sogar einige alte oft nicht hineinpassen. Sie ist kein äußeres, sondern, was mehr gilt, ein inneres Kennzeichen des Werkes. Es geht um den Gehalt des Werkes, nicht um seine äußere Erscheinung«.[7] Das Wort als Problem, dies Phänomen, das schon Ende des vorigen Jahrhunderts in Mallarmés berühmtem Gedicht aufgetreten war und seinen Höhepunkt 1922, in Lima Barretos Sterbejahr, im *Ulysses* erreichen sollte, übte keinen besonderen Einfluß auf ihn aus. »Literatur war für ihn nicht nur ›Ausdruck‹, sondern vor allem ›Kommunikation‹, militante Kommunikation (›militant‹ ist das Wort, das er selbst gebraucht), in welcher der Autor sich mit soviel Nachdruck wie irgend möglich dafür einsetzt, durch seine Worte und durch das, was sie vermitteln, zu bewegen, zurückzuhalten, zu erregen, zurechtzurücken und voranzutreiben.«[8] Das Schreiben dient ihm vor allem als Mittel. Es hat daher eine mehr dem Nützlichen als der Zerstreuung zugewandte Funktion, ohne daß dies ein mangelndes Interesse an Problemen des Audrucks bedeutet. Nur besteht seine Aufgabe nicht darin, die Sprache zu erneuern, sondern sie wieder aussagestark zu machen.

Seine Bezugspunkte heißen, wie die verschiedentlich gemachten Anspielungen sowie seine eigene Prosa aufzeigen, Machado de Assis und Coelho Neto. Bei Letzterem scheint ihm der »Kult mit dem Wörterbuch« ein Ausweichen, eine geschickte Art, den wohlwollenden Beifall »des durch sein Geld abgestumpften Großbürgertums« zu gewinnen. »Völlig fremd geblieben sind ihm die politischen, religiösen, sozialen und moralischen Überlegungen seiner Zeit.«[9] Für Lima Barreto ist die Redewendung *art nouveau* bei Coelho Neto nur ein Ausdruck seines Opportunismus, der ihn ebenso stolz auf die Verurteilung durch einen Erzbischof in Chile sein wie darüber frohlocken läßt, daß »ein anderes seiner Werke das Lob des höchsten kirchlichen Würdenträgers in Rio de Janeiro erhält«.[10] Eine Prosa, über die solche Verdächtigungen im Umlauf sind, kann Lima Barreto, einem Schriftsteller, der das Geheimnisvolle zwar beachtet, sich aber in dauerndem erbittertem Ringen mit der Wirklichkeit seiner Umwelt befindet, nicht als Vorbild dienen. Astrojildo Pereira sagt in seinem »Vorwort« zur Neuausgabe der *Bagatellen,* die Ausdrucksweise Lima Barretos »sei bei ihm auch eine Form der Verweigerung und des Widerspruchs gegen den erhabenen Ton und den hohlen Formalismus, die den Stil der Zeit beherrschten«.[11] Diese zum Teil gültige Aussage trifft nicht für Machado de Assis zu, dessen Ruhm noch heute alle Schriftsteller in Brasilien belastet. In einem vielzitierten Brief, den Lima Barreto im Januar 1921 – also kurz vor seinem Tode – an Austregésilo de Ataíde geschickt hat, erhebt er heftige Einwände gegen Machado, der »in der Furcht vor Castilho« geschrieben hätte. »Niemals habe ich ihn imitiert, und niemals hat er mich inspiriert.«[12] Die Formvollendung Machado de Assis', eines Farbigen, der schwer an diesem Problem trug, der geschliffene und subtile Satzbau, dazu das von Lúcia Miguel Pereira so präzis analysierte Bemühen des Verfassers der *Aires-Denkschrift*, seine Stigmata (die Hautfarbe, die Armut, das Unbekanntsein) zu tilgen, nichts davon scheint ihm nachahmenswert. So schafft er seine Prosa – von Poesie verstehe er wenig, erwidert er den jungen Dichtern regelmäßig, die ihm ihre Bücher schikken – deutlich als Reaktion auf jene beiden, voneinander so verschiedenen Persönlichkeiten. Er, der immer ein verständnisvolles Wort für andere, unbedeutendere Romanschriftsteller hat, zeigt sich in bezug auf Machado de Assis und Coelho Neto immer anspruchsvoll. Sein Urteil verschärft sich proportional zum Ansehen des Schriftstellers.[13]

Da jedoch jedes literarische Werk, sofern sein Autor sich wirklich schöpferisch verhält, in gewissem Sinne metalinguistisch ist, wenigstens insoweit es sich mit anderen Werken auseinandersetzt oder sich auf sie bezieht, darf man sagen, daß der klarste und wichtigste Diskurs von Afonso Henriques de Lima Barreto über seine beiden hervorragenden Kollegen nicht zitiert werden kann: Es sind seine Schriften insgesamt. Diese – Romane, Aufsätze, Erzählungen – sind in einer Sprache gestaltet, der das Einverständnis von Castilho gleichgültig ist. Sie ist aber nicht gewöhnlich, denn der Schriftsteller respektiert die Sprache, die er ererbt hat, und möchte sie in Ehren halten, er verwirft aber den trockenen Stil ebenso wie die Rhetorik. Oliveira Lima meint verständnisvoll: »Die einzige Unzulänglichkeit, deren er beschuldigt wird, scheint mir völlig ungerechtfertigt. Sie betrifft die Sprache, oder besser den Stil, der als nachlässig und zuweilen fehlerhaft kritisiert wird, weil die Ausdrucksweise einfach und bewußt schmucklos ist.«[14]

Das Gesetz, nach dem sich diese Schriften vor allem richten, ist die gesprochene Sprache, natürlich nicht die eines Stotterers oder Ungebildeten, sondern die des belesenen, feinfühligen und keineswegs kleinlichen Menschen. Vor die Wahl gestellt zwischen der Ellipse, die den Satz verschönt, und der Wiederholung, die dem Geschriebenen einen weniger glatten Anstrich verleiht, entscheidet er sich im allgemeinen für die zweite Lösung, die Klarheit und Natürlichkeit bewahrt. Lexikalische Ausgrabungen und sogar Neologismen finden bei Lima Barreto wenig Platz. Auf den vielen Seiten, die er geschrieben hat, gibt es keine verschleierten und subtilen Anspielungen: Das Ziel steht ihm deutlich vor Augen, und der Schuß sitzt. Der Autor will sich nicht verstecken und geht nicht hinter einer spanischen Wand in Deckung. Ein konnotativer Stil, der deshalb etwas gedrängt wirkt, was gemeinhin auf eine gewisse Ärmlichkeit hinausläuft. In diesem Falle trügt eine solche Ärmlichkeit – »und die Prosa des portugiesischsprachigen Romans inmitten von Konformismus und Akademismus hatte nur Vorteile durch diese Dämpfung des Tons, die es der Realität ermöglichte, unmaskiert in den literarischen Text hineinzugelangen«.[15] Lima Barreto, der Mann aus dem Volke, übermittelt unserer Prosa etwas wachsam Zwangloses, einen Hauch von Energie, von menschlichem Mitempfinden und eine Gediegenheit, die nur das seltene Zusammentreffen von Intelligenz und gewissen elementaren, primitiven Kräften hervorbringen kann. Alles in allem ein Stil, der Pascal sicher große Freude gemacht hätte und der genau das veranschaulicht, was der große Denker und Mathematiker, der Künstelei überdrüssig, einmal geschrieben hat: »Quand on voit le style naturel, on est tout étonné et ravi; car on s'attendait de voir un auteur, et on trouve un homme.«[16]

Wenn wir im Werk Lima Barretos eine große stilistische Einheitlichkeit wahrnehmen, ein ständiges und beharrliches Bemühen, bestimmte Dinge »auf bestimmte Weise«[17] zu sagen, wenn jede seiner Seiten die Absicht durchblicken läßt, mit ihr einen Beitrag zur brasilianischen Prosadichtung zu leisten, der auf Tendenzen hinweist, die er als Fehlwege deutet (oder die ihm, bei Machado de Assis, zumindest als gefährlich erscheinen), dann verdient auch die thematische Einheitlichkeit hervorgehoben zu werden. Unter der scheinbaren Vielfalt, die manche auch für Verzettelung halten, kennzeichnet diese Einheitlichkeit nahezu zwanzig Jahre lang die fast immer unter widrigen Umständen geschriebenen Seiten. (Er beginnt 1900 mit einer nicht vollendeten Darstellung, fängt 1903 das *Intime Tagebuch* an; das »Vorwort« zu den *Erinnerungen des Schreibers Isaías Caminha*, die 1907 in der Zeitschrift *Floreal* veröffentlicht werden, trägt das Datum vom 12. 7. 1905.) Erst der plötzliche Tod des Einundvierzigjährigen in dem bescheidenen Haus von Todos os Santos unterbricht diese Arbeit.

Sein Biograph, Francisco de Assis Barbosa, erklärt mit der Autorität des Historikers, daß »es nicht möglich sei, die Geschichte der brasilianischen Republik vom 15. November bis zum folgenden 5. Juli nachzuprüfen« und dabei das Werk Lima Barretos zu übergehen, der »alle großen Ereignisse des republikanischen Lebens« aufgezeichnet, eingetragen, festgehalten, kommentiert oder kritisiert hat.[18] Gleichwohl scheint die Sorge – oder die Besessenheit –, mit der unsere Realität ihn beschäftigt, überraschend, ja, widersinnig bei einem Schriftsteller, der mehrmals bekannt hat, der Begriff Vaterland sei ihm fremd und bedeute ihm nicht mehr als »ein Syndikat«.[19] Nicht immer aber schließen sich Gegensätze aus. Dieser Mann, der keine Grenzen anerkennt, fühlt sich dem Volk verbunden, ist seinem Volk verbunden wie wohl kein anderer Schriftsteller Brasiliens vor ihm und besitzt einen ausgeprägten Sinn für Gerechtigkeit. Seine ein wenig manichäische Sicht der Welt trennt die Menschen in Auserwählte und Verworfene. Jene sind, wohlverstanden, immer die privilegiert Geborenen oder solche, die sich der Macht der hohen Herren bewußt sind, in ihren Dienst treten oder ehrlose Verbindungen mit ihnen eingehen. Es sind unsere eigenen Verhältnisse, die er kennt und die ihn schmerzen. Zuweilen weitet er seinen Themenkreis aus, besonders während des Ersten Weltkrieges, den er nicht müde wird, als Machenschaft des internationalen Kapitalismus zu bezeichnen. Während er in seinen Artikeln die Natur dieses Konflikts untersucht, beschäftigt ihn doch noch mehr ein damit verknüpftes Problem: daß sich Brasilien daran beteiligt. Dieses Feld beobachtet er, auf ihm betätigt er sich. Er träumt nicht davon, die Geschicke der Welt zu verändern, aber er hofft doch, wenigstens in seinem eigenen Land die Machthaber und die Nutznießer hoher Positionen zu beunruhigen – und dazu beizutragen, unter den Unterdrückten, Ausgebeuteten und Verworfenen ein kritisches Bewußtsein zu wecken.

So ergibt sich als zugleich widersprüchlich und logisch, daß Lima Barreto, der den Begriff Vaterland für schädlich hält, einer der aufmerksamsten Beobachter und Deuter unserer geographischen, politischen und psychologischen Verhältnisse ist. Er setzt mit Nachdruck all sein Rüstzeug ein, um das Land, das ihn nicht zur Kenntnis nimmt, zu untersuchen, zu verstehen und zu beurteilen. Sein Werk (in dem bestimmte Figuren und Situationen sein eigenes Profil durchscheinen lassen) ist eine Serie von genauen, vielfältigen, manchmal bewegten, oft sarkastischen, häufig zornigen Momentaufnahmen, in denen wir Brasilien erkennen, selbst in verzerrenden Texten, in grotesken und abstoßenden Einfällen, die an den Voltaire des *Candide* erinnern, wie die *Republik Kuddelmuddel* oder das *Reich des Jambon* oder die Thronräuber in den *Algerischen Geschichten*. Auf diesen kraftvollen Seiten, die sich mit der Außenwelt beschäftigen, folgen Naturerlebnisse auf Augenblicksbilder aus der Stadt, es geht um Politiker, die sich nur mit der Macht und mit ihrem Image befassen, die sich nicht für ihr Land interessieren und denen Regieren, entgegen der Vorschrift Bossuets, bedeutet, »das Leben beschwerlich und die Völker unglücklich machen«[20], um unwissende Fachgrößen der freien Berufe, die sich, vom Gesetz begünstigt, mit schönen Worten aufblähen, um Militärs, die sich unfehlbar dünken oder von einem friedlichen Zivilleben träumen und alle nur wenig vom Kriegshandwerk verstehen, um Zeitungseigentümer, die bereit sind, sich an wen auch immer zu verkaufen, um Paraden und öffentliche Feste, um die Neigung zu fürstlichen Auftritten bei unseren diplomatischen Vertretungen, die sich mit lauter Unwichtigkeiten abgeben und nach dem Muster des Barons Rio Branco dafür sorgen, dem Ausland ein verschöntes Bild Brasiliens darzubieten (»unsere Fassaden-Manie«, schreibt 1916 F. L. de Assis Viana), um die Mentalität der Bewohner von Botafogo, die er in einem Brief an Oscar Lopes[21] glänzend charakterisiert, um die Kaffeebarone und die Bankiers, um die nicht eben große und doch so hochmütige Welt der Erwählten, die ihre Privilegien genießen und die sich nicht nur geistig von Brasilien entfernen, sondern die es sogar verabscheuen, Brasilianer und damit Bewohner eines tropischen Landes zu sein, so daß sie es fertigbringen, ihre Häuser mit Motiven griechischer und römischer Architektur ausmalen zu lassen, und mit vorgetäuschten Fenstern, die den Ausblick auf liebliche europäische Landschaften freigeben.[22] Außerhalb der verschwimmenden Grenzen von Botafogo geht es dann um die staubigen, abschüssigen Straßen und die Bahnhöfe der Vorstädte, um die Züge, die Kneipen, die Rummelplätze, die Wochenmärkte, die Spiele im Freien auf baumbestandenen Hinterhöfen, die öffentlichen Bediensteten mit den winzigen Gehältern und die armen Teufel ohne feste Arbeit, um ihre Frauen, die der dauernde Geldmangel Haushalten lehrt, um die Liedermacher und Versedichter, kurz: um jenen minder begünstigten Teil der Bevölkerung dieses Landes, der – damals wie heute – den genau entgegengesetzten sozialen Schichten entstammt. Dieser Sachverhalt wird in der Szene deutlich, in der Isaías Caminha, kaum in Rio angekommen, eine Parade miterlebt: »Zum Schluß kam das Bataillon. Die Offiziere sehr selbstbewußt und arrogant, besorgt um ihre militärische Eleganz; und die gemeinen Soldaten kraftlos, schlaff und lahm, mit schleppendem Schritt, uninteressiert, gleichgültig, passiv, die todbringenden Karabiner mit aufgepflanztem Bajonett über der Schulter, wie zur Strafe. *Die Offiziere schienen mir aus einem Land zu stammen, die Soldaten aus einem anderen.*«[23]

Diese dichotomische, ein wenig vereinfachende – aber nicht ganz unrichtige – Sicht der brasilianischen Verhältnisse würde aus Lima Barreto nur einen Pamphletisten machen, wäre nicht neben dem Rebell, neben dem Kämpfer, auf den die russische Oktoberrevolution den größten Eindruck gemacht hat, auch ein mit Urteilskraft begabter, schöpferischer Geist vorhanden.[24] Dieser erkennt die Ungerechtigkeiten und den Abgrund, der in diesem Land die *Botafoganer* und die *Vorstädter* voneinander trennt, verfällt aber nicht in den wenig ergiebigen Irrtum, die Armen nur als tugendhaft zu sehen. Er weiß, daß die Vorstadt die »Zuflucht der Unglücklichen« ist, und stellt fest, daß »sich arme Leute gegenseitig schwer ertragen«.[25] Außerdem läßt sich seine Prosa, die mit Gestalten aus den Vorstädten und Botafogo bevölkert ist, gegensätzlichen Polen der Gesellschaft, die er scharfsinnig untersucht, nicht als Prosa des

Klassenkampfes bezeichnen. Seine Armen sind sich wohl ihres Elends bewußt, kennen aber kein Klassenbewußtsein. Darüber hinaus gehören einige seiner Gestalten einer Zwischenschicht an, so wie Lucrécio Ziegenbart aus *Numa und die Nymphe*, der »kein richtiger Politiker war, aber an der Politik teilhatte und als Verbindungsmann zwischen ihr und der einfachen Bevölkerung waltete«[26], oder Policarpo Quaresma, der Freund von Floriano Peixoto und Ricardo Coração dos Outros, ein stellungsloser Liedermacher. Selbst Gonzaga de Sá, von vornehmer Herkunft und einfacher Schreiber im Kultusministerium, fällt ein wenig in diese Kategorie. In solchen Gestalten werden zum Vorteil des Romans die Grenzen herausgearbeitet, die in den Glossen und den kurzen Zeitungsartikeln vorgezeichnet sind, ohne daß die Unverträglichkeit von Auserwählten und Verworfenen dadurch gemindert wird.

Lima Barreto versieht dieses mannigfaltige, einzigartige und lebhafte Bild Brasiliens mit Merkmalen, die man nicht immer als literarisch bezeichnen kann. Wir gäben eine unvollständige, wenn nicht ungenaue Vorstellung von ihm, ließen wir beim Zeichnen seines Profils bestimmte Züge aus, die zwar nicht zwangsläufig zum Beruf des Schriftstellers, jedoch zu seiner Wesensart gehören und in allem anklingen, was er geschrieben hat.

Sein Land ließ ihm weit weniger zukommen, als er in seiner Jugend erwartet, und sehr viel weniger, als er verdient hatte. Man kann nicht sagen, daß sich der Kampf Lima Barretos gegen das Leben gerichtet hätte (womit der Grund für sein relatives Scheitern vage und ungreifbar würde – ein Scheitern, das uns darüber Auskunft gibt, wieviel dumpf Grausames und zuinnerst Konservatives in unserer sozio-kulturellen Struktur vorhanden ist): Er bekämpft ganz bestimmte Leute und Institutionen, ohne je zu erreichen, daß jene ihn hören, zu deren Gunsten er streitet. Nicht von ungefähr wird behauptet, daß das brasilianische Volk nur selten »nützliche und ihm vorteilhafte Ideen aufnimmt«.[27] Alle seine Bücher werden nur sehr langsam verkauft, er lebt und stirbt arm, gesellschaftlich steigt er nicht auf und macht nicht mehr die Reise, die er sich so sehr gewünscht hat. »Ich gebe meine Träume einen nach dem anderen auf«, hatte er schon am 20. April 1914 in sein *Tagebuch* geschrieben, wenige Wochen, ehe er sein dreiunddreißigstes Lebensjahr vollendete und den ersten Wahnsinnsanfall erlitt. Darum sagt Alceu Amoroso Lima, »es sei nicht möglich, sich ein bescheideneres, glanzloseres und widrigeres literarisches und gesellschaftliches Leben vorzustellen als das seine«.[28] Man wäre jedoch ungerecht, wollte man in Lima Barretos Ablehnung der brasilianischen Realität nur eine Folge der indirekten Grausamkeit sehen, mit der er mißhandelt wurde, den Reflex seiner Verbitterung oder die Reaktion eines Individuums, das um sein angestrebtes Ziel betrogen worden ist, und deshalb Welt und Menschen unversöhnlich haßt. Im Gegenteil, die überlieferten Dokumente beweisen seine große Ergebenheit in die Schicksalsschläge, die ihn treffen. Im *Tagebuch aus dem Irrenhaus* beschäftigt er sich mehr mit den anderen als mit sich selbst. Die Briefe aus dieser Zeit lassen kein Aufbegehren gegen die Einweisung erkennen. Er bittet Francisco Schettino um Zeitungen und teilt ihm mit, er brauche ihn nicht in der Klinik zu besuchen. In dem Interview, das er im Januar 1920 einem Reporter von *A Folha* gewährt, erklärt er, daß der Anstaltsaufenthalt ihm »nützlich gewesen sei«; er gesteht seinen Ärger über den Bruder ein, der ihn dort untergebracht hat, verwendet aber kein böses oder zorniges Wort.[29] In den Artikeln von November und Dezember 1918, (*Aus meiner Zelle* und *Offener Brief*), die beide in den *Bagatellen* enthalten sind, beschäftigt er sich damit, das Zentralkrankenhaus des Heeres zu beschreiben, in dem er sich befindet, und kommentiert anschließend Ereignisse im Land, darunter den Streik vom 18. November. Im ersten der erwähnten Artikel, der in verschiedener Hinsicht wichtig ist, befaßt er sich sehr sachlich mit den Patienten, und wenn er vermerkt, sie seien stumpf und ohne jegliche Interessen, dann ist es nicht, um sich über solche Schicksalsgenossen zu beklagen, sondern um zu unterstreichen, daß »sie in Anbetracht ihrer eigenen Farblosigkeit durchaus in die Gesellschaft zurückkehren könnten, um Ministerien zu besetzen, Landtage und Senate zu bilden, einer von ihnen könnte sogar als höchster Richter amtieren«.[30] In seinen intimen Aufzeichnungen finden sich Äußerungen von Niedergeschlagenheit, niemals aber von Selbstmitleid. Sogar die ständigen Hinweise auf das Problem der Hautfarbe oder auf die brasilianische Ehrerbietung gegenüber Trägern akademischer Grade zielen, wiewohl sie auf persönlichen Erfahrungen beruhen, weiter, nämlich auf die Gesellschaft, die er kennt und von der er Zeugnis ablegt. Lima Barreto streitet nicht zu seinen eigenen Gunsten; Vorurteile und Ungerechtigkeiten erregen seinen Zorn, weil es sie gibt, und nicht, weil sie *ihn* betreffen. Weit davon entfernt, sich selbst gekränkt zu fühlen, ist er ein Kämpfer, ein Schriftsteller, dem die Ungleichheiten, die Erniedrigungen ethischer und ästhetischer Art bewußt sind, ein Eiferer, der von einer weniger törichten Welt träumt und seine Wahrheit bis zum Tode hinausschreien wird, kompromißlos, hitzig, eindeutig, grimmig und aufgebracht. Das ist übrigens auch die Deutung von Antônio Houaiss, für den die Lebensumstände Lima Barretos, »wenn sie nicht realistische Anmerkungen zu kleinen Eigenarten im Leben seiner Gestalten waren, doch niemals – aus Ichsucht oder gar aus Geltungsbedürfnis – zur Triebfeder für sein Werk geworden sind«.[31]

Es handelt sich also um einen Menschen, der mit der Beschaffenheit der Gesellschaft, zu der er gehört, unzufrieden ist und der Wert darauf legt, seine abweichenden Vorstellungen mit stark ausgeprägtem Ehrgefühl deutlich zu machen, eben weil er keine Kompromisse eingehen will. Der Scharlachrote Pimpernell, der mit den Vornehmen zusammenlebt und sie heimlich bekämpft, kann ihm nicht als Beispiel dienen. Sein Vorbild könnte Don Quichotte sein, der die Armen und Mißhandelten verteidigt, der begeistert liest und von der Vollkommenheit träumt, der offen redet und ohne Arg handelt, aber dennoch verachtet wird. Wie er ist auch Lima Barreto unverheiratet und wahnsinnig. Unermüdlich durchstreift er die Straßen Rio de Janeiros, überzeugt davon, daß noch in seiner Schwäche Stärke liegt, er rennt an gegen Dummheit, Dünkel, Abgestumpftheit, Grobheit, Gewalt und Unterdrückung, ohne sich entmutigen zu lassen. Nein: gegen die Dummen, die Dünkelhaften, die Abgestumpften, die Groben, die Unterdrücker und die Gewalttätigen.

Darum ist die Waffe Lima Barretos niemals die Ironie oder die subtile Parabel. Wenn er ein Gleichnis benutzt, so ist es grotesk, und die leicht zu deutenden Anspielungen lassen den Betroffenen noch erbärmlicher erscheinen. Wer wollte daran zweifeln, daß es sich bei den gelehrten Samojeden »in schönen Gewändern und mit schicklichem Getue« um Schriftsteller seiner Zeit handelt, die von den tatsächlichen Verhältnissen keine Ahnung haben und gegen die er immer wieder lautstark zu Felde zieht? Wenn er vom Unterricht im Kuddelmuddelland spricht, von seinem Reichtum, von seiner Politik und seinen Politikern, von den Wahlen, der Gesellschaft, von den Streitkräften, von der organisierten Begeisterung in diesem erfundenen, unmöglichen Land, dann haben wir Brasilien und seine Institutionen deutlich vor Augen.

Diesem Sarkasmus (immer gegen Botafogo, nie gegen die Vorstädte gerichtet) entspricht auf der anderen Seite eine innige Verbundenheit mit den Armen und – bezeichnenderweise – mit der Landschaft, besonders der von Rio de Janeiro. »Ich habe mich vollgesogen mit jener sinnfälligen Melancholie, welche die Grundstimmung meiner Stadt ist. Ich lebe in ihr, und sie lebt in mir!«[32] Olívio Montenegro nennt »die Stadt Rio de Janeiro einen unzertrennlichen Gefährten. Aber auch hier«, fügt er hinzu, »gilt seine Zuneigung nur den ärmsten Stadtteilen.«[33] Lúcia Miguel Pereira, die ähnliche Untersuchungen anstellt, scheint noch weiterzugehen, wenn sie verallgemeinernd Lima Barretos »Empfänglichkeit für die Reize der Natur« hervorhebt.[34] Während er den Begriff Vaterland im politischen Sinne vom Verstand her ablehnte, war er erfüllt von der Vorstellung einer übersinnlichen Beziehung zu den Schauplätzen seines Erlebens auf dieser Welt.

Lima Barreto, der lebhaft aufbegehren und uneingeschränkt bewundern kann, anfällig ist für Depressionen, aber auch für Lebensfreude, der Leidenschaften, Überempfindlichkeiten und Zwangsvorstellungen unterliegt, verblüfft uns durch die Vielfalt seiner Interessen und den Scharfsinn, mit dem er Brasilien analysiert. (Machado de Assis dagegen scheint besonders die Problematik der literarischen Kunst und des Spießbürgertums zu beachten.[35]) Lima Barreto hat als weiser Deuter seines Landes und seines Volkes wie kein anderer unsere Fehler erkannt – und trotz der genauen Grenzen des historischen Zeitraums, den seine Schriften umfassen, wird uns selten bewußt, daß uns fünfzig Jahre von ihm trennen, so sehr sind viele Aspekte überraschend gleichgeblieben. Aber seine Sorgen – darauf sei nachdrücklich hingewiesen –, die sich aus der Zeit, in der er lebte, nicht erklären lassen, schlossen andere Blickpunkte ein, die unseren Schriftstellern noch gar nicht aufgegangen waren, wie die Unersättlichkeit des Kapitalismus, das Eindringen Nordamerikas in den lateinamerikanischen Raum, die politischen und sozialen Probleme, die als Folgen des Ersten Weltkriegs bevorstanden.

Überdies stachelt eine unersättliche Wißbegier seine große Fähigkeit zu sehen und zu deuten an, und er übertreibt nicht, wenn er schreibt: »Ich bin in jeder Beziehung neugierig.«[36] Diese Neugier umfaßt die Welt und die Kunst. Freunde, die ins Ausland reisen, werden ihm wie zu Mittlern für seinen Hunger nach Welt. Er begnügt sich nicht mit den Nachrichten, die er empfängt: Er will Bescheid wissen über Schauspiele, über Museen, ob sie den Sitzenden Schreiber besichtigt haben. Sie sollen ihm gelesene Zeitungen schicken. Aus den *Lesefrüchten* erfährt man, daß kein Buch ungelesen bleibt, das ihm in die Hände fällt, nicht einmal eine orographische Studie. Er interessiert sich für Landwirtschaft, für Folklore, für Kinderlieder, für Philosophie, für die Arbeiterbewegung, für die Irren, für Lotterien, für das Verhältnis unserer Bevölkerung zu Tieren. Wiederholt beschäftigt er sich mit städteplanerischen und architektonischen Fragen, mit verfallenen Gebäuden; und wenn er in einer Landschaft steht, entgehen ihm nicht einmal die unterschiedlichen Grüntöne. Er beobachtet Leichenzüge ebenso wie die wechselnden Moden. Diese sehr lückenhafte Zusammenstellung gibt einen Eindruck von der Vielfalt der Dinge, denen er seine Aufmerksamkeit schenkt, und an ihr läßt sich eine Konstante ablesen, die schon in den vorangegangenen Absätzen angedeutet wurde: Auch wenn er in vielen seiner Schriften selbst zugegen ist, bleibt Lima Barreto ein nach außen gerichteter Mensch. Es ist fraglich, ob in seinem Werk »der persönliche und intime Zug besonders hervorstechend ist«, wie Olívio Montenegro in der Studie *Der brasilianische Roman* behauptet, ein Standpunkt, den er später wiederholt: »Wenn man vom Werk Lima Barretos spricht, fällt dem Kritiker die herausragende Rolle der Figur auf, die nicht immer unter ihrem wahren Namen auftritt, aber Lima Barreto heißt.«[37] Ich habe Verständnis für die Ansicht des verstorbenen pernambukanischen Kritikers, die übrigens von anderen Kennern geteilt wird. Ihnen mißfällt es, wie regelmäßig in Lima Barretos Romanen Fragen der Rassenvorurteile in unserer Gesellschaft und persönliche Erfahrungen behandelt werden, gar nicht zu reden davon, daß er in den Dialogen sehr oft seine eigenen Vorstellungen zum Ausdruck bringt. Der Schriftsteller ist fast immer ein Mensch, der sich, aller Bindung an seinesgleichen ungeachtet, durch seine individuelle Art wahrzunehmen und durch die Sorgfalt seiner Nachforschungen zu einer Einsamkeit verurteilt sieht, die nicht körperlich und im eigentlichen Sinn des Wortes auch nicht geistig ist. Sein Schicksal ist die Einsamkeit als Folge intensiver Beobachtung und des Suchens nach Ausdruck. Er spricht zu den anderen Menschen. Aber durch seine eigene Entscheidung, ins Mark der Dinge vordringen zu wollen, bildet sich zwischen ihm und den übrigen eine Art Trübung, die das entstellt, was er sagen möchte. Bekannt ist der Grundsatz, den Ezra Pound in Kapitel III seines *ABC des Lesens* so formuliert hat: »Gute Schriftsteller sind solche, die die Sprache wirksam erhalten.«[38] Diese unerläßliche Ausdrucksfähigkeit fordert vom Verfasser ein nicht alltägliches, schwieriges und eindringliches Aufmerken, denn der Text ist für Leser bestimmt, die meist nur über einen begrenzten Sprachschatz verfügen, der im Ansatz kräftig, aber wenig differenziert ist. Dazu kommt das Unvermögen, die Dinge richtig wahrzunehmen. Das ist der Leidensweg jedes Schriftstellers, aber wenige von ihnen könnten wie Lima Barreto mit Johannes dem Täufer sagen, sie seien »die Stimme eines Predigers in der Wüste«. Er ist ein doppelt geschlagener Mensch: vom Schicksal und von der Geschichte. Der frühzeitige Tod der Mutter und der Wahnsinn des Vaters verdüstern den kleinen Familienkreis. Dann kommt im weiteren Verlauf die gescheiterte Ausbildung. Die Notwendigkeit, Geld für die Familie zu verdienen, treibt ihn in den öffentlichen Verwaltungsdienst, den er verachtet. Unter Schwierigkeiten, manchmal mit Hilfe zu verzinsender Darlehen, veröffentlicht er Bücher, die zwar nicht ganz unbeachtet bleiben, aber auch nie das erreichen, was man als mittelmäßige Popularität ansehen könnte. Ein 1916 erschienener Artikel von Jackson de Figueiredo ist zum Teil aus Protest gegen das »nahezu völlige Schweigen« geschrieben, welches das *Traurige Ende des Policarpo Quaresma* und seinen Autor einhüllt.[39] Lima Barreto hat wenig Glück in seinem Familienleben und gar keins in bezug auf die Ehrungen, mit denen andere Autoren so reichlich bedacht werden. Nachdem er vier Bücher veröffentlicht hat, wird er mittellos in eine Irrenanstalt eingeliefert, ohne daß sich eine Solidaritätsaktion zu seinen Gunsten gebildet hätte. Auch Freunde kommen nur selten zu ihm: »Von meinen Freunden ist keiner erschienen außer Herrn Carlos Ventura und dem Neffen.«[40] Es ist nur natürlich, daß sich dies und jenes aus einem so bedrückenden Dasein im Werk widerspiegelt, und das geschieht hier wirklich. Aber das Maß von Ichbetontheit, das man in seinen Schriften findet, ist weit von dem entfernt, das sich beispielsweise im *Intimen Tagebuch* von Amiel niederschlägt. Sein Egotismus anderen Grades erinnert an Montaignes Worte zu Beginn der ersten Ausgabe seiner *Essays:* »Ich aber will nur, daß man mich darin in meiner einfachen, natürlichen und alltäglichen Art erkennt, ganz zwanglos und unbekümmert; denn mich selbst will ich beschreiben.« In Wirklichkeit stellt das Selbstbildnis, das Montaigne »zwanglos und unbekümmert« verspricht, ein schönes Beispiel für Gemeinplätze in der Einleitung dar, wie sie unter den *topoi* angeblicher Bescheidenheit zu finden sind, von denen uns E. R. Curtius in seinem bekannten Buch über *Europäische Literatur und lateinisches Mittelalter* so viele Beispiele gibt. So wie die Essays von Montaigne, die angeblich den Verfasser betreffen, in Wirklichkeit auf Dinge und Ereignisse der Umwelt gerichtet sind, so ist auch das *ganze* Werk des brasilianischen Schriftstellers nach außen gerichtet, auf die unmittelbare und konkrete Welt.

Während Afonso Henriques de Lima Barreto in seiner Einsamkeit am offenen Fenster der Psychiatrischen Klinik mit wachem, wertendem und für Veränderungen empfindlichem Blick die Berge, das Meer und die vielen Häuser an diesem verhangenen Morgen betrachtet und über einen neuen Roman nachdenkt, den er nie vollenden wird (er fühlt sich in jenen Tagen derart eins mit seiner Erzählerfigur, daß er in seinen Notizen über die Irrenanstalt mit ihr verschmilzt), ist er ein wenig das Abbild seines eigenen Schicksals und seiner Haltung gegenüber der Welt. Genaugenommen war er immer durch einen festen Kreis eingegrenzt, für den die Klinik zum symbolischen und unübertreffbaren Ausdruck wird; aber trotz dieser Isolation verliert sein Blick niemals die Wärme, mit der er die Wirklichkeit ringsum prüft und wägt. Seine Anschauungen sind an diesem Morgen keineswegs indifferent und weit entfernt von einfachem Behagen. In seinem Geist vermischen sich

Erregung, Traurigkeit und kritischer Verstand. Mehr noch: Er ist ein vom Schreiben Besessener, ein Mensch, für den nach den Worten von Antônio Houaiss »Schreiben die Form des Daseins« bedeutet.

Aus dem Brasilianischen von Marianne Jolowicz

Anmerkungen

1 *Diário Íntimo*, Ed. Brasiliense, São Paulo ²1961, S. 171.
2 *O Cemitério dos Vivos (Diário do Hospício)*, Ed. Brasiliense, São Paulo ²1961, S. 34.
3 Lima Barreto, a.a.O., S. 265.
4 Lima Barreto, *Bagatelas*, Ed. Brasiliense, São Paulo ²1961, S. 99.
5 Lima Barreto, *Histrião ou Literato*, in: *Impressões de Leitura*, Ed. Brasiliense, São Paulo ²1961, S. 189.
6 Lima Barreto, a.a.O., S. 261.
7 Lima Barreto, a.a.O., S. 58.
8 Antônio Houaiss, *Prefácio*, in: Lima Barreto, *Vida Urbana*, Ed. Brasiliense, São Paulo ²1961, S. 9.
9 Lima Barreto, *Impressões de Leitura*, S. 75.
10 Ebd.
11 Astrojildo Pereira, *Prefácio*, in: Lima Barreto, *Bagatelas*, S. 12.
12 Lima Barreto, *Correspondência, (Ativa e Passiva)*, Band 2, Ed. Brasiliense, São Paulo ²1961, S. 256/257.
13 Beiläufig erwähnt Lima Barreto die »törichte« Literatur der Arkadier und gibt nebenher seine Auffassung von Euclides da Cunha: »mit trockener und dürrer Seele, ganz erfüllt von unangemessenem intellektuellen Hochmut, der sie noch trockener und dürrer machte«, und dessen Stil »vollkommenster Ausdruck« bestimmter Eigenschaften und Merkmale der Militärschule sei. In: *Coisas do Reino do Jambon*, Ed. Brasiliense, São Paulo ²1961, S. 274.
14 Oliveira Lima, *Prefácio*, in: Lima Barreto, *O Triste Fin de Policarpo Quaresma*, Ed. Brasiliense, São Paulo ¹⁰1972, S. 10. (Der Artikel wurde zuerst in *O Estado de S. Paulo* vom 13. 11. 1919 unter der Überschrift »Policarpo Quaresma« veröffentlicht.)
15 Alfredo Bosi, *O Pré-Modernismo*, Ed. Cultrix, São Paulo 1964, S. 95.
16 Blaise Pascal, *Pensées*, Ed. Nelson, Paris 1955, S. 56.
17 Wenn man von Lima Barreto spricht, erinnert man sich unweigerlich bestimmter Thesen Jean-Paul Sartres: »On n'est pas écrivain

pour avoir choisi de dire certaines choses, mais pour avoir choisi de les dire d'une certaine façon.« Auch: »l'écrivain a choisi de dévoiler le monde et singulièrement l'homme aux autres hommes pour que ceux-ci prennent en face de l'objet mis à nu leur entière responsabilité.« (*Situations II*, S. 75 und 74)

18 Francisco de Assis Barbosa, *Prefácio*, in: Lima Barreto, *Recordações do Escrivão Isaías Caminha*, Ed. Brasiliense, São Paulo ⁵1971, S. 12/13.
19 »Das Vaterland stößt mich ab, Avelino, denn das Vaterland ist ein Syndikat der Politiker und der weltweiten Syndikate mit ihren Vorposten überall, um zu plündern, zu unterdrücken und denen das Fell über die Ohren zu ziehen, die an die Menschen, die Arbeit, die Religion und die Anständigkeit glauben.« (*Brief an Georgino Avelino*, in: Lima Barreto, *Correspondência*, Band 1, S. 281)
20 Lima Barreto, *Bagatelas*, S. 65.
21 »Ein Botafoganer, mein lieber Oscar, ist der Brasilianer, der Brasilien nicht so sehen will, wie es nun einmal ist, der vor seiner wirklichen Umwelt flieht und sich nach einem Schnittmuster richtet, das für andere Länder gezeichnet wurde. So daß Du, der Du unserer Ungeschliffenheit, unseren tatsächlichen Verhältnissen, unserer Armut in Landwirtschaft, Handel und Industrie entfliehen möchtest, selbst dann ein Botafoganer bliebest, wenn Du in eine Vorstadt zögest.« (Lima Barreto, *Correspondência*, Band 1, S. 233/234)
22 Vgl. Nestor Goulart, Reis Filho, »O Neoclásico nas Províncias«, in: *Quadro da Arquitetura no Brasil*, Ed. Perspectiva, São Paulo 1970. Selten hat sich eine spezielle Studie zu einem so richtigen Verständnis des Gesamtzusammenhangs, in dem sich ein Phänomen auswirkt, erweitert.
23 Lima Barreto, *Isaías Caminha*, S. 54.
24 Wenn auch »ohne genaue Vorstellung von der historischen Rolle der werktätigen Klasse als solcher«, betont Astrojildo Pereira in seinem schon zitierten »Vorwort« zu den *Bagatelas*, hatte Lima Barreto »einen sicheren Instinkt, wo nicht ein klares Bewußtsein« von dem Kampf der Arbeit gegen das Kapital, der sich damals abzeichnete. Osmar Pimentel bemerkt: »Man kann sogar sagen, daß im Falle Lima Barretos der Romanschriftsteller gegen den Ideologen Stellung bezogen hat.« (Artikel in der »Folha da Manhã«, 12. 11. 1949, São Paulo; ist auch als »Vorwort« zu *Os Bruzundangas*, Ed. Brasiliense, São Paulo ²1961 erschienen.)
25 Lima Barreto, *Clara dos Anjos*, Ed. Brasiliense, São Paulo ³1969, S. 94.
26 Lima Barreto, *Numa e a Ninfa*, Ed. Brasiliense, São Paulo ²1961, S. 58/59.

27 Lima Barreto, *Bagatelas*, S. 42.
28 Alceu Amoroso Lima, *Prefácio*, in: Lima Barreto, *Vida e Morte de M. J. Gonzaga de Sá*, Ed. Tecnoprint Gráfica, Rio de Janeiro 1970 (»Clássicos Brasileiros«), S. 11.
29 Lima Barreto, *O Cemitério dos Vivos*, S. 257-260.
30 Lima Barreto, *Bagatelas*, S. 99/100.
31 Antônio Houaiss, *Prefácio*, in: Lima Barreto, *Vida Urbana*, Ed. Brasiliense, São Paulo ²1961, S. 10. Meine Deutung und die von Houaiss widersprechen in dieser Hinsicht der Auffassung von Eugênio Gomes, der von »Ausflüssen des Ressentiments« bei Lima Barreto spricht (*Lima Barreto und Coelho Neto*, in: *A Literatura no Brasil*, Ed. Sul-Americana, Rio de Janeiro 1955, S. 123). Die Untersuchung von Eugênio Gomes, der begeistert für Coelho Neto eintritt, zeigt großes Unverständnis für Lima Barreto.
32 Lima Barreto, *Gonzaga de Sá*, S. 40.
33 Olivio Montenegro, *O Romance Brasileiro*, Livr. José Olympio, Rio de Janeiro 1953, S. 158.
34 Lúcia Miguel Pereira, *História da Literatura Brasileira – Prosa de Ficção (1870 a 1920)*, Livr. José Olympio, Rio de Janeiro ²1957, S. 296.
35 Man hat Lima Barreto gewisse reaktionäre oder dem Vergangenen zugewandte Tendenzen nachgesagt. In verschiedenen Artikeln macht er sich über die Frauenbewegung lustig, und er betrachtet die republikanische Staatsform in Brasilien als Rückschritt. Aber es ist bezeichnend, daß sich sein gelegentlicher Anti-Feminismus nie in seinen Romanen findet. In diesen wird (Ausnahme ist das Gespräch zwischen Augusto Machado und seinem Freund; *Gonzaga de Sá*, S. 84/85) die Beengtheit der weiblichen Erziehung, die nur auf die Ehe ausgerichtet ist, mehrfach als schädlicher Umstand dargestellt. Man schaue sich daraufhin die Figur der Ismênia in *Policarpo Quaresma* an. Auch kann man nicht behaupten, jemand, der dafür eintritt, das Recht auf letztwillige Verfügungen abzuschaffen und den Grundbesitz umzuverteilen, und der erklärt, das Eigentum gehöre der Allgemeinheit, habe in Wirklichkeit monarchistische Tendenzen.
36 Lima Barreto, *Vida Urbana*, S. 229.
37 Olívio Montenegro, *O Romance Brasileiro*, S. 143 und 149/150.
38 Ezra Pound, *ABC des Lesens*, Frankfurt/M. 1957 (Bibliothek Suhrkamp 40), S. 40.
39 Artikel vom 10. 6. 1916 aus »A Lusitana«, Rio de Janeiro. Auch als *Prefácio* in der Ausgabe von *Feiras e Mafuás*, Ed. Brasiliense, São Paulo ²1961.
40 Lima Barreto, *O Cemitério dos Vivos*, S. 34.

José Guilherme Merquior
Drei Schriftsteller des ›Modernismo‹: Mário de Andrade, Manuel Bandeira und Jorge de Lima

> Ich behaupte rückhaltlos, daß mein ganzes Werk eine befriedigende Hingabe an die Probleme meiner Zeit und meines Landes darstellt.
>
> Mário de Andrade, *Die modernistische Bewegung*

1. Der historische Rahmen des »Modernismo«

Im Spanischen bezeichnet »Modernismus« den subtilen, prunkvollen und »dekadenten« Stil Rubén Daríos und Valle-Inclans: offensichtlich ein ästhetischer Ausdruck des »Fin de siècle« und der »Belle Epoque«. Dagegen versteht man im Portugiesischen unter dem »Modernismo« die plötzlich hervorbrechende und nüchterne Kunst der Avantgarde des jungen 20. Jahrhunderts, die aus der Ablehnung der Dekadenz entstand und mit der erregenden Erfahrung der Veränderungen und Erschütterungen des Weltkriegs und der ersten Nachkriegszeit reifte. Im São Paulo, Rio de Janeiro oder Recife der zwanziger Jahre war der modernistische Stil in allen Kunstrichtungen, in der Musik von Villa-Lobos (1887-1959), der Malerei von Tarsila de Amaral (1896-1973) und Vicente do Rego Monteiro (1899-1976) wie in der Literatur die Herausforderung der ersten militanten Avantgardisten – künstlerisch-literarischen Gruppen, die sich deutlich von den frivolen parnassischen und symbolistischen Cliquen unterschieden.

Wie das Wort schon sagt, handelte es sich um eine kurzlebige Gruppierung – und trotz ihrer programmatischen bis doktrinären Natur war sie deswegen doch nicht einheitlich.

Aus diesem Grunde sei eine Frage erlaubt: wie weit reichte der Modernismo, auch wenn er auf einen einzigen ästhetischen Bereich, in diesem Falle den literarischen, beschränkt bleibt? War der Modernismo eine Epoche oder nur ein Moment – das plötzliche Hervorbrechen einer wegweisenden

Avantgarde – in der brasilianischen Literatur?

Die These des ›Modernismo als Moment‹ verleitet die konservative Kritik noch immer dazu, die Aktionen der Avantgarde der zwanziger Jahre für eine rein »destruktive« Phase zu halten. Indem sie sich auf einige selbstkritische Urteile des wichtigsten Modernisten, Mário de Andrade (1893-1945), aus der Spätphase der Bewegung stützen, tendieren gewisse Interpreten dazu, den modernistischen Stil mit einer grellen und einigermaßen heterogenen Ansammlung von Aufrufen und Provokationen zu identifizieren, die sich im Grunde alle in dem Zeitraum zwischen der berühmten »Woche der Modernen Kunst« (São Paulo, Februar 1922) und dem Jahr 1928 abspielten. Tatsächlich beschränkt diese Sehweise den Modernismo auf seinen »pars destruens«.

Die These des ›Modernismo als Epoche‹ stellt eine Reaktion gegen diese offen oder verschleiert abschätzig gemeinte Einschränkung dar. Man beabsichtigt damit, den Modernismo als einen der großen historischen Stile in der abendländischen Literatur zu charakterisieren, als Nachfolger der Verbindung Naturalismus/Symbolismus. Nach dieser Formulierung würde »modernistisch« die gesamte gehobene brasilianische Literatur seit 1922 umfassen, insbesondere wenn man eine Gleichsetzung von Modernismo und experimenteller Dichtung fordert.

Weder die kritische Betrachtungsweise des ›*Modernismo als Moment*‹ noch die des ›*Modernismo als Epoche*‹ erscheint mir überzeugend.

Die eine läßt innerhalb der Konzeption des Modernismo die reiche moderne Dichtung unberücksichtigt (z. B. die von Carlos Drummond de Andrade) und den sozialen Regionalismus des Nordostens (die Essays von Gilberto Freyre, den frühen Jorge de Lima, die Romane von José Lins do Rego), obgleich sich beide klar aus den avantgardistischen Zentren, die sich in den zwanziger Jahren gebildet hatten, ableiten lassen. Alles in allem wird in den Augen der Kritiker, die letzten Endes dem Modernismo mit Antipathie gegenüberstehen, der Moment schnell zu einer reinen Episode voller übertriebenen und mißverständlichen Geschreis.

Abgesehen davon, daß die deutliche Heterogenität des Modernismo heruntergespielt wird, überschätzt die These des

›Modernismo als Epoche‹ auch seinen historischen Stellenwert. Tatsächlich besaß der Modernismo stilistisch nur von ungefähr 1930 bis höchstens Mitte der fünfziger Jahre eine Vormachtstellung. Nachdem Oswald de Andrade, Jorge de Lima und Lins do Rego zwischen 1953 und 1956 gestorben waren, begann man in der literarischen Szene mit der Wirkung neuer interner Einflüsse zu rechnen: mit dem orphischen Epos von Guimarães Rosa (1908-1967), dessen Dichtung sich gegen das Vorhaben von Mário de Andrade absetzte, das er für viel zu »plebejisch« hielt; der Antilyrik von João Cabral de Melo Neto, dessen konstruktivistische und objektivistische Denkweise sich sehr von der mittleren Qualität der großen modernen brasilianischen Lyriker abhob, und der Neoavantgarde, die mit der Bewegung der »konkreten Poesie« in São Paulo begründet wurde. Zusammenfassend läßt sich feststellen: so wie die vorherrschenden literarischen Modelle bis ungefähr 1930 noch vormodern waren, mußten seit Mitte der fünfziger Jahre die Exponenten des Modernismo, wie Manuel Bandeira (1886-1968) oder Drummond de Andrade, ihren Aufstieg allmählich mit dem neuer ästhetischer Strömungen teilen.

Ähnliche Phänomene traten natürlich in anderen Kunstrichtungen auf, wie sich anhand des Unterschieds zwischen der Musik von Villa-Lobos und der von Claudio Santoro, oder des Kontrasts zwischen Portinari (1903-1963) und der Malerei des brasilianischen Wols, Antonio Bandeira (1922-1968), feststellen läßt.

Der Modernismo war zeitlich und räumlich stark eingeschränkt. Seine Varianten sahen sich mehr als ein Vierteljahrhundert lang in Lyrik, Erzählung und Essay literarischen Persönlichkeiten gegenüber, die mit den Vorstellungen der literarischen Avantgarde so gut wie nichts zu tun hatten: José Geraldo Vieira (1897-1977), Gilberto Amado (1887-1970), Oliveira Viana (1883-1951); außerdem hätte kein erzähltechnischer Avantgardismus zu einer Beschreibung ausgereicht, die für den Roman von Érico Veríssimo (1905-1975), Jorge Amado (1912), Cornelia Peua (1896-1959) und vor allem für Graciliano Ramos (1892-1953) – das eindrucksvollste Werk in der brasilianischen Prosa nach Machado de Assis und vor Guimarães Rosa – geeignet gewesen wäre. Wie diese Romanschriftsteller stilistisch schon nicht mehr der naturalistischen

Mimesis in der »kunstvollen« Prosa des Impressionismus der Jahrhundertwende, dessen großer Meister im Portugiesischen Eça de Queiróz war, verpflichtet waren, verbanden sie sich ebensowenig mit den Ideen der avantgardistischen Erzählweise: Joyces minutiöser Psychoanalyse, Kafkas Allegorik oder der Renaissance der komisch-phantastischen Gattung, in denen sich die radikalen Modernen aus São Paulo – Oswald de Andrade und Mário de Andrade – mit Erfolg versuchen sollten. Statt an der Moderne teilzuhaben, standen sie eher unter dem Einfluß von stilistischen Nebenströmungen: dem amerikanischen Roman der »lost generation« (Veríssimo) oder der Faszination von Dostojewskis *Aufzeichnungen* (Graciliano Ramos). Diese Erzähler, von denen keiner bei den modernistischen Aktionen oder Sekten mitmachte, nahmen im Modernismo im besten Falle eine Randstellung ein.

Aber dies ist nicht alles. Wir haben bereits die starke Heterogenität des modernistischen Stils erwähnt. Der Modernismo war in der Tat eine höchst verschiedenartige literarische Konstellation. Selbst wenn wir uns auf die Schriftsteller beschränken, die erwiesenermaßen mit den Avantgardisten, die die Bewegung auslösten, verbunden waren, drängt sich der Eindruck von Vielfältigkeit auf. Wie soll man unter demselben Etikett die nüchterne Lyrik von Manuel Bandeira und die kultische Dichtung des späten Jorge de Lima vereinigen? Oder die kosmopolitische Neodekadenz von Graça Aranha, den Nationalismus von Mário de Andrade und den Regionalismus von Gilberto Freyre? Offensichtlich weist der Modernismo, im Gegensatz zu Strömungen wie dem Parnasse oder Symbolismus, keine grundsätzliche stilistische Einheit auf. Als eine neue Art von Romantik bezeichnete er eher die Auflösung eines gewissen Kanons des »guten Schreibens« – also eine tiefgreifende Revolution im literarischen Ton.

2. Der literarische, ideologische und gesellschaftliche Hintergrund

Das greifbarste Paradigma, gegen das sich die Modernisten auflehnten, war die gefällige Literatur der langen südamerikanischen Belle Epoque, die einer ihrer Vertreter »Literatur des

Gesellschaftslächelns« genannt hat. Ein vager Humanismus, eleganter Skeptizismus wie bei Anatole France, die parnassische Metrik in Wechsel oder Kombination mit der symbolistischen Musikalität, »dekadente« Zwischentöne und ein »exotischer« Regionalismus, ein verbreitetes Epigonentum – darin liegen die hauptsächlichen Konstanten der brasilianischen Literatur zwischen der Veröffentlichung von *Os Sertões* von Euclides da Cunha (1902) und der Erschütterung von 1922. Das heißt aber nicht, daß für diesen Zeitraum keine Bücher aufzuzählen wären, deren Einordnung ein Problem darstellt. Sogar die konservative zeitgenössische Kritik (z. B. Araripe Junior) erkannte, daß sich bereits um die Jahrhundertwende Freigeister, Schwärmer, Anarchisten und Ästhetiker in mehr als einer interessanten Kreuzung zwischen der Protestliteratur und der Poetik des Elfenbeinturms gegenüberstanden. Im übrigen sind die für die Zeit typischsten Werke voller Unruhe und Nonkonformismus, voller sardonischer oder satirischer Züge, die mit den »fables convenues«, der etablierten Ideologie oder dem Dekorum der »Kryptokritik« von Machado de Assis unvereinbar sind. Beispiele dafür sind die morbide Dichtung von Augusto dos Anjos (1884-1914) und die Romane des anarchischen und nationalistischen Lima Barreto (1881-1922); die Prosadichtung und der Journalismus eines hinterwäldlerischen und nationalistischen H. G. Wells, wie bei Monteiro Lobato (1882-1948); die Kritik des Philologen João Ribeiro (1860-1934), der noch als Fünfzigjähriger die Vorzüge des Parnaß im reichhaltigen und beredten Stil von Olavo Bilar, Alberto de Oliveira, Rui Barbosa und Coelho Neto pries; oder die polemische Geschichtsschreibung von Manuel Bonfim (1869-1932), der die Übel der Kolonisierung, der Landoligarchie und der wortgewaltigen Kultur des Kaiserreichs und der Ersten Republik anprangerte. Was im allgemeinen jedoch fehlte, war die Verbindung zwischen diesem ideologischen Nonkonformismus und einer Sympathie für die revolutionäre Sprache der modernen Kunst. Außer João Ribeiro hat keiner dieser Schriftsteller die Avantgarde begrüßt; einige wie Lima Barreto und Lobato sind sogar so weit gegangen, sie zu bekämpfen.

Die Modernen nämlich, die die Literatur nicht für ein »Gesellschaftslächeln« hielten, suchten nach neuen Formen und lehnten jeden absoluten Pessimismus viktorianischen Ursprungs als dekadent ab. Unter dem spielerischen Ethos der Stilarten der Avantgarde sollte bald das »helle Lachen der Modernen«, als Revolte gegen die düstere »Weltanschauung« der Dekadenz tönen. Dieser dionysische Impuls stellte mit Ausnahme des Expressionismus eine Art gemeinsamen Nenner der verschiedenen »Ismen« der europäischen Avantgarde dar.

Die für die Vorbereitung des brasilianischen Modernismo einflußreichste Stilrichtung war zweifelsohne der Futurismus. Verschiedene Modernisten reagierten aufgebracht und versuchten sich zu rechtfertigen, als die Kritik, von der sie angefeindet wurden, sie mit der Bewegung von Marinetti verglich, dessen autoritäres Kriegsgehabe den jungen Leuten aus São Paulo zuwider war; wie Pound und Eliot in England, lehnte Mário de Andrade ausdrücklich die Verherrlichung der Maschine, der Geschwindigkeit und der Gewalt Marinettis ab. Aber es gab nicht nur den italienischen Futurismus (und in Italien nicht nur den ohnehin unergiebigen Marinettis). Die Avantgardisten aus São Paulo waren Anhänger des französischen Futurismus, sie waren aufmerksame und enthusiastische Leser von Blaise Cendrars (1887-1961), Guillaume Apollinaire und Max Jacob, vor allem aber von Cendrars, der in den zwanziger Jahren auf Einladung des wichtigsten Mäzens des Modernismo von São Paulo, Paulo Prado (1869-1943), drei ausgedehnte Reisen nach Brasilien unternahm. 1924 rühmte Mário de Andrade die »babelartige« Sprache und den direkten und konkreten Realismus seiner Verse in *Prose du Transsibérien* (1913). Cendrars erschien ihm als der Anti-Henri de Régnier – das Vorbild für den lebenswichtigen Bruch mit der Tradition. Im gleichen Jahr, in dem in Rio de Janeiro Sérgio Buarque de Holanda die letzte Gedichtsammlung *Kodak* des (französisch-) schweizerischen Dichters rezensierte, unterstrich er die gegen Laforgue gerichteten Elemente dieser neuen Poesie und hob Ähnlichkeiten mit Rimbaud hervor (nämlich das Dionysische, Primitive und Antidekadente). Er schrieb Cendrars das Verdienst zu, der von Rimbaud eingeleiteten Wende eine objektivistische Richtung gegeben zu haben.[1]

Die kurze Interpretation von Sérgio Buarque de Holanda ist sehr aufschlußreich. In Brasilien sahen die führenden Modernisten in dem dionysischen Primitivismus der modernen Kunst vor allem ein Instrument. Im Grunde gab es innerhalb des Futurismus zwei Strömungen: einen primitiven Futurismus als Suche nach den Formen poetischer Unschuld, analog zu der Geisteshaltung des Primitivismus von Henri Rousseau und einiger Expressionisten in der Malerei wie Franz Marc; und einen Futurismus, dessen hauptsächliches Interesse der Stadt und Technik galt und dem in der Malerei der Kubismus am nächsten steht. Der russische Futurismus spiegelt diese Zweiteilung besonders gut wider in Chlebnikow, der die primitivistische Richtung repräsentiert, und in Majakowskis Kubofuturismus[2], dem auch Dichter wie Apollinaire und Cendrars angehören. Im portugiesischen Futurismus von Fernando Pessoa fließen diese beiden Strömungen zusammen: Álvaro de Campos ist ein Kubofuturist, der sich von der Stadt elektrisieren ließ, Alberto Caeiro ein bukolischer Primitivist.

Der Modernismo Brasiliens erkor insbesondere das Primitive zum *Thema*; er versuchte, Nutzen zu ziehen aus den tellurischen Dimensionen des riesigen und jungen Landes, das allein schon ein großartiges Reservoir an Symbolen und Bildern darstellte für den Drang nach Emanzipation von dem klassisch-abendländischen Vermächtnis, von dem die gesamte europäische Moderne geprägt worden war. In der Prosa sind Werke wie *Macunaíma* (1928) von Mário de Andrade oder *Martim Cereré* (1928) von Cassiano Ricardo bedeutende Beispiele für diese Thematisierung des Primitiven. *Dennoch hat sich der brasilianische Modernismo nie einem formal gesteigerten Primitivismus hingegeben*. Die Avantgarde aus dem Süden und Minas Gerais, die in ihrer modernistischen Konzeption am weitesten gingen, näherten sich niemals dem surreal-futuristischen Bemühen, die Utopie des »freien Spiels der Worte« zu verwirklichen, außer in der Logik und Semantik, das den frenetischen Neologismen Chlebnikows und der berühmten dadaistischen und surrealistischen »Ecriture automatique« zugrunde lag. Diese Gesamtwirkung der *hyposurrealistischen* Avantgarde ist eines der eigentümlichsten Merkmale des national-brasilianischen Modernismo (und in Wirklichkeit das des größten Teils der iberischen Avantgarde auf beiden Seiten des Atlantiks, obschon es nicht der Radikalismus der Ultraisten war, der den Ton in der modernen spanischen Literatur angab, sondern der vorwiegend gemäßigte Stil der spanischen Generation von 1927).

Es ist nicht schwer, in Brasilien den Grund für diese Zurückhaltung auszumachen: sie war das Ergebnis einer antiästhetischen Politik. Ein Teil der europäischen avantgardistischen Bewegungen, wie der angelsächsische oder der französische Surrealismus, vertrat einen erbitterten Ästhetizismus, ein übertriebenes »l'art pour l'art«. Es ist klar, daß der grundsätzliche Nihilismus dieser Bewegungen nicht die Elfenbeintürme und das künstlerische Sendungsbewußtsein des ausgehenden 19. Jahrhunderts, wie die sterile und sakrale Literatur von Mallarmé und Henri James, verschont hat. In anderer Hinsicht jedoch blieb die schockierende Moderne bezeichnenderweise in England und Frankreich im wesentlichen auf das Ästhetische beschränkt. Die Dichtung der Emigranten Pound und Eliot wandte sich vor allem gegen die moralische Rhetorik des Verses aus der Zeit Georg V. – wobei sie sich größte Mühe gab, als »künstlerische« Bewegung zu erscheinen, die im Gegensatz zu den rein literarischen Schulen des »establishments«[3] zur Revolution der Bildenden Künste in Kontinentaleuropa geführt hatte. Daher kommt bei den Angelsachsen der starke Antiintellektualismus des »Imagismus«; und daher kam es, daß moderne Antiavantgardisten wie Robert Graves die Konzeption Pounds und seiner Anhänger als »französischamerikanischen Modernismus« bezeichneten. Dieselbe Verbindung zwischen Literatur und Bildenden Künsten finden wir auch in der französischen Moderne; es war durchaus kein Zufall, daß Apollinaire und Max Jacob zu Beginn des 20. Jahrhunderts in der Bohème um Picasso am Montmartre verkehrten und daß Apollinaire *Les peintres cubistes* schrieb. Wenn der Surrealismus einerseits den Ästhetizismus des »fin de siècle« ablehnte, indem er vorschlug, Kunst und Leben miteinander zu verschmelzen, so wollte er andererseits das gesamte Leben den Regeln des ästhetischen Bewußtseins unterordnen. Der Surrealismus, der im extremen Fall eine *Tyrannei der Imagination* ist[4], war wichtigster Vorläufer des Herrschaftsanspruchs der künstlerischen Ausdrucksformen der Kontestation, er war also der bedeutendste Vorläufer der Gegenkultur unserer Tage.[5] Und offensichtlich ist der Surrealismus durch den *existentiellen* Ästhetizismus nicht weniger ästhetisch geworden; auch der vorübergehende und zweifelhafte Anschluß an die sozialistische Revolution änderte dieses Grundphänomen in keiner Weise.

Der gesamten Richtung eines dekadenten Stils oder neuen »l'art pour l'art« stellten die brasilianischen Modernisten eine an der Umwelt und der Geschichte »interessierte« Kunst entgegen. Ohne jemals die Autonomie der Literatur aus den Augen zu verlieren (Mário de Andrade), weigerte sich doch der Modernismo, diese in gesellschaftliche Unverantwortlichkeit umzuwandeln. Im Gegensatz zur europäischen Avantgarde wehrte sich der *Modernismo in Brasilien nicht gegen die Moderne*, das heißt, die moderne Zivilisation. Während Pound, Eliot oder Breton zu dem Mythos gegen das »Chaos der Geschichte« Zuflucht nahmen, befürwortete die literarische modernistische Bewegung in Brasilien die sozioökonomische Modernisierung des Landes. Fast alle europäischen Modernisten haßten die moderne Gesellschaft; die Brasilianer dagegen nicht. Sie verhielten sich allenfalls ambivalent, wie aus dem Folgenden hervorgehen wird.

Ein indirekter Beweis für diese Haltung beruht auf der politisch-ideologischen Grundlage der modernistischen Mentalität. Innerhalb des gesellschaftlichen Denkens in Brasilien während der Endphase der Ersten Republik (1889-1930) bestanden wenigstens sechs verschiedene Tendenzen: jakobinisch-positivistischer Republikanismus (in Anlehnung an Júlio Prates de Castilhos); konservativer Republikanismus (die offizielle Ideologie der Regierung, die durch die herrschenden ländlichen Oligarchien repräsentiert wurde); liberal-progressiver Republikanismus (Rui Barbosa); autoritäre Vorherrschaft des »ruralismo« (Alberto Torres); katholischer Konservativismus (Jackson de Figueiredo) und verschiedene Ausprägungen des Sozialismus (christlich, liberal, neorevolutionär, sozialdemokratisch) bis zum Anarchosyndikalismus (Joaquim Pimenta) und zum Marxismus-Leninismus (Astrojildo Pereira). Die Modernisten wurden zu Demokraten der sozialen Entwicklung (Mário de Andrade), ehemalige Konservative zu Anarchisten (Oswald de Andrade), Traditionalisten (Gilberto Freyre) und Protofaschisten (Menotti del Picchia, Cândido Mota Filho), selbst wenn Antiliberale von rechts den sozialen Antimodernismus des alten Landadels und den kulturellen Antimodernismus des nationalistischen Katholizismus ablehnten. Das heißt mit anderen Worten: selbst wenn sie Elite und Autorität befürworteten, waren sie nicht einfach konservativ, sondern vielmehr »revolutionär-konservativ«. Wo auch immer diese Sympathie des Modernismo für die Moderne schwächer wird – wie im regionalen Traditionalismus Gilberto Freyres –, stehen wir nicht nur vor einer anderen Art des Modernismo, sondern vor einer anderen modernen Geisteshaltung, die den Ideen der Dekadenzhaltung in Europa besonders verbunden ist.

Die Jahre, in denen sich der Modernismo vorbereitete (1917 bis 1922), fallen mit der letzten Phase der traditionellen oligarchischen Herrschaftsordnung zusammen. Die aktive Zeit der modernistischen Bewegungen in den zwanziger Jahren und die Konsolidierung der neuen Literatur in den dreißiger und vierziger Jahren gingen mit einer beachtlichen Beschleunigung der geschichtlichen Entwicklung einher, die in Brasilien durch bedeutende Erschütterungen und politische Wandlungen gekennzeichnet war. Von den ersten Streiks des beginnenden Industriezeitalters bis hin zu den Jahren des Weltkriegs und den sich häufenden militärischen Revolten in den zwanziger Jahren (dem »tenentismo«) bereiteten verschiedene gesellschaftliche Pressionen den Zusammenbruch des liberal-konservativen Republikanismus vor, die den Weg zur neuen Herrschaftsform eröffneten: der Diktatur von Getúlio Vargas (1930-1945, außer dem Intervall von 1934 bis 1937, in dem wieder eine Verfassung galt). In diesem gesamten Zeitraum, von 1922 bis zu dem Sturz des *Estado Novo* im Jahre 1945, nahm die Bereitschaft weiter Teile der zivilen und militärischen Bürokratie für politisch-revolutionäre Veränderungen eine Schlüsselstellung innerhalb der gesellschaftlichen Entwicklung Brasiliens ein.

Die Grundlagen dieses wechselhaften Prozesses von Instabilität und politischen Erneuerungen standen in engem Zusammenhang mit dem Verhältnis zwischen Staat und herrschender Klasse im Brasilien von gestern. Im Gegensatz zu dem, was sich in Argentinien ereignete, kannte das vorindustrielle Brasilien keinen hohen Grad an überregionaler Homogenität. Viele Gebiete des Landes, die nicht direkt in den kapitalistischen Weltmarkt eingegliedert waren, besaßen ein relativ großes wirtschaftliches und demographisches Eigengewicht. Die herrschende Klasse stellte daher keine Einheit dar und die Entwicklung des Staates stagnierte für lange Zeit. Im Unterschied zu der argentinischen Einheitsbewegung zur Zeit der Einwanderung verfügte Brasilien weder über einen Staat, der für eine gesellschaftlich-ökonomische Elite aufgebaut wurde[6], noch über ins Gewicht fallende städtische Schichten. Dies erklärt in großem Umfang, daß die Revolution von 1930 zu einer Phase des »Aufbaus des Staates« geführt hat, wodurch die regionalen brasilianischen Führungskräfte gezwungen wurden, tiefgreifende soziale Verschiebungen und Anpassungen durchzumachen.

Viele junge Modernisten stammten aus obligarchischen Kreisen. Der brasilianische Schriftsteller des späten 19. Jahrhunderts und der Belle Epoque war häufig ein Bürokrat oder Selbständiger in Staatsdiensten. Die Werdegänge von Machado de Assis, Lima Barreto oder Euclides da Cunha sind dafür Beispiele. Die Neuheit, die der Modernismo mit sich brachte, ging in hohem Maße von den »Erben« und »armen Verwandten« dieser Kreise aus, die allmählich die obere und mittlere bürokratische Leiter[7] aufgrund der Umwandlungen erklommen, die einerseits durch die Agonie und den Zusammenbruch der traditionellen oligarchischen Ordnung und andererseits durch die neuen Beschäftigungsmöglichkeiten, durch Einkommen und soziale Stellung notwendig geworden waren. Der Verwaltungsapparat des sich erneuernden Staates wurde wesentlich erweitert.

In der Literaturgeschichte, die ein größeres Gespür für die Geschichte entwickelte, überwog bis vor kurzem die verführerische Gewohnheit, den Modernismo mit den brasilianischen Revolten dieser Zeit zu verbinden. Das ästhetische Vorhaben der Avantgarde sei demnach ein Versuch gewesen, »den Aufstieg des Bürgertums« durch die Auseinandersetzungen, die letzten Endes die »Alte Republik« zu Fall brachten, für sich zu beanspruchen. Aber diese Interpretation nimmt die Verbindung der Avantgarde zur nicht-latifundialen Bourgeoisie als selbstverständlich an, doch wird die Rolle dieser Schichten innerhalb der revolutionären Bewegungen dieser Jahre immer mehr in Frage gestellt (die »tenentes« gehörten z. B. weder zum städtischen Bürgertum noch waren sie Liberale oder

Radikale). In Wirklichkeit entstand der linksorientierte (Mário de Andrade) oder radikale Modernismo (Oswald de Andrade) in den Salons der Kaffee-Aristokratie. Obgleich es sich um eine Elite handelte, die wenig später mit der offiziellen politischen Struktur in Konflikt geriet, ist es sicher, daß dieselben Mäzene den Umsturz von São Paulo im Jahre 1932 steuerten, der zwar offiziell verfassungstreu war, den Brasilien aber als Versuch einer politisch-gesellschaftlichen Restauration erlebte.

Tatsächlich baute Brasilien seine Industrie weiter aus. Zwischen 1920 und 1930 verdreifachte sich die Arbeiterschaft. Trotzdem erreichte sie nicht einmal eine Million bei einer Bevölkerung von 30 Millionen. So ist es weder verwunderlich, daß sich die politische Geschichte des Landes nicht mit dem Modell des »aufkommenden Industriebürgertums« erklären läßt, noch, daß dieses unsichere Bürgertum keine fortschrittlichen intellektuellen Schichten in Kunst und Gesellschaft hervorgebracht oder unterstützt hat. Dies verhinderte natürlich nicht, daß verschiedene Intellektuelle, die wenig Kontakt zu dem neuen Bürgertum hatten, sich von den langjährigen Denkgewohnheiten der traditionellen Führungsschichten loslösten. Ohne dabei in der »Schwebe« zu bleiben, erprobten die jungen brasilianischen Intellektuellen in dem Wandel von 1920-1945 neue Anregungen und neue Möglichkeiten der Selbstverwirklichung.

In letzter Zeit hat die historisch-soziologische Forschung versucht, auch die Anfechtungen oder Widerstände, denen die modernistische Generation ausgesetzt war, näher zu bestimmen. In dem Buch *Intelectuais e classe dirigente no Brasil 1920-1945* (Intellektuelle und Führungsschicht in Brasilien 1920-1945) erkennt Sérgio Miceli, daß die Herausbildung von Intellektuellen innerhalb der herrschenden Klasse in der modernistischen Phase einherging mit einer wachsenden Trennung zwischen den wirtschaftlichen Machthabern und den Militärs, Intellektuellen und Politikern, die die Macht allmählich übernahmen, wobei sich ein deutlicher Unterschied zwischen »beamteten Schriftstellern« und »schreibenden Beamten« herausbildete, letztere mit einer großen literarischen Ausdrucksfreiheit. »Indem sie dem drohenden Abstieg ihrer Familien entgingen, hatten die schreibenden Beamten selbst als ›arme Verwandte‹ die Möglichkeit, sich von ihrer ursprünglichen Umgebung zu entfernen und gleichzeitig durch ihre Schriften diese besondere Erfahrung der Entfremdung von ihrer Klasse objektiv darzustellen.«[8] Dies sei bei Schriftstellern wie Mário de Andrade, Carlos Drummond de Andrade, Graciliano Ramos oder Érico Veríssimo der Fall, um nur einige der wichtigen Namen zu nennen. Man kann die Analyse von Miceli in bezug auf die empirische Darlegung kultureller Herrschaftsmechanismen, die in seinem Buch ausgeführt werden, als unvollständig bezeichnen, aber selbst dann hat seine Studie einen beträchtlichen heuristischen Wert, und hin und wieder weist er auf die große Flexibilität hin, mit der diese bürgerlichen Schriftsteller ihre soziale Herkunft und ihre Beschäftigungen verarbeiteten.

Bemerkenswerterweise scheint die gesellschaftliche Lage eines großen Teils der für die vorhergehende Epoche (1880 bis 1920) maßgeblichen Schriftsteller durch die Verbindung von wachsender sozialer Mobilität mit einer gewissen kulturellen Isolation, vor allem in bezug auf die literarische Sprache, gekennzeichnet gewesen zu sein. Roger Bastide stellte fest, daß die »schwierige« Dichtung des Parnaß und des Symbolismus so etwas wie die »Zufahrtswege« zu einer höheren sozialen Stellung vieler kleinbürgerlicher Schriftsteller war.[9] Dasselbe könnte man von den zeitgenössischen Ansprüchen nach Wissenschaftlichkeit dieser »aristokratisierenden« Dichtung sagen, da die wichtigsten Vertreter des Parnaß, Symbolismus, Evolutionismus, Positivismus und Naturalismus – Olavo Bilac (1865-1918), Cruz e Sousa (1861-1913), Tobias Barreto (1839-1889), Miguel Lemos (1854-1917) und Aluisio Azevedo (1857-1913) – alle Kleinbürger waren, die durch das Schreiben von Romanen oder Essays Erfolg hatten (wenn auch der Mulatte Tobias Barreto und der große farbige Dichter Cruz e Sousa erst nach ihrem Tod zu größerem Ruhm gelangten). Mit den Modernisten verhielt es sich etwas anders: anstatt »neureich« zu werden, waren sie in bezug auf ihr Einkommen eher »neuarm«; und anstatt heraldische oder hermetische Dichtung zu verkünden oder gelehrt zu philosophieren, »demokratisierten« sie die literarische Sprache und befaßten sich mit Brasilien in einer begrifflichen und doch volksnahen Verkehrssprache (Koine), die deutlich von dem »wissenschaftlichen« Begriffsapparat der prämodernen Essayisten wie Silvio Romero, Euclides da Cunha oder Oliveira Viana entfernt war. Während eine Generation zuvor Kleinbürger durch die Bildung geadelt wurden, glichen die Großbürger auch auf die Gefahr des sozialen Abstiegs hin ihren Stil dem Volk an. Die »Demokratie der Worte« (Leo Spitzer) beginnt aber immer mit *der* literarischen Gattung, die früher als »erhaben« bezeichnet wurde, nämlich der Lyrik.

Im folgenden soll das Werk der drei bedeutendsten Dichter des Modernismo kurz untersucht werden: Mário de Andrade, Manuel Bandeira, Jorge de Lima.

3. Die »Wende« der »Woche der Modernen Kunst«

Dem Ausbruch der modernistischen Bewegung im Februar 1922 in São Paulo gingen einige heftige Auseinandersetzungen voraus, die im ruhigen Leben der Einwohner São Paulos Aufsehen erregten, wie z. B. die Ausstellung der expressionistischen Malerin Anita Malfatti (1917), die einen heftigen antiavantgardistischen Angriff von Monteiro Lobato und eine Replik von Oswald de Andrade nach sich zog. Zwischen diesem Datum und der »Woche der Modernen Kunst« sollte Oswald de Andrade zum Vorkämpfer der künstlerisch-literarischen Produktion der Avantgarde werden, wobei er auch das Debüt des modernistischen Dichters Mário de Andrade unterstützte (sie sind nicht miteinander verwandt). Die »Woche« wirkte als Katalysator: mit dem Skandal, von dem auch das Stadttheater, Tempel des kulturellen Establishments, betroffen wurde und dem Umsturz der Formen, der sich auf alle Gebiete der Schönen Künste ausdehnte, war schließlich ein Markstein gegeben, der richtungweisend wurde für die Generation der Modernisten von São Paulo und für diejenigen, die sich von Rio de Janeiro aus dieser Bewegung anschlossen (Graça Aranha, Manuel Bandeira, usw.). In einem Rückblick bekennt Mário de Andrade, daß die »Revolutionäre« daran gedacht hatten, dasselbe Ereignis in Rio de Janeiro zu organisieren, jedoch Abstand davon nahmen, als sie die fehlende Unterstützung der Gesellschaft in der Hauptstadt fühlten. In Rio de Janeiro war die Oberschicht kulturell konformistischer. Dagegen konnte man in São Paulo eine merkwürdige Schwankung zwischen Provinzlertum und kosmopolitischer Öffnung gegenüber Neuheiten auf dem Gebiet des Geschmacks und der Technik feststellen. Diese Stadt nahm ständig Einwanderungsströme auf, was ein fieberhaftes Wachstum auslöste, auf das man als Zeichen des Fortschritts stolz war. Die traditionellen Führungsschichten jedoch, die unabhängiger als die von Rio de Janeiro waren, zögerten nicht, ästhetische Ketzereien zu übernehmen, im Gegenteil, sie genossen es, diese den eingewanderten Neureichen, die zwar wirtschaftlich stark, gesellschaftlich aber noch schwach waren, ins Gesicht zu schleudern. Die aufsehenerregende »Woche« hatte nicht nur den Segen der Landesregierung, die damals von dem Politiker Washington Luis geleitet wurde, dem letzten Staatschef der Alten Republik (1926-1930), sondern auch die Unterstützung des *Correio Paulistano*, der Zeitung der orthodoxen Oligarchie. Es waren »Aristokraten« und nicht Besitzer der neuen Vermögen, die die ersten Häuser im Stil der modernen Architektur und die ersten unkonventionellen Bilder und Skulpturen bestellten – und auch die Mäzene gehörten dieser Gesellschaftsschicht der avantgardistischen Schriftsteller an: Paulo Prado und Olivia Guedes Penteado ebenso wie später das Paar Oswald de Andrade/Tarsila do Amaral.

4. Der erste moderne Dichter: Mário de Andrade

Mário de Andrade (1893-1945) stammte väterlicherseits aus recht bescheidenen Verhältnissen, erhielt eine katholische Erziehung (sogar in den Jahren nach 1922 sollte er sich noch als Katholik bezeichnen), beendete seine Studien aber nicht. Ein Diplom des Konservatoriums ermöglichte es ihm bald darauf, dort zu unterrichten. Da Mário de Andrade sich mit seinem auffälligen Mischlingseinschlag als eine Art »häßliches Entchen« innerhalb einer mittellosen Familie fühlte, die aber über wichtige gesellschaftliche Verbindungen verfügte, war er sein Leben lang hypersensibel und ebenso bewußt unabhängig wie streng mit sich selbst. 1920 hatte er den Ruf des »futuristischen« Dichters erlangt, so daß er in der glorreichen Phase des Modernismo (1922-1930) zum zentralen Motor in der Literatur, der Musik und den bildenden Künsten wurde. Er sympathisierte mit der Demokratischen Partei (1926-1930), der oligarchischen Abspaltung, die durch die liberale Zeitung *Estado de São Paulo* unterstützt wurde, und führte die modernistische »Wiederentdeckung« Brasiliens, die um 1925 begonnen hatte, als Forscher und Folklorekenner an. Zwei Jahre später tauchte bereits die gesellschaftliche Problematik in seinem Werk auf. 1932 ließ er sich zu einer Sympathieerklärung für die »regionale Revolution« bewegen und durchlebte in der ersten Hälfte des nächsten Jahrzehnts einen Prozeß zunehmenden Sozialbewußtseins. Von 1934 bis 1937 leitete er mit unermüdlicher Kreativität die Kulturabteilung der Landesregierung. Durch den *Estado Novo* wurde er seines Postens enthoben und ging freiwillig für einige Zeit ins »Exil« nach Rio de Janeiro (August 1938 – Februar 1941). Nach seiner Rückkehr half er in São Paulo mit, das Amt für Denkmalschutz zu gründen. Mit 52 Jahren starb dieser eingefleischte Junggeselle, beispiellose Freund und unermüdliche intellektuelle Arbeiter, der zwar als »Gründer des Modernismo« anerkannt war, aber verbittert über den Weg, den das Land durch das vermeintliche Scheitern des Modernismo als kritischer Erneuerung der nationalen Kultur genommen hatte.

Wie der größte Teil der Modernisten begann Mário de Andrade seine Publikationen im prämodernistischen Stil: der Pazifismus der Verse von *Há uma gota de Sangre em cada poema* (1917; Ein Tropfen Blut ist in jedem Gedicht) wie auch die Erzählungen *Primeiro andar* (1925; Erster Stock) sind noch parnassisch. Der moderne Dichter wurde erst sichtbar mit *Paulicéia desvairada* (1922; Wahnwitzige Paulyssee). Das 1920 geschriebene Buch zirkulierte unter der jungen Avantgarde São Paulos; es wurde eine Art kultische Einführung in den »modernismo caboclo« (einheimischen Modernismo). In einem ironischen *Prefácio interessantíssimo* (Sehr interessantes Vorwort) unterschied der Autor, indem er auf seine musikalische Bildung zurückgriff, zwei Methoden dichterischer Komposition: die melodische und die harmonische. Die erstere ist die traditionelle Dichtkunst, die auf den Vers als verständlichem Gedanken in aufeinanderfolgenden Tönen aufbaut; die zweite vereint Worte im Akkord, die keine unmittelbare logische Verbindung besitzen und dadurch das Suprarationale des modernen künstlerischen Ausdrucks widerspiegeln. Im freien Vers von *Paulicéia desvairada* mit vielen Assonanzen geht die von Mário de Andrade verfochtene »poetische Polyphonie« nicht über den Gebrauch der harmonischen Methode in der Strophe hinaus; dies geschieht in einer mit den Prinzipien des literarischen Kubismus verfeinerten *Simultan*-Technik und durch ständigen Gebrauch dessen, was Spitzer unter »chaotischer Aufzählung« in der modernen Dichtung versteht. Das »Delirium«, das geistige Programm des Buches, rührt von einer entschiedenen Abneigung gegen den Bürger her. Der gesamte Band und nicht nur die sarkastische *Ode ao burguês* drückt bohèmehafte und antiviktorianische Revolte aus. Der Schluß, das »profane Oratorium« *As Enfibraturas do Ipiranga* verspottet die Größen der *Paulicéia* sowie die Anhänger des Parnaß, die unter den gelangweilten oder teilnahmslosen Blicken der Armen mit der nationalistischen Jungschar (den jungen Rebellen) in Konflikt gerieten. Die folgende Gedichtsammlung *Losango cáqui* (1926; *Der Rhombus in Khaki*), die vier Jahre vorher verfaßt worden war, »notiert« »lyrisch« (das heißt ohne dichterische Ausarbeitung) die Erfahrungen des Autors während des Militärdienstes. Der Ton setzt die »harlekinhafte« Linie von *Paulicéia desvairada* fort, wobei auch keine Bemerkungen fehlen, die vor dionysischer Haltung strotzen: *A Própria dor é uma felicidade* (Der Schmerz selbst ist ein Glück). Dieses viel weniger doktrinäre Buch mildert stark die noch sehr vormoderne Eloquenz von *Paulicéia*.

In *Clã do jaboti* (1927; Clan der Jaboti-Schildkröten) wird die Folklore mit in Ton und Metrik oft gelungenen und aus dem Trivialroman übernommenen freien Versen systematisch verarbeitet. *Remate de males* (1930; Liquidierung der Übel) enthält seine besten intimen und erotischen Gedichte: *Poemas da negra* und *Poemas da amiga*, Strophen ohne jegliche polyphonen Ansprüche. Der freie Vers von *Louvação da tarde (Lobgesang des Nachmittags)* ist ein langer lyrischer Diskurs mit großer subtiler Bildhaftigkeit: eine vollendete Mischung aus Poesie des Alltäglichen, autobiographischer Erzählung, dichter psychologischer Aufzeichnung des unerfüllten Verlangen und Ausgewogenheit zwischen metaphorischer und nüchterner Sprache; *Improviso do rapaz morto* (Impromptu des toten Jünglings), das die Sublimierungen seiner homosexuellen Neigungen erahnen läßt, ist der schmerzlichste Trauergesang des gesamten Modernismo, nur mit dem vergleichbar, den zwanzig Jahre später Carlos Drummond de Andrade für Mário de Andrade selbst schreiben sollte. *Poesias* (1941) enthielt zwei bis dahin unveröffentlichte Werke: *A Costela do grâo cão* (Die Rippe des großen Hundes), in dem die »Redondilha« (Vierzeiler) und sogar das Sonett zu neuen rhythmischen Offenbarungen des Ichs dienen, und *Livro azul* (Blaues Buch), in dem Kompositionen von 1931 in aufschlußreicher Abschwächung die magisch-mythische Welt der Prosa von Macunaíma widerspiegeln.

Das Gedicht *O Carro da miséria* (1947; Der Elendswagen), zwischen 1930 und 1943 geschrieben und wieder umgeschrieben, ist dem damaligen marxistisch orientierten Wortführer Carlos Lacerda gewidmet. Es ist als allegorisches Gedicht Mário de Andrades umfangreichste gesellschaftliche Anklage (vgl. die fast Brecht-ähnliche Gestalt der »Tante Elend«). In der *Lira paulistana*, die ebenfalls 1947 postum veröffentlicht wurde, schuf Mário de Andrade, der seit langem davon gesprochen hatte, »das« modernistische Gedicht schaffen zu wollen, nämlich ein organisches Werk ohne die aggressiven, doch meist oberflächlichen Effekte des modernistischen Kampfgedichts, eines der wertvollsten Beispiele der Gedankenlyrik in portugiesischer Sprache: *A Meditação sobre o Tietê* (1944-1945; Meditation über den Tietê). Das lange Gedicht entfaltet langsam und schwer das große Symbol der Flußnacht, die in das durch die soziale Ungerechtigkeit verbitterte Herz eindringt:

Es ist Nacht und alles ist Nacht. Eine Reihe von Schatten, schweren Schatten, füllt in der so weiten Nacht die Brust des Flusses, die so beschaffen ist, als sei die Nacht Wasser,
nächtliches Wasser, flüssige Nacht, die die hohen Türme meines erschöpften Herzens mit Sorgen überschwemmt (...)

So macht der junge Avantgardist mit der »harlekinhaften« Seele dem Fünfzigjährigen Platz, der sich mit fremden Leiden identifiziert, die Gleichgültigkeit der »Herren des Lebens« empört tadelt und mit unerbittlicher Ehrlichkeit die »Demagogie« seiner eigenen altruistischen Impulse prüft und – in diesem Testament-Gedicht voller persönlicher Reminiszenzen – mit der unvermeidlichen Auflösung des Individuums in der Auseinandersetzung mit der Gesellschaft schließt:

(. . .) eine tote, aufgelöste, schwache
Träne nur, als eine Träne
folge ich einer übriggebliebenen Alge in den Wassern meines Tietê.

Mário de Andrade war nicht nur einer der bedeutendsten modernen Dichter Brasiliens – er war auch der Mentor und das Sprachrohr des Modernismo, vor allem der modernistischen Lyrik. Als eifrigster und gedankenreichster Briefschreiber der gesamten brasilianischen Literatur machte er aus seiner Korrespondenz mit Dichtern von der Bedeutung Manuel Bandeiras und Carlos Drummond de Andrades ein kritisch-kreatives Laboratorium, das sowohl für die Entwicklung seines eigenen Werkes in Vers- oder Romanform wie auch als Ratgeber für die Lyrik der anderen entscheidend war. Daraus ergibt sich die Notwendigkeit, diese kurzen Bemerkungen mit einigen Worten über Mário de Andrades Dichtungstheorie abzuschließen.

Die erste Form dieser Poetik ist das bereits oben zitierte *Prefácio interessantíssimo* zu *Paulicéia desvairada*. Mário de Andrade vertritt hier das Recht zum »Delirium«, zum Überrationalen des Poetischen. Das Vorwort verteidigt den allgemeinen Weg der modernen Bildenden Kunst und Musik, die sich vom »art nouveau«, vom Impressionismus, von Rodin und Débussy entfernten in Richtung auf die charakteristischen Bauformen und Wertvorstellungen der elementaren Kunst sogenannter primitiver Völker und der Klassiker wie Rafael oder Ingres. Wenn man diese anti-impressionistische Absicht, die von Apollinaires Vortrag über den »esprit nouveau« (Mercure de France, 1918) inspiriert wurde, mit dem Appell an das »Delirium« verbindet, wird man feststellen, daß Mário de Andrade alle drei Richtungen der modernen Kunst nach Hans Sedlmayr[10] vertrat: dessen allgemeinen *Purismus* (das Ideal der reinen, nicht piktorialen Architektur; die Ablehnung der programmatischen Musik und der literarischen Malerei; das Streben nach »reiner Lyrik« wie bei Valéry, usw); den *Konstruktivismus;* und den *surrealen Expressionismus* oder die Suche nach der Unschuld und dem Absurden. Dies läßt besser verstehen, warum das »Delirium«, das in der *Paulicéia* als Reaktion gegen das Kopflastige in der parnassischen Poetik verkündet wird, nicht in eine bloße Neuauflage des neoromantischen Subjektivismus mündete. Seit dem *Prefácio interessantíssimo* bediente sich Mário de Andrade der Theorie heute vergessener Autoren (Dermée, Epstein, Milner), um »Kunst« und »lyrisches Gefühl«, um die bewußte Arbeit an der Form und die Inspiration, die, soweit möglich, berücksichtigt werden sollte, einander gegenüberzustellen.[11] Die ideale Kunst des Dichters ist diejenige, die nicht den »verrückten Weg des lyrischen Zustands« behindert, sondern diejenige, die sich darauf beschränkt, das Gedicht von Überflüssigem und Sentimentalitäten zu »reinigen«. Fazit: Es handelt sich also um ein »inutilia truncat«, das diesmal nicht wie im Anti-Kult der Neoklassiker gegen Exzesse an Scharfsinnigkeit verwandt wird, sondern gegen ein Zuviel an Gefühl und Ausdruckskraft.

In seiner zweiten Poetik *A Escrava que não é Isaura* (1922; Die Sklavin, die nicht Isaura ist) – der Titel enthält eine ironische Anspielung auf den berühmten Roman des Romantikers Bernardo Guimarães *A Escrava Isaura*, 1875 – stellt sich Mário de Andrade vor, daß Rimbaud als Junge eine schöne, mit Schmuck und Seide behangene Frau trifft und sie unvermittelt auszieht, um in ihrer Nacktheit die lyrische Aufrichtigkeit der subjektiven Wahrheit bloßzulegen. Aber in *Escrava* entfernt sich Mário de Andrade bereits von dem »Delirium«: »Der Dichter«, sagt er, »fotografiert nicht das Unterbewußte. Die Inspiration ist unterbewußt, nicht die Schöpfung. (...) Lyrisches Gefühl ist nicht Dichtung.« In dem Nachwort zu *Escrava* von 1924 sollte er soweit gehen, für den Intellekt »das letzte Wort« in der Sache des dichterischen Ausdrucks zurückzufordern.

Im Jahre 1924 war Mário de Andrade bereits dabei, in die modernistische Wiederentdeckung Brasiliens einzusteigen, und das Interesse für Folklore als kollektiver Kunst hatte begonnen, den übermäßigen Individualismus seiner jugendlichen Theorien zu untergraben. Seine modernistische Formel unterschied sich letzten Endes nicht sehr von den Konzeptionen Apollinaires in dessen letzten Jahren (1917-1919): synthetische und experimentelle, *konstruktive* (nichts vom »freien Spiel der Worte«) und *nationale* Kunst.

Von Mitte bis Ende der zwanziger Jahre wird Mário de Andrade tatsächlich zu einem nationalistischen Schriftsteller. Ab

Mitte der dreißiger Jahre bis zu seinem Tod tritt er für eine sozial engagierte Literatur ein. Auch wenn Mário de Andrade niemals politisch tätig war (im Gegensatz zu Oswald de Andrade, der ein militant Konservativer und später ein aktiver radikaler Linker war), auch wenn er bis zum Schluß vor einer Politisierung der Literatur warnte, und auch wenn ihn die Schwierigkeit ängstigte, den Nonkonformismus zu kultivieren, ohne in ein Engagement zu verfallen, beschäftigte er sich immer mehr mit dem geschichtlichen Inhalt der Künste und ihrer komplexen Funktion in der Gesellschaft. Gleichzeitig arbeitete er als vorbildlicher Beamter an der Begriffsbildung, Erhaltung und Verbreitung der beginnenden staatlichen Kulturpolitik des neuen Brasiliens.

Die große gesellschaftliche Bedeutung der Kunst wird in seinen letzten Schriften deutlich, die unübertreffliche Beweise intellektueller Aufrichtigkeit sind. Wenn er, um mit den Worten von Joan Dassin zu sprechen, vorher versucht hatte, »den brasilianischen Künstler mit Hilfe des Nationalismus in die Gesellschaft einzugliedern«[12], so bemühte er sich jetzt, den gesellschaftskritischen Tenor der Kunst zu verstärken. In Schriften wie *O Artista e o artesão* (1938; Der Künstler und der Kunsthandwerker) oder *A Elegia de abril* (1941) ist es gerade das technische Können der Künstler, das ihren Werken die gesellschaftliche Reichweite verleiht. Mit seinem Lob auf die Technik geht Mário de Andrade sehr weit. Diese Technik ist weder das Kunsthandwerk, das als Vertrautheit mit dem Material definiert wird, noch die Virtuosität, das Beherrschen der künstlerischen Tradition, sondern sie ist die persönliche Lösung, mit der der Künstler den Rohstoff angesichts des problematischen historischen Moments verarbeitet. Daher nahm der große Modernist Abschied vom Leben, indem er gewissermaßen den jungen Leuten zurief, all das »Unverantwortliche« im anfänglichen Experimentieren der Avantgarde zu überwinden und so dieses »Recht auf ästhetische Forschung«, das er selbst immer als einen der wesentlichen Züge des Modernismo angesehen hatte, in echte Verpflichtung zur künstlerischen Freiheit der Gesellschaft gegenüber umzuwandeln. Das Bewußtsein für das Technische, das sich im Sozialen entfaltet (und sich nicht darin auflöst), könnte den brasilianischen Schriftsteller gleichzeitig vor der rein dekorativen Kunst wie vor der existentiellen Frivolität retten.[13]

5. Manuel Bandeira

Das dichterische Werk Mário de Andrades besaß als erstes ein modernistisches Programm. Manuel Bandeira (1886-1968) nahm eine andere Stellung ein. Sein Widerstand gegen die Regeln des Parnaß machte ihn um 1920 zum »Hl. Johannes, den Täufer, des Modernismo«, zum Propheten der literarischen Revolution, ohne ihr Messias zu sein. Vierzig Jahre später sollte der Surrealist Murilo Mendes sagen: »Wir alle, die Katechismusschüler / Tranken aus Deinem Gesang.« Sein Gedicht *Os Sapos* (Die Kröten), eine feinsinnige antiparnassische Satire, die er in der bewußten »Woche« im Jahre 1922 unter Pfiffen und Hohngeschrei vortrug, war ein Schlachtruf der »Neuen«. Bandeira sollte indessen in vieler Hinsicht eher ein Mitläufer als ein Mitstreiter der Avantgarde werden: letzten Endes war er eher modern als modernistisch. Er wurde in Recife geboren und stammte aus einer alten pernambukanischen Familie. Da er im Rio de Janeiro der Belle Epoque, im Gymnasium Pedro II., erzogen wurde, war er damals in seiner intellektuellen Anspruchslosigkeit ein »professioneller Schwindsüchtiger«, wie er selber sagte. Die Tuberkulose verhinderte nicht, daß er 80 Jahre alt wurde, aber sie vereitelte ihm ein aktives Leben. Er suchte wie ein Nomade ständig nach trockenem Klima. Als gescheiterter Architekt und Musiker konnte er seine erste Stelle als Schulinspektor erst in mittleren Jahren antreten. Für einige Zeit unterrichtete er hispanoamerikanische Literatur und verfaßte Musik- und Kunstkritiken. Außer zwölf Gedichtsammlungen verdankt man ihm die beste Geschichte der brasilianischen Lyrik *Apresentação da poesia brasileira* (1946), verschiedene gelungene Anthologien[14] und ausgezeichnete Übertragungen von Gedichten u. a. von Schiller, Heine, Lenau und Rilke.

Ein Jahr vor dem verhängnisvollen Sommer 1914 begab sich Bandeira in das Schweizer Sanatorium Clavadel, wo er Paul Eluard kennenlernte. Dieser künftige Surrealist machte den jungen Brasilianer, der bereits ein Kenner von Apollinaire war, mit anderen größeren und kleineren Namen der neuen Lyrik (Claudel, Vildrac, Fontainas) bekannt. Der Ausbruch des Ersten Weltkriegs führte ihn zurück nach Rio de Janeiro, wo er (unterbrochen von Aufenthalten in den Bergen von Pe-

trópolis und Teresópolis) ein halbes Jahrhundert leben sollte.
1921 lernte er Mário de Andrade, mit dem er bereits korrespondierte, persönlich kennen. 1922 wird Bandeira zum heimlichen Führer des Modernismo von Rio de Janeiro, zu einer Art großer Bruder einer brillanten Dichtergruppe (Jaime Ovalle, Dante Milano und Prudente de Morais Neto) und der Essayisten (Rodrigo M. F. de Andrade und Sérgio Buarque de Holanda). Dem aufsehenerregenden Futurismus, der 1924 in Rio de Janeiro durch das abtrünnige Akademiemitglied Graça Aranha (1868-1931) verkündet wurde, sollte es nicht gelingen, die avantgardistische Vorherrschaft von Bandeira und seinen Freunden zu verdrängen. Sie bildeten im Laufe der zwanziger Jahre eine gemäßigte »Filiale« der Avantgarde von São Paulo. 1940 zeigte die Aufnahme von Bandeira in die *Academia Brasileira de Letras* die Normalisierung der Beziehungen zwischen dem Modernismo und dem literarischen Establishment an.

In seinem ersten Buch *A Cinza das horas* (1917; Die Stundenasche) sammelte Bandeira seine sozusagen picassoartige blaue Phase. In einer Atmosphäre, in der die symbolistische Neoromantik vorherrschte, die der Melancholie des Portugiesen Antônio Nobre nahekam, lag eine klagende vertrauliche Musikalität, die von sehnsüchtigen und düsteren Bildern durchwirkt war. In die Düsterkeit Bandeiras schob sich indessen ein humoristisches und selbstironisches Element ein; neben dem Vorbild Maeterlinck läßt sich der Einfluß Laforgues erahnen, woraus die subtilste Verwendung des Humors im gesamten brasilianischen Modernismo werden sollte. In *Carnaval* (1919), einem Buch, dessen Rezeption eine der vorbereitenden Etappen für die Rebellion der modernistischen Dichtung war, spiegelt die von Harlekins, Pierrots und Colombinen bevölkerte pseudo-saturnische Landschaft eine orgiastische Überwindung des vorausgegangenen Weltschmerzes wider. Das humoristische Element wird wieder stärker, die Sentimentalität eines Antônio Nobre weicht dem satirischen Realismus eines Cesário Verde, eines anderen portugiesischen Dichters aus dem späten 19. Jahrhundert, den Bandeira sehr schätzte. Aber in Bandeiras *Carnaval sem nenhuma alegria* (Karneval ohne jede Freude) verdeckte der wie ein Betäubungsmittel gesuchte Genuß nur eine fundamentale Bitterkeit. Die Gedichte sind voller Harlekins, haben jedoch nichts von dem »harlekinhaften« Impuls, wie Mário de Andrade die euphorische Gesinnung der Modernen nannte.

Wir sahen bereits, wie Sérgio Buarque de Holanda die unverkennbar moderne Dichtung charakterisierte, indem er die Geisteshaltung Rimbauds derjenigen von Laforgue gegenüberstellte. *Carnaval* war der dichterische Versuch eines Anhängers von Laforgue, sich dionysisch zu geben. Die Nostalgie – das Bewußtsein eines fernliegenden Glücks – ist nämlich bei Bandeira ein innerer Weg, der von den dekadenten Anfängen zu einer persönlichen Modernität führt. Vielleicht besaß kein anderer brasilianischer Lyriker einen so hohen Grad an Subjektivität, die an Novalis erinnert. Da Bandeira aufgrund seines langen »romantischen« Leidens nicht dazu kam, seinen Körper und das Leben auf normale Weise zu genießen, besang er immer wieder die einfachsten Freuden als flüchtige Schimären, und immer wieder durchlebte er den Verzicht und die Zurückgezogenheit als schmerzhafte Naturzustände. Daher gründet seine typische Lyrik im Pathos der Einsamkeit als ursprünglicher Angst, deren Ergebnis nach den Worten von Sérgio Buarque de Holanda – auf deutsch-romantische Weise – die »Umwandlung der Zufälle der sichtbaren Welt in die Bilder des inneren und persönlichen Lebens«[15] ist. Aus demselben Grund haben seine hedonistischen und libertinen Höhepunkte eine große Intensität. Die Lyrik Bandeiras pulsiert regelmäßig zwischen der Hinnahme des Verlusts und dem Stachel des Begehrens, der schmerzlichen Resignation und der ersehnten Freude. So sagt er in einem seiner späteren Verse: »Ich sehne mich nach der Wonne, die einfachsten Dinge fühlen zu können.« Nachdem diese Konstanten gegeben waren, war es unvermeidlich, daß die Überwindung seiner anfänglichen Sentimentalität eine Form annahm, die sich sehr von der dionysischen Fassade des *Carnaval* unterschied; und tatsächlich stellte sein drittes Buch – das erste »moderne« – *O Ritmo dissoluto* (1924; Der aufgelöste Rhythmus) vom psychologischen Standpunkt aus eine Rückkehr zum Pathetischen von *A Cinza das horas* dar. Aber jetzt wird der prosaische Stoff des Alltäglichen mit dem freien Vers auf eindeutig moderne Weise umgeformt, während der Rhythmus dieses Lyrikers, der mit der traditionellen Melodik so vertraut war, absichtlich verzauberndes Einlullen verweigert, indem die Unregelmäßigkeit der modernistischen Zeile übernommen wird. *Nur das ist tatsächlich lebendig, was schon gelitten hat.* Diese Moral von *Gesso* (Gips), einem der besten Stücke des Buches, enthält auch eine stilistische Rechtfertigung. Zurückhaltende Erregung und lakonischer Ausdruck lassen alte Motive Bandeiras besser hervortreten, etwa das Thema der großen balsamischen Nacht – der Nacht wie bei Novalis, die der Dichter auch in den an sich weniger »poetischen« Zusammenhängen durchschimmern läßt. Von diesem Zeitpunkt an wird sein harter und gereinigter Stil zwei Richtungen einschlagen: den »Anschluß an das Wirkliche« suchen, das heißt Dichtung ohne Idealisierung des wirklichen Lebens, und »Ungewöhnliche Zusammenhänge« schaffen, das heißt onirische Szenen.[16] Diese beiden Wege symbolisieren jene bereits erwähnte Suche nach gefühlsbetonter und sinnlicher Erfüllung.

In *Libertinagem* (1930) erreicht Bandeira einen deutlichen Höhepunkt seiner Kunst durch die Fülle der umgangssprachlich-prosaischen Elemente. Die *Evocação do Recife*, ein kleines Gemälde der Kindheit des Dichters, ist eine der bedeutendsten Elegien des modernistischen Regionalismus. Dasselbe elegische Gefühl wird am deutlichsten in dem in freier Versform geschriebenen Refrain *Profundamente*. Andere kurze Gedichte sind perfekte lyrisch-ironische Vignetten. Der freie Vers ist nun nicht mehr ein »aufgelöster Rhythmus«, er ist vielmehr eine weise innere Melodie, die um so ergreifender ist, je schlichter sie klingt.

> So wünschte ich mir mein letztes Gedicht.
> Es sollte zärtlich die einfachsten und weniger absichtlichen
> Dinge sagen,
> Es sollte brennend wie ein Schluchzen ohne Tränen sein,
> Es sollte die Schönheit der fast geruchlosen Blumen,
> Die Reinheit der Flamme, in der sich die klarsten Diamanten
> verzehren,
> Die Leidenschaft der Selbstmörder, die sich ohne Erklärung
> umbringen, haben.

Das ethisch-ästhetische Ideal, das in *O Cacto* symbolisiert wird – der beispielhaften Formulierung »bitterer, abweisender« Schönheit –, darf höchstens eine nützliche Askese, kein künstlerisches Ergebnis sein. Das Ergebnis sollte immer eine fast »liedähnliche« zarte Melodie sein. Und da ihm der moderne Vers nur zur Abwechslung und nicht als Programm dient, kann Bandeira gelegentlich mit ruhiger Überzeugung zu der regelmäßigen Strophe des Volksliedes zurückkehren. In *Poema de finados* (Das Gedicht der Dahingegangenen) enthält der Achtsilber eine für Bandeira charakteristische Eigenschaft: die vollendete Kunst der Wiederholung.

> Morgen ist Totensonntag,
> geh auf den Friedhof. Geh
> und suche zwischen den Gräbern
> das Grab meines Vaters.

Libertinagem enthält auch das sinnbildliche *Pasárgada:*

> Ich gehe weg nach Pasárgada
> dort bin ich ein Freund des Königs
> Dort habe ich die Frau, die ich wünsche
> In dem Bett, das ich aussuchen werde
> Ich gehe weg nach Pasárgada.

»Hier bin ich nicht glücklich«, erläutert der Dichter – und daher sein Träumen von der anderen Welt, der Pasárgada von Kyros, das sogleich durch verschiedene Anspielungen auf das moderne Leben in die Gegenwart geholt wird. Mário de Andrade, der *Libertinagem* in seinem klassischen Essay *A Poesia em 1930* erläutert, hält die Flucht vor der Realität dieses Schlüsselgedichtes für eine allgemeine Tendenz innerhalb der modernen brasilianischen Literatur. Die Flucht aus Pasárgada ist jedoch paradoxerweise eine Ausflucht *in* die reale Welt. Sérgio Buarque de Holanda entdeckte in diesen Versen eine Utopie, die sich von der byzantinischen Utopie Yeats klar unterscheide, da letzten Endes das libertinische Eldorado Bandeiras doch nur das alltägliche »normale« Leben selbst sei, das durch die Macht des Begehrens idealisiert werde. Man muß das Gedicht in der Tat aus der Perspektive von Bandeiras Leitmotiv lesen, der ständigen Frustration: »Das gesamte Leben, das hätte sein können und nicht war.« *(Libertinagem)*

Estrela da manhã (1936) erhebt den Stern zum Symbol der grundsätzlichen Unzulänglichkeit: er ist die reine oder unreine, vornehme oder unedle Begierde. Wenn der Morgenstern für den Dichter das verräterische Leben ist, dann brennt Vesper, der Abendstern, voller Scham in der Flamme seines

Begehrens *(A Estrela e o anjo;* Der Stern und der Engel). Das kleine Buch stellt auf besonders geglückte Weise die utopische Erotik dar, die von Bandeira mit zahlreichen Metaphern ausgedrückt wird *(Canção das duas indias, A Filha do rei;* Lied der beiden Indianerinnen; Die Tochter des Königs):

> Syrten Sirenen Medeen
> Venushügel wie sie höher nicht sein können
> Hoch wie der Stern der Morgendämmerung
> (. . .)
> O unerreichbare Strände!

Dieses Buch enthält auch die Technik der »losgelösten Dichtung«, das heißt der aus dem »fait divers« oder sogar der Werbung entnommenen Lyrik *(Balada das três mulheres do sabonete Araxá* [Ballade der drei Frauen der Araxá-Seife] oder das Prosastück *Tragédia brasileira). Momento num café* drückt den Agnostizismus des Dichters aus. Ein einziger der Umherstehenden grüßt voller Achtung einen Sarg, weil nur dieser

> (. . .)wußte, daß das Leben eine grausame Unruhe ohne Ziel ist,
> daß das Leben Verrat ist,
> und grüßte den Gegenstand, der vorbeizog,
> befreit für immer von der ausgelöschten Seele.

Mit der *Lira dos Cinquent'Anos* (1940; Leier der Fünfzig Jahre) beginnt ein unauffälliger Zyklus der teilweisen, doch konstanten Rückkehr zur Metrik, die in *Belo Belo* (1948), dem kurzen *Opus 10* (1952) und *Estrela da tarde* (1960; Abendstern) fortgeführt wurde. Redondilhas (Vierzeiler) und gereimte Zehnsilber treten sogar in einigen Sonetten wieder häufiger auf. In einem Achtsilber fließt die dunkle, leidenschaftliche Symbolik des *Boi morto* (Toter Ochse); in einer »Redondilha maior« findet sich das für Bandeira sehr typische Motiv des wohltuenden Todes *(O Homem e a morte)* (Der Mensch und der Tod) und in einer »Redondilha menor« der gedämpfte Ton von *Tema e voltas* (Thema und Variationen). Manchmal ist die Metrik einheitlich, wie in den Wiederholungen von *A Estrela* (Stern):

> Ich habe einen sehr hohen Stern gesehen,
> Ich habe einen sehr kalten Stern gesehen!
> Ich habe einen Stern leuchten sehen
> In meinem leeren Leben.

Oder sie besteht aus raffiniert sparsamen Worten wie in *Canção (Lied)*:

> Du schicktest den Schatten eines Kusses
> auf einem ganz weißen Papier.
> Ich habe vor Schrecken und Verlangen gezittert
> und küßte weinend das Papier.
> Was mach ich nur mit dem Schatten
> dieses Kusses, wenn Dein Mund
> Zu denen gehört, die auch ohne Verlangen
> einen anderen Mund küssen können?

Andere Male verbindet er verschiedene Verstypen, die jedoch alle üblich waren:

> Der Wind fegte die Blätter weg
> Der Wind fegte die Früchte weg
> Der Wind fegte die Blumen weg
> Und mein Leben füllte sich immer mehr
> mit Früchten, Blumen und Blättern.

Die *Lira dos Cinquent'Anos* enthält noch ein wirkliches musikalisches Kleinod, die kurze *Balada do rei das sereias* (Ballade des Königs der Sirenen), in der das meisterhafte Spiel jambischer, anapästischer und trochäischer Versmaße, sowie das Stilmittel der wörtlichen Wiederholung den mythischen Stoff, eine kleine Geschichte von bestrafter Grausamkeit, zur reinsten Magie erheben.

Bandeiras lyrische Schreibweise stellt eine bemerkenswerte Widerlegung der These dar, daß der Vers der Moderne eine »Ent-Ichung« des dichterischen Ausdrucks bedeute:[17] Es ist richtig, daß Bandeira, der mit seinen beschränkten und rein funktionellen Experimenten einen Modernismo vertrat, der am wenigsten nach Effekten suchte, die Rolle des Vorläufers und Mentors der brasilianischen literarischen Avantgarde zufiel; aber es ist nicht weniger richtig, daß die »Muse« der Zuversicht ihn nicht nur »heimsuchte«, sondern gleichermaßen andere zentrale Vertreter der modernistischen Lyrik, angefangen bei Mário de Andrade und Carlos Drummond de Andrade. Wie dem auch sei, dieser Dichter, der entschlossen war, die Dichtung zu entliterarisieren und der Ästhetik des Niederen mit Hilfe einer Lyrik entgegenzutreten, in der »das schmutzige Zeichen des Lebens« (*Nova Poética*) enthalten

sein sollte, war auch einer der größten Meister der Verskunst
in portugiesischer Sprache. Wenn er in seiner freimütigen und
intellektuell aufschlußreichen Autobiographie, dem *Itinerário
de Pasárgada* (1954), den gesamten Konstruktivismus ablehnte, indem er das Lob auf die Kompositionskunst Valérys
zurückwies, war er in Wirklichkeit ein unerbittlicher Kritiker
seiner eigenen Gedichte – und ein Beispiel für jene bewußte
Handwerklichkeit, die sein Freund Mário de Andrade so sehr
geschätzt hat. Dies machte ihn zum Meister des kraftvollen
freien Verses, des lockeren und doch nicht formlosen Gedichts. So wie früher der von ihm sehr geschätzte Gonçalves
Dias der romantischen Lyrik Maß und Form gegeben hatte,
wandelte Bandeira den Polyrhythmus der Modernen in eine
glanzvolle Freiheit um und gab damit den Topoi des lyrischen
Gefühls neue Kraft: das »sic transit«, das »carpe diem«, das
»ubi sunt« wurden inmitten des materiellen zeitgenössischen
Lebens wiederentdeckt.

Manuel Bandeira hielt sich ohne falsche Bescheidenheit für
einen »poeta menor«. Als Liberaler, der auch soziales Verant-
wortungsgefühl für das Elend und das Leid der Massen, vor
allem für das der Kinder besaß, hing er keiner bestimmten
politischen Ideologie an und war der erste, der seine im allgemeinen intime Thematik mit der größeren Reichweite der gesellschaftlichen Dichtung, wie sie um 1940 in dem Werk von
Drummond de Andrade zum Ausdruck kam, verglich.

Von der Qualität her gesehen hat indessen seine »Kammer«-
Dichtung nichts Minderwertiges. Am Ende seines langen Lebens verkörperte die magere Gestalt des alten unverheirateten
Dichters in seinem bescheidenen Appartment in Flamengo das
beste modernistische Ethos: intellektuellen Mut und persönliche Authentizität.

6. Jorge de Lima

Wenn das innerste Gesetz des dichterischen Stils von Bandeira
die Nüchternheit ist, dann bildet kein anderer brasilianischer
modernistischer Dichter einen solchen Gegensatz zu ihm wie
Jorge de Lima (1895-1953). Als Arzt, Politiker, Maler, Romanautor und Lyriker kam Jorge de Lima vom Regionalismus

zum katholischen Spiritualismus und von dort zu einer orphischen Sicht der Dichtung. Er wurde an der Küste des kleinen Staates Alagoas im Nordosten Brasiliens geboren, wenige Kilometer entfernt von dem Gebirge, wo Zumbi sein berühmtes Dorf für entlaufene Negersklaven gegründet hatte (»Quilombo dos Palmares«). Seit 1925 hatte er sich der regionalistischen Bewegung angeschlossen, die von Gilberto Freyre angeführt wurde. Aber sein Debüt stand unter dem Einfluß des Parnaß: von den Sonetten *XIV Alexandrinos* (1916) war wenigstens eins – das demagogisch sentimentale Sonett *Acendedor de lampiões* (Laternenanzünder), das er mit 16 Jahren geschrieben hatte – bei allen Salonrednern Brasiliens im Umlauf. Die *Poemas* (1927), für die José Lins do Rego das Vorwort geschrieben hatte, sollten die erste Sammlung regionalistischer Gedichte im Sinne von »ländlich-nordöstlich« (Gilberto Freyre) werden; es handelt sich hierbei um eine moderne Lyrik, die wesentlich durch die afro-brasilianische Folklore inspiriert wurde und die doch, wie die Romane von José Lins do Rego, völlig frei von Exotismus oder von einer Rückversenkung in die Vergangenheit war. 1928 schilderte Jorge de Lima in diesem allgemeinen Ton eine regionale Begebenheit, die für die ganze psychologische Situation der Sklavenhaltung typisch war: *Essa negra fulô*. Der in leichten Versen geschriebene Monolog der Frau, die die Geschichte der von ihr mißhandelten Sklavin erzählt, in die sich ihr Mann in dem Moment verliebt, als er sie auspeitscht, wurde zum Gütezeichen der modernen Literatur Brasiliens und bald darauf übersetzt und vertont. *Novos poemas* (1927) fahren in dieser Linie fort, die ideologisch gesehen von einer Art Franziskanertum, einem gesellschaftlichen und rassischen Solidaritätsgefühl geleitet wird, das der Dichter ständig der Dekadenz der bürgerlichen Welt entgegenhalten wird. Die von Gilberto Freyre vorgestellten *Poemas negros* (1947) sollten durch die Verherrlichung der synkretischen Riten des *Candomblé* zu einer Art Musterbeispiel für die thematische Verarbeitung der regionalen Folklore werden.

Um die Gedichte von Jorge de Lima richtig in den modernistischen Zusammenhang einordnen zu können, ist es wichtig, die Stellung des Regionalismus innerhalb der zeitgenössischen literarischen Avantgarde zu berücksichtigen. Der National-

Futurismus von Mário de Andrade verstand sich als antiregionalistisch (schließlich bestand der Regionalismus in der brasilianischen Literatur seit der Romantik und hatte sich außerordentlich gut an den konventionellen literarischen Stil, den die Modernisten bekämpften, angepaßt). Der Regional-Modernismo von Gilberto Freyre, der eher »dekadente« als »futuristische« Ursprünge besaß, war offensichtlich ein Regionalismus ohne Komplexe – ein Regionalismus, der sich von der falschen Exotik der Vormodernen befreit und sich in sozialer Hinsicht vertieft hatte. Dieser Aspekt ist für die Kenntnis der Unterschiede zwischen den beiden wichtigsten doktrinären Polen des brasilianischen Modernismo von großer Bedeutung: Mário de Andrades Modernismo aus São Paulo und Gilberto Freyres Modernismo aus dem Nordosten.

1930 hatte sich Jorge de Lima aufgrund politischer Verfolgungen in Rio de Janeiro niedergelassen und dort auf dem Höhepunkt des »sozialen Romans« die surrealistische Erzählung *O Anjo* (1934; Der Engel) veröffentlicht; Mitte der dreißiger Jahre war jedoch die religiöse Lyrik zu seinem Ideal geworden. Unter dem Einfluß von Murilo Mendes (1901-1975) verfaßte er mit diesem zusammen den Band *Tempo e eternidade* (1935; Zeit und Ewigkeit), der unter dem Leitbild der »Erneuerung der Poesie durch Christus« steht. Der freie Vers wird wortgewaltig und erreicht sogar die Versform Claudels. Die von Mário de Andrade als einfallslos bezeichnete *A Túnica inconsútil* (Der nahtlose Rock) schließt diese stilistische Phase ab. Während des Krieges sollte der intellektuelle Austausch Jorge de Limas mit Georges Bernanos, der in Brasilien im Exil lebte und ein enthusiastisches Vorwort zu einer spanischen Ausgabe der Gedichte von Jorge de Lima verfaßt hatte, seine religiös motivierte Beschäftigung mit Literatur verstärken. Der ehemalige Vertreter des Regionalismus schrieb nun mit »Hunger nach dem Allumfassenden« und war überzeugt davon, daß »die höchste poetische Ebene große Themen« erfordere. Das Ergebnis dieses Bekenntnisses sollte die *mystische* Metamorphose seines Stils seit *Anunciação e encontro de Mira-Céli* (Verkündigung und Begegnung Mira Célis) sein; es wurde 1943 verfaßt, 1950 in Argentinien und 1951 in Brasilien veröffentlicht. Mira-Céli, die süße schlafwandlerische Muse, verkörpert in ihrer eschatologischen Gestalt und »Christus-

zentrierten« Natur als personifizierte Figur Jorge de Limas
Konzeption der Poesie als Gnosis, als unersetzbares Mittel für
die Wiedergabe der »großen« universalen Themen.

Ende der vierziger Jahre sollte zu dieser gnostischen Sicht die
Beschäftigung mit der Form hinzukommen. Die hermetische
Phase fand ihren klassischen und vor allem ihren kultischen
Ausdruck in dem reichhaltigen *Livro de sonetos* (1949). In ungefähr 80 Kompositionen, die fast alle in frei gereimten Zehnsilbern geschrieben und häufig Variationen desselben lyrischen Motivs sind, stellte Jorge de Lima eine Traumatmosphäre dar, die von dem Willen nach »vollkommener Flucht
vor der Vernunft« beherrscht wird:

> Sucht keinen Zusammenhang in dem,
> was die wachen Dichter verkünden,
> denn sie leben in dem unruhigen Gebiet,
> wo sich unbekannte Lebewesen tummeln.

Eine übertriebene Vorstellung des Dichters als Seher, dessen
Sprache nichts weniger als die »Sprache Gottes« sei, klingt
durch den orakelhaften Ton des Buches, in dem die Muse
»Zauberei«, »eindringlicher Schatten«, »konzentriertes
Meer« und doch empfänglich für die prophetische Kühnheit
des künstlerischen Wortes ist. Die Musikalität dieser Verse ist
unvergeßlich; die Kunst des »enjambement« wird wie zufällig
über das gesamte Sonett ausgedehnt und erreicht dabei eine
unerhörte Virtuosität. Die rhythmische Geschmeidigkeit und
die häufigen Vokative verbinden diese Sonette mit denen des
»letzten Romantikers«, Luis Delfino (1834-1910)[18]; bei Jorge
de Lima wandelt sich jedoch Delfinos gedämpfter lyrischer
Ton in einen priesterlichen Klang, der den Sentenzen der *Sonette an Orpheus* oder den geheimnisvollen Zehnsilbern des
Renaissance-Schriftstellers Maurice Scève näherstehen als der
klassisch-romantischen Tradition. Manchmal aber klingen die
Sonette wie ein geflüstertes Geständnis, insbesondere wenn
sie in bewunderswert surrealistischen Metaphern zur Heraufbeschwörung der Kindheit dienen:

In den Mondscheinnächten fielen aus den Häusern
die Haare der vornübergebeugten Mädchen wie Schmeichelkatzen
auf unsere sorglosen Lippen herunter.
Wir küßten die Locken; von ihren Lidschatten

tropften hartnäckige Tränen.
Wir besänftigten damit das Feuer
unserer eigenen erschrockenen Augen.

Als das *Livro de sonetos* auf dem Höhepunkt einer antimodernistischen Gegenbewegung neoparnassischen Ursprungs erschien, bewog Jorge de Limas surreal-barocke Üppigkeit einige Kritiker, gegen seine übertriebene »Effekthascherei« zu protestieren. Jedoch ist der rein poetische Ertrag dieses gelungensten Werkes des Autors beachtlich; das Streben nach Wirkung stört vielleicht eher an vielen Stellen seines Hauptwerkes, in dem überschäumenden *Invenção de Orfeu* (1952), in den zehn Gesängen und 11 000 Versen, mit vielfältiger Metrik und unterschiedlichem Strophenaufbau. Das Dogma des *Abstiegs*, das Motiv der Reise, der Mythos der Insel, Dantes Kreise, Orpheus und die Muse (in der auch die Inês de Castro aus den *Lusíadas*, einem der wichtigsten Vorbilder dieses Gedichts, zu erkennen ist) sind nur einige Themen dieses unzusammenhängenden Epos: ebenso zusammenhanglos wie die *Cantos* von Pound oder *Patersen* von Williams. Jorge de Lima wollte ein modernes Epos schaffen, das heißt ein Epos »ohne romanhaften Inhalt«, und gab dem Werk tatsächlich den Untertitel *epische Biographie* (und »Biographie« ist außerdem der Titel des achten Gesangs, der zugleich der längste und einheitlichste der *Invenção* ist). Mit Biographie ist natürlich die des Autors gemeint. Ein Kritiker, der Philosoph Eurialo Cannabrava, wies auf einen »Weltinnenraum« im Sinne Rilkes hin. Zweifelsohne überwindet absichtlich nur ein innerer Raum kosmischer Reichweite oder die Begierde danach den Abstand zwischen der vielgestaltigen Materie der örtlich nicht existenten Insel Jorge de Limas und seiner christlichen Botschaft, die im letzten Gesang ihren Niederschlag findet *(Missão e promissão;* Mission und Verheißung). In ästhetischer Hinsicht ist diese Frage recht komplex und der gedankliche Gehalt des Gedichts scheint noch größer zu sein als der lyrische.

Der späte Jorge de Lima mag seine höchsten Ziele verfehlt haben, aber die *Originalität seines Stils* ist unleugbar. Ich beziehe mich dabei auf seine einzigartige Stellung unter den Modernisten, denn neuere Forschungen haben ergeben, daß in der unerschöpflichen Vielfalt der *Invenção* einige Stellen von den Klassikern der abendländischen Epik wörtlich übernommen und nicht einfach diakritisch eingefügt wurden wie bei Pound oder Eliot. Stilistisch gesehen, könnte das (auto-)biographische Epos Jorge de Limas nicht unterschiedlicher sein von dem gewollten »sermo pedestris« der Lyrik Mário de Andrades oder Manuel Bandeiras. Sein Werk deshalb für »epigonenhaft« zu halten (Wilson Martins[19]) bedeutet, die innere Verschiedenheit und das besondere Verhältnis der modernistischen Lyrik zur europäischen Avantgarde des 19. Jahrhunderts in ihrer dialektischen Entwicklung zu vernachlässigen.

7. Statt einer Zusammenfassung: Euromodernismus und brasilianischer Modernismo

Mitte der fünfziger Jahre, als der Modernismo bereits erschöpft oder erstarrt war, ging in der Lyrik der größte modernistische Einfluß auf die neue Generation von Jorge de Limas *Livro de sonetos* und *Invenção de Orfeu* aus. Dies beweist das Werk des Dichters und Kritikers Mario Faustino (1930–1962) sehr deutlich, eines Neoavantgardisten, der nach eigener Aussage von Jorge de Lima und Ezra Pound beeinflußt wurde. Der andere bedeutende Einfluß dieser Jahre – der Konstruktivismus von João Cabral de Melo Neto (*1920) – gehört nicht zum Umkreis des Modernismo, sondern zu der Zeit des Nach-Modernismo. Man kann in der Tat sagen, daß die orphische Hermetik von Jorge de Lima die Phase der Entwicklung der brasilianischen modernistischen Lyrik abschließt und auflöst.

Am Anfang dieser Untersuchung wurde die große innere Heterogenität des Modernismo und seiner stilistischen Zusammenhänge hervorgehoben. Im allgemeinen wird diese Zeit als die goldene Zeit der brasilianischen Lyrik angesehen, die sogar einem Vergleich mit der übrigen lateinamerikanischen Lyrik dieses Jahrhunderts aushalten kann. Wir sahen, daß viele der besten brasilianischen Autoren des 20. Jahrhunderts strenggenommen keine Modernisten waren. In der Lyrik trifft dies auf den katholischen Neoromantiker Augusto Frederico Schmidt zu (1906–1965), auf die subtile Dichterin aus Minas Gerais Henriqueta Lisboa (*1930) und auf Cecília Meireles (1901–1964), die in ihrer Jugend dem »reaktionären« Modernismo, der spiritualistischen Gruppe der Zeitschrift *Festa*, angehörte, einer antimodernistischen Bewegung, die gegen die Avantgarde São Paulos gerichtet war. Diese Dichter sind nicht »stricto sensu« Modernisten, im Gegensatz zu den genauso wichtigen Dichtern wie Cassiano Ricardo (1895 bis 1974), Joaquim Cardoso (1897–1978), Dante Milano (*1899), Augusto Meyer (1902–1970) und Abgar Renault (*1903). Einige dieser letzteren könnten sehr gut als Protagonisten für diese kleine Studie dienen, ebenso wie die beiden bedeutenden Lyriker aus Minas Gerais, Carlos Drummond de Andrade, die Hauptfigur des modernistischen Gedichtes, und Murilo Mendes (1901–1975). Drummond de Andrade nahm die Stellung des sozial engagierten Dichters des Modernismo ein; Murilo Mendes die des kulturellen Dichters par excellence.[20] Die Wahl fiel gerade deshalb auf Mário de Andrade, Manuel Bandeira und Jorge de Lima, um die reiche Vielfalt des Modernismo anhand von drei Stilrichtungen und poetischen Entwicklungen, wenn auch so schematisch, aufzuzeigen. Sie sind völlig unterschiedlich und trotzdem durch das modernistische Ziel, die Literatur zu verändern, miteinander verbunden.

Literaturgeschichtlich ist der »Sieg« des späten Stils von Jorge de Lima in der Endphase des Modernismo sehr aufschlußreich. Einige Kritiker stellen heutzutage in Europa gerne den Modernismus dem Post-Modernismus gegenüber, indem sie dabei den Unterschied zwischen der Dominanz des Symbols und dem Verschwinden des symbolistischen Stils zu Hilfe nehmen. Der Post-Modernismus ist demnach vor allem ein Auflehnen gegen die überladene Symbolik der altertümelnden avantgardistischen Schreibweise, wie z. B. in *The Waste Land, Duineser Elegien* oder *Der Tod des Vergil*. In diesem in der »euromodernistischen« Dichtung liegenden tieferen Sinn also muß man zugeben, daß im *brasilianischen* Modernismo »die Stunde des Symbols« noch nicht geschlagen hatte. In enger Verbindung damit tritt ein anderer Aspekt hervor: die Werke der brasilianischen Modernisten haben, im ganzen gesehen, *keinen* Anteil an dieser allgemeinen *Rätselhaftigkeit*, die die symbolische Schreibweise der gnostischen Literatur der europäischen Moderne kennzeichnet, die Welt Kafkas und den Surrealismus, dessen bedeutendster Interpret Walter Benjamin war. Mário de Andrade und Manuel Bandeira sind wie Graciliano Ramos oder Drummond de Andrade keine »änigmatischen« Autoren; sie sind moderne und fast alle avantgardistische Schriftsteller und ihre Kunst unterlag nicht dem Prinzip der *Methexis am Finsteren,* das Adorno zum Markenzeichen der radikalen Ästhetik des 20. Jahrhunderts von Kafka und Beckett erhob. In der brasilianischen Literatur gelangte gnostische Wahrnehmung erst durch die Veröffentlichung der reifen Werke Guimarães Rosas (1908–1967) von 1956 an zur Geltung und mit ihr die Unbestimmtheit des letzten Sinnes, der kafkaesken »Moral« der Literatur.[21] Die hermetische Orphik der dritten Phase Jorge de Limas, die bald von Dichtern, die für die Generation der fünfziger Jahre bezeichnend waren, nachgeahmt wurde, diente als gewaltiges Vorspiel für das Aufkommen des »Stils der Finsternis« in der brasilianischen Literatur – und daher läßt sich *Invenção de Orfeu* nicht nur zeitlich, sondern auch inhaltlich in den Modernismo »auf brasilianisch« einordnen. Dieser ging immer von einer Interpretation des Landes aus, von einem historisierenden »hic et nunc«. Jorge de Limas »Orphik«, wie der extreme Regionalismus Guimarães Rosas oder die negative Mystik Clarice Lispectors (1926–1978) waren Ausdruck der Suche nach einem Verständnis der Welt und nach dem Heil. Mit diesen brasilianischen Schriftstellern ist der Modernismo zum Neomodernismo geworden, der selbst wieder darauf wartet, durch eine neue Avantgarde aufgehoben zu werden.

Aus dem Brasilianischen von Gabi von der Heyden

Anmerkungen

1 Sérgio Buarque de Holanda, *Blaise Centrars – Kodak,* in: Estética n°1, Rio de Janeiro, September 1924; neu aufgelegt in: Alexandre Eulalio, *A Aventura Brasileira de Blaise Cendrars,* Ed. Quiron, São Paulo 1978, S. 163–166.
2 Vgl. Vahan D. Barooshian, *Russian Cubo-Futurism 1910–1930,* Mouton, Den Haag–Paris, 1974, S. 108, wiederaufgenommen in: Chris Pike, *The Futurists, the Formalists and the Marxist Critique,* Ink Links, London 1979.

3 Vgl. C. K. Stead, *The New Poetic*, New York 1966, und Monroe K. Spears, *Dionysus and the City: Modernism in Twentieth-Century Poetry*, Oxford U. P., New York 1970, Kap. 8.
4 J. G. Merquior, *A Tirania da Imaginação*, Zeitungsbeilage »Cultura« von O Estado de São Paulo, 23. 11. 1980, aufgenommen in: J. G. Merquior, *As Idéias e as Formas*, Nova Fronteira, Rio de Janeiro 1981, Kap. 10.
5 Die Vorstellung, daß die gegen die vorherrschende Kultur gerichteten studentischen Rebellionen der sechziger Jahre ein Versuch sind, die dionysische Geisteshaltung, die 1920 bei gewissen ästhetischen Avantgarden vorherrschend war, auf den sozialen Bereich zu übertragen, wird von Philosphen wie Jürgen Habermas *(Legitimationsprobleme im Spätkapitalismus*, Suhrkamp, Frankfurt 1973, Teil II, Kap. 7) oder Soziologen wie Daniel Bell *(The Cultural Contradictions of Capitalism*, Heinemann, London 1976) nahegelegt.
6 Vgl. den zweiten Teil des Beitrags von Guillermo O'Donnel für Paulo Sérgio Pinheiro (Hg.), *O Estado na América Latina*, CEDEC/Paz e Terra, Rio de Janeiro 1977.
7 Vgl. für diese Klassifizierung: Sergio Miceli, *Intelectuais e Classe Dirigente no Brasil (1920–1945)*, Difel, São Paulo 1979.
8 Miceli, a. a. O., S. XXII.
9 Roger Bastide, *Poetas do Brasil*, Guaíra, Curitiba 1947.
10 Vgl. Hans Sedlmayr, *Die Revolution der Modernen Kunst*, Rowohlt, Hamburg, 1955.
11 Vgl. Maria Helena Grembecki, *Mário de Andrade e L'Esprit Nouveau*, IEB/USP, São Paulo 1969.
12 Joan Dassin, *Política e Poesia em Mário de Andrade*, Duas Cidades, São Paulo 1978, S. 127.
13 Telê Porto Ancona Lopez, *Mario de Andrade: Raimais e Caminho*, Duas Cidades, São Paulo, 1972, unterstreicht die ständige Beschäftigung mit dem Ethischen im intellektuellen Leben Mário de Andrades, die mit den Jahren seiner religiösen Erziehung begann.
14 In seiner letzten Anthologie, *Poesia do Brasil*, 1963, habe ich auf Einladung Bandeiras die Auswahl vom Symbolismus an übernommen.
15 Sérgio Buarque de Holanda, *Trajetória de uma Poesia*, in: Manuel Bandeira, *Poesia e Prosa*, Aguilar, Rio de Janeiro 1958; aufgenommen in: Sonia Brayner, *Manuel Bandeira*, Sammlung Fortuna Crítica, Civilização Brasileira, Rio de Janeiro 1980.
16 Diese Beobachtung stammt von Gilda und Antônio Cândido de Mello e Souza, Einleitung zu: Manuel Bandeira, *Estrela da Vida Inteira*, José Olympio, Rio de Janeiro 1966.

17 Zu der Konzeption der »Entichung«, siehe Hugo Friedrich, *Die Struktur der Modernen Lyrik – von Baudelaire bis zur Gegenwart*, Rowohlt, Hamburg 1956.
18 Nach der Beobachtung von Waltensir Dutra, in dem einleitenden Aufsatz zu Jorge de Lima, *Obra Completa*, Band I, Aguilar, Rio de Janeiro 1958, S. 37.
19 Wilson Martins, *História da Inteligência Brasileira*, Cultrix, São Paulo, 1977–1979, Band VII (1933–1960), S. 309f.
20 Vgl. Murilo Mendes, *Antologia Poética*, hg. von João Cabral de Melo Neto, mit einer Einleitung von J. G. Merquior, Fontana, Rio de Janeiro 1976.
21 Vgl. zu diesem Punkt die Hinweise in J. G. Merquior, *Modernisme et après-modernisme dans la littérature brésilienne*, in: *Littérature Latino-Américaine d'aujourd'hui (Colloque de Cérisy)*, hg. von Jacques Leenhardt, 10/18, Paris 1980, S. 192–198.

Haroldo de Campos
Macunaíma: Die strukturale Imagination

Die in sechs Tagen geschriebene Rhapsodie

Macunaíma[1] wurde, in seiner ersten Fassung, in einem Zug zu Papier gebracht: in sechs Tagen. (Der biblischen Tradition folgend, hat Mário de Andrade am siebenten Tag sicher geruht, nach der Genese seiner panfolkloristischen Rhapsodie, aus der, tellurisch und verwirrend, der brasilianische Pantagruel auftauchte: Macunaíma, der Held ohne jeden Charakter . . .) Für das Buch verfaßte Andrade zwei Vorworte, die er nie veröffentlicht hat, die aber auszugsweise in einem bahnbrechenden Artikel (1928) von Tristão de Ataíde erschienen sind und sich heute im Besitz des Architekten Luís Saya befinden, eines Freundes und Vertrauten des Autors. In seinem Artikel kommentiert Ataíde:

Der Autor ›bereute‹ die beiden Einleitungen, die er zu dem Buch geschrieben hatte. Er fand die erste ungenügend und die zweite allzu genügend. Ungenügend die erste, weil er sie verfaßt hatte, bevor das Buch überhaupt fertig und ihm noch, wie er selbst es ausdrückte, als einfache ›Spielerei‹ erschienen war. Und allzu genügend die zweite, nach Beendigung des Buchs im März dieses Jahres geschrieben, – vielleicht weil er dem Werk als ›Symptom nationaler Kultur‹ eine zu große Bedeutung beigemessen hatte. Er beschloß dann, das Buch ohne irgendeine Erklärung zu veröffentlichen. Sollte das Publikum es verstehen, wie es wollte.

Im ersten Vorwort (1926) heißt es noch:
Zu diesem Buch sind einige Erläuterungen nötig, um die Leser weder zu täuschen noch zu enttäuschen. Macunaíma ist kein Symbol, noch sollte man die Begebenheiten in diesem Buch als Rätsel oder Fabeln verstehen. Es ist ein Ferienbuch, inmitten von Mangobäumen, Ananasstauden und Zikaden von Araraquara geschrieben, ein Spielzeug. Zwischen Anspielungen ohne Bosheit oder Sequenz ruhte ich den Geist aus in diesem Dickicht der Phantasie, wo man nicht auf die Verbote, Ängste, die Schrecken der Wissenschaft oder der Wirklichkeit – Trillerpfeifen der Polizei oder quietschende Bremsen horcht. Ich denke jedoch, daß mein Spielzeug, wie alle anderen auch, von Nutzen war. Ich habe mich amüsiert und dabei vielleicht Schätze aufgezeigt, an die niemand mehr denkt.

Im zweiten Vorwort (1928) beharrt der Autor auf dem Vorbehalt der »Spielerei«, bekennt sich indessen bereits perplex angesichts seiner eigenen Schöpfung:

> Ich habe nun also beschlossen, dieses Buch purer Spielerei, das ich in seiner ersten Fassung ohne Unterbrechung in sechs Tagen Hängematte, Zigaretten und Zikaden im Landhaus Pio Lourenço, nahe jenem Lichtnest Araraquara, niedergeschrieben habe, in Druck zu geben, ohne mir noch weiter Gedanken zu machen. Es hing mir schon zum Halse raus... Noch nie ist es mir so unmöglich gewesen, über den möglichen Wert eines meiner Werke zu urteilen, wie bei diesem Buch.

Und wenige Zeilen weiter fügt er hinzu:

> Also mir scheint, daß dieses Buch, das eigentlich nur eine nachdenkliche und vergnügliche Art und Weise war, die Ferien zu verbringen, hie und da von Nachforschungen und Intentionen erhellt, die mir vielfach erst während des Schreibens selbst bewußt wurden, einen gewissen Wert als Symptom nationaler Kultur hat.

Das Buch verblüffte und verwirrte in der Tat Leser und Kritiker. João Ribeiro – ein unorthodoxer, neuen Dingen stets aufgeschlossener Philologe, der die poetischen Erfindungen von Oswald de Andrade bestens verstanden und einfühlsame Seiten über das Genie Sousândrades und die stilistischen Bizarrerien von Odorico Mendes, dem »Vater Rokoko« und makkaronischen Übersetzer Homers, verfaßt hatte – reagierte ablehnend.

Macunaíma ist ein Konglomerat aus inkongruenten Dingen, in dem eine Art indianischer, einheimischer, unverständlicher, absurder Malazartes[2] beschrieben wird, ein Gemisch aus der gesamten folkloristischen Wissenschaft und dreifacher Mischling: Caboclo, Neger und Weißer. (...) Es scheint, daß (der Autor) diese fundamentale Inkongruenz, Dinge zu verbinden, die sich in ihrer Blödsinnigkeit gegenseitig abstoßen, kultiviert hat. (...) In dieser endlosen Mischung aus Ideen und Mangel an Ideen, aus Wahrheit und Mangel an Wahrheit, aus Sonnenleben und Nachtmahren ist es schwierig und für uns unmöglich, den roten Faden zu entdecken...

Nach Meinung João Ribeiros ist das Buch nur deshalb kein »Desaster«, weil »Mário de Andrade zwar einer Eselei fähig ist, doch stets einer respektablen Eselei. Und in diesem Fall einer talentierten Eselei«. Mário de Andrade war über dieses

»Unverständnis des Alten« zutiefst geknickt und noch 1935 erinnerte er sich in einem Brief an den Dichter und Freund Manuel Bandeira bekümmert daran, daß João Ribeiro *Macunaíma* als »Narretei« abgetan hatte. Selbst Tristão de Ataíde, der Zugang zu den unveröffentlichten Vorworten des Autors hatte und dessen Artikel über das Buch scharfsinnige Hinweise und verständnisvolle Beobachtungen enthält, ist letzten Endes unsicher in seinem Urteil. Ihm scheint das Buch »zu lang«. Er findet es oft »stinklangweilig, wie z. B. in dem endlosen Brief in medizinisch-puristischem Stil, den unser Held an seine Untertaninnen schreibt« (der berühmte »Brief an die Icamiabas«, der, voll von stilistischem Humor und Parodie, im Gegenteil als einer der Höhepunkte des Buches gelten kann). Obwohl er zu dem Schluß kommt, daß *Macunaíma* »von beträchtlicher Bedeutung ist«, meldet Ataíde dennoch einen Vorbehalt an, der uns heute gänzlich unbegründet erscheint: »Das ganze literarische Werk des Herrn Mário de Andrade ist vielleicht eher das eines Sozialkritikers als das eines Künstlers im eigentlichen Sinn.« Die Verurteilung des größten Werks von Mário de Andrade als »Fehlschlag«, als »Fiasko« zieht sich quer durch die brasilianische Literaturszene und findet trotz der zahlreichen Stimmen, die sich für das Buch stark gemacht haben (vor allem Cavalcanti Proença mit seinem bemerkenswerten *Roteiro de Macunaíma* [Macunaíma-Handbuch] aus dem Jahr 1955), noch heute Echos. Der Kritiker Wilson Martins, dessen ästhetisch-literarischer Konservatismus allseits bekannt ist und für den »im ganzen gesehen, der Modernismo (wie auch der Expressionismus) *eine Schule von mißlungenen Werken* ist«, reitet in seinem kritischen Buch über die Geschichte der Bewegung *(O Modernismo,* 1965) auf dieser apokalyptischen These herum und kommt in bezug auf das »verwirrende Buch« von Mário de Andrade zu dem Schluß: »Seine unermeßliche historische Bedeutung, sein immenser Wert als Exempel sollten uns nicht daran hindern zu erkennen, daß *Macunaíma* an sich ein Fehlschlag war.« (Zu beachten ist dabei, daß für diesen Exegeten des Desasters auch *Gargantua* von Rabelais und *Ulysses* von Joyce Fehlschläge sind . . .)

In seiner Zeitschrift *Revista de antropofagia* schwang Oswald de Andrade, ohne sich lange bitten zu lassen, die ikonoklastische Keule zur Verteidigung des modernistischen Kampfgefährten (zu dem er, etwa im gleichen Jahr, die persönlichen Beziehungen abbrechen sollte, ohne daß es zu Lebzeiten zu einer Versöhnung gekommen wäre, die sich erst jetzt *port-mortem* im Hinblick auf die radikalsten Werke der beiden Schriftsteller abzeichnet). Oswald de Andrade, Schöpfer der Figur *João Miramar (Memórias sentimentais de João Miramar;* 1924 [Sentimentale Memoiren von João Miramar]) und – später – jenes »urbanen Macunaíma« (so hat ihn Antônio Cândido definiert) *Serafim Ponte Grande* (1933), hämmerte auf die verdutzten Kritiker ein: »Mário hat unsere *Odyssee* geschrieben und mit einem einzigen Keulenschlag den zyklischen Helden und das brasilianische poetische Idiom der nächsten fünfzig Jahre geschaffen.«

Der Held ohne jeden Charakter

Aber was hat Mário de Andrade nun eigentlich in seinem *Macunaíma* gemacht? Wie hat er ihn geformt, jenen »Helden unseres Volksstamms«, »in der Tiefe des Urwalds« geboren und »Sohn der Nachtangst«, für den seit frühester Kindheit der regelmäßig wiederkehrende Satz – »Ach, diese Faulheit! . . .« – kennzeichnend ist? In dem unveröffentlichten Vorwort von 1926 erklärt der Autor das Projekt seines Buchs:

Ich interessierte mich für Macunaíma zweifelsohne deshalb, weil ich mein Leben damit zubringe, die nationale Wesenheit der Brasilianer herauszuarbeiten und, soweit wie mir möglich, zu entdecken. Nachdem ich mich lange mit diesem Thema herumgeschlagen hatte, stellte ich dann etwas fest, was mir zutreffend erscheint: Der Brasilianer hat keinen Charakter. Möglicherweise hat schon vor mir jemand davon gesprochen, für mich ist diese Schlußfolgerung, da meiner persönlichen Erfahrung entsprungen, jedoch eine Neuigkeit. Und mit dem Wort Charakter bezeichne ich nicht nur eine moralische Realität, sondern ich verstehe darunter eher die permanente psychische Wesenheit, die in allem zum Ausdruck kommt, in den Gewohnheiten, in der äußeren Handlungsweise, im Empfinden, in der Sprache, der Geschichte, im Gang, sowohl im Guten als auch im Bösen. Der Brasilianer hat keinen Charakter, weil er weder eine eigene Zivilisation noch Traditionsbewußtsein besitzt. Die Franzosen haben Charakter, ebenso die Yorubas und die Mexikaner. Vielleicht weil die eigene Zivilisation, drohende Gefahren oder jahrhundertealtes Bewußtsein ihnen dazu verholfen haben, jedenfalls haben sie Charakter. Der Brasilianer hat keinen. Er ist wie ein Zwanzigjähriger: Man kann zwar allgemeine Tendenzen wahrnehmen, doch ist es einfach zu früh, um etwas Bestimmtes auszusagen. (...) Als ich über diese Dinge nachgrübelte, stieß ich auf den Macunaíma Koch-Grünbergs. Macunaíma ist erstaunlicherweise ein Held ohne Charakter. (Das gefiel mir.) Ich habe den Zyklus seiner Husarenstücke ganz genau verfolgt. (...) Und so entstand langsam die Idee, andere brasilianische oder in Brasilien beliebte Legenden, Begebenheiten, Spiele und Bräuche zu einem Romänchen zu verarbeiten. Ich habe auf diese leicht zu schreibende Dichtung sehr wenig Erfindungsgabe verwendet. (...) Im Grunde ist dieses Buch kaum mehr als eine Anthologie brasilianischer Folklore. Es reizte mich unter anderem, nach Art der Legenden, die Fakten der Geographie und der geographischen Fauna und Flora nicht zu respektieren. So entregionalisierte ich weitgehend die Schöpfung und gleichzeitig gelang es mir, Brasilien literarisch als homogene Wesenheit – ein national ethnischer und geographischer Begriff – zu entwerfen.

Das wegweisende Buch für *Macunaíma* – das Buch, das ihm das »Hauptthema« liefert, »dem sich aus anderen Quellen gewonnene Elemente als sekundäre Themen hinzugesellen« (Cavalcanti Proença) – ist das Werk von Theodor Koch-Grünberg *Vom Roroima zum Orinoco,* insbesondere der zweite Band, der die »Mythen und Legenden der Taulipang- und Arekuna-Indianer« enthält. Koch-Grünberg, 1872 in einer hessischen Kleinstadt geboren, durchforschte von 1903 bis 1905 im Auftrag des Ethnologischen Museums von Berlin Grenzgebiete im Nordwesten Brasiliens (am Oberlauf des Rio Negro und Japurá) und leitete von 1911 bis 1913 eine Expedition in die auf brasilianischem und venezolanischem Boden liegende Region zwischen dem Roraima und dem Mittellauf des Orinoco. Aufgrund dieser letzten Forschungsreise entstand ein monumentales Werk in fünf Bänden, die zwischen 1916 und 1924 veröffentlicht wurden. Der zweite Band (den Andrade in der 2. Stuttgarter Ausgabe konsultierte) umfaßt kosmogonische Mythen und Heldenlegenden, Märchen, Tierfabeln, Tiere und humoristische Erzählungen. Die erste Legende – »Der Weltbaum und die große Flut« (eine Darstellung der Sintflut) – hat zwei Versionen und wird von zwei verschiedenen Informanten erzählt. In der Taulipang-Version wird gleich zu Beginn der Held Macunaíma mitsamt seinen

Brüdern eingeführt: »In alter Zeit lebten am Fuße des Roroima fünf Brüder: Macunaíma, Maanape, Anzikilan, Wakalambe und Anike.« In dem Arekuna-Bericht wird sofort der Charakter (oder besser die Charakterlosigkeit) des Helden humoristisch hervorgehoben: »Macunaíma, der jüngste der Brüder, war noch ein Knabe, aber verschlagener als alle anderen.« »Die anderen Brüder waren auf ihn angewiesen, denn er gab ihnen zu leben.« Koch-Grünberg weist in seiner »Einführung« zu dem Band auf die Ambiguität des Helden hin, der über Schaffens- und Verwandlungskräfte verfügt, ein vorbildlicher Ernährer, gleichzeitig jedoch boshaft und perfide ist. Dem Ethnographen zufolge scheint sich der Name des höchsten Stammeshelden zusammenzusetzen aus dem Wort MAKU, das soviel bedeutet wie »schlecht/böse«, und dem Suffix IMA, gleich »groß«. Demnach würde Macunaíma »Der Große Böse« bedeuten, was – wie Koch-Grünberg anmerkt – »dem ränkesüchtigen, unheilstiftenden Charakter dieses Heros wohl entspricht.« Andererseits verleiteten Macunaímas schöpferische Kräfte die englischen Missionare dazu, in ihren Übersetzungen der Bibel in die Eingeborenensprache den christlichen Gott mit dem Namen des kontroversen Stammeshelden zu belegen, was Koch-Grünberg kritisch kommentiert.

Mário de Andrade benutzt diesen Legendenzyklus über Macunaíma als Kern seines Buchs, greift aber noch auf andere Legenden (insbesondere auf die von Capristano de Abreu und Couto de Magalhães gesammelten) zurück, um eine Art panfolkloristische Archilegende zu verfassen, einen dem »mittelalterlichen Epos« verwandten »Heldengesang« (Cavalcanti Proença) oder, wie es der Romancier selbst gern formulierte, eine nationale »Rhapsodie«.

Die strukturale Phantasie

Wenn Mário de Andrade sagt, daß er »sehr wenig Erfindungsgabe« auf seine »leicht zu schreibende Dichtung« verwendet hat, so ist das ein wenig irreführend und muß innerhalb des besonderen Schaffensmechanismus dieses Buchs verstanden werden. Denn »die Vorbedingung für eine *wahre Kreativität* ist die Existenz eines Systems von Regeln, Prinzipien und Restriktionen«, wie der Linguist Noam Chomsky betont.

Diese Bedingung gilt für die Ausübung der Kompetenzen des Sprachbenutzers und auch für die literarische Erfindung (die immer einen Dialog zwischen Norm und Normabweichung impliziert), vornehmlich bei einem Werk wie *Macunaíma*, das der folkloristischen Matrix, die ja Strukturgesetzen entspricht, derart nahesteht.

In der Folklore der ganzen Welt treten Phänomene der Schematisierung und Rekurrenz auf, was den Spezialisten keine Ruhe gelassen hat, zumal die Übereinstimmungen in der Struktur sicher nicht einfach als Folge der Verbreitung (migratorische Themen) zu erklären sind. Just im Jahr 1928 – dem Erscheinungsjahr von *Macunaíma* – veröffentlichte ein russischer Literaturprofessor und Volkskundler, Vladimir Propp, in Leningrad ein grundlegendes Werk über dieses Thema, die *Morphologie des Märchens*.[3] Dieses in der Endphase des russischen Formalismus – der sich von 1915 an in Rußland entwickelte und den Methoden der Literaturanalyse zu neuen Impulsen verhalf, mit dem Aufkommen des Stalinismus jedoch geächtet wurde – geschriebene Buch fand im Westen erst in den fünfziger Jahren die ihm gebührende Verbreitung und Resonanz. 1958 wird Propps Buch ins Englische übersetzt und weckt die Aufmerksamkeit von Claude Lévi-Strauss, dem Vater der strukturalen Anthropologie. Lévi-Strauss sah in Propp einen Wegbereiter der strukturalen Analyse der mündlichen Literatur, wie er sie selbst um 1950 durchzuführen begonnen hatte, ohne die Arbeit seines russischen Vorläufers zu kennen. Bei den strukturalistischen Untersuchungen der Erzählanalyse stand Propp, plötzlich wieder in Umlauf gebracht, nunmehr hoch im Kurs, seine Schriften wurden ins Italienische, Französische und Deutsche übersetzt und 1969 sogar in der Sowjetunion neu aufgelegt.

Welche These verficht Propp? Für den russischen Wissenschaftler »besitzen die Zaubermärchen eine Charakteristik: die Bestandteile eines Märchens lassen sich ohne jegliche Modifikation auf ein anderes übertragen«. Das ist das »Gesetz der Übertragbarkeit«. Für Propp waren nicht die Namen und Attribute der handelnden Personen (»variable Größen«), sondern ihre »Funktionen« (»konstante Größen«) wichtig. Unter

»Funktion« verstand er die Aktion einer Person unter dem Aspekt ihrer Bedeutung für den Gang der Handlung. Die Ausführenden können wechseln – zum Beispiel kann der »Schaden« oder die »schlechte Handlung« von einer Hexe, einem Dämon, einem Drachen oder von der Stiefmutter zugefügt werden –, die »Funktionen« als solche bleiben jedoch die gleichen. Aus dem Häufigkeitsgrad, mit dem sie sich wiederholen, ergibt sich die Folgerung, daß die auftretenden Gestalten im Repertoire der Märchen zwar außerordentlich zahlreich sein können, ihre Funktionen sich dagegen auf eine bemerkenswert geringe Anzahl reduzieren lassen. Propp unterschied zwischen 31 Funktionen und untersuchte ihre Kombinationsmodalitäten in einer linearen Reihenfolge, die die Volkserzählung selbst aufstellt. Auf diese Weise gelangte er zu einem Grundschema, zu einem Modell, das allen Märchen (den sogenannten russischen Zaubermärchen), die er überprüft hat, zugrunde liegt. Er isolierte so etwas wie eine »Protofabel«, die sich wohl in den verschiedensten Formen realisiert, jedoch virtuell in allen von ihm erfaßten Märchen wie ein verborgenes Gerippe steckt, das den Handlungen, deren Attribute auf unterschiedliche Weise proliferieren, gemein ist.

Mário de Andrades *Macunaíma*, ebenfalls 1928 veröffentlicht, zeigt eine ähnliche »strukturelle Imagination«, geht dabei allerdings gleichsam den umgekehrten Weg.

Der Autor macht sich nicht daran, den Fabel-*Corpus* bis zur Herausbildung einer Infra-Struktur oder Protofabel zu analysieren, sondern wendet sich – da es sich ja um ein Kunstwerk und nicht um eine wissenschaftliche Folklore-Studie handelt – dem Aufbau einer Archifabel zu, einer *Fabula Omnibus*, wie ich sie in einer Untersuchung aus dem Jahr 1967 genannt habe, die 1973 in erweiterter Form als Buch, *Morfologia de Macunaíma* (Editora Perspectiva, São Paulo), erschienen ist. Andrade ist es gelungen, das herauszuschälen, was es an *Invariantem* in der Struktur der folkloristischen Erzählung gab, um eben zu künstlerischen Zwecken mit den *variablen* Elementen das Grundthema kreativ durchspielen zu können. Er stellte eine Synthese her, ein Amalgam, eine Mosaik-Geschichte und machte aus dem Helden dieser Super-Saga das, was Cavalcanti Proença, unter Anlehnung an die Zoologie, als *Hypodigma* bezeichnet hat: einen imaginären Typus, in dem alle bisher in den Individuen der Gattung gefundenen Charaktere enthalten sind. Für seinen Roman hat Andrade jenes »Gesetz der Übertragbarkeit«, das Propp im gleichen Jahr (1928) aufgestellt hatte, ausgezeichnet zu nutzen gewußt (ohne daß der Folklorist aus Leningrad und der Dichter-Rhapsode der *Paulicéia desvairada* [Wahnwitzige Paulyssee, 1922]) jemals den geringsten Kontakt gehabt oder voneinander gehört hätten.

Wenn man auf *Macunaíma* die von Propp propagierten Techniken der strukturalen Analyse anwendet, erkennt man leicht zwischen den »unsinnigen« Teilen den »roten Faden«, den João Ribeiro nach eigenem Bekunden nicht zu erspähen vermochte, sowie die (angeblich fehlende) Kongruenz, die zu entdecken der alte Philologe nicht in der Lage war, was ihn dazu verleitete, in dem Buch ein Konglomerat von »unzusammenhängenden Fragmenten« zu sehen, »die ganz willkürlich von einem zu jeglicher Koordination unfähigen Kommentator zusammengestellt worden sind«. Das Buch, eine große Saga der Suche, besteht aus zwei »Sequenzen«. Die erste beginnt, wie in der Protofabel von Propp, mit einer »Ausgangssituation« (dem Augenblick des paradiesischen Gleichgewichts: der Stille am Ufer des Uraricoera). In dieser »Ausgangssituation« werden die Mitglieder der Familie vorgestellt: die Mutter vom Stamm der Tapanhumas, der Held, die Brüder Maanape und Jiguê (außer Macunaíma bringt Mário de Andrade nur zwei der Brüder aus der Taulipang-Legende in seinen Roman ein).

Danach folgt ein »vorbereitender Teil«, der aus einem Zusammenspiel von »Verboten« / »Übertretungen« besteht: 1. Macunaíma erlegt mit einem Pfeil eine Hirschkuh, die gerade geworfen hat, und tötet so, metaphorisch, seine alte Mutter; daraufhin verläßt er mit seinen Brüdern das heimatliche »Weideland«. 2. Auf seinen Wanderungen trifft der Held auf Ci, Königin der Icamiabas: er vergewaltigt sie und verletzt damit das Zölibat-Tabu der Amazonen, des kriegerischen Indianerinnenstamms. Ci funktioniert auch als »feindlich gesonnene Geberin« eines »magischen« Objekts. Nachdem Ci von Macunaíma (der seine Brüder zur Hilfe ruft, um in dem Liebeskampf zu obsiegen) bezwungen worden ist, macht sie ihn zum Kaiser des Urwalds und schenkt ihm einen Sohn, ein rotes Knäblein (nur die Mädchen dürfen im Stamm der ledigen Frauen überleben). Wegen dieser doppelten Tabuverletzung müssen der Knabe und Ci schließlich sterben. Die Amazone gibt dem Gefährten, bevor sie »zum Himmel aufsteigt«, einen Gegenstand mit magischen Fähigkeiten, die »Muiraquitã« (grüner Stein in Form einer Echse), einen irdische Glückseligkeit bringenden Talisman. Diese »Muiraquitã« wird später von einem peruanischen Krämer namens Venceslau Pietro Pietra gestohlen, der sich, dank des magischen Steins reich geworden, in São Paulo niederläßt, »der großmächtigen, von dem Wasserlauf Tietê beleckten Stadt«. Nach dem von Propp entworfenen Schema ist das die »Schadensfunktion«, der Knoten der Handlung. Fortgesetzt wird die Polifabel nun mit der Wanderung der von dem Helden angeführten Brüder am Araguaia-Fluß entlang bis nach São Paulo, auf der Suche nach dem gestohlenen Talisman. Es folgt eine ganze Reihe von Konfrontationen, wirklichen und virtuellen (z. B. die Macumba-Szene) zwischen Macunaíma und seinem Widersacher Venceslau Pietro Pietra, der kein anderer ist als der Riese Piaimã, der »große Zauberer«, der menschenfressende Hexenmeister aus den Eingeborenenlegenden vom Roraima, den Andrade in einen vermögenden italo-paulistanischen Spekulanten verwandelt. Schließlich hat Macunaíma eine entscheidende Auseinandersetzung mit dem Riesen und es gelingt ihm, diesen durch eine List (nach Propp ein kodifiziertes Hilfsmittel im Repertoire der humoristischen Fabeln) zu besiegen. Er stößt ihn von einer hoch über einem Riesentopf mit kochenden Makkaroni schaukelnden Liane herunter. Der Riese Piaimã fällt in die dampfenden Nudeln und wird von seiner kannibalischen Gattin, der alten Ceiuci, verspiesen. »Es fehlt Käse!«, sind, wie bei einem Sonntagsmahl im Hause eines neureichen Paulistaners, die letzten Worte des Ogers in seiner italienisierten Inkarnation. Nachdem sie die »Muiraquitã« wiedererlangt haben, kehren Macunaíma und seine Brüder in die amazonische Heimat zurück (die Proppsche Funktion der »Rückkehr«). Damit endet die erste »Sequenz« des Buchs. Zur Fortführung der Erzählung ist es nötig, stets nach der Auffassung von Propp, daß sich, unter Verwertung der im ersten Teil in der Schwebe gelassenen Antagonismen, die Schädigung wiederholt. Innerhalb der Logik der Entwicklung der

Fabel greift Mário de Andrade auf Jiguê zurück, den tapferen, doch »sehr törichten« Bruder, der sich mit Macunaíma um das Erstgeburtsrecht streitet, aber bei allen Gelegenheiten von den Schlichen des gewieften Helden ausgetrickst wird. Da er es satt hat, ständig von Macunaíma übergangen zu werden, der ihm die Eingeborenenmädchen ausspannt und sich weigert, für Nahrung zu sorgen, versucht Jiguê sich zu rächen, unterliegt jedoch, ein weiteres und letztes Mal, der List des jüngeren Bruders. Jiguê wird zu einem leprösen Schatten und verwandelt sich dann schließlich in den zweiten, ewig hungrigen Kopf des Vaters-des-Aasgeiers. Verbleibt noch ein weiterer in der ersten »Sequenz« nicht gelöster Antagonismus: Es handelt sich um die Sonnengöttin Vei, die Macunaíma unter ihren Schutz genommen hatte, dafür aber nur mit der Undankbarkeit des Helden belohnt wird. Anstatt nämlich eine der drei Töchter Veis zum Weib zu nehmen, zieht er es vor, mit einer Portugiesin, einer Fischhökerin, anzubändeln und weist so eine solare (tropische) Verbindung zurück, um sich europäischen Liebeleien hinzugeben. Vei rächt sich in dem letzten Kapitel der Saga an dem Helden, indem sie seine Sinnenlust mit Hitzehieben aufstachelt und ihn in die trügerischen Arme einer Uiara, einer Wasserjungfrau auf dem Grunde einer Lagune treibt. Macunaíma stürzt sich auf der Suche nach dem verlockenden Mädchen (das Cis Züge trägt) ins Wasser und wird von Piranhas angegriffen und verstümmelt. Der Held verliert ein Bein, und die »Muiraquitã« wird von dem Kaiman-Ungeheuer Ururau verschluckt, »das nicht durch Timbó[4] noch durch Hau stirbt«. Nun da die »Muiraquitã« zum zweiten Mal verloren ist, ohne daß eine Möglichkeit besteht, sie zurückzuerbeuten, endet die Erzählung. Von der Fabelhandlung wechselt das Buch jetzt auf eine andere Ebene über: die der allegorischen Sublimierung. Seines lebenswichtigen Talismans beraubt, beschließt der untröstliche Held »zum Himmel aufzusteigen« und sich in einen Stern zu verwandeln. Er wird zum Sternbild des Großen Bären. »Und sinnt auf dem weiten Himmelsfeld einsam dahin.« Der einbeinige Held, auf der Suche nach seinem ethnischen Profil und seinem Nationalcharakter (symbolisiert in der »Muiraquitã«), ist nun ein Sternenfragezeichen. Und um die Weissagung Mallarmés, »alles existiert auf der Welt, um in einem Buch zu enden«, zu bestätigen, hat

Macunaímas Suche, die auf der Fabelebene nicht vollendet wird, einen Text zur Folge, das Buch selbst, »die Worte und Werke des Helden«, die ein übriggebliebener Papagei verwahrt hat und dem Erzähler Mário de Andrade übermittelt. Und die dieser uns wiedererzählt in einer »unreinen Rede«, in einer »sanften, sehr, sehr! neuen Rede, die Gesang war und Cachiri-Trank mit Baumhonig, die sehr gut war und die unerwartete Überraschung der unbekannten Urwaldfrüchte besaß«. Der Reichtum *Macunaímas* besteht gerade auch in dieser (nach den Sprachnormen Portugals »unreinen«) »neuen Rede« aus einem Gemisch von Regionalismen und Sprechweisen der verschiedensten Winkel des Landes mit Einbeziehung von Indianismen und Afrikanismen, die von den repetitiven Rhythmen der Volksdichtung durchdrungen ist und durch stilistische Parodie eine satirische Wirkung entfaltet. Eine »entgeographisierte Sprache«, die isomorph, auf der Ebene der verbalen Erfindung, dem Synkretismus und auf der zuvor untersuchten Ebene der Struktur der Agglutination verschiedener Fabeln entspricht. Die beste Studie über diese Sprache Andrades hat zweifelsohne Cavalcanti Proença in seinem bereits erwähnten *Roteiro de Macunaíma* geliefert.

Ein lateinamerikanischer Held

Die Aktualität *Macunaímas* manifestiert sich unter anderem in der lateinamerikanischen Spannweite, die Mário de Andrade seinem Helden verleiht. Schon bei Koch-Grünberg ist der Stammesheld sowohl Brasilianer als auch Venezolaner und sein Antagonist (ein zweideutiger Antagonist, der viele Vorlieben und Fehler mit dem Helden teilt) wird von dem Romancier als »peruanischer Krämer« vorgestellt, der als stinkreicher Italo-Paulistaner auftritt.

»Es behagt mir ungemein, daß es kein durch und durch brasilianischer Held ist«, bekennt Andrade in seinem zweiten unveröffentlichten Vorwort. Gegen Ende des Buchs macht Macunaíma einen kleinen Abstecher zu der in der Mündung des Rio Negro gelegenen Insel Marapatá, um sein Gewissen zu holen, das er dort vor dem Kampf mit dem Riesen Piaimã versteckt hatte. Er findet es jedoch nicht wieder. »Da griff der

Held zum Gewissen eines Hispano-Amerikaners, steckte es sich in den Kopf und fühlte sich genauso wohl.« Die Macunaímasche Suche nach einem Nationalcharakter und einer geistigen und zivilisatorischen Definition vermischt sich mit der aller lateinamerikanischen Länder. Erinnert sei hier auch an Sousândrade (den aus Maranhão stammenden prophetischen Dichter des 19. Jahrhunderts) und an seinen einer kolumbanischen Legende entlehnten Helden *Guesa* (*Guesa errante*, 1884; Ewig Wandernder Guesa), kontinentales Symbol des Indios, dem der weiße Kolonisator gegenübergestellt wird. Aber wir könnten auch an den Mexikaner denken, dieses zwischen Affirmationen und Negationen hin- und hergerissene, widersprüchliche »Wesen des Bruchs«, von Octavio Paz in *Die Söhne der Malinche*[5] bewundernswert untersucht.

Der »Gaunerroman«

In seinem Essay *Dialética da malandragem* (Dialektik der Gaunerei) aus dem Jahr 1970, in dem er Brasiliens literarische Vergangenheit analysierte, identifizierte der Kritiker Antônio Cândido eine novellistische Tradition mit ›populareskenʻ und höchst profanen Wurzeln, die er als den »Gaunerroman« bezeichnete. Seiner Meinung nach sind die *Memórias de um sargento de milícias* (Memoiren eines Milizsergeanten; Rio 1854/55) von Manuel Antônio de Almeida das erste große Beispiel dieser Gattung. Dieser »Gauner« – so der Kritiker – sei von Mário de Andrade in *Macunaíma* »in die Kategorie des Symbols erhoben worden«. In einem anderen Hauptwerk des brasilianischen Modernismo, in *Serafim Ponte Grande* von Oswald de Andrade, zeigt diese Tradition ebenfalls ihre Wirkung. Indem er durch die entmystifizierende und rücksichtslose Funktion der Satire die Gegensätze »Ordnung« und »Unordnung« relativiert, »entkommt« der Gauner-Held den »sanktionierten Sphären der bürgerlichen Norm« und gelangt zu der bisweilen brutalen, doch stets befreienden Respektlosigkeit ›populareskerʻ Komik. Es ist ein Held/Anti-Held, widersprüchlich und alles in Frage stellend. Macunaíma, in das wandelnde Fragezeichen seines einbeinigen Sternbilds metamorphosiert, verkörpert ihn aufs beste. Ein antinormativer

Held, der auf eine zukünftige Welt verweist, die eventuell offener sein wird, wenn es mir – den Kritiker paraphrasierend – erlaubt ist, mit diesem Appell an das *Prinzip Hoffnung* zu schließen.

Aus dem Brasilianischen von Alrun Almeida Faria

Anmerkungen

1 *Macunaíma. O Herói sem nenhum caráter*, São Paulo 1928 (dt. *Macunaíma – der Held ohne jeden Charakter. Rhapsodie*, Suhrkamp, Frankfurt/M. 1982).
2 A. d. Ü.: Gestalt aus den iberischen, später auch lateinamerikanischen Volksmärchen, eine Art Till Eulenspiegel.
3 *Morphologie des Märchens*, Frankfurt/M. 1975 (suhrkamp taschenbuch wissenschaft 131).
4 A. d. Ü.: »Timbó« ist ein von den Indios benutzter Pflanzensaft, der die Fische betäubt oder tötet.
5 In: *Das Labyrinth der Einsamkeit*, Frankfurt/M. 1974 (Bibliothek Suhrkamp 404).

Antônio Cândido
Themen der Unruhe in der Poesie von Carlos Drummond de Andrade

> »[...] le souci d'intervenir, d'opérer sur la matière même du langage en obligeant les mots à livrer leur vie secrète et à trahir le mystérieux commerce qu'ils entretiennent en dehors de leur sens.«
>
> André Breton

1.

Die ersten beiden Gedichtbände von Carlos Drummond de Andrade[1] gehen in ihrem Aufbau von einer gewissen Anerkennung des Faktischen aus. Gefühle, Ereignisse, das materielle und geistige Welttheater werden behandelt, als beschränke sich der Dichter darauf, all dies zu *registrieren*, auch wenn er es in der vom Modernismo propagierten antikonventionellen Manier tut. Diese Behandlung des Wirklichen sollte – auch wo sie ungewöhnliche Formen annahm – die Geltung des vorliterarischen Faktums als eines sich selbst genügenden Gegenstandes gewährleisten und dabei Ich und Welt als poetische Stoffe einträchtig nebeneinander stellen.

Dreißig Jahre später stellt sich in seinem bislang jüngsten Gedichtband, *Lição de Coisas* (Lehre der Dinge)[2], dieselbe Unbefangenheit im Umgang mit dem Stoff wieder ein, doch nunmehr begleitet von einem differenzierteren Umgang mit dem Wort. In beiden Phasen scheint der Dichter seinem Stoff in ästhetischer Hinsicht relativ selbstsicher gegenüberzustehen, insofern er die Integrität seiner Existenz, seine Verbindung mit der Welt und die Legitimität seines Schaffens – wenigstens nach außen hin – nicht in Frage stellt.

Doch in der Zeit dazwischen, etwa von 1935 bis 1959, ist er von einem ausgeprägten Mißtrauen erfüllt gegen das, was er sagt und tut. Wendet er sich der eigenen Existenz zu, kommt ihm sogleich der Gedanke, daß es wichtiger wäre, sich mit der Welt zu befassen; wendet er sich der Welt zu, so dünkt es ihn besser, sich auf den eigenen Existenzmodus zu beschränken. Dabei scheint die Poesie ihren Charakter als Register der Wirklichkeit aufzugeben, um in einen Prozeß überzugehen, dessen Berechtigung darin liegt, einen neuen Gegenstand zu schaffen. Dieser wird allerdings mit dem Preis der Entstellung oder gar der rituellen Zerstörung von Existenz und Welt bezahlt, mit dem Ziel, beide auf der ästhetischen Ebene neu erstehen zu lassen. Andererseits verstärkt diese Entfremdung von dem ursprünglichen Gegenstand des poetischen Schaffens die Zweifel des Dichters und veranlaßt ihn aufs neue, sich der Existenz und der Welt als Rohmaterial in ihrem vorpoetischen Zustand zuzuwenden, den er, wie ihm scheint, vielleicht im Zentrum seines Schaffens hätte belassen können, womit der schöpferische Akt auf der Ebene der bloßen Aufzeichnung geblieben wäre.

Derartige Momente der Ratlosigkeit gehen seit *Sentimento do Mundo* (Gefühl der Welt) und *José* in den Aufbau der Gedichte ein, wobei schon diese Titel auf die Polarität seines reifen Werkes hindeuten: die Sorge um die gesellschaftlichen Probleme einerseits und um die individuellen Probleme andererseits, die beide mit dem entscheidenden Problem des künstlerischen Ausdrucks zusammenhängen, der sie zur Synthese bringt. Drummonds Werk wird in seinem zentralen Teil also von Themen innerer Unruhe beherrscht, die sich gegenseitig provozieren, einander kreuzen und nicht nur ihren Ursprung in einer tiefen Ichbezogenheit zu haben scheinen, sondern schließlich auch zu einer geradezu mythologischen Zurschaustellung der eigenen Persönlichkeit führen.

Dies mutet widersprüchlich an bei einem Dichter, der gerade auf Zurückhaltung und Nüchternheit Wert legt und so die Vorstellung von einem Werk vermittelt, das sich allem verweigert, was nach Angaben zur Person, nach Bekenntnis oder Chronik eigenen Erlebens aussehen könnte. Doch das Gegenteil ist der Fall. Ständig dringen subjektive Elemente in dieses Werk ein, und man könnte sogar behaupten, daß sein bedeutendster Teil sich den vielschichtigen Metamorphosen und Projektionen einer tyrannischen Subjektivität verdankt, wobei es unerheblich ist, inwiefern diese autobiographischen Charakter hat.[3]

Tyrannisch und pathetisch ist diese Subjektivität, weil der

Dichter jedes Körnchen Egozentrik mit einer Portion Gewissensqual und Selbstzweifel bezahlen muß, was bei ihm den Wunsch auslöst, dem Ich zu entfliehen, mit anderen Menschen in Fühlung zu treten und sie kennenzulernen, sowie für sich einen Platz in der Welt zu finden, um die eigenen Schwindelgefühle zu beruhigen. Familienpoesie und soziale Poesie, die in seinem Werk von zentraler Bedeutung sind, wären demnach Ergebnis eines ebenso individuellen psychischen Mechanismus wie die Poesie des Bekenntnisses und der Selbstanalyse, und wie diese hätten sie ihr Gravitationszentrum in einem fordernden Ich.

Das Problem, um das es hier geht, ist das der Identität bzw. Identitätsbestimmung der eigenen Existenz. Von hier nimmt der schöpferische Prozeß in der genannten Phase seinen Ausgang, was sein Werk mit einer inneren Unruhe belastet, die den Poeten – stets bedrückt und unzufrieden – zwischen dem Ich, der Welt und der Kunst hin und her schwanken läßt.

Drummonds poetische Kraft verdankt sich in gewisser Weise eben diesem Mangel an Natürlichkeit, der sein Werk beispielsweise von dem eines Manuel Bandeira unterscheidet. Die spontane Art, mit der dieser von sich, seinen Angewohnheiten, Liebesangelegenheiten, seiner Familie und seinen Freunden spricht – wobei er jeden beliebigen Gegenstand durch seine bloße Berührung in Poesie verwandelt – war vielleicht auch ein tiefes Anliegen von Drummond, für den das Ich eine Art unumgängliche Sünde ist, in die er sich um des poetischen Schaffens willen verstricken muß, die ihn aber in demselben Maße entsetzt wie sie ihn anlockt. Das Gefühl der Bedrückung (das ihn ins Schweigen hätte treiben können) wird nur dank der Notwendigkeit überwunden, mit Hilfe dieser peinlichen Materie den befreienden Ausdruck zu suchen.

Wenn der Poet in diesen sauren Apfel beißt, dann gewiß nicht deshalb, weil er ihn köstlich fände. In seinem Werk fehlt es nicht an Hinweisen darauf, daß er ein gewisses, für den Modernismo bezeichnendes Hochgefühl gern wiedergewinnen würde, das ihm nach *Brejo das Almas* (Sumpf der Seelen) abhanden gekommen war. Selbst der bei Künstlern so häufig vorkommende Wunsch stellt sich ein, die Welt und die Menschen für Augenblicke von Leid und Angst befreit zu sehen – in Augenblicken von »Luxus, Muße und Sinnenfreude«, wie sie ein großer Gepeinigter beschrieben hat.[4] Doch offensichtlich ist diese Vision den Menschen verschlossen, die in einem von Drummonds Gedichten den ruhigen Augen eines sorglos weidenden Rindes so unbegreiflich erscheinen. Zerbrechlich, aufgeregt, substanzarm, von unverständlichen Sorgen geplagt, unfähig zum Leben im Einklang mit der Natur, werden die Menschen traurig und daher grausam. Indem der Dichter sich metaphorisch die Sehweise des Tieres zu eigen macht, kommen ihm die Menschen fast wie Mißbildungen der natürlichen Ordnung vor, die sie nicht wahrnehmen, da ihre innere Unruhe sie auf sich selbst zurückwirft:

Die Bedauernswerten, man könnte meinen, sie hören nicht
weder auf das Singen in der Luft noch auf die Geheimnisse des Heus,
und sie scheinen auch nicht zu erkennen, was sichtbar ist
und vertraut einem jeden von uns im Umkreis.
(»Um boi vê os homens« [Ein Rind sieht die Menschen], CE)[5].

Diese Unfähigkeit, sich dem Leben anzuschließen, die zur Verfestigung der Barrieren zwischen ihm und uns führt, ist kennzeichnend für das bei Drummond meist in der ersten Person auftretende Subjekt. Ebenso wie die Menschen, die die Beschaulichkeit des Rindes stören, ist dieses Ich »gewunden«, »krumm«, »verbogen« – um die Epitheta zu verwenden, mit denen der Dichter die Unzulänglichkeit der Menschen und ihre dadurch bedingte Kehrtwendung zurück zu sich selbst bezeichnet.

   Die Momente der Unruhe, die ich im folgenden zu beschreiben versuche, offenbaren die innere Verfassung dieses »gänzlich verbogenen Ichs«, dessen Deformation bei seiner Geburt von einem »krummen Engel« vorausgesagt wurde, und das, unfähig zu wirklicher Kommunikation, »krumm in seiner Ecke« bleibt, »sich schweigend windet«, mit seinen »gekrümmten Gedanken« und seinem »krummen Wunsch« nur »auf eine verrenkte Weise« zu lieben imstande ist.[6] Diese Gekrümmtheit ist ein *Thema* in Drummonds Werk, weniger im herkömmlichen Sinne von literarischem Stoff als vielmehr im spezifischen Sinne der modernen Literaturpsychologie: ein emotionaler Kern, um den herum sich die poetische Erfahrung organisiert.

2.

Man braucht nur ein Buch wie *A Rosa do Povo* (Die Rose des Volkes) aufzuschlagen, um die Verunsicherungen zu spüren, die von diesem Thema ausgehen. Dessen verschiedene Ausprägungen finden hier einen fulminanten Ausdruck, der die gesellschaftlichen Perspektiven von *Sentimento do Mundo* (Gefühl der Welt) und die eher persönlichen Perspektiven von *José*, wie zwei konvergierende Reihen miteinander verschmilzt und zu diesem lyrischen Höhepunkt führt. Betrachten wir zur Präzisierung dieser Überlegungen das Gedicht »Versos à boca da noite« (»Verse bei Einbruch der Nacht«, RP):

> Ich fühle, daß die Hand der Zeit
> schwer auf mir lastet.
> *CMC*[7]

Auf diese bedrückende Abfolge von Verschlußlauten, die mit der Härte des Unausweichlichen auftreten, folgen 16 Strophen mit je vier Versen sowie ein einzelner Vers, der das Gedicht wie bei einer Terzine abschließt. Sie entfalten eine Meditation des reifen Alters über die Unzufriedenheit des Individuums mit sich selbst, die Sehnsucht nach einem anderen Ich, zu dem das reale Ich nicht werden konnte, und die Ratlosigkeit, die es dazu bringt, vom Arsenal der Erinnerung zu zehren. Mit deren Hilfe soll ein künstlerischer Ausdruck geschaffen werden, der, als eine Art zweites Leben, die mißratene Existenz rechtfertigen und eine darin nicht erlebte Harmonie und schwerelose Ordnung herstellen würde.

Wir spüren, daß sich an dieser Stelle ein beklemmendes Problem auftut: Wenn die Poesie das Ich zu ihrem Hauptgegenstand macht, wie kann aus diesem unreinen, privaten Stoff etwas werden, das Interesse und Kontemplation anderer Menschen verdient? Diese Frage taucht bei Drummond immer wieder auf. Hier entwickelt sie sich folgendermaßen: das Ich ist nicht zu dem geworden, was es hätte sein können. Die von der affektiven Erinnerung vergegenwärtigte Vergangenheit bietet Bruchstücke von verschiedenen Existenzen, die potentiell im anfänglichen Ich enthalten waren, das schließlich unter so vielen möglichen Ichs lediglich zu dem unbefriedigten

Ich wurde, das es ist. Nun hat die Vergangenheit etwas Zwiespältiges an sich, insofern sie abgelaufenes Leben ist, das andere Lebensformen verhindert hat, zugleich aber auch Lebenserfahrung, welche die Vorstellung von einem anderen, erfüllteren Leben erlaubt. Die vom Gedächtnis bereitgestellten Bruchstücke also ermöglichen die Konstruktion einer kohärenten Weltsicht, die einen durchgängigen Daseinsgrund stiften könnte, indem sie die Einengungen des Ichs widerriefe und den Eindruck einer erfüllteren Wirklichkeit vermittelte. Dieser Daseinsgrund könnte in der Hervorbringung des Kunstwerks bestehen, das sich als eine aus der Vielheit hervorgegangene Einheit darstellt und dem unbefriedigenden Leben, dem Leiden, der Enttäuschung und dem nahenden Tod einen Sinn gibt:

> Welche Wirrnis von Dingen in der Dämmerung!
> Welcher Reichtum, freilich ohne Nutzen!
> Es wäre gut, sie einzusammeln und zu ordnen
> zu einem weisen, aber schönen Ganzen:
>
> Eine Ordnung, eine Klarheit, eine Freude
> sänke plötzlich auf die enterbte Brust.
> Es wär nicht mehr die Wut der zwanzig Jahre,
> nicht der Verzicht auf die erstrebten Dinge,
>
> sondern das Eindringen ins fügsame Holz
> ein Kopfsprung ins Schwimmbecken, mühelos,
> ein Fund ohne Schmerz, ein Verschmelzen,
> wie das Begreifen des Gefüges unserer Welt,
>
> erkauft mit Salz, mit Falten und mit Haar.
> *CMC*

(»Versos à boca da noite« [»Verse bei Einbruch der Nacht«], RP)

Dieses Gedicht entstand in eben der Phase, da der Autor den individualistischen lyrischen Ton zu überwinden suchte und mit großem Erfolg sozial und sogar politisch engagierte Lyrik schrieb, in der Phase also, da er das Ausschöpfen der eigenen Subjektivität am radikalsten in Frage stellte. Hat der Künstler etwa das Recht, den anderen Menschen seine Gemütsbewegungen, die Einzelheiten seines Lebens aufzudrängen? Verlangt das »Gefühl der Welt« nicht vielmehr den Verzicht auf das individuelle Reich der Erinnerungen an die Vergangenheit und der Gemütsbewegungen aus der Gegenwart? Bekommen diese etwa dann eine Daseinsberechtigung, wenn es dem Dichter gelingt, sie zu einer Struktur zusammenzufügen, die den anderen Menschen eine Weltsicht anbietet und ihnen so die Möglichkeit gibt, ihre eigene Weltsicht zu organisieren? Derartige Probleme tauchen in »Versos à boca da noite« (»Verse bei Einbruch der Nacht«) auf und fügen dem Thema der Unzufriedenheit mit sich selbst zwei weitere hinzu: die Berechtigung der persönlichen Poesie und die Beschaffenheit des poetischen Wortes.

3.

In Drummonds Werk reicht die Beunruhigung über das eigene Ich von den milden Formen des Humors bis zur Selbstverurteilung durch das Schuldgefühl, das als eine Art und Weise der Identitätsbestimmung des Subjekts hier eine grundlegende Rolle spielt und Ausdrucksformen von baudelairescher Schärfe annimmt:

> Ich verabscheue und ich bemitleide mich selbst
> und habe viele andere Gefühle
> heftiger Art.
>
> (»Estrambote melancólico« [Melancholisches Strambotto], FA)

Die indirekten Äußerungen sind vielleicht noch aufschlußreicher, wie etwa die häufigen Anspielungen auf Ekel und Schmutz oder die Beschwörung beklemmender Alpträume vom Ersticken, vom eigenen Begräbnis und – im Extremfall – vom Begrabenwerden bei lebendigem Leibe.[8] In diesem Thema, das man als Eingesperrtsein bezeichnen könnte, offenbart sich eine Einschnürung der Existenz, die so weit geht, daß sie sogar die Gestalt des vorweggenommenen Todes annehmen kann, wie etwa in der jüngsten Phase seines Werkes.[9] Umgekehrt ermöglicht dieses Thema jedoch auch die Ausgrabung der Vergangenheit, indem es aus der Erinnerung eine Form des Lebens oder jedenfalls der Wiederbelebung von Gewesenem macht, worauf der Prozeß der Erlösung durch die Poesie verweist, von dem in »Versos à boca da noite« (»Verse bei Einbruch der Nacht«, RP) die Rede ist. So zeigt sich, daß sein Werk in dem Maße Gestalt gewinnt, wie es die Motive des Todes und der Schöpfung (Negation und Affirmation) miteinander verschmilzt.

Doch bleiben dem Ich dabei tiefere Schuldgefühle nicht erspart, die bis an die Negation der eigenen Existenz heranreichen und im Thema der Selbstverstümmelung zum Ausdruck kommen.[10] Diese kann, wie bei der Erwähnung von Zahn- und Haarausfall, in der abgeschwächten Form bissigen Humors auftreten (z. B. in »Dentaduras duplas« [Künstliches Gebiß], SM), erreicht aber in bestimmten Symbolen wie dem abgeschlagenen Arm (in »Movimento« da espada« [Schwertstreich], RP) oder der schmutzigen Hand eine beunruhigende Aggressivität:

> Meine Hand ist schmutzig.
> Ich muß sie abhacken.
> Waschen nützt nichts.
> Das Wasser ist faulig.
> Auch einseifen nicht.
> Die Seife ist schlecht.
> Die Hand ist schmutzig,
> schmutzig seit vielen Jahren.
>
> *CMC* (»A Mão suja« [»Die schmutzige Hand«], J)

In ihrer rettungslosen Verunreinigung besudelt die »unheilbare Hand« die eigene Existenz, verhindert die Verbindung zum Mitmenschen und weckt die Sehnsucht nach Läuterung. Der »gemeine Schmutz«,

> trauriger Schmutz
> aus Krankheit
> und tödlichem Kummer
> in der empörten Haut

steht im Gegensatz zu

> Diamant oder Kristall,
> das sollte sie werden,
> um aufzufallen.

Vor allem aber steht er in Gegensatz zur natürlichen Reinheit der Dinge, zur Normalität der Beziehungen:

> eine schlichte weiße Hand,
> eine saubere Menschenhand,
> die man ergreifen,

> zum Munde führen
> oder festhalten kann
> in einem jener Augenblicke,
> da zwei sich eröffnen
> ohne ein Wort zu sagen . . .
> CMC

Aus dieser Stimmung erklärt sich die Heraushebung der Hand als Gewissensproblem, die in der letzten Strophe vom Körper gedanklich getrennt erscheint, fast selbständig, wie auf einem surrealistischen Gemälde, und so das Schlußbild von der Ankunft einer neuen Hand vorbereitet, einer synthetischen und in ihrer Künstlichkeit reinen Ersatzhand:

> Nutzlos
> die schändliche schmutzige Hand
> auf dem Tisch zu lassen.
> Rasch, hacke sie ab,
> schneid sie in Stücke
> und wirf sie ins Meer!
> mit der Zeit, mit der Hoffnung
> und ihren Machenschaften
> kommt eine neue Hand,
> rein – durchscheinend –
> und fügt sich an meinen Arm.
> CMC

Die Erlösung eines unzulänglichen und schuldbeladenen Ichs durch seine Verstümmelung findet in dem erwähnten Gedicht »Movimento da espada« (Schwertstreich) einen blutigen und triumphierenden Ausdruck, wobei das vom Ich gebrachte Opfer Voraussetzung ist für die Herstellung von Solidarität, d. h. wahrer Menschlichkeit.

> Wir sind quitt, rächender Bruder.
> Das Schwert fuhr nieder und schlug den Arm ab.
> Hier ist er, hellrot überströmt.
> Es schmerzt die Schulter, doch über der Schulter
> leuchtet deine Gerechtigkeit.

4.

Das gequälte Gewissen, Ausdruck einer verstörten Persönlichkeit, veranlaßt den Dichter, der verdrehten Mechanik der

Seele nachzugehen, jedoch auch seine Beziehung zum Mitmenschen in der Liebe, der Familie, der Gesellschaft zu überdenken. Wobei sich die zwischenmenschlichen Beziehungen aus seiner Sicht in einer gleichfalls verdrehten Welt abspielen.

Vielleicht ist die Behauptung allzu gewagt, sogar die Verstandeskategorien, also Raum und Zeit, seien von der Deformierung des verbogenen Ichs angesteckt, z. B. in Formulierungen wie: »Wellen von Äther/Kurven, Kurven«, »Biegung eines Gartens«, »Biegung der Nacht«, »gebogener Fischschwarm«, »gefährliche Kurve in den 50-ern«, »Windung dieser Treppe«, »gekrümmte Linie, die sich erstreckt«.[11] Doch besteht kein Zweifel, daß die gesellschaftliche Welt für den Dichter vor lauter Ungerechtigkeit und Verständnislosigkeit verdreht ist. Ob es sich nun um eine wesensmäßige oder eine beiläufige Deformierung handelt (der Dichter scheint zwischen beiden Möglichkeiten zu schwanken) – Tatsache ist, daß sie in der Deformierung des Individuums zutage tritt, sie bedingt und von ihr bedingt wird.

Diese »Gegenseitigkeit der Perspektiven«, wie die Soziologen sagen, erscheint seit dem ersten, noch zögernden Auftreten des Themas der verdrehten Welt in zwei oft humorvoll behandelten Motiven: dem Hindernis und dem Aneinandervorbeigehen.

Für den jungen Dichter von *Alguma Poesia* (Einige Poesie) wie für den schon reiferen Dichter von *Brejo das Almas* (Sumpf der Seelen) errichtet die Gesellschaft Hindernisse, welche die Ganzheit der Handlungen und Gefühle beeinträchtigen, wie etwa in dem zum Paradigma gewordenen Gedicht »No meio do caminho« (»Mitten im Weg«, AP):

> No meio do caminho tinha uma pedra
> tinha uma pedra no meio do caminho
> tinha uma pedra
> no meio do caminho tinha uma pedra.
> (Mitten im Weg lag ein Stein
> Lag ein Stein mitten im Weg
> Lag ein Stein
> Mitten im Weg lag ein Stein.)
> *CMC*

Die beiden wahlweise möglichen Lesearten des dritten Verses (der nach beiden Seiten hin offen ist, da er das Ende des zweiten wie auch den Beginn des vierten Verses bildet) bestätigen, daß die Wegmitte vom Stein vorher und nachher blockiert wird und daß die Hindernisse sich endlos fortsetzen. Die dadurch entstehende Barriere führt zur Einengung des Ichs durch die Welt, einer der Faktoren, die das Ich verbiegen, und andererseits zur Verständigungslosigkeit unter den Menschen, von denen ein jeder »krumm in seiner Ecke sitzt« (»Segredo« [»Geheimnis«], BA). Bereits im ersten Buch spricht das Gedicht »Quadrilha« (»Quadrille«, AP), wenngleich noch in einem humoristischen Ton, von nicht erwiderten Liebesgefühlen, die sich zu einem offenen Reigen ohne Gegenseitigkeit fügen.

> João liebte Teresa die liebte Raimundo
> Der liebte Maria die liebte Joaquim der liebte Lili
> Die niemanden liebte.
> *CMC*

In anderen Gedichten begegnen uns mechanisch gewordene Beziehungen, z. B. in Gestalt bürgerlicher Besuchskonventionen, einer seelenlosen Routine, die niemand mag, der sich aber auch niemand entzieht (»Sociedade« [Gesellschaft], AP).

Hindernis und Aneinandervorbeigehen sind typisch für eine Art verkehrte Welt, wo die Handlungen keinen Sinn haben oder falschherum ablaufen, wie etwa in dem grotesken Symbol des Weihnachtsmannes, der das Haus durch den Hintereingang betritt und den schlafenden Kindern die Spielzeuge stiehlt (»Papai Noel às avessas« [Der verkehrte Weihnachtsmann], AP).

Von Anfang an also war in Drummonds Lyrik die Vorstellung präsent, daß – um die Formulierung einer Romangestalt bei Eça de Queiroz zu gebrauchen – wir in einer »sehr schlecht gemachten Welt« leben. Dieser Gedanke von der Verkehrtheit der Welt, deren Merkmale das Hindernis und die Verständnislosigkeit sind, gewinnt immer mehr an Bedeutung und führt schließlich zur Vorstellung von der Gesellschaft als einer »morschen Welt«. Diese besteht aus überlebten Institutionen, die Uneinigkeit und Ungerechtigkeit hervorbringen und die Menschen veranlassen, sich in Einsamkeit, Kontaktlosigkeit und Egoismus zu verstricken. Die Einschnürung der Existenz, die wir auf der individuellen Ebene als Eingesperrtsein und Verstümmelung kennenlernten, erscheint auf der gesellschaftlichen Ebene als Angst – ein zentrales Motiv bei der Politisierung des Dichters in seiner reifen Phase. Die Angst lähmt, begräbt die Menschen in der Isolierung, verhindert den Einsturz der Barrieren und sorgt dafür, daß die Welt morsch bleibt. »Congresso internacional do medo« (»Internationaler Angstkongreß«, SM), ein Gedicht, das nach demselben Verfahren der Sättigung mit einem Schlüsselwort wie »No meio do caminho« (»Mitten im Weg«, AP) gebaut ist, beschreibt diese Lähmung, die schließlich alle Ebenen, alle Orte, alle gesellschaftlichen Gruppen erfaßt, um in der allgemeinen Lähmung des Todes zu enden:

Dann werden wir vor Angst sterben
Und auf unseren Gräbern werden gelbe ängstliche Blumen blühen.
CMC

Später sollte der Dichter sogar eine Welt entwerfen, die auf fantastische Weise aus Angst erbaut ist: diese wird zum Inhalt von Dingen und Gefühlen, zum Gesetz des Handelns, zur Ordnung des Universums:

> Und wir wurden erzogen zur Angst.
> Wir spürten den Geruch von Blumen aus Angst.
> Wir kleideten uns in Stoffe aus Angst.
> Aus Angst durchwateten wir
> rote Flüsse.
> (. . .)
> Wir werden Häuser machen aus Angst,
> harte Ziegel aus Angst,
> ängstliche Stengel, Fontänen,
> Straßen nur aus Angst und Stille.
> (. . .)
> Unsere so glücklichen Kinder . . .
> Treue Erben der Angst,
> bevölkern sie die Stadt.
> Nach der Stadt die Welt.
> Nach der Welt die Sterne,
> tanzend den Reigen der Angst.
> (»O Medo« [Die Angst], RP)

Die Aufgeschlossenheit für soziale Fragen, die den Dichter zu einer Art Militanz mit den Waffen der Poesie führt, erscheint ihm als eine Möglichkeit, das Ich von seinem Eingesperrtsein und die Existenz von ihrer Angsterfülltheit zu befreien. In dem bedeutenden Gedicht »A Flor e a náusea« (»Die Blume und der Ekel«, RP) sind individuelle Situation und soziale Stellung dem Subjekt eine Last und nötigen es, sich für die schlecht gemachte Welt verantwortlich zu fühlen, solange es einer unterdrückenden Klasse verbunden ist. Als erlösende Kraft tritt das gesellschaftliche Ideal auf, das in der traditionellen Gestalt einer Blume die auf ihm lastenden Schichten durchbricht. Der Verbiegung des Seins, den Hindernissen der Welt, der Kontaktlosigkeit der Menschen zum Trotz wirft sich die Poesie in einen siegreichen Kampf, der in derselben Metapher seinen Ausdruck findet wie die Revolution:

Eine Blume wurde auf der Straße geboren!
Weicht aus, Straßenbahnen, Omnibusse, Stahlstrom des Verkehrs.
Eine noch bleiche Blume
überlistet die Polizei, durchbricht den Asphalt.
Seid ganz still, legt den Handel lahm,
ich versichere: eine Blume ist geboren.
Ihre Farbe sieht man nicht.
Ihre Blütenblätter öffnen sich nicht.
Ihr Name steht nicht in den Büchern.
Sie ist häßlich. Aber sie ist wirklich eine Blume.

Ich setze mich auf den Boden der Landeshauptstadt um fünf Uhr
nachmittags
und streiche behutsam über diese unsichere Form.
Vom Gebirge her türmen sich Wolkenmassen.
Kleine weiße Punkte bewegen sich auf dem Meer, Hühner in Panik.

Sie ist häßlich. Ist aber eine Blume. Sie hat den Asphalt durchbrochen,
den Überdruß, den Widerwillen und den Haß.
CMC

Diese erlösende Kraft der Poesie in Verbindung mit sozialistischen Auffassungen findet sich in Drummonds Werk seit 1935 und nimmt ab 1942 als politisches Eingreifen und Engagement deutlichere Gestalt an. Es sind die Jahre des Kampfes gegen den Faschismus, des Spanischen Bürgerkrieges und dann des Zweiten Weltkriegs – ein Bündel von Umständen, die zu einem weltweiten Aufschwung der engagierten Literatur beitragen. Drummonds Überzeugungen, die er mit aller Deutlichkeit vertritt, geben den Anstoß zur Entstehung bewundernswerter Gedichte, die ebenso den politischen – wenngleich symbolisch behandelten – Prinzipien gelten wie den Tagesereignissen, deren gelungene Integration in poetische Strukturen nahezu einzigartig ist innerhalb der damals entstehenden Flut kurzlebiger Verse.

Doch aus der Sicht des vorliegenden Essays beruht Drummonds soziale Lyrik nicht nur auf Überzeugungen; vielmehr geht sie vor allem vom Syndrom innerer Unruhe aus, das den Poeten heimsucht. Das Gefühl des Ungenügens, unter dem das auf sich selbst zurückgeworfene Ich leidet, weckt bei ihm den Wunsch, sich durch ein Zusammengehen mit dem Nächsten zu ergänzen und so an die Stelle der individuellen Probleme die Probleme aller Menschen zu setzen.

Im Buch *Sentimento do Mundo* (Gefühl der Welt) erscheint die Hand, Symbol des Gewissens, gleich zu Anfang als etwas, das der Ergänzung bedarf, als etwas, das sich dem Nächsten entgegenstreckt und ihn zu erlösen sucht. Da für den Dichter der Mitmensch zur eigenen Existenz gehört, die andererseits von abgestorbenen Traditionen erfüllt ist, käme dessen Erlösung der Erlösung seines eigenen Ichs gleich, das durch diese Verbindung mit etwas, das jenseits der Begrenztheit seines Menschseins liegt, Vergebung erlangte. Die Bestimmung der Poesie läge darin, daß sie die Probleme der Welt in sich trägt und zur Sprache bringt. Dies wäre eine Art Handeln durch Zeugnisablegen oder auch Zeugnisablegen als Form des Handelns mit Hilfe der Poesie, die die individualistischen Fixierungen des »gänzlich verbogenen Ichs« für einige Augenblicke außer Kraft setzt.

> Ich habe nur zwei Hände
> und das Gefühl der Welt,
> doch ich bin voller Sklaven,
> meine Erinnerungen strömen
> und mein Körper ergibt sich
> im Zusammenfluß mit der Liebe.
> *CMC*

(»Sentimento do mundo« [Gefühl der Welt«], SM)

Die Vorstellung vom Sklaven (vom Menschen, den man der Mittel zu seiner Menschwerdung beraubt hat) verbindet sich mit der Vorstellung von Straße, Platz, Stadt (das heißt vom gesellschaftlichen Raum, wo sich seine Entfremdung konkretisiert), und beide konvergieren in der Idee von der »morschen Welt« (»Elegia 1938«, SM) – eine Welt, deren Normen keine Daseinsberechtigung mehr haben. Der Dichter reagiert auf die sich häufenden Beobachtungen dieser Art, die dem Politisierungsprozeß in *Sentimento do Mundo* (Gefühl der Welt) zugrunde liegen, indem er die traditionellen lyrischen Themen verschmäht und sich entschließt, an der geistigen Schöpfung einer wundersamen neuen Welt mitzuwirken, die sich bereits in den Ereignissen ankündigt. Diese beschreibt er in großartigen Gedichten, in denen Symbole vorkommen wie die ineinanderliegenden Hände, die Morgenröte, die Blume in der Großstadt, die Schattierungen des Rots, das Blut der Erlösung, der auf dem Meer wandelnde Arbeiter – Zeichen eines Zeitalters voller Wunder.

So ist es ihm möglich, die Maßstäbe für die Kritik am Subjekt in seinem Verhältnis zur Welt kritisch zu überprüfen, was zu einem tieferen Verständnis des Ichs und der Welt sowie der Beziehung zwischen beiden führt und seiner Poesie eine größere Spannweite verleiht. Die Gedichte aus der im engeren Sinne sozialen Phase (der Phase von *Rosa do Povo* – Rose des Volkes) lassen zum Beispiel erkennen, daß die innere Unruhe einerseits immer tiefer wird und sich andererseits um das Bewußtsein von der »morschen Welt« erweitert. So findet das individuelle Schuldgefühl wenn nicht Trost, so doch eine gewisse Entlastung in der Schuld der Gesellschaft, welche die individuelle Schuld relativiert und vielleicht zum Teil erklärt. Der sensible Bürger interpretiert sich selbst als abhängig von dem Milieu, das ihn prägte und mit dem er, ob er will oder nicht, solidarisch ist. (»So erzieht man uns zur Bürgerlichkeit«, heißt es in dem Gedicht »O Medo« [Die Angst], RP). Der Wunsch nach Umgestaltung der Welt enthält also zugleich die Hoffnung, damit auch die Existenz umgestalten und die Schuld des Ichs tilgen zu können. Und diese stets gegenwärtige Perspektive der Vergebung ist vielleicht auch der Grund für die Wirkung von Drummonds sozialer Poesie, die – Otto Maria Carpeaux hat schon vor längerer Zeit darauf hingewiesen – sich nicht durch ihren Gegenstand definiert, sondern eine in sich stimmige Bewegung des In-der-Welt-Seins ist, durch die der eine den andern erkennt. Sie erreicht wahrhafte Allgemeingültigkeit, weil sie gleichzeitig zutiefst individuell ist.

All dies kann die innere Unruhe nicht beschwichtigen, fördert aber die Erkenntnis, daß das eingeschnürte Ich zum Teil Konsequenz und Ergebnis der Umstände ist. Trifft dies aber zu, so steht das krumme Ich des Dichters zugleich für die Subjektivität aller oder jedenfalls vieler Menschen in der krummen Welt. Die Zerstörung dieser alten »morschen Welt« könnte, selbst wenn sie das lyrische Ich der Erlösung nicht näher bringt, doch die Bedingungen beseitigen, die, wie in seinem eigenen Falle geschehen, zu eingeschnürten Bewußtseinsformen führen.

> Also kann mein Herz ebenfalls wachsen.
> Zwischen Liebe und Feuer,
> zwischen Leben und Feuer,
> wächst mein Herz um zehn Meter und explodiert.
> – Oh künftiges Leben! dich werden wir erschaffen.
> (»Mundo grande« [Große Welt], SM)

Das Nahen der gerechten Gesellschaft wäre der »königlichen Handauflegung« in einem verhaltenen und dunklen Gedicht von W. H. Auden vergleichbar, der wundertätigen Berührung durch die heiligen Könige, die die Schmerzen und Verstümmelungen der Zeit heilen. Hier wird deutlich, daß die Zerstörung der »morschen Welt« nicht nur politischer Überzeugung entspricht, sondern eine Antwort auf das ernste Problem der »wüsten Erde« ist, das T. S. Eliot kurz nach dem Ersten Weltkrieg aufwarf, und ohne das vieles in der zeitgenössischen Kunst, in Lyrik, Roman, Theater und Film – bis hin zu den grellen Ausdrucksformen einer der Sterilität entspringenden Verzweiflung – undenkbar wäre.

Die soziale Lyrik Drummonds verdankt ihre Wirkung ferner der Erweiterung seines Sinnes fürs Alltägliche, der immer schon einer der Angelpunkte in seinem Werk war und übrigens auch seine ausgezeichneten Qualitäten als Chronist, d. h. als Verfasser von Kurzprosa mit aktueller Thematik, erklärt.[12] Nun, die politische Erfahrung gab ihm die Möglichkeit, den Alltag dank eines vertieften Verständnisses für den Mitmenschen in einem neuen Licht darzustellen. Sie half ihm, das Moment des Pittoresken und bisweilen Anekdotischen, das der bloßen Schilderung des alltäglichen Lebens eigen ist, zu überwinden, schärfte seine Fähigkeit, das individuelle Schicksal in der Verkettung der Umstände zu erfassen und ermöglichte so eine soziale Lyrik besonderen Zuschnitts, nicht mehr als politische Stellungnahme, sondern als differenziertes Erkennen der *conditio humana* in alltäglichen Dramen der modernen Gesellschaft.

Die Poesie entfloh den Büchern, jetzt ist sie in den Zeitungen.
(»Carta a Stalingrado« [Brief nach Stalingrad], RP)

Dieser Vers beweist die Fähigkeit, dem noch frischen Tagesereignis eine Erschütterung abzugewinnen, die es seiner Kurzlebigkeit entreißt und der Sphäre des künstlerischen Ausdrucks einverleibt. So verfährt Drummond nicht nur mit den spektakulären Vorgängen des Kriegs und der sozialen Kämpfe, sondern auch mit dem Tod des Milchlieferanten, der vom Hausherrn für einen Einbrecher gehalten und erschossen wird (»Morte do leiteiro« [Tod des Milchmanns], RP); ferner mit der Anzeige, in der um Hinweise auf ein verschwundenes Mädchen gebeten wird (»Desaparecimento de Luísa Porto« [Verschwinden von Luísa Porto], RP); und so verfährt er vor allem mit dem Mann aus der Großstadt, der mechanisch den Pflichten des Tages nachkommt, um abends in die Maschine zu steigen, die ihn in den Abgrund reißt (»Morte no avião« [Tod im Flugzeug], RP).

In dieser Beziehung unterscheidet er sich als Poet von den anderen Modernisten, einschließlich Mário de Andrades, die das Alltägliche festzuhalten suchen, um einen in sich selbst ruhenden »poetischen Augenblick« zu erzielen. Drummond dagegen bereichert und erweitert das Faktische, um eine Art diskretes Epos des zeitgenössischen Lebens zu schaffen. Dies hängt vielleicht mit seiner Fähigkeit zusammen, banale Dinge mit Phantasie zu erfüllen, wie im Falle des Jungen, der im Gedicht »Sentimental« (AP) den Namen der Freundin mit Buchstaben aus Suppennudeln schreibt – und auch mit einem sechsten Sinn, der ihn die Anekdote in die Sprache des Mythos und des Traumes übersetzen läßt, wie im Gedicht »Canção da moça fantasma de Belo Horizonte« (Lied vom Gespenstermädchen aus Belo Horizonte, SM), das auf eine zeitweilig sehr verbreitete Schauergeschichte zurückgeht.

5.

Mit Hilfe des Traumes führt uns der Dichter übrigens in ein weiteres großes Thema seiner Unruhe ein: die Suche nach der Vergangenheit mit Hilfe der Familie und der heimatlichen Landschaft.

> In der Ödnis von Itabira
> faßte der Schatten meines Vaters
> mich bei der Hand.
> Soviel verlorene Zeit.
> Doch er
> sagte nichts.
> Es war nicht Tag noch Nacht.
> Seufzen? Vogelflug?
> Doch er
> sagte nichts.
> (»Viagem na família« [Reise in die Familiengeschichte], J)

Dieses Gedicht eröffnet einen Zyklus, der sich in einigen früheren, parallel zur sozialen Poesie entstandenen Gedichten bereits angekündigt hat, danach aber mit wachsender Besessenheit fortgeführt wird. Und es ist gewiß erstaunlich, daß der größte sozialkritische Lyriker der zeitgenössischen brasilianischen Literatur zugleich der große Sänger der Familie als sozialer Gruppe und Trägerin der Tradition ist. Das legt den Gedanken nahe, dieser Zyklus stelle innerhalb seines Werkes vielleicht eine Überschneidung der beiden Tendenzen seiner inneren Unruhe dar, der persönlichen und der gesellschaftlichen; denn die Familie als eine das Individuum einschließende und überwindende Instanz mag zugleich der Schlüssel zu seinem Verständnis sein. Außerdem stellt man bei näherer Betrachtung der Chronologie von Drummonds Werk fest, daß gerade die Zuspitzung der Themen persönlicher Unruhe sowie das Auftreten der sozialen Themen ihm den Weg zu seiner ganz eigentümlichen Familienpoesie bereiten, die z. B. weit entfernt ist von dem vertrauten lyrischen Umgang eines Manuel Bandeira mit seiner Erinnerung an die verstorbenen Großeltern, Eltern und anderen Verwandten.

Im ersten Buch definiert das bereits zitierte Eingangsgedicht die bedrückte Existenzweise von jemandem, den »ein krummer Engel« zwang, »linkisch im Leben zu sein«. Schon das zweite Gedicht führt die Familie ein, die in einem erinnerungsträchtigem kleinen Tableau vorgestellt wird – nach dem Vorbild jener traditionellen Farblithographien, auf die die Modernisten gern mit einer humoristischen, desillusionierenden oder paradoxen Intention anspielten (»Infância« [Kindheit], BA). Doch erst im dritten Buch gibt es eine Vorahnung seiner künftigen Familienpoesie, im Gedicht »Os Mortos de sobrecasaca« (»Die Toten im Gehrock«, SM):

In einer Ecke des Wohnzimmers lag ein Album mit unerträglichen Fotografien,
viele Meter hoch und endlose Minuten alt,
über das sich alle beugten,
um die Toten im Gehrock zu verspotten.

Ein Wurm begann die gleichgültigen Gehröcke zu zernagen
und zernagte die Seiten, die Widmungen und sogar den Staub der Bilder.
Nur das unsterbliche Schluchzen zernagte er nicht,
das unaufhörlich aus den Seiten brach.
CMC

Die Hyperbel des zweiten Verses zeigt, daß das Album gleichzeitig eine Grabstätte ist, ein Doppelsinn, der in der Tätigkeit des Wurmes in der folgenden Strophe fortbesteht, um sich schließlich in der gefühlsmäßigen Überzeugung aufzulösen, die Vorfahren besäßen eine Menschlichkeit, die trotz der physischen Auslöschung lebendig bleibt. Zwischen ihnen und dem Dichter deutet sich hier ein erstes geheimnisvolles Raunen an, worin das Leben mit dem Tod, der Nachfahre mit dem Vorfahren in Verbindung treten, so daß sich ein Geflecht von Beziehungen und Ahnungen ergibt, das seine spätere Poesie weiterentwickeln sollte.

Zur Besessenheit von den Toten wird dieses Thema im folgenden Buch, im Gedicht »Os Rostos imóveis« (Die unbeweglichen Gesichter, J). Zur gleichen Zeit werden im Gedicht »Edifício Esplendor« (Hochhaus Herrlichkeit, J) die Konturen des Vaters erkennbar (der die zentrale Obsession dieses Zyklus sein sollte), ein Thema, das bald einen immer breiteren Raum einnimmt und sich mit dem der Heimatstadt verbindet, das bereits früher, in »Viagem na família« (Reise in die Familiengeschichte, J), eine Rolle spielte.

Von nun an tritt die Fixierung auf den Vater, im psychologischen wie im gesellschaftlichen Sinne, als Thema in den Vordergrund – um so mehr als die Mutter in dieser Phase nur zweimal vorübergehend vorkommt und ihre Rolle ansonsten vom Haus oder von der Stadt übernommen wird. So lebhaft ist diese Präsenz des Patricharchats, daß sogar eine Ballade wie »Caso do vestido« (Frage nach dem Kleid, RP) – ein Dialog zwischen Mutter und Kindern über den Vater und seine ehemalige Geliebte –, wenngleich von individuellen Erinnerungen und der Familienpoesie völlig losgelöst, als eine Art Nukleus dieses mächtigen Komplexes erscheint. Aus den Nebeln einer beinahe folkloristischen Gefühlslyrik taucht hier der allesverschlingende Patriarch auf, der die Seinen zermalmt und seine persönlichen Gelüste zum moralischen Gesetz erhebt. Die anderen Gedichte, in denen der Vater unmittelbar als der des Dichters auftritt, gemahnen an eine rituelle Totenbeschwörung, die jene höchste Autorität zugleich milde stimmen, vermenschlichen und verständlich machen soll. Dies gilt um so mehr, als der individuelle Vater von einem bestimmten Zeitpunkt an allmählich hinter die höhere Wirklichkeit zurücktritt, die seine Existenzberechtigung ausmacht und in die er den Sohn gleichsam hineinzog, – das heißt die Sippe, die von den Vorvätern beherrscht wird und die mit dem Haus, der Stadt, der Region und einer vergangenen Wirklichkeit verwachsen ist. Eine Vergangenheit, die von weitem heil aussieht und zur gespaltenen Existenz in einer gespaltenen Welt ein Gegengewicht bildet. Die Suche nach der Vergangenheit ist ein wichtiges Anliegen des Dichters, wenngleich dies nicht der Paradoxie entbehrt bei jemandem, der gesagt hat:

Die Zeit ist mein Stoff, die gegenwärtige Zeit, die gegenwärtigen Menschen,
das gegenwärtige Leben.
CMC
(»Mãos dadas« [Hand in Hand«], SM)

Doch von diesen und anderen Paradoxien lebt sein Werk: gleichzeitige Obsession von Vergangenem und Gegenwärtigem, Individuellem und Kollektivem, Gleichheitsstreben und aristokratischer Haltung. Ohne Kenntnis der Vergangenheit findet der Poet keinen Platz in der Gegenwart; die Familie bestimmt die Existenzweise und macht sie verständlich, ebenso wie das Haus das Individuum im Verhältnis zu den andern Menschen abgrenzt und ergänzt:

Eine Wand begrenzt die Straße
und das Haus. Sie ist ganz Obdach,
Sanftmut, Zärtlichkeit. Eine Wand
lehnt sich uns an; und hilft dem Schwankenden,
dem Verwirrten, dem Blinden. Auf der andern Seite ist die Nacht,
die uralte Angst, die Aufseher
der Strafanstalt, die Jäger, die Füchse.
Doch das Haus ist ein Schatz. Welcher Friede in den Möbeln.
(»Onde há pouco falávamos« [Wo wir uns vor kurzem unterhielten], RP)

Das unter diesem Gesichtspunkt zentrale Gedicht ist »Os Bens e o sangue« (Die Güter und das Blut, CE), wo die Verbindung zwischen Vergangenheit der Familie und Gegenwart des Individuums durch die höchst bedeutungsträchtige Form des Testamentes hergestellt wird. Die Vorfahren schließen bestimmte Geschäfte ab, die auf die bewußte Zerstörung des Familienerbes hinauslaufen, um so das Schicksal des Enkels festzulegen. »Versos à boca da noite« (»Verse bei Einbruch der Nacht, RP) entwarfen die hypothetische Vorstellung von einem anderen Ich, zu dem das reale Ich hätte werden können, und dessen Verwirklichung eine reine Möglichkeit der Kindheit blieb, einer Kindheit »zwischen Götzen mit finsterem Gesicht«, das heißt unter den Erwachsenen und ihren Werten, von denen das Leben seinen Ausgang nahm. In »Os Bens e o sangue« (Die Güter und das Blut, CE) hingegen scheint festzustehen, daß eine andere Existenzweise nicht möglich gewesen wäre, denn die real vorhandene ist von jeher durch den Charakter der Familie vorherbestimmt. Die außerordentliche Macht der Sippe bestünde also darin, dem Nachfahren jede andere Existenzweise unmöglich zu machen; sie bestünde in einer allmächtigen inneren Ordnung, die seine Wege vorzeichnet, und die erklärt, warum er der Familie bedarf, um sich selbst, seinen Charakter und seine Beziehungen zu anderen Menschen zu begreifen. Umgekehrt ergänzt und erklärt sein Schicksal das der Familie, das ebenfalls nicht anders hätte verlaufen können. Im zitierten Gedicht stehen die im Chor gesprochenen Schlußworte der Vorfahren am Ende einer Diskussion über die Existenz und die Nicht-Existenz, die bis dahin in Drummonds Poesie einen breiten Raum eingenommen hat, und beschließen so den Themenkreis vom Individuum und seinen Ursprüngen:

> Oh ersehnter,
> oh Dichter einer Dichtung, die sich entwindet und ausbreitet
> gleich einem See aus Teer und tödlichem Abhub...
> Du bist unser natürlicher Zweck und wir sind dein Dünger
> deine Erklärung und deine einfachste Tugend...
> Denn es war notwendig, daß einer der unsern uns verschmähte
> um uns besser zu Diensten zu sein. Von Angesicht zu Angesicht
> betrachten wir dich, und dein ist dieser erste
> und feuchte Kuß von unserem Mund aus Lehm und Bodensatz.

6.

Es wurde bereits gesagt, daß alle diese Themen innerer Unruhe (das Material, über das der Poet arbeitet) eine objektive Geltung erlangen, indem sie sich mit einem anderen verbinden: mit dem ständigen und zuweilen ebenso sorgenvollen Grübeln über die Poesie.

Beschaffenheit und Zustand der Existenz, d. h. Verbogenheit und Verdrehtheit des Menschen, der sich in einer ebenfalls verbogenen Welt zu verwirklichen sucht, sind schwerwiegende Probleme, weil sie das Leben lähmen und wertlos machen. Bewegung und Leben hingegen gäbe es in der ästhetischen Gewißheit, die auf der erlösenden Kraft des Gedichtes beruht. Dieses erhebt sich eben dadurch, daß es diese Probleme mit Hilfe einer in sich stimmigen Struktur zum Ausdruck bringt, zu einem eigenständigen, vom Dichter getrennten Gegenstand, autonom in seiner Fähigkeit, Aufmerksamkeit auf sich zu ziehen und den Leser, den im Getriebe des Lebens sonst unerreichbaren Mitmenschen, aufzurütteln. Daher endet das Gedicht »Versos à boca da noite« (»Verse bei Einbruch der Nacht«, RP) mit einer Art Wunsch, etwas in sich Geschlossenes zu schaffen, das eine Leistung im doppelten Sinne wäre, im psychologischen wie im handwerklichen. Durch die Konstituierung des Gedichtes als autonomer Gegenstand erfährt das Ich des Poeten eine schöpferische Umformung, bei der es sich als psychologische Instanz auflöst, um in eine ästhetische Struktur einzugehen, deren bloßes Samenkorn es war.

Betrachtet man jedoch Drummonds bisheriges Schaffen in seiner Gesamtheit, so stellt man keine ästhetische Gewißheit fest und nicht einmal die Hoffnung darauf, sondern Zweifel, Suche, Diskussion. Seine Poesie ist großenteils ein Erkundungsprozeß über das Problem der Poesie, und es überrascht nicht, daß *Sentimento do Mundo* (Gefühl der Welt) dabei eine Art Wasserscheide bildet, ein Buch, das auch in dieser Hinsicht neue Wege weist.

Das Erstlingsbuch ist von dem Gedanken beherrscht, die Poesie komme von außen, gründe sich vor allem auf die Beschaffenheit des poetischen Stoffes. Dies entspricht der Neuinterpretation der Welt, die es den Modernisten ermöglichte, mit den akademischen Konventionen zu brechen. Drummond schließt sich dieser Auffassung zunächst an, indem er den Wert der Poesie mit der Qualität des poetischen Gefühls gleichsetzt und so das Gedicht zu einem reinen Sprachrohr reduziert:

> Eine Stunde lang grübelte ich über einen Vers,
> den die Feder nicht aufschreiben wollte.
> Und doch ist er hier drinnen
> und will nicht heraus.
> Aber die Poesie dieses Augenblicks
> durchflutet mein ganzes Lebens.
> (»Poesia« [Poesie], AP)

Die Poesie scheint sich unter der Einwirkung ihres Stoffes zu »ereignen« (um eine von ihm damals geprägte Definition zu gebrauchen), stellt also gewissermaßen seine Verlängerung dar. Sie entsteht als bloße Registrierung von Gemütsbewegungen oder Wahrnehmungen:

Keinerlei Wunsch an diesem Sonntag
keinerlei Problem in diesem Leben
die Welt blieb plötzlich stehen
die Menschen verstummten
Sonntag ohne Ende und Anfang.

Die Hand, die dieses Gedicht schreibt
weiß nicht, daß sie schreibt

doch vielleicht, wüßte sie es
würde sie nicht einmal darauf achten.
(»Poema que aconteceu« [Ein Gedicht hat sich ereignet], AP)

In dem Gedicht »Explicação« (Erklärung, AP) erscheint das Dichten sogar als ein Aufatmen, weil es Vergnügen, Erleichterung oder Tatkraft spendet.

Zweifel an dieser mangelnden Unterscheidung der Poesie von ihrem Gegenstand finden sich erstmals in dem kleinen Gedicht »Segredo« (»Geheimnis«, BA) aus dem zweiten Buch Drummonds, wo die Legitimationsgrundlage der Poesie abrupt in Frage gestellt wird, als entdecke der Dichter nunmehr, daß die Themen als solche, losgelöst von dem Wort, das sie in die Welt des Gedichtes einführt, ohne Bedeutung sind. Und daß es also nicht bloß darum geht, einem vorliterarischen Stoff die angemessene sprachliche Form zu geben, sondern darum, zu klären, ob diese sich durch einen neuen Sinn legitimiert, der sie trägt und zu einem eigenwertigen ästhetischen Gebilde macht. Das Thema der Unruhe verlagert sich somit auf die ästhetische Ebene; und die bisher gängigsten Stoffe (Liebe, *polis*, Wunder, Erlösung) scheinen ihren Wert als Grundlagen des Gedichtes einzubüßen. Dessen Qualität sah der Dichter wenig später nicht mehr in bezug auf einen vorliterarischen Gegenstand, sondern darin, daß es selbst zu einer Art Gegenstand wird.

> Die Poesie ist nicht mitteilbar.
> Bleibe krumm in deiner Ecke.
> Liebe nicht.
>
> Ich höre, in nächster Nähe
> unseres Körpers werde geschossen.
> Ist es die Revolution? Die Liebe?
> Sage nichts.
>
> Alles ist möglich, nur ich unmöglich.
> Das Meer läuft über von Fischen.
> Es gibt Männer die auf dem Meer gehen
> als gingen sie auf der Straße.
> Erzähle es nicht weiter.
>
> Angenommen ein Feuerengel
> fegte über das Gesicht der Erde

> und die geopferten Menschen
> bäten um Verzeihung.
> Bitte nicht.
> *CMC*

Der »krumme Mensch« in diesem Gedicht steht für das Problem der Kontaktlosigkeit auf existenzieller wie auf künstlerischer Ebene. In der Folgezeit läßt sich ein gewisses Auseinanderklaffen der beiden Ebenen beobachten; der Dichter geht das Problem der Poesie auf eine eigentümliche Weise an, die uns an Mallarmé erinnert, denn im poetischen Schöpfungsakt sieht er ein Ringen mit dem Wort, dem nunmehr sein Zweifel und seine Unruhe gelten. Deutlich erkennbar wird dies im Gedicht »O Lutador« (Der Kämpfer, J), dessen erste Verse sich in Rhythmus und thematischem Einstieg wie eine ironische Anspielung auf die Schulhymne lesen, die die Einleitung zu dem in Drummonds Generation gebräuchlichen *Zweiten Lesebuch* von Tomás Galhardo bildete.

> Mit Wörtern zu kämpfen
> ist der vergeblichste Kampf.
> Doch wir kämpfen
> kaum daß der Tag anbricht.
> Sie sind viele, ich bin wenig.
> Einige sind so stark
> wie Eber.
> Ich bin, denke ich, nicht wahnwitzig.
> Wäre ich es, hätte ich
> Kraft, sie zu verzaubern.
> Doch klarblickend und kaltblütig
> trete ich auf und versuche
> einige von ihnen zu erhaschen
> für meinen Unterhalt
> an einem Lebenstag.

Die Wörter scheinen rebellische und vielgestaltige Wesen zu sein, die der Dichter herbeizulocken sucht, die sich ihm aber immer wieder entziehen, ob er sie nun umschmeichelt oder mißhandelt. Er kämpft einen ungleichen und ruhmlosen Kampf gegen Wesen, die ungreifbar bleiben und sich bei Berührung auflösen, die den Poeten aber faszinieren und von denen er nicht abzulassen vermag. So kommt es, daß – nachdem der Tag und das »nutzlose Duell« vorüber sind – »der Kampf weitergeht/auf den Straßen des Schlafs«.

Noch ausführlicher spielt sich das Drama dieser Suche im Gedicht »Procura da poesia« (»Auf der Suche nach der Dichtung«, RP) ab, dessen achtundfünfzig Verse sich mit dem Problem der poetischen Stoffe auseinandersetzen und zu dem Ergebnis kommen, daß diese für sich genommen bedeutungslos sind. Dies ist um so bemerkenswerter, als der Dichter damals eine Phase der Entdeckung und leidenschaftlichen Praxis sozialer Lyrik durchlebte:

Mach keine Verse aus Geschehnissen.
Für die Poesie gibt es weder Schöpfung noch Tod.
Für sie ist das Leben eine statische Sonne,
die weder wärmt noch leuchtet.
Wahlverwandtschaften, Geburtstage, persönliche Zwischenfälle zählen nicht.

Mach keine Gedichte aus dem Körper,
diesem vortrefflichen, vollkommenen und bequemen Körper, der
dem lyrischen Taumel so abgeneigt ist.
Dein Tropfen Galle, deine Fratze der Lust oder Pein im Dunkeln sind belanglos.
Enthülle mir nicht deine Gefühle,
die vom Mißverständnis leben und die lange Reise versuchen.
Was du denkst und fühlst, ist noch keine Poesie.
CMC

Von dieser Stelle an setzt sich die Bewegung des Negativen in einem Crescendo fort, das dieselben spröden und vernichtenden Schlußverse erwarten läßt wie »Segredo« (»Geheimnis«, BA). Doch dann macht das Gedicht eine Kehrtwendung und entfaltet in einem zweiten Teil die Theorie vom nutzlosen, aber unumgänglichen Kampf aus »O Lutador« (»Der Kämpfer«, J). Die Poesie ist in den Wörtern verborgen, mit ihnen verklammert; erst die poetische Arbeit schafft die Möglichkeit, die Wörter so zu organisieren, daß sie die Poesie freigeben, denn diese ist nicht die Kunst, die sich dem Gegenstand verdankt, wie der junge Autor von *Alguma Poesia* (Einige Dichtung) glauben mochte, sondern die Kunst, die sich dem Namen des Gegenstandes verdankt, und die auf die Konstituierung einer neuen Wirklichkeit abzielt. Mit hellsichtiger Gelassenheit verzichtet der Dichter auf den ein wenig spektakulären Kampf und auf seine eigenen Gefühlsregungen, damit diese als Poesie-Wörter wiedererstehen können:

> Dring unbeirrt ein in das Reich der Wörter.
> Dort sind die Gedichte, die geschrieben werden wollen.
> Sie sind gelähmt, aber es herrscht keine Verzweiflung,
> alles ist Ruhe und Frieden auf der unversehrten Oberfläche.
> Hier sind sie allein und stumm, im Zustand des Wörterbuchs.
> *CMC*
> (»Procura da poesia« [»Auf der Suche nach der Poesie«], RP)

Dies ist der Augenblick tiefster ästhetischer Bewußtheit in seinem Schaffen; der Augenblick klarer Einsicht in alles, was ihn immer wieder mit beklemmender Sorge erfüllt; der Augenblick, da er das mythologische Abenteuer der poetischen Schöpfung zu beschwören vermag, dessen immanentes Gesetz im Wort Gestalt gewinnt. So groß ist seine Radikalität, daß ein Vers wie der letzte in der zitierten Passage (»Hier sind sie allein und stumm, im Zustand des Wörterbuchs«), obgleich zum humoristischen Erbe des brasilianischen Modernismo gehörend, hier karg und streng ist; mit einer Wahrheit, die das Bild zur unmittelbaren Aussage zu machen scheint. Und dieser Eintritt ins Mysterium ist von einer rituellen Gemessenheit, die an das Eindringen in gewisse magische und feierliche Räume bei Murilo Mendes erinnert, wie etwa in dessen Gedicht »Os Amantes submarinos« (Die unterseeischen Geliebten) aus *As Metamorfoses*:

> Heut' abend treff ich dich in den Koralleneinsamkeiten
> Wohin die Macht des Lebens uns an der Hand geführt.

Ob es etwas Paradoxes an sich hat, wenn man alles Stoffliche von vornherein verleugnet, um schließlich die Handhabung des Wortes selbst zum Gegenstand der Poesie zu erklären? Als bloße Bezeichnung für Dinge, Gefühle, Gedanken, Lebewesen läßt sich das Wort von seiner Darstellungsfunktion nicht trennen, doch für den Dichter existiert alles in erster Linie als Wort. Erfahrung ist für ihn nicht als solche authentisch, sondern nur insofern sie im Universum des Wortes nachvollzogen werden kann. Nur als Wort existiert der Gedanke, denn sein Leben, das heißt seine Bedeutung verdankt er allein der Wahl des Wortes, das ihn bezeichnet, sowie der Stellung dieses Wortes innerhalb der Struktur des Gedichts. So wird das Gedicht zwar meist mithilfe von Gemeinplätzen gebaut – das alte Leid, die alte Freude, die alte Ratlosigkeit des Menschen –

doch bei der Lektüre erscheint uns alles als neu, und erst beim zweiten Hinschauen erkennen wir die altbekannten Gegenstände. Das Gedicht erfüllt nur dann seinen Auftrag ganz, wenn es als ein weit deutlicherer und frischerer Ausdruck dessen erscheint, was wir fühlten und taten. In den Händen des Dichters wird der Gemeinplatz zur Offenbarung, dank dem Wort, in dem er aufgehoben ist.

Die dafür erforderliche Arbeit macht einen großen Teil dessen aus, was wir Inspiration nennen. Diese besteht in der Fähigkeit, mit den neutralen, sich »im Zustand des Wörterbuchs« befindlichen Vokabeln (die ebenso für die Bildung einer fachspezifischen Aussage, eines praktischen Hinweises oder eines Verses taugen) souverän zu operieren und ihre Neutralität dank der Sinndifferenzierung aufzubrechen, die sie bei ihrer Verknüpfung mit Hilfe einer besonderen Syntax erfahren. Zunächst ist es erforderlich, sich von den konventionellen Systemen zu befreien, die die Entdeckung der möglichen Bedeutungen behindern oder gar vereiteln. Dies ist der Hintergrund der ästhetischen Entscheidung, die ein früheres Gedicht zum Ausdruck bringt:

Ich werde nicht das Wort Traum
reimen mit dem unentsprechenden Wort Baum.
Ich werde es mit dem Wort Fleisch
reimen oder irgendeinem anderen, alle sind mir recht.
Wörter kommen nicht angekettet zur Welt,
sie springen, küssen sich, lösen sich auf,
am freien Himmel bisweilen eine Skizze,
sie sind rein, weit, echt, unerforschlich.
CMC
(»Consideração do poema« [»Betrachtung über das Gedicht«], RP)

Es geht bei dieser Entscheidung darum, die Wörter mit Fingerspitzengefühl für ihre Beziehungen zueinander zu verwenden; denn die Kunst des Dichters besteht vor allem darin, Strukturen zu organisieren. Was den Gemeinplatz zur Offenbarung macht, ist die Herstellung einer bestimmten Konstellation der Vokabeln (vielleicht die »Skizze am freien Himmel«). Diese poetische Tätigkeit ist gemeint, wenn in »Procura da poesia« (»Auf der Suche nach der Poesie«, RP) vom Eindringen ins Reich der Wörter die Rede ist, wobei es dem Dichter nicht um die Vokabeln als solche geht, die nur ein Moment der schöpferischen Suche sind, sondern um das unmittelbare Erkennen der Struktur, zu der sie sich zusammenfügen lassen. Was ihm bei diesem orphischen Abenteuer vor Augen steht, ist, so wird hier deutlich, das Gedicht als Ganzes in einer embryonalen Phase seiner Entstehung.

Lebe mit deinen Gedichten, bevor du sie schreibst.
Hab Geduld, wenn sie dunkel sind, bewahre Ruhe, wenn sie dich herausfordern.
Warte, bis ein jedes sich verwirklicht und vollendet
mit seiner Macht des Worts
und seiner Macht der Stille.
(CMC)
(»Procura da poesia« [»Auf der Suche nach der Poesie«], RP)

Das Gedicht geht über die Wörter hinaus und erschließt jenes Unsagbare, das die Wörter für sich genommen nicht enthalten und wovor sie kapitulieren müssen – das sie aber als geheimnisvolle Suggestion mitschwingen lassen, sobald sie in passender Weise miteinander verknüpft werden. Und diese Schwingungen, die in den Schweigezonen zwischen den Wörtern verschwinden, sind eine Eigenschaft des Gedichtes als Ganzes. Die mallarmésche Besessenheit von dem Wort – das einerseits Verletzung eines absoluten Zustandes, nämlich des Nicht-Wortes, der unbeschriebenen Seite ist, andererseits aber zugleich unsere einzige Rettung vor dem Schiffbruch ins Nichts darstellt – durchdringt dieses entscheidend wichtige Gedicht und erklärt die Sorgfalt und Behutsamkeit, mit der der Poet die Suche nach dem wunderbaren und gefährdeten Gleichgewicht betreibt, die Organisation der poetischen Struktur, die nur gelingen kann, wenn er seine ganze Persönlichkeit eingebracht hat:

Zwinge nicht das Gedicht, sich aus dem Schattenreich zu lösen.
Hebe kein Gedicht vom Boden auf, das verlorenging.
Schmeichle nicht dem Gedicht. Nimm es hin
wie es seine endgültige gesammelte Form hinnimmt
im Raum.
CMC
(»Procura da poesia« [»Auf der Suche nach der Poesie«], RP),

Die »Form im Raum«, die objektive Konfiguration, die den Sinn des Ganzen – zu dem ein jedes Wort durch seine Stellung beitrug – in sich birgt, hängt von dieser Geduld ab, ergänzendes Gegenstück zum anfänglichen Ringen, von dem in »O Lutador« (Der Kämpfer) die Rede ist. Als isoliert auftretende Wesen belauern die Wörter den Poeten, stets bereit, ihn aus dem Hinterhalt anzugreifen. Also versucht er, sie günstig zu stimmen, verzichtet auf das unkontrollierte Gefühl, auf die spontane Wiedergabe der Gemütsbewegung, in der die Konturen der Wörter zu verschwimmen drohen. Schließlich kapitulieren die Wörter und lassen sich in dem Netz einfangen, das sie zur Einheit und Totalität des Gedichts organisieren wird. Ein schwieriges und gefährliches Unterfangen, denn diese Nutzbarmachung der Wörter hängt von der Umsicht des Dichters ab, des einzigen Schiedsrichters beim Prozeß ihrer Zusammenfügung:

> Komm näher und betrachte die Wörter.
> Ein jedes
> hat tausend geheime Gesichter unter dem neutralen Gesicht
> und fragt dich, gleichgültig gegen deine Antwort,
> ob armselig oder schrecklich:
> Hast du den Schlüssel mitgebracht?
> *CMC*
> (»Procura da poesia« [»Auf der Suche nach der Poesie«] RP)

Es ist dies im übrigen ein ungewisses und vorläufiges Unterfangen, denn die Wörter sind ständig auf dem Sprung, sich dem Zugriff zu entwinden und in die poetische Bedeutungslosigkeit, in das Schattenreich der Alltagssprache zurückzukehren, wo sie Vehikel ohne besondere Würde sind. Oder sie ziehen es vor, im ursprünglichen Reich des Traumes und des Unbewußten zu verharren, wo sich im Gedicht »O Lutador« (Der Kämpfer) der fruchtlose Kampf des Dichters abspielte, den die Wörter als einen Gescheiterten betrachten, als einen, der es nicht verstand, sie zu einer bedeutungsvollen Einheit zu gruppieren. Das Frostgefühl des Scheiterns, das sich da einstellt, wo die poetische Absicht an ihre Grenzen stößt und das Reich des Zufalls beginnt, prägt die letzten Verse dieses Gedichtes, das zu den bewundernswertesten der zeitgenössischen Literatur gehört:

Gib acht:
Frei von Melodie und Sinn,
flohen sie in die Nacht, die Wörter.
Noch feucht und schwer von Schlaf,

schwimmen sie in einem schwierigen Strom und verwandeln sich in Verachtung.

CMC
(»Procura da poesia« [»Auf der Suche nach der Poesie«], RP)

7.

Abgesehen davon, daß Drummonds Werk noch andere Aspekte aufweist, machen diejenigen, von denen soeben die Rede war, seit *Claro Enigma* (Helles Rätsel) einen Wandel durch. Die Gequältheit zum Beispiel wird gelockert und sublimiert, was in seinem Buch *Lição de Coisas* (Lehre der Dinge) zur Wiederbelebung der humoristischen Schreibweise aus der Anfangszeit sowie zu einem erneuerten Interesse an der Anekdote und der Alltagsbegebenheit führt, die er nun wieder mit einer gewissen Unbekümmertheit behandelt.

Wichtiger noch ist vielleicht der Wandel in den Motiven der Unruhe, der die Tendenz zu einer gewissen Gelöstheit erkennen läßt. Diese äußert sich nicht nur im Inhalt der Botschaft, sondern auch in einem wachsenden Ebenmaß der Form, die der Dichter als Element des Ausgleichs innerhalb seiner Interpretation der Welt offenbar zunehmend schätzt.

Doch entspringt diese Gelöstheit auch einer Hinnahme des Nichts: des fortschreitenden Todes in der täglichen Existenz sowie der Auflösung des Gegenstandes beim poetischen Schöpfungsakt, die bis zur Negation der Poesie selbst gehen kann. Und es entstehen Verse, deren Nihilismus ausgeprägter ist als je zuvor:

Poesie, über den Prinzipien
und den ungewissen Gaben des Universums:
in deinem blutschänderischen Schoß,
das schöne Krebsgeschwür des Verses.
(»Brinde no banquete das musas« [Trinkspruch beim Bankett der Musen], FA)

Diese Bemerkungen (denen man andere hinzufügen könnte) sollen auf die Grenzen des vorliegenden Essays hinweisen. Es handelt sich um eine vorwiegend deskriptive Analyse, die eine Reihe von Themen herausarbeitet und ihre Verwendung untersucht. Eine Analyse, die überdies einen von vornherein beschränkten Anspruch erhebt: Sie erfaßt nur eine gewisse Anzahl von Themen in einer bestimmten Schaffensperiode des Dichters, wobei sie von der Voraussetzung ausgeht, daß diese Themen ein Ganzes bilden und daß die untersuchte Periode von entscheidender Bedeutung ist. Als eine themenorientierte Untersuchung, die von der in den Gedichten wirksamen psychischen Dynamik ausgeht, verzichtet der Essay auf eine formale Anlayse, die ihn vervollständigen würde und zu der er eine notwendige Einführung sein möchte.

In Drummonds Poesie sind die Probleme so mächtig, daß das Gedicht sich um sie herum zu entwickeln und zu organisieren scheint, gleichsam als eine sie zum Ausdruck bringende Architektur. Dies ist der Grund für die herausragende Stellung, die sie in seinem Werk einnehmen, und für die Notwendigkeit, sie mithilfe der von ihnen gebildeten symbolischen Struktur näher zu bestimmen. Von diesen Problemen müssen wir z. B. ausgehen, wollen wir einen der grundlegenden Aspekte seiner Kunst verstehen, nämlich die Schroffheit, die sich von der Darstellung des Alltäglichen und Anekdotischen in den ersten Büchern allmählich bis zum krassen Ausdruck innerer Getriebenheit steigert und den Leser regelrecht vor den Kopf stößt. Ebenso wenig wie Graciliano Ramos im Roman legt Drummond in der Lyrik Wert darauf, dem Leser zu gefallen, weder durch das, was er sagt, noch durch die Art und Weise, wie er es sagt:

> Ich will ein hartes Sonett schreiben
> wie kein Dichter je zu schreiben wagte.
> Ich will ein dunkles Sonett malen,
> spröde, verschlossen, schwer zu lesen.
>
> Ich will, daß mein Sonett in Zukunft
> niemandem das geringste Vergnügen bereite.
> Und daß es in seiner bösen, unzeitgemäßen Art
> zugleich imstande sei, zu sein und nicht zu sein.
>
> Dieses mein Wort, abstoßend und unrein,
> soll stechen, soll schmerzen,
> Venussehne unter dem Messer des Fußarztes.
>
> Niemand wird daran erinnern: ein Schuß auf die Wand,
> ein Hund, der ins Chaos pinkelt, während Arkturus,
> helles Rätsel, sich überraschen läßt.
> (»Oficina irritada« [Zornige Werkstatt], CE)

Vielleicht ist dies einer der Gründe für den Eindruck der Sprödigkeit und Melodiefeindlichkeit, den sein Vers vermittelt. Doch ist dabei zu berücksichtigen, daß seine Meisterschaft weniger im Verseschmieden besteht als in der Schöpfung von Bildern, Wendungen, Sequenzen, die sich mit der dunklen Macht der Themen verbinden und die völlige Stimmigkeit des Gedichts unmittelbar hervorrufen, wobei der Vers als autonome Einheit beinahe in den Hintergrund tritt. Tatsächlich beschneidet der Dichter die Autonomie des Verses, unterwirft ihn Einschnitten, die seinen Fluß hemmen, Rhythmen, die ihn verstümmeln, Dehnungen, die ihn in größeren Einheiten untergehen lassen. Wo er fertige Formen übernimmt, in denen der Vers zwangsläufig eine herausragende Rolle spielt, wie etwa im Sonett, scheint er in eine gewisse Unterkühltheit zu verfallen. Mit Drummond und Murilo Mendes gelang dem brasilianischen *Modernismo* in der Tat die Überwindung des Verses. So entstand die Möglichkeit, in einem von allen Hindernissen befreiten Raum mit dem poetischen Material souverän zu operieren. Der magische Hauch der Poesie geht dann von der Gesamtgestalt des Gedichtes aus, das der Dichter bei seinem Abstieg ins Schattenreich der Wörter ahnend erblickte.

Aus dem Brasilianischen von Berthold Zilly

Anmerkungen

1 A. d. Ü.: *Alguma Poesía* (1930) sowie *Brejo das Almas* (1934).
2 A. d. Ü.: 1962; dieser Artikel erschien 1965. Seitdem hat Drummond noch neun weitere Gedichtbände publiziert.
3 Man beachte, daß Drummond gelegentlich der in den Gedichten auftretenden Person seinen eigenen Vornamen Carlos gibt. Bei ihm ist dies allerdings eine wenig gebräuchliche Praxis, die vielleicht auf das Vorbild Mário de Andrades zurückgeht. Siehe »Poema de sete faces« (AP), »O Passarinho dela« (BA), »Não se mate« (BA), »Carrego comigo« (RP), »Os Ultimos dias« (RP).
4 A. d. Ü.: Siehe Baudelaire, »L'invitation au voyage«, aus *Les Fleurs du mal*.
5 Die Abkürzungen hinter den Überschriften der zitierten Gedichte geben die Bücher bzw. die Sammlungen an, zu denen sie gehören:

AP – *Alguma Poesia (Einige Dichtung*, 1925-1930); BA – *Brejo das Almas (Sumpf der Seelen*, 1931-1934); SM – *Sentimento do Mundo (Gefühl der Welt*, 1935-1940); J – *José* (1941-1942); RP – *A Rosa do Povo (Die Rose des Volkes*, 1943-1945); NP – *Novos Poemas (Neue Gedichte*, 1946-1947); CE – *Claro Enigma (Helles Rätsel*, 1948-1951); FA – *Fazendeiro do Ar (Gutsbesitzer der Luft*, 1952-1953); VB – *Viola de Bolso (Taschengitarre*, 1952); VBE – *Viola de Bolso novamente encordoada (Neubesaitete Taschengitarre*, 1950-1955); VPL – *A Vida passada a limpo (Das Leben ins reine geschrieben*, 1954-1958); LC – *Lição de Coisas (Lehre der Dinge*, 1959-1962).

6 In dem Abschnitt mit der Überschrift »Ein gänzlich verbogenes Ich« hat Drummond innerhalb der von ihm selbst herausgegebenen *Antologia Poética* (1962) seine persönlichkeits-analytische Poesie zusammengefaßt. Die übrigen Formulierungen finden sich in folgenden Gedichten: »Poema de sete faces« (AP), »Segredo« (BA), »O Boi« (J), »Canto Esponjoso« (NP), »Carta« (CE).

7 A. d. Ü. zu den Übersetzungen der zitierten Gedichte bzw. Gedichtpassagen: Soweit diese mit der Abkürzung CMC gekennzeichnet sind, stammen sie von Curt Meyer-Clason und wurden den von ihm herausgegebenen zweisprachigen Ausgaben *Gedichte*, Frankfurt/M. 1982 (Bibliothek Suhrkamp 765) sowie *Poesie*, Frankfurt/M. 1965 entnommen; im Falle von »Betrachtung über das Gedicht« der Anthologie *Lateinamerika, Gedichte und Erzählungen*, hg. von José Miguel Oviedo, Frankfurt/M. 1982 (suhrkamp taschenbuch 810).

Die deutsche Fassung der übrigen Gedichtzitate geht auf den Übersetzer des vorliegenden Essays zurück. Sie erhebt keinerlei dichterischen Anspruch.

An einigen wenigen Stellen habe ich mir erlaubt, die Übersetzung von Herrn Meyer-Clason leicht zu überarbeiten, und zwar dann, wenn sie mir für die Zwecke dieses Essays zu frei schien.

So muß es in »Procura da poesia« für »sol estático« »statische Sonne« heißen, ein paar Zeilen darunter ist »infenso« mit »wehrlos« übertragen, es muß aber heißen: »feindselig«, »abgeneigt«, o. ä. In »Betrachtung über das Gedicht« bezieht sich der vorletzte Vers der ersten Strophe nicht nur auf das Verb »auflösen« im Vers davor, sondern auf alle Verben und ist daher als autonome Einheit zu verstehen.

8 Siehe die Gedichte »Noturno oprimido« (J); »Passagem da noite« (RP); »Uma Hora e mais outra« (RP); »O Poeta escolhe o seu túmulo« (RP); »O Enterrado vivo« (FA); »Elegia« (FA).

9 Siehe z. B. »Fraga e sombra« (CE); »Eterno« (FA); das bereits zitierte Gedicht »Elegia« (FA).

10 Siehe »Dentaduras duplas« (SM); »A Mão suja« (J); »Nosso Tempo« (RP); »Uma Hora e mais outra« (RP); »Movimento da espada« (RP); Indicações« (RP).
11 Siehe in entsprechender Reihenfolge: »Um Homem e seu carnaval« (BA); »Versos à boca da noite« (RP); »O Lutador« (J); »Domicílio« (FA); »O Quarto em desordem« (FA); »Nudez« (VPL).
12 A. d. Ü.: »Cronistas« werden Schriftsteller und Journalisten genannt, die mehr oder weniger regelmäßig »crônicas« in Zeitungen oder Zeitschriften veröffentlichen. Dabei handelt es sich um kleine Formen des Feuilletons, fiktionale oder essayistische Kurzprosa, d. h. Kurzgeschichten aus dem Alltag, Anekdoten, Prosaskizzen, Glossen zu Zeitfragen, Rezensionen etc. Die »crônicas« der bekannteren Schriftsteller werden gewöhnlich nach einigen Jahren gesammelt und in Buchform veröffentlicht.
Drummond hat sieben Bände *Crônicas* publiziert.

Emir Rodríguez Monegal
Graciliano Ramos und der Regionalismus aus dem brasilianischen Nordosten

1. Die Aufgabe und die Lösung

So wie die Regionalismusfrage in den zwanziger und dreißiger Jahren in Lateinamerika diskutiert wurde, war sie falsch gestellt. Man sah damals darin mehr ein geographisches denn ein literarisches Problem. Streng literarisch genommen (also nach sprachlichem Umfeld, kulturellem Kontext und dichterischem Zwischentext) ist aber jeder Roman regional, schon weil er aus einem bestimmten Einzugsgebiet stammt. So handelt etwa der erste moderne Roman, *Don Quijote,* von einem absonderlichen Ritter, der in einer abgelegenen Region des spanischen Imperiums lebt, und in *Madame Bovary* geht es um eine Dame im Norden Frankreichs, die in ihrer stumpfsinnigen Provinzstadt tagträumt und zu viele romantische Romane gelesen hat. Die *Brüder Karamasow* sind ein Verein geschwätziger Säufer, die gelegentlich für mystische Gedanken entflammen und in einem kleinen Dorf im zaristischen Rußland leben. Aber nicht nur die sogenannten realistischen und regionalen Romane sind durch Sprache, Poetik und zeitbedingte Weltanschauung lokal gebunden, sondern auch die Abenteuerromane nach griechischem Vorbild, die Ritterromane und die ganze sogenannte phantastische oder magische Literatur. Insofern ist jeder Roman regional. *Gullivers Reisen* sind national ebenso in der klassizistischen englischen Prosa des achtzehnten Jahrhunderts verwurzelt wie *Candide* im Frankreich der letzten Ludwige, auch wenn ihre unterschiedlichen Ansichten von Dichtung auf verschiedene kulturelle Normsysteme verweisen. Kafkas *Prozeß* und *Schloß* überschütten den Leser mit konkreten Kleinigkeiten aus dem Leben in Mitteleuropa, als die österreichisch-ungarische Monarchie allmählich verfiel, und sind von einem Schuldbegriff durchzogen, der direkt aus dem Alten Testament – in der Leseart und Deutung der Prager Ghettojuden – stammt. Wenn

Borges von skandinavischen, chinesischen oder irischen Helden schreibt, so schreibt er damit eigentlich immer über eine wahllos zusammengestellte riesige Bibliothek voll englischer Bücher, die in einem kosmopolitischen Vorort der Welt, in Buenos Aires, steht. Literarisch gesehen ist es also recht unwesentlich, wo ein Schriftsteller geographisch beheimatet ist. Wirklich wesentlich ist die Natur seines sprach-kulturellen Normsystems, seiner Poetik. Von diesem Standpunkt aus sind manche Bücher allerdings tatsächlich regionaler als andere, weil sie tendenziell nur die typischen (also vorübergehenden) Aspekte einer Gegend und Atmosphäre – das Lokalkolorit – wiedergeben. Von dieser vordergründigen Begriffsebene bewegen sie sich nie fort; sie dringen nie zu tieferliegenden und darum dauerhafteren Strukturen vor. Auf dieser Ebene muß denn auch das Problem des brasilianischen Regionalismus und speziell des regionalen Romans aus dem brasilianischen Nordosten der ersten Jahrhunderthälfte angesiedelt werden. Trotz ähnlicher Thematik trennt nämlich ein struktureller Unterschied die Werke seiner bekanntesten Vertreter. Während José Lins do Rego und Jorge Amado einem pittoresken Regionalismus anhängen, gehört Graciliano Ramos entschieden zum essentiellen Regionalismus. So wie Cervantes, Flaubert, Dostojewski und Kafka.[1]

2. Regionalismus und Modernismo

Aufgrund der gewaltigen naturgegebenen Unterschiede zwischen dem Amazonasurwald und den Wüsten und Savannen im Nordosten Brasiliens, dem ausgedörrten Hochland von Minas Gerais und dem sinnlich weichen Küstenstreifen von Rio de Janeiro, zwischen den feuchten Wäldern um Santa Catarina und den klimatisch gemäßigten weiten Räumen von Rio Grande do Sul, gibt es in Brasilien eine außerordentliche Vielfalt von Kulturen. Der brasilianische Roman des zwanzigsten Jahrhunderts spiegelt die Mikrokosmen, aus denen sich dieser Makrokosmos zusammensetzt, brillant wider. Wie die nordamerikanischen Romanciers des neunzehnten Jahrhunderts, so kamen auch die Brasilianer des zwanzigsten Jahrhunderts nicht umhin, regional zu schreiben. Darum gibt es »den« brasilianischen Roman – als Modellfall und Prototyp einer nationalen Gattung – in der literarischen Realität ebensowenig wie »den« nordamerikanischen Roman. In der ersten Hälfte des zwanzigsten Jahrhunderts hinderte das allerdings die Mehrzahl der brasilianischen Kritiker dennoch nicht daran, ihre Kräfte beim Aufspüren (oder Ausdenken) unwiderlegbarer lokaler Wesenszüge zu verschleißen.

So wies man etwa auf die Kontraste hin, die zwischen der Belletristik des Nordostens – dem tragischen Land der Wüsten, der periodischen Hungersnöte und der blutigen epischen Aufstände – und der des Südens – der Heimat der *Gaúchos,* die in mancherlei kultureller Hinsicht den nordamerikanischen Prärien und den Pampas am Rio de la Plata gleicht – ganz offensichtlich bestehen. Man diskutierte auch über die Unterschiede zwischen den introspektiven Romanciers aus Minas Gerais und den brillanteren, mehr extrovertierten Autoren der großen Hafenstädte am Atlantik. Nur hatte es ebensowenig Sinn, von einer Schule des brasilianischen Nordostens zu sprechen (weil man dabei Poetik mit Geographie verwechselte), wie von einem Südstaatenroman in den USA oder von der Gruppe der New Yorker Juden. Ein solches Herangehen mag didaktische Verdienste haben (es erklärt das Selbstverständliche, es katalogisiert das Äußerliche), basiert aber auf falschen Voraussetzungen. Es scheint davon auszugehen, daß einzig die Umwelt den brasilianischen Roman bedinge, daß sich seine Vertreter beim Schreiben allesamt und ausschließlich an das Schema eines mehr oder weniger sozialistischen beziehungsweise sozialkritischen Realismus hielten oder, kurz gesagt, daß Romane Dokumente seien.

Vor dreißig, vierzig Jahren wurden diese Ansichten von der brasilianischen Kritik ebenso wie vom übrigen Lateinamerika praktisch diskussionslos akzeptiert. Der überwältigende Eindruck, den die Natur auf den Menschen machte (schon die ersten Chronisten waren von ihr verwirrt und verblüfft), das frisch entdeckte politische Engagement und die neuen Realismustheorien, wurden von den Bürokraten der stalinistischen Internationale verbreitet und fast überall in Lateinamerika akzeptiert. Nicht nur in Brasilien, auch in Mexiko und Argentinien, in Ekuador und auf Kuba, in Chile und Venezuela, in Peru und Uruguay gingen die Schriftsteller in den zwanziger, dreißiger und vierziger Jahren daran, ein Bestandsverzeichnis ihrer Länder anzulegen. Sie beschrieben Flüsse und Gebirge und klagten ihre einheimischen Oligarchien und den allgegenwärtigen (wenn auch nicht immer sichtbaren) US-Imperialismus an. (Vom sowjetischen Imperialismus wollte man damals nichts wissen.)

In dieser Periode schrieb man Romane zu dem Zweck, gesellschaftliche Mißstände aufzuzeigen: das schreckliche Schicksal der Altiplano-Indianer (Jorge Icaza aus Ekuador und Ciro Alegría aus Peru wurden berühmt, weil sie ihre namenlosen Landsleute verteidigten) oder die labyrinthische Politik der Caudillozeit (die Mexikaner Mariano Azuela und Martín Luis Guzmán stocherten in deren trüben Fluten) oder die noch im zwanzigsten Jahrhundert fortbestehenden feudalen Verkrustungen in Südamerika (José Eustasio Rivera aus Kolumbien und Rómulo Gallegos aus Venezuela katalogisierten ihre Schrecken). Nur wenige dieser hispanoamerikanischen Schriftsteller fühlten sich der materiellen Realität ihres Instrumentariums verpflichtet. Der Absicht nach ging es ihnen zwar um einen dokumentarischen Realismus, die von ihnen produzierten Romane aber waren stilisierte Übungen im abstrakten oder allegorischen Abschildern einer ihnen nur oberflächlich bekannten Realität, mühsam als Literatur verkleidete politische Kampfschriften oder mitleidtriefende Pamphlete.[2] Vom literarischen Standpunkt her gehörten ihre Bücher der Schäferdichtung an. Sie schilderten detailgetreu eine Wirklichkeit, die dem Autor fremd war, und die er für Leser zusammenstellte, denen sie ebenfalls fremd war. William Empsons treffende Analyse *(Some Versions of Pastoral)* wurde von den Kritikern willig übersehen. Sie lasen Lukács und Goldmann, zitierten stets den schlechtesten Sartre und hatten dafür von Formalismus, New Criticism oder Strukturalismus keine Ahnung.[3]

3. Der Modernismo – ein verfrühtes Begräbnis

Im Rahmen einer solchen, meist kurzsichtigen und bornierten Kritik entwickelte sich in den zwanziger und dreißiger Jahren die regionalistische Bewegung Brasiliens. Doch eigentlich

hatte die Bewegung schon fast ein Jahrzehnt früher begonnen
– in einem geographisch anderen Gebiet und unter anderen
Voraussetzungen. Gegründet wurde sie von Schriftstellern,
denen es ein Bedürfnis war, alle Bande zur portugiesischen
Dichtung und Rhetorik zu kappen, wie sie auch damals noch
von der offiziellen akademischen Literatur gefördert wurde,
die völlig vom Modell – oder den Modellen – Westeuropas ab-
hing. Um sich von der Bevormundung durch die einstige Metropole zu befreien, wandten sich die Avantgardisten Frankreich und Italien zu. Ihre »Woche der Modernen Kunst«, die
im Februar 1922 in São Paulo stattfand und sofort auf Minas
Gerais und Rio de Janeiro ausstrahlte, hatte gewaltige Auswir-
kungen auf das kulturelle Leben im ganzen übrigen Land und
stand am Beginn einer Welle der Erneuerung, die noch heute
bedeutsame Folgen hat. Die Angehörigen der Gruppe wurden
in Brasilien auf den Namen *Modernisten* getauft. Ihr *Modernismo* darf nicht mit dem etwa dreißig Jahre früher von Rubén
Darío und anderen Dichtern gegründeten hispanoamerikanischen Modernismus verwechselt werden, der unter dem Einfluß der französischen symbolistischen Lyrik und der englischen präraffaelistischen Malerei entstand. (Deren Äquivalent
war in Brasilien der Symbolismus.)

Obwohl der Geist des italienischen Futurismus und anderer
europäischer Ismen fühlbar wehte, ging es den Veranstaltern
der »Woche« doch auch um die Entdeckung Brasiliens. Der
Kontakt mit und die Nachahmung von Marinetti, Blaise
Cendrars, Ferdinand Léger, von Dada und den ersten Surrea-
listen brachte die brasilianischen Schriftsteller (etwas unvermittelt) darauf, den Ausdruck des Nationalen in der Sprache
zu suchen und die Wurzeln der eigenen Kultur höher zu bewerten. Mário de Andrade (1893-1945) gehörte zu den Köp-
fen der Bewegung. Er dichtete, er war ein publizistisch äußerst
fruchtbarer Kritiker, er las unermüdlich in mehreren Sprachen, er machte Literatur auf liebenswürdige, amüsante Weise
bekannt, und er gehörte zu den ersten, die sich zum Brasilianischen als einer eigenen Sprache bekannten und das offizielle
Portugiesisch – parodistisch – attackierten. In seinem einzigen
großen Roman, *Macunaíma* (1928, dt. *Macunaíma*) nahm er
sich ausdrücklich vor, anhand der gesamten brasilianischen
Folklore und der aktuellen Kultur São Paulos eine poetische

Erzählung zu konstruieren. Er wollte an einem Beispiel demonstrieren, daß es das Brasilianische gab und daß es sich vom Portugiesischen ebensosehr unterschied wie das Nordamerikanische vom Englischen. *Macunaímas* größtes Verdienst war es, daß es vom Beginn des Modernismo an zwei bedeutsame Wahrheiten festhielt: Der dokumentarische Realismus führt den Roman auf ein totes Gleis, und die Sprache ist das erste und heikelste Problem, mit dem ein Romancier konfrontiert wird. Mit seinem unklassifizierbaren Buch bewies Mário de Andrade, daß brasilianische Romane nicht bloße Register von Oberflächenrealitäten zu sein brauchen, sondern mythopoetische Schöpfungsakte sein müssen. Mário de Andrade konzentrierte sich mehr auf den Stil als auf die Glaubwürdigkeit der Fabel, mehr auf die Fortsetzungsstruktur seiner Prosa als auf die Psychologie seiner Figuren, und zeigte damit, daß er sich als erster um erstrangige Dinge kümmerte.

Noch radikaler und stürmischer als Mário de Andrade war sein Freund und Rivale Oswald de Andrade (1890-1954). In zwei Romanen und zwei Manifesten, die er alle in den zwanziger Jahren schrieb, wälzte Oswald das Bewertungsschema seiner Zeit vollständig um. Sein Roman *Memórias Sentimentais de João Miramar* (1923, Sentimentale Memoiren des João Miramar) war in dem seit den Futuristen in Mode gekommenen Telegrammstil geschrieben, das Erzählte war zerstückelt in kurze, ja, verschwindend kleine Kapitel (darunter einige kleine Prosagedichte), mit Worten und mit der Drucktechnik wurde gespielt, und das Buch wurde denn auch mit Joyces enzyklopädischstem Werk verglichen. Dabei steht *João Miramar* den Experimenten eines Marinetti, Cendrars, ja, Ilja Ehrenburgs oder auch dem Prosatypus, den man in der nordamerikanischen Literatur mit Gertrude Stein, dem frühen Hemingway und dem Dos Passos von *Manhattan Transfer* verbindet, näher als *Ulysses*. Im brasilianischen Kontext galt *João Miramar* zum Zeitpunkt seiner Veröffentlichung jedoch als unerträgliche Provokation. Oswald de Andrade gebrauchte (und mißbrauchte) die Umgangssprache, obszöne Ausdrücke und sogar den Slang von São Paulo und zertrümmerte damit die portugiesische Prosa der Symbolisten, die in Brasilien damals noch in Ansehen stand. Zwischen *João Miramar* und Oswalds zweiter »Romanerfindung« (wie Haroldo de Campos das Werk nannte) lagen die beiden Manifeste *Pau Brasil* (1924; Brasilholz) und *Antropófago* (1928, im Erscheinungsjahr von *Macunaíma*). Im ersten Manifest brachte Oswald Ausschnitte aus Pêro Vaz de Caminhas *Brief* über die Entdeckung Brasiliens und aus Berichten anderer europäischer Forscher in Versform und grub damit auf unorthodoxe Weise nach kulturellen Wurzeln. Im »Menschenfresser«-Manifest stellte er eine ganze Poetik vor, derzufolge das europäische Kulturerbe erst übernommen, dann zersetzt und schließlich »karnevalisiert« wurde. Datiert war das Manifest auf den Gedenktag für ein frühes Opfer des brasilianischen rituellen Indianerkannibalismus, den portugiesischen Bischof Sardinha (dem sein Name, Sardine, offenbar zum Verhängnis wurde). Es griff zu Parodie und Satire, um die offizielle Kultur zu demontieren und einer »Poetik der Umkehrung« zur Macht zu verhelfen. Von Frazer, Lévy-Bruhl und Freud (besonders aus *Totem und Tabu*) aber auch und vor allem von Nietzsche nahm Oswald de Andrade auf kannibalische Weise eine Theorie, die er in »Matriarchat« umtaufte und die neben seinen eigenen beiden Romanen auch dem Roman Mário de Andrades zugrunde liegen sollte.

Oswalds zweiter Roman, *Serafim Ponte Grande*, war, obwohl er erst 1933 publiziert wurde und ein böses Ende hatte, das die Desillusion nach dem Börsensturz auf der Wall Street schilderte (durch den die São-Paulaner Kaffeeplantagenbesitzer, eine Elite, der auch Oswald angehörte, ihr Vermögen verlieren sollte), im wesentlichen doch schon in der Entstehungszeit seines zweiten Manifests geschrieben worden. *Serafim* war (und ist) die beste praktische Vorführung der »Menschenfresser«-Theorie – selbst noch in dem allegorischen, brisanten Epilog. In *Serafim* waren das Experimentelle und der Erzählcharakter stärker ausgeprägt als in *Miramar*, und die modernistische Poetik wurde bis zum Äußersten getrieben. Leider war beim Erscheinen des Romans aber bereits ein Caudillo aus dem Süden, der Erfinder des faschistischen *Estado Novo*, Getúlio Vargas, an der Macht, und der unehrerbietige Text, sein karnevalesker Realitätssinn und sein beißender Humor galten als frivol. Sie waren nicht frivol, aber in der herrschenden Blindheit wollte man sie so sehen. Oswald stürzte sich selber in den politischen Kampf und richtete seine Prosa nach dem sozialistischen Realismus aus, der nie seine Stärke war. Auch

Mário wurde gestelzt, funktionärshaft und engagiert.[4] Dennoch sind die Versuche der beiden Andrades im Brasilien der zwanziger Jahre in mancherlei Hinsicht mit dem vergleichbar, was Jorge Luis Borges im gleichen und im darauffolgenden Jahrzehnt in Buenos Aires ausprobierte. Borges' damalige Erzählungen, die er in den Bänden *Historia universal de la infamia* (1935; dt. *Universalgeschichte der Niedertracht*) und *El Jardín de los senderos que se bifurcan* (1941; dt. *Der Garten der Pfade, die sich verzweigen*), herausgab, legten den Schwerpunkt wie zuvor schon *Macunaíma* und *Serafim* auf die mythopoetischen Qualitäten der Phantasie und zeugten von demselben dringlichen Bedürfnis, mit einer abgestorbenen Tradition zu brechen, um stattdessen eine echt lateinamerikanische Erzählsprache zu schaffen. Obwohl Borges mit seinen Experimenten mehr Erfolg hatte als die Andrades und von den vierziger Jahren an sogar eine kleine Gruppe Erzähler um sich und die Zeitschrift *Sur* scharte (von denen Adolfo Bioy Casares der bekannteste ist), verlief die Hauptlinie der argentinischen Dichtung bis in die sechziger Jahre entlang eines illusionären Realismus. In Brasilien mußte man noch das Auftreten João Guimarães Rosas (1908-1967) und die kritische Neubewertung Graciliano Ramos' abwarten, bis der Dialog mit der Kritik wieder den ihm gebührenden Raum einnahm.[5]

Aber kehren wir zurück zu den zwanziger Jahren. Mários und Oswalds Bemühungen schienen zwar schon zu Beginn der dreißiger Jahre zu scheitern, dafür hatte aber schon etwa ab 1926, als polemische Reaktion auf die São-Paulaner Modernisten, eine Gegenbewegung eingesetzt. Die im Nordosten entstehende Gruppe legte in Opposition zu den »Paulistas« erneut großen Wert auf das Regionale.

4. Der Regionalismus aus dem brasilianischen Nordosten – eine Sackgasse

Ausgangspunkt der Gegenbewegung war der 1926 in Recife abgehaltene »Erste Regionalistenkongreß des Nordostens«. Wenn São Paulo bis heute das moderne, das dynamische Brasilien des Wirtschaftsaufschwungs repräsentiert, so vertrat der Nordosten vor allem in den zwanziger Jahren das Brasilien, um das die junge Industrialisierung einen Bogen machte. Die überalterte Wirtschaft der Region basierte auf dem Zuckerrohranbau, und die patriarchalische Welt der Erben der großen Sklavenhalter war dort noch lebendig. Zyklisch traten Dürren und Hungersnöte auf und trieben die *Retirantes* in periodischen Abständen auf die Landstraßen, auf die Flucht vor dem unbezähmbaren Landesinnern. In mancherlei Hinsicht kamen in dieser Gegend die Realitäten und Alpträume zusammen, mit denen die Leser von Sherwood Anderson, William Faulkner, ja, dem John Steinbeck der *Früchte des Zorns* schon vertraut waren. Nur daß die Verhältnisse im brasilianischen Nordosten auch heute noch härter und tragischer sind.

Unter dem Einfluß von Männern wie dem Soziologen Gilberto Freyre (geboren 1900) stand der Kongreß der Regionalisten am Beginn einer bedeutsamen Bewegung. Er trug den Nordosten in die Landkarte der brasilianischen Dichtung des zwanzigsten Jahrhunderts ein. Und er tat es so vital und brillant, daß man bald vergaß, daß der Roman des Nordostens nicht *der* Roman ganz Brasiliens ist. Schon eins der klassischen Bücher der brasilianischen belletristischen Soziologie, Euclides da Cunhas *Os Sertões* (1902), hatte die umfangreichen epischen Möglichkeiten der Region erkundet. Freyre fügte da Cunhas poetischer Sicht mit dem monumentalen *Casa Grande e Senzala* (1933; dt. *Herrenhaus und Sklavenhütte*) seine eigene, umfassende und zugleich minuziöse Sicht einer versinkenden Vergangenheit hinzu.

Mit Autoren wie José Américo Almeida – dessen *A Bagaceira* (Die Zuckermühle) den Weg bereitete – und Raquel de Queiróz – die noch vor ihrem zwanzigsten Lebensjahr ein klassisches, nüchternes Romandokument über die *Retirantes* im Jahre 1915 schrieb: *O Quinze* (1930; dt. *Das Jahr 15*) – wurden die Romanciers aus dem Nordosten, vor allem Graciliano Ramos, José Lins do Rego und Jorge Amado, bald in ganz Brasilien berühmt. Als erster der drei erlangte Jorge Amado auch internationalen Ruhm. Amado sympathisierte mit dem Vorsitzenden der Kommunisten Luiz Carlos Prestes (1942 schrieb er dessen Heiligenlegende) und wurde in den sozialistischen Ländern in großem Stil übersetzt. Später, als sein linkes Feuer verglommen war, hatte er auch in den USA Erfolg. Einer der amüsantesten Romane aus seiner letzten Schaffensperiode, *Gabriela, Cravo e Canela (1958*; dt. *Gabriela wie Zimt und Nelken)* wurde der erste lateinamerikanische Bestseller. Er erschien 1962 in New York und wurde im Bücherteil der *New York Times* auf der ersten Seite rezensiert. Eine solche Ehre war bis dahin nur europäischen Literaten widerfahren. Trotz seines internationalen Erfolgs – der durch die Verfilmung eines weiteren Romans, *Dona Flor e os seus dois maridos* (1967; dt. *Dona Flor und ihre beiden Ehemänner)* noch gesteigert wurde – meinen die besten brasilianischen Kritiker nicht, daß der 1912 geborene Amado einem Lins do Rego oder Graciliano Ramos ebenbürtig ist. Die Gründe liegen auf der Hand. Amado ist der geborene Geschichtenerzähler und ein überaus charmanter Schreiber, aber seine Romane widerstreben einem doch wegen ihrer allzu großen Gefälligkeit. In der sozialistisch-realistischen Phase Amados wurden seine Romane gar zu bloßen Pamphleten, deren Lektüre nur hier und da durch anzügliche Schilderungen aus dem Leben in den Plantagen oder Vorstädten Nordostbrasiliens leichter gemacht wurde. *Jubiabá (*1935; dt. *Jubiabá)* ist z. B. eine extravagante Erzählung, eine Art Großes Horrortheater, das sich als Dokumentation über die Lage der Arbeiterklasse in Bahia ausgibt. Der Roman ist Eugène Sue mehr verpflichtet als Marx, und gefallen hat er nur den Genossen. Mit einem solchen abstrakten Regionalismus konnten es die Romanciers aus dem Nordosten nicht weit bringen.

Interessanter ist José Lins do Rêgo (1901-1957). Auch er begann mit einem regionalistischen Romanzyklus über die Zukkerrohrwirtschaft, ging an sein Thema aber ganz anders heran als Amado. Statt seine Romane nach einer gebrauchsfertigen marxistischen Schablone zu schreiben, entnahm er Stoff und Blickwinkel seiner eigenen Erfahrung: er war auf einer Zuckerrohrpflanzung geboren und aufgewachsen, und zwar als Sohn des Besitzers (woran ihn Graciliano Ramos freundschaftlich gemahnte). Was er da in vortrefflicher, chaotischer und journalistischer Prosa niederschrieb, war eine eigene Suche nach der verlorenen Zeit. Wie *Don Segundo Sombra* (1926; dt. *Das Buch vom Gaucho)*, das Meisterwerk des Argentiniers Ricardo Güiraldes, waren auch Lins do Rêgos Romane voll wehmütiger Erinnerungen. Er sah die Dinge weniger poetisch und elegant als Güiraldes, aber sein Zuckerrohrzyklus beinhaltet mehr und ist als Dokument wertvoller als *Don Segundo Sombra*. Voller Energie und Gefühl schrieb der Autor sich schnell unter die erfolgreichsten Romanciers des Nordostens. Die rauhe Wirklichkeit der rauhen Gegend sah er durch das Raster, das sein Lehrer Gilberto Freyre vorgegeben hatte. Freyres Theorien und Beobachtungen verband Lins do Rêgo mit seinen eigenen Erlebnissen, und die hatte er im Kontakt mit Menschen wie Raquel de Queiróz und Graciliano Ramos (in Alagoas, in seinen Anfängerjahren) noch angereichert. Als einer der ersten erkannte und lobte Lins do Rêgo großzügig Ramos' einzigartiges Talent. Der Erfolg seines Zuckerrohrzyklus und der lange Aufenthalt in Rio de Janeiro schwächten die Unmittelbarkeit seiner Erlebnisberichte später ab. In Rio beendete der Autor unter anderem drei seiner anspruchsvollsten Romane: *Pedra Bonita* (1938; Schöner Stein), *Fogo Morto* (1943; dt. *Totes Feuer*) und *Cangaçeiros* (1953; dt. *Rhapsodie in Rot*). Er schrieb damals schon objektiver und nicht mehr vom Gesichtspunkt des kleinen Jungen von der Zuckerplantage aus, und seine Grenzen als Romanautor traten dadurch deutlicher zutage. Nur der erste der drei Romane hat wirklich Bestand. Es ist der fiktive Bericht über einen von einem Glaubenseiferer geschürten Aufstand in der Wüste des brasilianischen Nordostens. Der fanatische Anführer will ein neuer Christus sein (und hält sich vielleicht selber dafür). Berichtet wird aus dem Blickwinkel eines seiner Söhne, des kleinen Antonio Bento. Die Geschichte spielt auf zwei Zeitebenen – der Gegenwart und der fernen Vergangenheit, derer man in der Gegenwart gedenkt –, und beide Ebenen gehen am Schluß des Romans ineinander über. Der Autor wählte eine Perspektive, die zugleich distanziert und nah ist.

Lins do Rêgo war nicht imstande, sein ehrgeiziges Ziel ganz zu erreichen. Das zeigen seine beiden letzten wichtigen Romane. *Fogo Morto* hält sich dank kraftvoller volkstümlicher Figuren – wie Hauptmann Vittorino Carneiro da Cunha – gerade noch über Wasser; *Cangaçeiros* hingegen hängt allzusehr von der Attraktivität des Themas selber ab: von den farbenprächtigen Banditen der Einöde des brasilianischen Nordostens, die zu so viel Musik und so vielen Filmen Anlaß gegeben haben. Zieht man jedoch Bilanz, so entwerten Lins do

Rêgos Unzulänglichkeiten als Romanschreiber nicht seine Leistungen. Er hatte schon entdeckt, daß regionale Romane auf die phantasievolle Übernahme der in der Region tatsächlich gesprochenen Umgangssprache angewiesen sind. Mário und Oswald de Andrade hatten von São Paulo aus unentwegt darum gekämpft, daß sich das brasilianische Portugiesisch von der Diktion und dem Grammatikkult der alten, in der Entwicklung stehengebliebenen Metropole freimachte. Lins do Rêgo wehrte sich zwar gegen viele europäische Einflüsse, die die brasilianische Modernistenbewegung prägten, er beschäftigte sich aber auch wie die Andrades mit der in Brasilien tatsächlich gesprochenen Sprache. Während die »Paulistas« sich vornahmen, eine neue Rhetorik an die Stelle der veralteten zu setzen, erweckte Lins do Rêgo zuweilen den Eindruck, als wolle er jede Art Rhetorik abschaffen. In seinen Romanen, die sich durch große Ausdrucksfreiheit auszeichnen, versuchte er die »authentische« Sprechweise seiner Figuren wiederzugeben. Es fehlte ihm lediglich an der Disziplin, die gesprochene Sprache auch stets auf dichterischem Niveau zu halten. Gerade weil er sich solche Mühe um originalgetreue Ausdrucksweise und Aussprache bei seinen Menschen gab, übernahm er sie oft wortwörtlich und wurde dabei monoton und grammatikfeindlich bis zur Unausstehlichkeit. Das Resultat seiner Bemühungen, eine Region zu dokumentieren, rechtfertigte oft den Kritikervorwurf, er »schreibe schlecht«. Mit Amado und Lins do Rêgo schien sich der nordostbrasilianische Regionalismus in eine Sackgasse verrannt zu haben.

5. Mestre Graciliano

Bis zu einem gewissen Grad lag den beiden – Amado und Lins do Rêgo – gar nicht viel an gutem Schreiben, sondern sie verließen sich fast selbstmörderisch auf ihr Gefühl, geborene Geschichtenerzähler zu sein. Wer sich von den Romanciers des Nordostens wirklich darum kümmerte, gut zu schreiben – und zwar mit einem Eifer, wie ihn auch Flaubert und der Joyce der *Dubliners* an den Tag gelegt hatten –, war Graciliano Ramos (1892-1953), der beste Romancier seiner Zeit. Wenn seine Grammatik- und Sprachstudenten ihn mit *Mestre Graciliano* oder *Mestre Graça* ansprachen, nahmen sie damit den Rang eines Meisters des modernen brasilianischen Romans, den ihm später die Kritik verleihen sollte, im Grunde vorweg.

Ramos stand mit seinem Beamtenposten in einer abgelegenen Region ebensoweit am Rande des Literaturlebens, wie der Nordosten am Rande des modernen Brasiliens lag. Präfekt in Palmeira dos Indios, im Staat Alagoas (und Inhaber eines Ladens namens *Sincera)* war er zwar nur ein paar Jahre, aber seine damals geschriebenen Amtsberichte erregten wegen ihrer knappen, präzisen Sprache in ganz Brasilien Aufmerksamkeit. Später (1930-1931) war Graciliano Ramos noch Direktor der staatlichen Druckerei in Maceió, der Hauptstadt seines Bundesstaats, und weitere drei Jahre (1933-1936) hoher Verwaltungsbeamter für Volksbildung. Ramos war introvertiert und so scheu, daß er entweder ganz schwieg oder nur epigrammatisch verkürzte Sätze von sich gab, die keine Erwiderung verlangten. Extreme Zurückhaltung zeigte er auch, als er lange zögerte, seinen ersten Roman *Caetés* zu veröffentlichen. Begonnen 1925, erschien *Caetés* erst 1933, und da war Ramos schon einundvierzig Jahre alt. Ein Jahr darauf erschien sein zweiter Roman, *São Bernardo,* den Ramos für weniger schlecht als den vorigen hielt.

Graciliano wurde in einem Ort mit dem symbolischen Namen Quadrángulo (Quadrat) geboren. Sein Vater, Oberst Sebastião Ramos (den Dienstgrad trug er ehrenhalber), ein kleiner Grundbesitzer und Kaufmann, zog den Jungen mit Gebrüll und Prügeln auf. Graciliano gewöhnte sich deshalb früh daran, sich fast pathologisch in sich selbst zu verschließen. Da er eine Zeitlang wegen einer Krankheit zudem noch halb blind war, hatte er es noch schwerer, die Grundschule zu absolvieren. Erst mit neun Jahren konnte er einigermaßen fließend lesen. Trotz dieser späten Entwicklung und dem Mangel an familiärem Anreiz lernte Graciliano Ramos (oder brachte es sich selber bei) nicht nur das beste Portugiesisch seiner Generation, sondern dazu auch noch Englisch und Französisch. Seine literarischen Anfängerjahre standen unter dem Einfluß von Maxim Gorki, von Meistern des Portugiesischen wie dem Romancier Eça de Queiroz (dessen beißende Ironie bei *Caetés* Pate stand) und den Brasilianern Machado de Assis und Raúl Pompeia und dem berühmten Autor von *Os Sertões,* dem

Chronisten Euclides da Cunha. Aber erst durch die Bekanntschaft und Freundschaft mit Lins de Rêgo und Raquel de Queiróz in Maceió wurde sein Schaffen in eine Bahn gelenkt, auf der er sich dann oberflächlich als der Gruppe der Brasilianer des Nordostens zugehörig einordnen ließ.

Das Buch, mit dem dieses Mißverständnis sozusagen amtlich wurde, hieß *Vidas Sêcas* (dt. *Karges Leben)* und erschien 1938. Die damalige Kritik erhob es eilends zum Meisterstück des Regionalismus und zu Graciliano Ramos' bestem Buch. Heute ließe sich das Urteil qualifizieren. *Vidas Sêcas* überragt zwar tatsächlich die sonstige Produktion des Nordostens und ist vielleicht Ramos' bestes Buch; als Roman aber ist es mehr als eine Geschichte aus dem Nordosten, und innerhalb des Gesamtwerks des Autors ist es nicht einmal das repräsentativste, für ihn charakteristischste Buch. Die Verwechslung ist heute nicht mehr akzeptabel; 1938 war sie noch verständlich. Nicht daß *Vidas Sêcas,* das die odysseegleiche Irrfahrt einer Familie quer durch Alagoas auf der Suche nach Arbeit schildert und die ökonomische Ausbeutung und die Arroganz der Vertreter der Macht (Militär und Unternehmer) aufzeigt, sich nicht auch begründet als Dokument über das Schicksal der bettelarmen Bewohner des Nordostens lesen ließe. Aber in dem Buch steht mehr. Seine Sprache ist sparsam, nüchtern und bar jeden Zierats, es vermeidet ideologische Autorenpredigten und merzt die Dialoge aus (was die Figuren sagen und denken, erfährt man einzig von einem Erzähler in der dritten Person, der sich dicht an sie hält). *Vidas Sêcas* beeindruckt darum mehr als Lins de Rêgos lasche, redselige und Amados gruselige Bücher aus derselben Zeit.

Alle Kapitel sind, jedes für sich, autonom. (Sie erschienen ursprünglich vorab als Einzelgeschichten in brasilianischen Zeitungen.) Aber sie sind gekonnt zum Roman verknüpft. In diesem Können schlägt sich die Erfahrung eines Romanciers nieder, der den Wert der Zurückhaltung in seinen bis dahin erschienen drei Büchern kennengelernt hat. Ramos meidet in *Vidas Sêcas* sogenanntes psychologisches Analysieren (im vorausgegangenen Roman, *Angústia (*1936; dt. *Angst)* hatte er davon noch zuviel Gebrauch gemacht), und gerade darum gelingt es ihm – mehr durch Andeutung als direkte Darstellungen – das Innenleben seiner ausgepowerten Figuren offenzulegen. Ihr Verhältnis zur Umwelt und zu den sie umgebenden Tieren sagt mehr aus als jede Erörterung. Sonne, Hund und Schatten sind ebenso legitime, handelnde Figuren wie Fabiano, seine Frau und seine zwei Kinder.

Graciliano Ramos war ein schweigsamer Mann, der sich nur gegenüber bewährten Freunden öffnete, und *Vidas Sêcas* ist ein schweigsames Buch. Man muß es zweimal lesen, ehe es sich einem ganz erschließt. Obwohl unabwendbares Verhängnis und Ungerechtigkeit seine Menschen verfolgen, verfällt der Autor nie in einen Kämpferton. Er erliegt nicht einmal der Versuchung, das Buch tragisch enden zu lassen. Fabiano und die Seinen müssen sich weiter durchschlagen und leiden, ohne je zu lernen, sich aufzulehnen, und sie müssen weiter auf eine wunderbare Errettung hoffen, an die zu glauben man ihnen mit dem Brot und Wein des Abendmahls beigebracht hat. Aus heutiger Sicht ist leicht einsehbar, warum ein so fatalistisches Buch auch von den militanten Linken gefeiert wurde. Selbst auf die Gefahr hin, es fehlzudeuten, zog die Kritik es damals vor, in dem Buch ein Dokument über das Unrecht in einem paternalistischen, halbfeudalen System zu sehen. Sie betonte die sparsam dosierte Gesellschaftskritik und überging das im Grunde pessimistische Bild vom Menschen und vom Gemeinwesen des brasilianischen Nordostens. Als Fabiano sich dem gelben Soldaten, der ihn getreten und bestraft hat, zum zweiten Mal entgegenstellt, wird er auch zum zweiten Mal gedemütigt. Der Soldat vertritt eben die Regierung, und die Regierung ist immer stärker. Die Linken wollten sich an dieser Aussage nicht die Finger verbrennen und lobten stattdessen allein das gesellschaftskritische Moment.[6]

Noch aus einem anderen Grund begrüßte man Graciliano Ramos als Meister der politischen Regionalliteratur. Der Autor war 1936 wegen seiner bekannten Sympathien mit dem Kommunismus ohne Urteil oder Anklage verhaftet und fast ein Jahr im Gefängnis festgehalten worden. Die gleiche Vargas-Regierung, die Mário de Andrade 1938 für seine politische Neutralität mit dem Rektorsposten des *Instituto de Artes* an der Universität von Rio de Janeiro (damals Bundeshauptstadt) belohnte, verfolgte Graciliano Ramos und folterte ihn psychisch. Sie machte ihn damit automatisch zum Märtyrer der Linken. Obwohl Ramos schon 1937 wieder aus seiner widerrechtlichen Haft entlassen wurde, scharten sich in Rio de Janeiro die Protestschriftsteller um ihn. In diesem Rahmen sollte *Vidas Sêcas* und Ramos' gesamtes früheres und späteres Werk gelesen und diskutiert werden. Heute allerdings ist es an der Zeit, den Roman endlich anders zu deuten.

6. Unterschwellige Auseinandersetzung mit dem Modernismo

Graciliano Ramos' modernismusfeindliche Einstellung ist hinreichend bekannt. Er äußerte sich mehr als einmal bissig oder gar abfällig über die São-Paulaner Initiatoren einer Bewegung, die er für zu sehr mit der Nachahmung der europäischen Moderne beschäftigt hielt. Mário und Oswalds Avantgarderolle interessierte ihn ganz und gar nicht. Darum – wegen seiner Thematik und Poetik – ließ Ramos sich ja so leicht der »Gruppe aus dem Nordosten« zuordnen. Worauf man jedoch weniger geachtet hat, war, daß Graciliano sich auch bissig über seine regionalistischen Kollegen äußerte.[7] Jorge Amados Gefälligkeit fand er immer unliterarisch und Lins do Regos Ansichten zu elitär. (Er war zwar mit beiden befreundet, seine Kritik verschwieg er aber weder privat noch öffentlich.) Noch weniger bekannt ist jedoch, daß Graciliano Ramos schon in seinem ersten Roman sowohl die Übertreibungen des Regionalismus als auch die Grundvoraussetzungen der »Anthropophagie« angegriffen hatte. Er hatte zur Hauptfigur von *Caetés* einen Provinzintellektuellen gewählt, der davon träumt, über die Indianer, die seine Heimat zur Zeit der Entdeckung und Eroberung Brasiliens besiedelt hatten (die Caeté-Indianer aus dem Titel), einen historischen Roman zu schreiben. Damit schlug Graciliano Ramos zwei Fliegen mit einer Klappe. Er machte einerseits anhand der Mittelmäßigkeit des Provinzmilieus den Regionalismus lächerlich – und zwar so ingrimmig, daß die Kritik sich an die Romane Eça de Queirόz' erinnert fühlte –, und er hatte andererseits mit der Idee vom historischen Roman über die Caetés einen Vorwand, zwischen den Zeilen gegen die Postulate von Oswald de Andrades *Menschenfresser*-Manifest zu polemisieren – was anscheinend niemandem auffiel. Denn das Manifest ging symbolisch genau von dem Punkt aus, wo die Caetés Bischof Sardinha schlachten und verspeisen. Wenn Graciliano Ramos sich im Roman also über seinen literarisch ehrgeizigen Dorfschreiber João Valério und dessen unausführbaren Plan, diese Episode zu rekonstruieren, lustig macht, so verspottet er damit gleichzeitig Oswald de Andrades Anspruch, im São Paulo der zwanziger Jahre ein Matriarchat Pindoramas zu rekonstruieren, das vielleicht nur in seiner vom Feuer Nietzsches und Freuds entflammten Phantasie exisierte.

Daß Graciliano Ramos sein Erstlingswerk später nicht ausstehen konnte, lag vielleicht daran, daß seine unterschwellige Polemik nicht erkennbar war. Nicht einmal Antônio Cândido, der allerhang Kluges zu dem Buch angemerkt hat, ahnte die Ähnlichkeit zwischen João Valérios kleinkariertem Buchprojekt und Oswald de Andrades Menschenfresserlehre.[8] Und doch liegt in dem Kontrast zwischen der schäbigen Provinzwelt, in der sich der Erzähler Valério bewegt, und seinem Anspruch, einen historischen Roman zu schreiben, eine feine Andeutung von Spott über die »Menschenfresser«. Wenn schon João Valério, der schließlich aus Alagoas war, keine unwiederbringlich verlorene Gesellschaft wiederaufleben lassen konnte, wie sollten es dann erst die »Menschenfresser« aus São Paulo können, die in ihrem Leben wahrscheinlich noch keinen Indianer gesehen hatte, es sei denn auf den Stichen von Hans Staden oder Théodore de Bry. Für Graciliano Ramos war der »Kannibalismus« der Modernisten nur literarische Verspieltheit. Ein Zitat aus einem Homero Senna gewährten Interview faßt seinen Gegensatz zur Gruppe in São Paulo in zwei Sätzen zusammen:

– Welchen Eindruck hatten Sie vom Modernismo?
– Einen miserablen. Ich fand ihn immer unredliche Blenderei. Bis auf wenige Ausnahmen waren die brasilianischen Modernisten Komödianten. Während andere sich auf etwas einzulassen, zu sehen und zu fühlen suchten, importierten sie Marinetti.
(. . .)
– Sie halten sich also nicht für einen Modernisten?
– Gott bewahre! Während die Jungens von 1922 ihre nette kleine Bewegung vorantrieben, saß ich in Palmeira dos Indios mitten in der Wüste von Alagoas hinterm Ladentisch und verkaufte Kattun.[9]

Später sollte Graciliano Ramos mit Oswald de Andrade bekannt werden und Sympathie für ihn bekunden. Seine Sympathie ging aber nie soweit, daß sie die modernistische Bewegung mit einschloß. In ihr sah Ramos – eine delikate Fehlleistung – nur ein Anhängsel des Futurismus. Es geht hier nicht darum, sein einseitiges Herangehen zu diskutieren, sondern die beabsichtigte unterschwellige Polemik gegen die »Menschenfresserei« zu registrieren, die in *Caetés* fast unsichtbar mitschwingt. Selbst wenn der Autor es leugnet, war *Caetés* mehr als ein vergessenswertes Buch.

7. Psychologischer Realismus

Wie Graciliano Ramos in Theorie und Praxis dem Modernismo fernstand, so stand er in der Praxis auch dem von seinen Alagoaner Freunden betriebenen Regionalismus fern. Die zwei Romane, die nacheinander auf *Caetés* folgten, beweisen das. Weder *São Bernardo* noch *Angústia* spielen im wüsten Sertão, sondern in brasilianischen Kleinstädten im Hinterland, wo Schäbigkeit des Lebens und Mittelmäßigkeit der Leidenschaften durch den literarischen Ehrgeiz der schreibenden Helden noch lächerlicher wirken. Beide Bücher stehen dem Flaubert von *Madame Bovary* und *Lehrjahre des Gefühls* oder dem Dostojewski von *Schuld und Sühne* näher als den brasilianischen Regionalisten. Es sind psychologische Romane. In *São Bernardo* ist die Bosheit des Helden und in *Angústia* sind die schuldhaften Triebe des Helden wichtiger als Milieu- und Sittenschilderung. Es handelt sich um eine Abart des verrufenen »psychologischen Romans«. Zu Eça de Queiroz' und Machado de Assis' Seelenerforschung fügt Ramos seine obsessive Beschäftigung mit dem gescheiterten literarischen Ehrgeiz.

Seine Romane, die den Sarkasmus und die Ironie mitunter bis zur Parodie treiben, wurden als realistische Dokumente gelesen. Die Verwechslung ist erklärlich. Auch Flaubert wurde – trotz *Salammbô*, trotz der *Versuchung des heiligen Antonius*, trotz *Bouvard und Pécuchet*, also trotz seiner schöpferischsten, originellsten Werke – mit dem Realismus des neunzehnten Jahrhunderts identifiziert. Etwas von dem Mittelmaß, wenn auch nicht der Naivität der Flaubertschen Schreiberlinge schimmert in Paulo Honótro aus *São Bernardo* und in Luis da Silva aus *Angústia* durch. Was Graciliano Ramos hinzugibt, hat er schon bei Machado de Assis vorgefunden: die Meta-Erzählung, durch die der *São Bernardo*, den der Leser liest, zu dem *São Bernardo* wird, den Paulo Honório schreibt. In *Angústia* ist – oder scheint – die Distanz größer, weil Luis da Silva sein Geschreibsel nicht zum Abschluß bringt. Oder zumindest, weil der Romantext nicht so abgeschlossen wirkt, wie *São Bernardo*. Es gibt einen biographischen Grund für den Unterschied zwischen *São Bernardo* und *Angústia*. Alle anderen zu seinen Lebzeiten erschienenen Romane korrigierte Ramos bis ins letzte Detail. *Angústia* jedoch erschien 1936, als er noch in Haft war. Er konnte den Roman nicht ein letztes Mal durchsehen. In seinen *Memórias do Cárcere* (Gefängnistagebücher) nimmt er denn auch jeden Anlaß wahr, um sich darüber zu beklagen. Es geht sogar die Sage, Ramos habe *Angústia*, weil er nicht zu dem Text stehen konnte, vernichten wollen und auf den Müll geworfen. Seine Frau Heloísa und Raquel de Queiróz hätten das Manuskript gerettet und bis zu seiner Veröffentlichung vor dem Autor – und vor der Polizei – geschützt. (Eine andere Version der Legende besagt, Ramos habe das Ganze als einen Scherz geplant, mit dem seine Beschützerinnen etwas zu tun bekommen sollten.[10]) Wie dem auch sei, *Angústia* ist nicht so »fertig« wie *São Bernardo*, und wenn die Kritiker den Roman für weniger gut halten, haben sie damit in gewissem Maße recht.

Vielleicht haben sie auch völlig recht. Und doch vibriert der Text von *Angústia* vor tragischer Spannung – einer Spannung, die auch dann nicht nachläßt, als es zu Luis da Silvas Mord an Tavares kommt. Die Spannung kommt auf (wie bei Dostojewski, wie bei Borges), sobald der Leser entdeckt, daß Mörder und Opfer – der enttäuschte Luis da Silva und der verführerische Tavares – ein und derselbe, daß sie Doppelgänger sind und nur durch den Romantext schizophren aufgespalten sind. Als Graciliano Ramos die beiden Figuren komponierte, hielt er sich zwar an ihm bekannte Menschen, die obskure zwingende Gewalt aber, die sie im Romankontext erlangen, stammt aus einer anderen Quelle: Der Autor des Romans und der Autor des Romans im Roman verhalten sich identisch, auch wenn ihre Lebensläufe anders sind.

8. Versteckte Autobiographien

Schon Flaubert hat einmal erklärt: »Madame Bovary, c'est moi.« Und wie sein Lehrer sagte auch Graciliano Ramos: »Ich kann nur schreiben, was ich bin.«[11] Seine ersten drei Romane (in denen stets ein Möchtegernschriftsteller die Hauptrolle spielt) sind Zerrspiegel seiner eigenen literarischen Anfänge. Wie Graciliano Ramos sich in Palmeira dos Indios oder in Maceió weitab vom literarischen Leben Brasiliens fühlte, das sich in Rio de Janeiro beziehungsweise São Paulo konzentrierte (erst nach seiner Haftentlassung 1937 lebte er ständig in der damaligen Bundeshauptstadt), so waren auch seine zentralen Gestalten entweder gescheiterte Schriftsteller (wie João Valério in *Caetés*) oder Sonntagsschreiber (wie Paulo Honório in *São Bernardo*) oder gar nur Provinzjournalisten (wie Luis da Silva in *Angústia*). Im Zerrspiegel von deren Mittelmäßigkeit spiegelte sich für Graciliano Ramos karikaturesk sein eigener Ehrgeiz.

Die Kritik hat dafür gesorgt, daß das negative Selbstbild, das Ramos in seinen autobiographischen Büchern oder seinen Briefen oder seinen Presseverlautbarungen von sich zeichnet, zurechtgerückt wurde. Graciliano Ramos sprach von seinem Werk zwar gern, als ob es nichts wert sei oder als ob es weit hinter dem zurückbleibe, was er wolle, aber er wußte doch genau, daß er kein Dutzendschreiber war. Der Erfolg von *Angústia* und später der noch größere und solidere Erfolg von *Vidas Sêcas* sollten seine Skepsis ein wenig mildern, sie aber nie ganz beseitigen. Die Wurzeln seiner Unzufriedenheit mit sich selber reichten nämlich tiefer hinab, in archaische, frühkindliche Schichten.

Darum konnte es ja zu dem Paradox kommen, daß die damalige Kritik seine (tragisch autobiographischen) drei Erstlingsromane einer Strömung, dem literarischen Regionalismus, zuordnete, mit dem sie nicht viel zu tun hatten. Als Ramos *Vidas Sêcas* veröffentlichte, war das Mißverständnis sanktioniert. Endlich schien jemand den großen Wurf des Regionalismus aus dem brasilianischen Nordosten getan zu haben. Dabei waren weder die ersten drei Romane im buchstäblichen Sinn Sittenschilderungen, noch war *Vidas Sêcas* ein regionales Dokument. Die fixen Ideen João Valérios, Paulo Honórios und Luis da Silvas waren alles andere als folkloristisch. Als Intellektuelle, die (wie die Helden in Machado de Assis' *Postume Memoiren des Brás Cubas* und *Dom Casmurro*) ein Zeugnis von ihrem Leben und Leiden hinterlassen wollten oder ihre eigenen Realitäten zumindest zu Romanen verarbeiten mußten, ragten sie alle drei weit über die sie umgebende, mittelmäßige und literaturfeindliche Welt hinaus. Darum führt es zu nichts, wenn manche Kritiker in Ramos' ersten drei Romanen ein Spiegelbild der realen Welt sehen, in der Graciliano Ramos seine ersten vierundvierzig Lebensjahre verbracht hat. Welche realen Menschen der Dichter aus Alagoas vor Augen hatte, welche Episoden in den Roman eingingen und welche Details der Reportage oder der Verbrechensspalte entnommen sind, läßt sich ohne weiteres beweisen. Helmut Feldmann hat es getan.[12] Was aber allen dreien gemeinsam ist, ist nicht das Anekdotische aus Alagoas, sondern die Versessenheit der Hauptfiguren aufs Schreiben, also derselbe Ehrgeiz, der auch den Autor verzehrte. Nichts ist subjektiver als eine solche Leidenschaft. Nichts ist weniger regionalistisch als eine solche Subjektivität. Wie Güiraldes – der ebenfalls irrtümlich dem Regionalismus zugezählt wird – bediente sich auch Graciliano Ramos des lokalen Rahmens nur dazu, einer zutiefst privaten Leidenschaft nachzuspüren. Er hatte von seinen Lehrern (Flaubert, Dostojewski, Eça de Queiroz, Machado de Assis) inzwischen gelernt, wie man sein Werk von den Falschheiten des Regionalismus freihält.

9. Erinnerungen aus der Kindheit und aus der Haft

Die zwei wichtigsten Bücher, die Graciliano Ramos nach dem ambivalenten Erfolg von *Vidas Sêcas* schrieb, sollten eindeutig biographisch sein. Mit *Infância* (Kindheit) hörte er auf, sich mit der Romanform zu tarnen, und sprach zum ersten Mal für sich selber. Was da erzählt wird, ist furchtbar. In eine stumpfsinnige Sertãobewohnerfamilie hineingeboren, lernt das Kind Graciliano nichts als den Mißbrauch väterlicher Gewalt und den Haß einer vom Muttersein überforderten Mutter kennen. Angst, ja, Grauen gehören zu seinen ständigen Erlebnissen. Brutale Bestrafung, Gleichgültigkeit und Willkür – das ist die

Lektion seiner Kindheit, und die gibt er an seine Romangeschöpfe weiter. Beim Lesen von *Infância* erkennt man nicht nur viele Gestalten aus seinen ersten drei Romanen wieder und entdeckt vergleichbare Episoden und Parallelen. Man stellt vor allem fest, daß Fabiano aus *Vidas Sêcas* Ramos' autobiographischste Gestalt ist. Fabiano gehört wie der kleine Graciliano zu der großen Schar der Erniedrigten und Beleidigten, von denen Dostojewski spricht. Nichts gleicht der in *Vidas Sêcas* geschilderten Welt aus erbarmungsloser Natur und brutaler Gewalt mehr als die Welt, in der Ramos *Infância* zufolge aufgewachsen ist.

Daß der Autor gerade in *Vidas Sêcas* die ideale fiktionale Umsetzung für seine intimsten Realitäten gefunden hat, gehört zu den Paradoxa der brasilianischen Literatur. Weder João Valério noch Paulo Honório noch Luis da Silva repräsentieren Graciliano Ramos in seinem tiefinnersten Wesen. Nein, es ist Fabiano. Fabiano, der die Schicksalsschläge, die Grausamkeiten der Natur und die unflätige Willkür der Macht stoisch und ergeben hinnimmt. Sogar in dem, was Fabianos ältester Sohn durchmacht (der seinen Vater nachts Geschichten erzählen hört) findet sich ein Abglanz des einzigen Lichtschimmers, der von dem hartherzigen Vater gelegentlich auf das Kind Graciliano fiel. So erwiesen sich gerade Ramos' autobiographischstes und sein objektivstes, regionalstes Buch als literarisch eng verwandt.

Einem klarsichtigen Kritiker war schon aufgefallen, daß bei Graciliano Ramos »o menino é tudo«, daß sich alles um das Kind dreht.[13] Wie bei Wordsworth (der in einem berühmten Gedicht den Satz prägte: »The child is father to the man«) wurzelt auch bei Graciliano Ramos die literarische Kreativität tief in seiner grauenhaften Kindheit. Mit den *Memórias do cárcere* (die erst 1953 postum veröffentlicht wurden) erfährt dieser umgekehrte Zeugungsakt eine erneute Bestätigung. Neben ihrem unleugbaren Wert als politisches Dokument einer schmählichen Epoche der brasilianischen Gesellschaft haben die *Memoiren* auch Geltung als unretuschiertes Porträt des alten Graciliano. All seine Größe und Schäbigkeit, seine unwirsche Großmut, seine Unfähigkeit, eine freundschaftliche oder liebevolle Geste auch nur halbherzig zu erwidern, werden in den vier Teilen dieses infernalischen Buches gnadenlos registriert. Graciliano Ramos ging in seiner Kindheit durch die harte Schule der körperlichen Züchtigung, der Lieblosigkeit und der Ungerechtigkeit. Er war ein so guter Schüler, daß seine Gefühle einfroren, seine Liebesfähigkeit verkrüppelte und sein Masochismus es zu unerhörten Verfeinerungen brachte. Obwohl er von seinen Zellengenossen und sogar von seinen Wächtern Wertschätzung und Zuneigung erfuhr, sah Graciliano Ramos sich auch im Gefängnis stets als verfolgtes, abgeschobenes Wesen, als das geprügelte Kind, das nie klagt, aber auch nicht verzeiht.

Natürlich war die Haft – ohne Urteil oder auch nur Anklage – eine klassisch kafkaeske Situation und geeignet, auch im eingefleischtesten Optimisten den Masochismus zu fördern. Aber Graciliano Ramos schickt sich mit solchem Genuß in dieses Inferno, läßt sich so gewissenhaft allen Besitzes berauben, verzichtet so bereitwillig auf normale Privilegien, daß die Schlußfolgerung naheliegt: er war von Kind an darauf abgerichtet, mit höllischen Bösewichtern zusammenzuleben, und sein Gefängnisaufenthalt war paradoxerweise nur der krönende Abschluß seiner masochistischen Alpträume. Die eingebildeten Greuel des Helden von *Angústia* wurden für den Autor zum real grauenhaften Erlebnis.

Glücklicherweise machte Ramos' Masochismus wenigstens vor dem Schreiben halt. Hier überwand er die Barriere. Selbst unter den widrigsten Umständen vermochte er, wie es seine Memoiren zeigen, noch zu schreiben. Ein »Schreib-Trieb«, der stärker war als sein Selbstvernichtungstrieb, ließ ihn sich immer weiter Notizen machen und sein Bedürfnis, ein persönliches Zeugnis zu hinterlassen, verließ ihn nicht einmal in den schlimmsten Momenten seiner Haft. Sicher hat Ramos seine Aufzeichnungen mehr als einmal vernichtet. Genauso sicher aber hat er seine letzten Lebensjahre – als ein kranker, aber noch rüstiger Mann – der Arbeit an diesem Buch gewidmet. Etwas von Honório Zwang, alles aufzuschreiben, war auch in ihm. Als er starb, waren nur wenige Kapitel ungeschrieben; das Gros der Arbeit war beendet.

Ramos selber sah das Werk zwar nur als eine Rohfassung an. Durch seinen Tod aber wurde es »fertig«. Nun verwarf jedoch die Kommunistische Partei das Manuskript – ein letztes Paradox, das Ramos wahrscheinlich wie ein unausweichliches Verhängnis hingenommen hätte. Nur dank der Hartnäckigkeit der Erben konnte das Buch erscheinen. Die verbreitetste Version stammt von einem Sohn des Autors, dem Schriftsteller Ricardo Ramos. Sie wurde jedoch von einer Tochter, Clara Ramos, sowie von diversen Kritikern angefochten.[14] Vergleicht man Faksimileseiten aus dem Manuskript mit dem gedruckten Text, so stößt man auf merkwürdige Abweichungen. Leider ist das Manuskript bis heute nicht zugänglich. Eine kritische Ausgabe ist angekündigt. Solange sie nicht vorliegt, ist es vielleicht klüger, sich des Urteils zu enthalten.

Damit hätten wir wahrscheinlich das letzt Paradox in Ramos' sonderbarem literarischem Werdegang. Nicht nur wurde er von seinen ersten Schreibversuchen an der regionalistischen Bewegung zugeordnet, mit der er wenig zu tun hatte, nicht nur wurde er für ein Buch, *Vidas Sêcas*, gepriesen, das zwar viel von ihm enthält, aber nur in einer intimen, tieferen, autobiographischen Schicht – nein, er wurde auch noch von einer Partei gefeiert, der er in seinen letzten Lebensjahrzehnten viel Energie widmete, die sich aber der Veröffentlichung seines letzten bedeutenden Buches auf stalinistische Weise entgegenstellte. Graciliano Ramos schien dazu bestimmt, in der Ambivalenz zu produzieren. Ruhm ist das schlimmste aller Mißverständnisse, hat Rilke einmal gesagt. Im Fall Graciliano Ramos trifft das offensichtlich zu.

Oder zumindest traf es bis vor kurzem zu. Erst dreißig Jahre nach seinem Tod scheint es möglich, ihn als den zu lesen, der er ist: als den größten brasilianischen Schriftsteller der ersten Hälfte des zwanzigsten Jahrhunderts, als den einzigen, der sich ohne Abstriche zwischen Machado de Assis und Guimarães Rosa einordnen läßt, und nicht als den bloß besten »Regionalisten«.

Aus dem Spanischen von Monika Lopez

Anmerkungen

1 Ich stütze mich dabei auf den Text *Der brasilianische Roman*, aus dem ersten Band meiner *Narradores de América*, Montevideo

1969, der allerdings geändert und wesentlich erweitert wurde.
2 Vgl. im selben Band von *Narradores* die drei Aufsätze *Mariano Azuela: Testigo y crítico; Doña Bárbara: Una novela y una leyenda americanas* und *Hipótesis sobre Ciro Alegría.*
3 Zu einem »sozialistischen« Herangehen an das Werk Graciliano Ramos' siehe die Arbeiten von Carlos Nelson Coutinho und Leônidas Câmara in: Sônia Brayner (Hg.), *Graciliano Ramos*, Rio de Janeiro 1977.
4 Die besten Arbeiten über Mário und Oswald de Andrade im Kontext des Modernismo stammen von Haroldo de Campos. Es sind *Morfología de Macunaíma*, São Paulo 1973, und das Vorwort zu Oswald de Andrades zwei »erfundenen Romanen« im zweiten Band der Oswaldschen *Obras Completas*, Rio de Janeiro 1971. Zur »Antropophagie« siehe die hervorragende Untersuchung von Benedito Nunes im 6. Band der gleichen *Obras*, Rio de Janeiro 1978. Die hier dargestellte Sicht habe ich in meinen Anmerkungen zu Mário und Oswald de Andrade in meiner *The Borzoi Anthology of Latin American Literature* 2, New York 1977, bereits abgedruckt.
5 Eine Parallele zwischen Mário de Andrade und Borges habe ich in dem Buch *Mário de Andrade/Borges*, São Paulo 1978, gezogen. Detaillierte Informationen zum literarischen Werdegang des argentinischen Schriftstellers – siehe mein Buch *Jorge Luis Borges. A Literary Biography*, New York 1978.
6 Auf Graciliano Ramos' Pessimismus haben u. a. Otto María Carpeaux, Antônio Cândido, Alvaro Lins, Olívio Montenegro und Rolando Morel Pinto hingewiesen. Zur Diskussion siehe den Artikel von Franklin de Oliveira in Sônia Brayners Sammelband (vgl. Anm. 3).
7 Seine Ansicht von den Schriftstellern aus dem brasilianischen Nordosten ist zwar weniger verbreitet als die über die Modernisten, aber darum nicht weniger vernichtend. Er nannte sie »talentierte Analphabeten«. »Sie vertiefen sich in Soziologie und Ökonomie und bringen Romane auf den Markt, die selbst dem duldsamsten Grammatiker Kopfschmerzen bereiten.« Entnommen Clara Ramos, *Mestre Graciliano. Confirmação humana de uma obra*, Rio de Janeiro 1979, S. 137.
8 Vgl. Antônio Cândido (Hg.), *Graciliano Ramos. Trechos escolhidos*, Rio de Janeiro 1975, S. 8-9.
9 Das Interview steht in Brayners Sammelband (vgl. Anm. 3), S. 50-51. Die Begegnung zwischen Graciliano Ramos und Oswald de Andrade ist in Clara Ramos, *Mestre Graciliano* (vgl. Anm. 7), S. 120-121, aufgezeichnet.
10 Die Episode von der Vernichtung und Rettung des *Angústia*-Ma-

nuskripts steht in ihren beiden Fassungen (die zweite wird Lins do Rêgo zugesprochen) bei Clara Ramos, a. a. O., S. 92.

11 In dem gleichen Gespräch mit Homero Senna, das bei Brayner, a. a. O., S. 55, steht, behauptet Graciliano Ramos: »Ich kann nur darüber schreiben, was ich bin. Wenn meine Figuren sich unterschiedlich verhalten, dann, weil ich nicht nur einer bin. Je nach den Umständen würde ich wie die eine oder die andere meiner Figuren handeln. Könnte ich zum Beispiel nicht lesen und schreiben, wäre ich wie Fabiano . . .«

12 Siehe Helmut Feldmann, *Graciliano Ramos. Reflexos da sua personalidade na obra*, Fortaleza 1967.

13 Vgl. die Arbeit von Otávio de Faria, *Graciliano Ramos e o sentido do humano*, in Brayner (Hg.), a. a. O., S. 175.

14 Zur Diskussion über das Manuskript *Memórias do cárcere* siehe Clara Ramos, a. a. O., S. 252-262.

Alice Raillard

Jorge Amado – ›engagierter‹ Schriftsteller und ›populärer‹ Erzähler

»Ich erzähle von dem, was ich nicht nur vom Hörensagen weiß, sondern von dem, was ich erlebt habe, ich erzähle wahre Begebenheiten. Wer nicht hören mag, soll sich davonmachen; meine Sprache ist einfach und ohne Anspruch«, schrieb Jorge Amado im Prolog von *Os Pastores da Noite* (dt. *Nächte in Bahia*). Der Schriftsteller hat diesen Blick auf sein Werk kürzlich in *O Menino Grapiúna* (Das Kind des Kakaos), einem kurzen, autobiographischen Text erhellt, in dem er die Verwurzelung seines Romans genauer bestimmt und das Territorium seines Werkes absteckt.

Dieses Werk, das bis heute etwa dreißig Titel und mehr als 50 Jahre literarischen Schaffens umfaßt, ist von Frühreife und Üppigkeit geprägt. Abwechselnd holprig und dicht, lyrisch und spaßig und fast immer episch, erreicht es in Brasilien enorme Auflagen und ist eines der am meisten übersetzten der Welt, in der man es in mehr als 40 Sprachen lesen kann. Dieser »Erzähler«, wie er sich nennt, ist im wahrsten Sinn des Wortes ein »populärer« Schriftsteller und wird daher leidenschaftlich, ja sogar heftig diskutiert – was von der Lebendigkeit seines Werkes zeugt und seiner Fähigkeit zum Nonkonformismus. Die Auseinandersetzungen um sein Werk folgten dicht aufeinander und sie dauern auch heute noch an, was oft zu beträchtlicher Verwirrung führt.

Der populäre und engagierte Schriftsteller Jorge Amado ist ein Schriftsteller »en situation«, in dem Sinne, wie ihn schon Sartre in den vierziger Jahren geprägt hat. Und genau das erleichtert die Aufgabe des Kommentators nicht, der zwei scheinbar widersprüchliche Eigenschaften vorfindet: zum einen gehört Amados Werk der Literaturgeschichte an, zum anderen bleibt es im Werden. In der Vergangenheit verankert, gehört es der Zukunft und bietet allen Perspektiven die Stirn. So entzieht es sich allen reduzierenden Definitionen und lädt ein, den Texten offen gegenüberzutreten und ihrem Werdegang Schritt für Schritt zu folgen.

Als der junge Verleger und große katholische Dichter Augusto Frederico Schmidt Amados *O Pais do Carnaval* (Das Land des Karnevals) 1931 veröffentlichte, einen Roman, der heute wie die Präambel des späteren Werkes erscheint, erregte dieses sofort große Aufmerksamkeit, wie die zahlreichen Kommentare verdeutlichen. »Wir leben in einer griesgrämigen Zeit«, schrieb Schmidt an Amado. »Die Generationen folgen einander auf schwindelerregende Weise (. . .). Wir sind da, um herauszuschreien, daß wir existieren, angesichts einer schläfrigen und gleichgültigen Nation (. . .). Und wir warten melancholisch auf das Kommen jener, die glauben, daß man noch schreien kann, daß man schreien muß. Das ist unsere Pflicht und unser Rhythmus. Mein Freund, wir müssen unsere Verzweiflung im Namen der Nation wiederholen.«

Die Welt bewegt sich auf eine neue Ära zu, und Brasilien ringt zögernd oder heftig um eine neue Definition seines »Nationalcharakters«. Diese Bewegung, die sich durch die zwanziger Jahre zieht, kommt in der Revolution von 1930 zum Ausbruch und festigt sich in fortschreitendem Maße bis zur Gründung des *Estado Novo* durch Getúlio Vargas im Jahre 1937. Dieser erste Roman des damals neunzehnjährigen Studenten Jorge Amado spielt also zu einem Zeitpunkt einschneidenden politischen Wandels; alle kulturellen Werte werden eingebunden.

Hinter seinem Helden Paulo Rigger und seinen Fragen nach Brasilien, dem »Land des Karnevals«, taucht das *Retrato do Brasil* (1928; Portrait Brasiliens) von Paulo Prado auf. Seitdem wiederholt man einen Satz: »In einem fröhlichen Land wohnt ein trauriges Volk.« Aber Jorge Amado inszeniert in *O Pais do Carnaval* auch das Bahia seiner Bohemien–Jugend, als er, ein sechzehnjähriger kleiner Journalist und angehender Schriftsteller, zusammen mit anderen Intellektuellen (zu denen der Pamphletist Pinheiro Viegas, der Soziologe Edison Carneiro, der Dichter Sosigenes Costa gehören) die »Akademie der Rebellen« gründete. *O Pais do Carnaval* gibt ihre Diskussionen wieder, die sich einer pessimistischen Sicht Brasiliens entgegenstellten und einen »Weg« suchten. »Wir wollten eine Literatur, deren Wurzeln und Charakteristika dem Volke näher und vertrauter sind, die die Wirklichkeit unseres Staates, die Sorgen des Volkes einfängt.«[1] Zur gleichen Zeit zeichnete Amado Bilder aus dem volkstümlichen Leben Bahias – der Stadt aller Heiligen, aller Schönheiten und Miseren –, was den großen Roman Bahias ankündigte, der sich von Buch zu Buch bis heute weiterentwickelt.

»Schreien« ... Zweifellos erklärt Schmidts Wort (mehr noch als er beabsichtigte) zwei Romane, die Jorge Amado im Abstand von nur einem Jahr veröffentlichte, überaus treffend und in angemessener Kürze. Ist es eine Herausforderung, wenn er in einer Vorbemerkung zu *Cacao* sagt: »Ich habe in diesem Buch versucht, das Leben des Arbeiters auf den Kakaofarmen im Süden von Bahia mit einem Minimum an Literatur und einem Maximum an Ehrlichkeit zu erzählen. Ob es wohl ein proletarischer Roman ist?«

»Proletarischer Roman« lautet auch der Untertitel von *Parque Industrial* (Industriepark), den Pagu unter dem Pseudonym Maria Lobo im gleichen Jahr, 1933, schrieb. Wie Oswald de Andrade war er ein Dichter der modernistischen Bewegung in São Paulo, und wie er damals Mitglied der kommunistischen Partei Brasiliens. Dieses kleine, auch heute noch erstaunliche Buch ist eine Schmähschrift in Collageform, ein »proletischer Roman« feministischer Ausrüstung, der in der Tat nicht einzuordnen ist. Aber der Untertitel, mit dem er sich ankündigt, reflektiert die Bestrebungen und den politischen Gärungsprozeß der Zeit. Amado bemerkt dazu:

Wir schämten uns, nicht zum Proletariat zu gehören. Dieser Typ von Figur [der Held von *Cacao*] war damals ein Versuch der Annäherung zwischen Intellektuellen und Proletariern, obwohl es damals noch keine Arbeiterklasse gab. Wir hatten den »Handarbeiter«, aber die Beschreibung des Arbeiterlebens im Roman war real. In ideologischer Hinsicht war unsere Position vollkommen idealistisch. Dieser Begriff ›proletarischer Roman‹ verschwand bald darauf aus Essays und Kritiken, ich glaube sogar aus der Literaturgeschichte. Aber er wurde 1930 und in den ersten Jahren dieses Jahrzehnts verwendet. Beispiele sind *Passagiere dritter Klasse* von Kurt Klaber, *Juden ohne Geld* von Michael Gold und einige Bücher aus der ersten Phase der russischen Revolution. Im sowjetischen Fall räumte der Stalinismus mit dieser Art von Roman auf. In meinem Fall war das Etikett reine Überheblichkeit.[2]

Dieser »proletarische Roman«, von den Kritikern der Zeit als

»Kampfbuch« bezeichnet, wird nach seiner Veröffentlichung zuerst einmal von der Polizei beschlagnahmt.

In *Cacao* (1933) wird erstmals das Alltagsleben der Kakaoarbeiter dargestellt, der »alugados« (»Miet«- oder Saisonarbeiter), wie es Amado in seiner Kindheit täglich vor Augen hatte. Lebensbedingungen einer vergangenen Zeit? Sie hatten sich zweifellos geändert, aber nicht in dem Maße, daß man sie nicht immer noch mit den Worten Amados hätte beschreiben können: Dieselbe rote Kruste an den Fußsohlen der Männer, die die Schoten zerstampfen, der gleiche Blick, den man nicht vergessen kann, wenn man ihm begegnet ist.

In *Suor* (1934; Schweiß) schlägt Amado eine energische Bresche in das alte Gemäuer der »Ladeira do Tabuão«, einen Bienenkorb voller Menschen, die nach Armut riechen und ihr Elend sozusagen ausschwitzen. Beide Werke, *Kakao* und *Schweiß*, sind zwei heftig geschlagene soziale Breschen. Für den jungen Amado bedeutete das »Minimum an Literatur« den Versuch, ein Universum, das ihn hautnah bedrängte, in Worte zu fassen, es hieß Visionen aufs Papier bannen, die ihn ständig heimsuchten. Wenn die »barbarische Welt« des Kakaos vielleicht sein »primitiver« Schauplatz ist, so behaupten doch auch die Stadt Bahia und das *Pelourinho*-Viertel[3] einen festen Platz in seiner Jugend, da er selbst in solchen Bruchbuden, wie sie in *Schweiß* beschrieben werden, gewohnt hat.

Realismus also? Ein sehr europäischer, wohlhabender Bourgeois tadelt ohne ein Lächeln an der in *Suor* dargestellten Epoche »eine etwas übertriebene Kühnheit des Realismus«. Ist es ein regionalistischer Realismus, wie man so oft gesagt hat? Diese Fragen gelten sicherlich für jene, die man die »Romanciers der dreißiger Jahre« nennt. Sie trugen eine vielgestaltige und verkannte Wirklichkeit zusammen, »sie versuchten, den großen Widerspruch zu lösen, der unsere Kultur bestimmt, d. h. den Gegensatz zwischen den zivilisierten Strukturen der Küstenregion und dem Menschenmaterial, das das Landesinnere bevölkert«[4], wie der Kritiker und Soziologe Antônio Cândido diese literarische Bewegung in einer Untersuchung charakterisiert hat.

Bewegung und nicht Schule. Diese Schriftsteller haben vor allem gemeinsame Fragen, pendeln zwischen politisch-kulturellem Zentralismus und regionalen Besonderheiten. Während der erste große Roman des brasilianischen Nordostens, *A agaceira* (Zuckermühle), von José Américo de Almeida, 1928 im Staat Paraiba erschien und *O Quinze* (dt. *Das Jahr 15*) von Raquel de Queiróz 1930 in Fortaleza im Staat Ceará, wurde das nächste Buch der Autorin, das im gleichen Jahr wie *Menino de Engenho* (Kind der Zuckersiederei), (dt. *Santa Rosa*) von José Lins do Rego herauskam, im Verlag Schmidt in Rio de Janeiro publiziert. Beim gleichen Verleger, dessen Bedeutung für das literarische Leben dieser Jahre überaus wichtig ist, liegen auch noch der erste Roman von Graciliano Ramos *Caetés* und das fundamentale Werk *Casa Grande e Senzala* (dt. *Herrenhaus und Sklavenhütte)* von Gilbert Freyre. Der »Regionalismus« koordinierte sich gewissermaßen am Ort seiner Rezeption. Im Gegensatz dazu provozierte das langsame Vordringen der modernistischen Revolution sehr unterschiedliche Reaktionen in den Provinzen des Nordosten. Der »traditionalistische Regionalismus« von Gilberto Freyre in Recife am Ende der zwanziger Jahre entstand unabhängig von dem, was in Bahia geschah. Dort entwickelte Jorge Amado auf seine Weise und mit dem ihm eigenen Stil eine Art »Verzeichnis« seines Territoriums, in dem die Vorstellungskraft den Bildern, die Augen und Sensibilität aufnehmen, Sinn verleiht.

1935, als die Volksfront der *Aliança Nacional Libertadora* gegründet wurde, der er sich wie viele andere Intellektuelle anschloß, intensivierte sich Amados politisches Engagement. Er publizierte *Jubiabá* (dt. *Jubiabá*). Dieses Buch bewahrt vom »Unanimismus« aus *Suor* die Fragmentation der Erzählung, die eine Art synkopierten Rhythmus annimmt, wie der Marsch und der Tanz der Schwarzen. Aber wie man weiß, wird der Tanz in Bahia in der »*capoeira*« (die aus Angola kommt) zum Kampf.

Jubiabá ist eine Art Romanzero des brasilianischen Negers, des Negers aus Bahia. Die Sklaverei sucht sein imaginäres Universum heim und formt auf zweideutige Weise den Zustand seines Daseins. In Wirklichkeit ist der Neger, wenn er wie alle, die im Elend leben, ob Weißer, Schwarzer oder Mischling, von der neuen Versklavung durch die kapitalistische Gesellschaft betroffen ist, besser gegen den Verlust seiner Identität gefeit: er wird von den mythischen, von Religion und Vergan-

genheit überkommenen Werten gestützt und aufgefangen.
 Der Bruch zwischen Land- und Stadtroman ist überholt: die Armen sind Wanderer. Der Neger Antônio Balduino, eine einprägsam dargestellte Person, ist ein vielgestaltiges Wesen: Heute von einer Tabakplantage geflüchteter Arbeiter, ist er morgen Boxer oder Dockarbeiter im Hafen. Er symbolisiert keine Masse. Er selbst ist die Masse: Nur so muß man den ersten Satz von *Jubiabá* lesen: »Die Masse stand auf, als wäre sie eine einzige Person.«
Von der Höhe des »Morro do Capa Negro« lauscht der Schwarze Antônio Balduino und lernt. Er schaut auf die sich langsam erhellende Stadt, hört das Echo eines Lachens oder eines Weinens: »Langsam freute er sich über das Leben in der Stadt«. Er nimmt das Leben wahr, Geschichten, die mit Legenden aus den Fibeln der Volkssänger vermischt sind – die alte iberische Tradition der »Kolportage-Erzählungen«, die im Nordosten heute noch lebendig ist. Er lernt vom »père-de-saint« Jubiabá Geschichte und Geschichten der Sklaverei (die erst 1888 abgeschafft wurde). Er lernt »den bösen vom barmherzigen Blick« unterscheiden, was ihn eines Tages »den Weg nach Hause« wird finden lassen. Der Synkretismus Amados fügt dem Synkretismus der afro-brasilianischen Religionen den revolutionären Glauben hinzu. Diese »Botschaften« geraten jedoch nicht zum Diskurs, sondern teilen sich durch den Rhythmus mit. Amados Prosa spielt hier mit kurzen schneidenden Sätzen und mit weiten Bewegungen, die den Aufruhr von *Terras do Sem Fim* (dt. *Kakao*) vorbereiten. Die Kadenzen der Volkspoesie integrieren sich in die Erzählung. Sie beugen die Form durch das Einfügen von Leitmotiven oder durch eine gewisse Art, die Prosa zu skandieren, wie man sie im späteren Werk immer wieder finden wird. Rhythmus ist vielleicht eines der Schlüsselwörter Amados und der Welt, die er in sich trägt – in ihm treten die Besonderheiten einer Kultur zutage. So betont eine Seite aus *Jubiabá* z. B. die mechanische Bewegung der Hände der Plantagenarbeiter: schwielige Hände, die Lasten fortschleppen, Hände, die Tabakblätter pflücken: »Die Hände hoben und senkten sich in immer gleichem Rhythmus. Sie schienen betende Menschen zu sein.« Diese verdinglichten Hände, die Werkzeug-Hände oder die rohen Hände, werden einen Augenblick lang zu linken Hän-

den auf der Gitarre, dann plötzlich zu amputierten Händen, zu Armstümpfen und scheinen sich, ohne daß Amado es sagt, in jene Hände aus Holz oder Wachs zu verwandeln, die als Exvotos in den Kapellen des Nordostens ausliegen.

Mit *Jubiabá*, von Oswald de Andrade als »schwarze Ilias« bewertet, beginnt der Heldengesang von Bahia. Es vervollständigt sich nach und nach, wird von Buch zu Buch differenzierter. Ein chrakteristischer Zug im Schaffen Amados ist die Weiterentwicklung eines Themas, das skizzenhaft in einem früheren Werk angelegt war und dann zu einem neuen Roman wird. *Capitāes da Areia* (dt. *Herren des Strandes*), ein schonungsloses, radikales Zeugnis verlassener Kinderbanden von Bahia, hat seinen Ursprung in einem Kapitel von *Jubiabá*. Später wird Buñuel mit *Los Olvidados* (Die Vergessenen) eine mexikanische Version dieses gesellschaftlichen Tatbestandes vorlegen, der in der gesamten »dritten Welt« niemals an Aktualität verliert.

Ein anderer Zug seines Werkes tritt nahezu simultan, in *Mar Morto* (dt. *Tote See*), zutage: der Lyrismus des Schriftstellers. Das Buch wird von den Erinnerungen der kleinen Stadt Ilhéus gespeist, wo Amado, wie es scheint, die strahlendste Zeit seiner Kindheit erlebt hat. Die Neigung zur Poesie ist jedoch nicht frei von Realismus: die Matrosenballade, »vom Leben und von der Liebe«, wie Amado sagt, scheint eher aus Tod und Liebe gemacht zu sein. »Es ist süß, im Meer zu sterben«, singt das Klagelied. Die Leidenschaft für das Meer und die magische Anziehungskraft der Wassergöttin streiten in den Fischern mit der Liebe zu den Frauen aus Fleisch und Blut.

»Wo liegt wohl die Wahrheit, wenn sie sich auf diese Stadt Bahia bezieht? Wahrheit und Legende vermengen sich hier in ihrem lyrischen Mysterium und ihrer tragischen Armut«, schreibt der Autor im Vorwort zu dem romantischen Reiseführer von *Bahia de Todos os Santos* (Bahia aller Heiligen) einige Jahre später. Aus Poesie und Legende gewoben, ist er auch das Werk eines Erzählers. Die Wirklichkeit in Bahia ist so, wie sie in den Romanen beschrieben steht, die dort spielen. Der Unterschied besteht bloß in der umgekehrten Gewichtung von Imaginärem und Realem: im Reiseführer wird der Besucher eingeladen zu träumen, in den Romanen wird der Leser aufgefordert, ein Land zur Kenntnis zu nehmen.

Der Biograph Amado – von Bahia, von Castro Alves und von Luis Carlos Prestes, dem »Ritter der Hoffnung« – ist eine Art Gegenprobe zum Romancier des magischen Realismus (eine zwar abgenutzte, aber zutreffende Bezeichnung). Im *ABC de Castro Alves* (1941), über einen Dichter und Sänger aus Bahia, der in seinen Liedern hartnäckig auf die Abschaffung der Sklaverei drängte, dient die Figur Jorge Amado zum Vorwand, uns und sich zu sagen: »Als Schriftsteller bindet mich etwas mit Macht an ihn: ich habe dem Leben immer ins Gesicht gesehen, wie er, ich schreibe für das Volk, im Hinblick auf das Volk.« Und schließlich:

Ich will liebevoll über Castro Alves schreiben, wie ein Mann des Volkes über einen Dichter des Volkes schreibt, mit einer Liebe, die auf wirklichem Verständnis gründet und uns viel stärker fühlen läßt, was es an Menschlichkeit, Größe und Genie in einem Dichter gibt als alle Traktate poetischer Theorie und alle Archive. Mögen die pedantischen Kritiker und Analytiker an der Seite pedantischer Historiker ruhig hochgehen. Castro Alves war aus anderem Holz geschnitzt. (Vorwort)

Biographie und Bibliographie von Jorge Amado sind nicht voneinander zu trennen. 1937 werden seine Werke öffentlich mit anderen »subversiven Büchern« verbrannt. Wie andere Schriftsteller wird er mehrere Male ins Gefängnis gesperrt. Eine lange Reise durch Amerika ermöglicht ihm die Bekanntschaft von Rivera, Orozco, Siqueiros, den großen mexikanischen »Muralisten«. Mehr und mehr im politischen Kampf engagiert, schreibt er 1936, im Exil in Buenos Aires, eine Biographie von Luiz Carlos Prestes' *O Cavaleiro da Esperança* (dt. *Der Ritter der Hoffnung*), um zur Befreiung des seit 1936 einsitzenden kommunistischen Führers beizutragen. Diese romantische und militante Biographie ist eine flammende Anklage gegen die Brutalität des *Estado Novo*, zugleich aber auch die epische Erzählung des legendären Marsches der Kolonne Prestes durch das Brasilien der zwanziger Jahre. Da Amados Werke immer sofort ins Spanische übersetzt wurden, konnte *Der Ritter der Hoffnung* in Argentinien erscheinen. In Brasilien wurde er erst einige Jahre später freigegeben und war nach dem Staatsstreich der Militärs 1964 bis zum Jahre 1979 wieder verboten.

Die Distanz des Exils und die bereits erworbene Meisterschaft des danach dreißigjährigen Schriftstellers wirkten zusammen, um aus *Terras do Sem Fim* (dt. *Kakao*), der Saga um die Eroberung der Kakao-Gebiete, ein Meisterwerk zu machen. »Ein brasilianischer Balzac spricht aus dem Urwald«[5], schrieb Anna Seghers, die später eng mit Amado befreundet war. Anläßlich eines Werkes, das von außerhalb dieser Welt zu kommen scheint, aus eigenem Magma geschaffen ist, Leben aufbrechen läßt mit Feuer und Getöse, geht es nicht mehr darum, einen Roman oder eine Erzählkunst zu bewerten. Der Vergleich mit Faulkner drängt sich auf, obgleich die mythischen Universa der beiden Schriftsteller ganz verschieden sind. Hier ist nicht mehr die Masse der Protagonist, sondern der Urwald. Die Männer stellen sich der Gefahr, wild entschlossen, ihn zu erobern. Er ergibt sich knirschend unter den Schlägen blutverschmierter Macheten. Auf den gerodeten Gebieten pflanzt der Mensch den kostbaren Kakao an. Das Kind, das in der Ecke einer Buchseite lauert – »ein Junge, der viele Jahre später die Geschichten dieses Landes aufschreiben würde« –, sieht Dörfer entstehen und bald schon Städte. *O Menino Grapiúna* (Das Kind des Kakaos) zeigt, wie stark die Szenen der frühen Kindheit, die sogar noch vor dem Bewußtsein und der Erinnerung liegen, den Romancier für alle Zeiten geprägt haben. Amado ist zehn Monate alt, als sein Vater auf der Schwelle des Hauses von einem *Jagunço* verletzt wird. Das Kind spielt in der Nähe: »Ich habe so oft zugehört, wenn meine Mutter diesen Vorfall erzählte, daß die Szene lebendig und so wirklich für mich wurde, als habe meine Erinnerung das Geschehen aufbewahrt: die Stute stürzt tot nieder, mein Vater hebt mich blutüberströmt vom Boden auf!«

»Der Tod ist Begleiter meiner gesamten Kindheit«, hat Amado gesagt. Seit *Terras do Sem Fim* hat der Tod das gesamte Werk geprägt, ihm eine neue Dimension gegeben. Doch die Kräfte des Lebens sind ebenfalls zugegen: Die »Obristen«[6] des Kakao, unerschrockene Urbarmacher, zählen dazu. Es sind die letzten Überlebenden einer vergangenen, fast vorgeschichtlichen Epoche, einer Zeit, die ihre eigenen Gesetze hatte, in der man die Ehre z. B. mit dem Karabiner verteidigte. Aufrecht und stolz stehen sie auf diesen »Ländern ohne Ende« und wachen über die Geburt einer Welt. Ihre Schatten fallen manches Mal auf das Werk des Romanciers, öfter, als man zunächst vermuten mag. Man könnte gar behaupten, daß sich der Gestalter der Romanwelt in diese Obristen der heroischen Zeit hineinprojiziert. *São João dos Ilhéus* (dt. *Das Land der goldenen Früchte*), das die Saga des Kakao weiterführt, erreicht oftmals eine den *Terras do Sem Fim* vergleichbare Stärke. Wenngleich die Demütigung und der Ruin der Kakaopflanzer, die von den Exporteuren enteignet werden, ein modernes und weitaus weniger mythisches Drama ist, so fesselt doch die Analyse »en situation«, die Amado von den Mechanismen des Kapitalismus macht; sie ist Ausdruck »wahren« Realismus. In diesem Buch räumt das Epische dem Marxismus seinen Platz ein, ganz wie es das persönliche Engagement Amados verlangte, ein Engagement, das seine gesamte Energie und fast seine gesamte Zeit mobilisierte, als er *Seara Vermelha* (dt. *Die Auswanderer von São Francisco*) schrieb.

Schließlich trat Amado offiziell in die Politik ein, als Abgeordneter der Kommunistischen Partei, die im Jahr zuvor (und nur für kurze Zeit) nach dem Sturz von Getúlio Vargas legalisiert wurde. Die Tragödie der »Migranten«, die vor der Trockenheit fliehen – Thema seines Buches –, ist eines der Hauptprobleme der Unterentwicklung (Raquel de Queiróz und Graciliano Ramos haben Romane darüber geschrieben). Für Amado ist das ein Grund, sich mit dem ländlichen Brasilien zu beschäftigen (im Gegenzug zu den Zwängen seines öffentlichen Lebens). Er beschreibt den Exodus einer auf die Straße geworfenen Familie, die die Masse des Subproletariats in São Paulo vergrößert: eine ganz alltägliche Geschichte. Aber gerade deshalb überprüft der Romancier die Auswege, die sich den zutiefst Entwürdigten anbieten, nämlich den schwärmerischen Mystizismus der Volkspropheten und die Revolte der Banditen des Sertão (der Cangaçeiros) – zwei Lösungen der Verzweiflung – oder den Marsch in die Revolution mit den Mitteln des politischen Kampfes.

Als *Das Land der goldenen Früchte* erschien, wußte Jorge Amado nicht, daß sein politischer Kampf ihn schon bald ins Exil treiben würde. Vier Jahre lang führte er dann ein intensives und sehr internationales Leben, zuerst in Paris, dann in Prag. Er unternahm lange Reisen, unter anderem in die Sowjetunion und nach China, unterhielt Beziehungen zu allem, was im Geistesleben, Literatur und Politik Rang und Namen hatte. Er nahm am Weltkongreß für den Frieden teil und erhielt 1951 den Stalin-Preis. Das Werk dieser Zeit ist entschieden engagiert: ein Reisebericht aus der UdSSR, *O Mundo da Paz* (Die Welt des Friedens) – den er später selbst als »fanatisch« bezeichnet hat –, ein historischer Roman über den *Estado Novo*, *Os Subterrâneos da Liberdade* (dt. *Katakomben der Freiheit*), in dem Amados Darstellung des großbürgerlichen Mileus gekünstelt wirkt, wohingegen er die ihm eigene Inspiration wiederfindet, wenn er die Bewegungen der Masse beschreibt oder die Welt der Bauern.

Soll man einen Bruch annehmen, der sich – wie manchmal behauptet wird – nach der Veröffentlichung des außerordentlichen Bestellers *Gabriela, Cravo e canela* (1958; dt. *Gabriela wie Zimt und Nelken*) in seinem Werk ereignet habe? Gewiß bedeutete die triumphale Rückkehr zum Roman, die Amado nach mehreren Jahren des Schweigens vollzog, einen Einschnitt in seinem Leben, ebenso wie die Entscheidung, sich nunmehr ausschließlich seiner literarischen Arbeit zu widmen. Die Freude, die sich in diesem neuen Buch unvermittelt Luft machte, hing mit der Atmosphäre demokratischer Entspannung zusammen, die Brasilien damals erlebte – im »einzigen Augenblick demokratischen Zusammenlebens seit 1930« –, und mit der Euphorie, die das Entstehen von Brasilia vorbereitete. »Als ich *Gabriela* schrieb, hatte ich fast zehn Jahre nichts geschrieben. Ich wollte, daß es eine Liebesgeschichte sei.« Es ist auch eine Geschichte der Liebe zu Brasilien, die »Chronik einer Stadt im Landesinneren«, das wiedergefundene Ilhéus: »Allmählich verlor die Stadt jenes Aussehen eines Heerlagers, das in der Zeit der Eroberung des Landes kennzeichnend für sie gewesen war.«[7]

Der Fortschritt änderte die Physiognomie der Stadt und brachte das Verhältnis der politischen Klassen zueinander durch das Eindringen der Hafeningenieure in Unordnung. Die Sitten jedoch entwickelten sich nur langsam. Zum ersten Mal wird eine Heldin (und kein Held), eine freie, um Befreiung kämpfende Protagonistin, in einem Roman von Amado Vorurteile hinwegfegen und das Recht der Liebe geltend machen. Grabiela, der kleine Flüchtling aus dem Sertão, wird paradoxerweise die »Zivilisation« mit sich bringen. Diese Freiheit wird in der ausufernden Erzählung deutlich.

Sinnlichkeit und Sinnenlust, die sich auslebt, aufblüht und dann zusammenfällt wie die Liebe. Hier wagt sie es, sich ohne romantische Umschweife oder häusliche Zwänge öffentlich zu zeigen. Der verführerische Rhythmus dieses Romans hat zweifellos zu seinem Erfolg beigetragen, den alle späteren Bücher beibehalten haben. Hier festigt sich auch die Kunst Amados, verschiedene Erzählungen miteinander zu verknüpfen: Der Roman bringt Mikrogeschichten hervor, die in der Erzählung wieder aufgegriffen werden und sich als Sturzbäche oder Nebenflüsse zu jenem großen Fluß vereinigen, der das Romangeschehen weitertreibt.

Die zunehmende Diversifikation oder Erweiterung der Methoden und Themen, die Amado anwendet, bringen eine Art Überreizung der Erzählung mit sich: Wortwucherungen, fast aggressives Aufzeichnen des Körpers, der sich zur Schau stellt und sich ausdrückt. »Zeitlose Themen, Liebe und Tod, stehen im Mittelpunkt meines Romanwerkes.« Aber was ist die Liebe bei Amado? Die Frage ist nicht einfach zu beantworten. Indem er den Stellenwert der Liebe in seinem Werk unterstreicht, bezieht sich der Romancier auf die klassische Dualität von Eros und Thanatos, den beiden gegensätzlichen Kräften, die sich manchmal vereinen und an der gleichen Gewalt oder, wenn sie degradiert sind, an der gleichen Form von Macht teilhaben können. Das verdeutlicht *Tereza Batista* (1972; dt. *Viva Teresa*), ein Buch der Revolte gegen Gewalt und Macht. Ein schwefelhaltiges Buch, barock und voller Fantasmen. Ein Roman, von dem Amado bekennt, daß er ihn »in einer Art von Raserei« geschrieben habe. Mit Tereza Batista, einer absoluten Heldin, wird die Schlacht zwischen Gut und Böse geschlagen, zwischen den Kräften des Lebens und des Todes: dargestellt in diesem Buch anhand von Terezas Kampf gegen die schwarze Pest. Obwohl ihr Körper gequält und geschändet wird, ersteht Tereza sozusagen jeden Tag in ihrer ursprünglichen Reinheit wieder auf und entzieht sich dank ihrer Fähigkeit zur Revolte dem Zustand, Objekt zu sein, zu dem man sie herabwürdigen will.

Die Verweigerung gegenüber den Machthabern verläuft bei Amado jedoch nicht immer auf so radikalen Gleisen. Sie kann auch Schleichwege benutzen: Der Humor, der die Chronik der Gesellschaft von Ilhéus mit neuem Klang erfüllt, ist eine

Errungenschaft von *Gabriela*. Aber er erlangt seine wirkliche Dimension in drei Erzählungen pikaresken Charakters, in denen sich Amado seinem bahianischen Universum wieder vollkommen zuwendet. Es handelt sich um drei bewunderswerte Bücher, die Scharfsinn und Solidarität zwar auf andere Art, aber genauso klar ausdrücken wie die direkten Bestandsaufnahmen seiner Jugend. Der makabre Humor von *Quincas Berro Dágua* (dt. *Die drei Tode des Jochen Wasserbrüller*) sind eine erfrischende Ohrfeige für die kleinbürgerliche, heuchlerische und engstirnige Gesellschaft. Der alte und unverbesserliche Bohemien Jochen geht, auf ein paar Clochards gestützt, von seiner eigenen Totenwache weg und spaziert mit Hilfe mehrerer Schlucke »cachaças« (Zuckerrohrschnaps) ans offene Meer von Bahia. In *Farda, Fardão, Camisola de Dormir* (1979; dt. *Das Nachthemd und die Akademie*), einer Fabel, macht sich der Akademiker Antônio Bruno über Intrigen und Autoritäten lustig, während er seine eigene Totenwache organisiert. Alle Dutzendmenschen werden durch sein postmortem gefeiertes Fest der Liebe lächerlich gemacht. Die gleiche Alchimie aus Liebe, Humor und Tod wird auch noch in *Dona Flor e Seus Dois Maridos* (1966; dt. *Dona Flor und ihre beiden Ehemänner*) und in *Tieta do Agreste* (1977; dt. *Tieta aus Agreste*) spürbar. Unter der offensichtlich gewollten Stückelung des Fortsetzungsromans verbinden sich die verschiedenen Romanebenen und bilden eine Realität, die überaus lebendig und umfassend ist.

Der Humor ist zweifellos ein wenig bitter in *A Completa Verdade sobre as Discutidas Aventuras do Comandante Vasco Moscoso de Aragão, Capitão de Longo Curso* (1961; dt. *Die Abenteuer des Kapitäns Vasco Moscoso*). Die Farce verbirgt hier eine Moral: das Recht zu träumen, das Recht des Menschen, sein Schicksal zu lenken. Dieser Moral helfen alle Winde der Welt, die nie entfesselt sind und magisch stürmen. Wahrheit und Legende verbinden sich in *Pastôres da Noite* (1964; dt. *Nächte in Bahia*): Die kleinen Leute von Bahia haben sich zu einem prunkvollen Ballett versammelt, und Amado mischt in diesem volkstümlichen Fresko der Hirten bahianischer Nächte, Hüter einer alten Wirklichkeit, die allmählich zur Legende wird, das Schelmenhafte, die Magie und den sozialen Protest.

Es war die Zeit, die immer rascher dem Ende zugeht, eine Endzeit, eine Endwelt. So rasch – wie soll man da die Erinnerungen an Ereignisse und Menschen bewahren? Und niemand – ach, niemand – wird derartige Dinge mehr erleben oder Leute wie jene kennenlernen. Morgen ist ein neuer Tag, und in der neuen, jüngst angebrochenen Zeit, in der neuen Morgenrotblüte des Menschen werden solche Fälle und solche Menschen keinen Platz haben.[8]

Die Zeit drückt ihren Stempel mehr und mehr auf Amados Romane. Der Blick zurück auf die Vergangenheit ist ein Blick zurück auf den Tod. Pedro Archanjo, Mann des Volkes und Ethnologe, speichert in *Tenda dos Milagres* (1969; dt. *Die Geheimnisse des Mulatten Pedro*) die kulturellen Werte Bahias. Er stirbt, von allen vergessen. Als Marxist, aber auch als Verteidiger des »candomblé«, des Allerheiligsten der afro-brasilianischen Religion (»Mein Marxismus«, sagt er, »beschränkt mich nicht«), wird er zum Verfechter der Vermischung der Rassen und Kulturen und wehrt sich gegen den anmaßenden Dünkel der »Doktoren«.

Als privilegierter Interpret von Amados Ideen ist Pedro Archanjo, 35 Jahre später, eine Art Replik des Helden von *Jubiabá* und wurde vom Romancier und von »der im Laufe eines an Ereignissen reichen Lebens gewonnenen literarischen oder menschlichen Erfahrung« gestaltet:

Wofür kämpfen wir, Gevatter Lídio, mein Lieber, mein Kamerad? Weshalb wurde ich festgenommen, warum haben Sie Schluß gemacht mit der Druckerei? Warum?
(...) Das Leben geht immer weiter, das Rad dreht sich nicht zurück. Laß uns ausgehen und bummeln, mein Lieber. Wo gibt es heute ein Fest, Kamerad?[9]

Das Denkmal, das ihm ein nordamerikanischer Professor errichten will, taugt nicht dazu, ihn dem Vergessen zu entreißen, unter dem man ihn begraben wollte. Pedro Archanjo, »Schriftsteller, Gelehrter, Zauberer«, überlebt in der Erinnerung des Volkes; er ist nicht nur einer, sondern »mehrere, zahlreich, vielfach (...) Lauter Arme, Mulatten und Zivilisten«.[10]

Aus dem Französischen von Ralph Roger Glöckler

Anmerkungen

1 Jorge Amado, *Rede zur Aufnahme in die Brasilianische Akademie*, in: *Jorge Amado, Povo e Terra, 40 Anos de Literatura*, Livr. Martins, São Paulo 1971.
2 Interview mit Jorge Amado, in: Istoé, 18. 11.1981.
3 A. d. Ü.: Pelourinho, Sklavenpranger; zentraler Platz in der Altstadt von Bahia, Salvador.
4 Antônio Cândido, *Brigada Ligeira*, Livr. Martins, São Paulo 1945.
5 »Deutschlands Stimme«, Berlin, 7. 10. 1949.
6 Man bezeichnet die Großgrundbesitzer in Brasilien mit dem Namen »Oberst«, obwohl sie es nicht oder nicht mehr sind. Die Regierung der Kaiserzeit hatte Milizen geschaffen, die von den Notabeln des Landes im Range von Obristen angeführt wurden. Diese Erläuterung wurde von Roger Bastide übernommen.
7 *Gabriele wie Zimt und Nelken*, Hamburg 1963 (rororo 838/839), S. 15.
8 *Nächte in Bahia*, München 1965, S. 16.
9 *Die Geheimnisse des Mulatten Pedro*, Hamburg 1981 (rororo 4759), S. 271.
10 Ebd., S. 296.

Curt Meyer-Clason
Der Sertão des João Guimarães Rosa

João Guimarães Rosas Werk beginnt mit einem von der Academia Brasileira de Letras von Rio de Janeiro 1936 mit dem ersten Poesie-Preis ausgezeichneten Gedichtmanuskript *Magma*; ein zweiter Preis wurde nicht verliehen. Doch der Autor hat *Magma* nie veröffentlicht; auch die Erben haben kein Verfügungsrecht über eine Drucklegung. Der Dichter hat sich von seinem »livre de jeunesse«, wie er es später nannte, bald distanziert; seine Art zu fühlen, Dichtung zu begreifen, hat sich, wie er erklärte, gewandelt.

Seine lyrischen Erfahrungen sind in seine Prosadichtungen eingegangen. Denn schon in *Magma* ist Rosas Thematik sichtbar: Das Land – Minas Gerais –, die Leute, Landleute, die Seele, Gut und Böse. Iara, die Wassergöttin, wilde Rhythmen, Rinderherden, die Grotte von Maquiné – eine Kindheitserinnerung –, Wechselfieber, Mond im Buschwald, Batuque, der Negertanz, der Wasserkobold.

Erst 1946 tritt der Dichter-Romancier mit dem Erzählungszyklus *Sagarana* an die Öffentlichkeit. Als Vizekonsul am brasilianischen Generalkonsulat in Hamburg hatte er sich 1938 unter dem Pseudonym *Viator* – der Wanderer, nomen est omen – ohne Angabe seiner Anschrift an einem Romanwettbewerb beteiligt. Woraufhin der Verleger José Olympio den Romanschriftsteller Graciliano Ramos *(Karges Leben)* bat, einen Zeitungsbrief mit der Überschrift »Ein Verleger sucht einen Autor« zu veröffentlichen, doch ohne Erfolg. Das Buch, obschon zunächst heftig umstritten, wurde im Erscheinungsjahr prämiert und bis zur fünften Auflage vom Autor ständig revidiert. »Das Gute ist der Feind des Besseren«, war seine ständige Anmerkung zum Thema Vervollkommnung. 1965 schrieb er mir: »Ich habe gelernt, mir selbst zu mißtrauen. Wenn eine Seite mich begeistert und die Eitelkeit kommt und sie gut findet, lege ich sie einige Tage beiseite, und erst dann nehme ich sie wieder vor, erkläre mir dabei *aufrichtig:* Wir wollen mal sehen, warum diese Seite nichts taugt! Und erst dann, so unglaublich dies klingen mag, beginnen die Irrtümer und Mängel aufzutauchen. Lohnt es sich, soviel zu geben? Es lohnt sich. Man muß für siebenhundert Jahre schreiben. Fürs Jüngste Gericht.« Rosas religiöses Temperament verbot ihm die bürgerliche Skepsis und schloß Mäßigung aus; der Dichter ließ sich von allen Dingen, denen er sich hingab, in Besitz nehmen. Er war so wenig skeptisch wie Tolstoi, Balzac, Proust.

João Guimarães Rosa ist, wie er sagt, ein Mann des *Sertão:* das weite Hochland, das sich über ein Drittel des Landes und mehrere geologische Formationen erstreckt. Im Herzen des *Sertão* liegt Goiás, ein gewaltiges offenes Tafelland, das westlich bis nach Mato Grosso ausgreift, südlich ein gutes Stück von Minas Gerais umschließt, sich östlich nach Bahia und nördlich gegen Maranhão und Pará hinzieht; dort wird die Heide zum tropischen Regenwald, dann, beim Absinken zum Amazonasbecken, zum Dschungel.

Sertão – das sind Bergzüge und Täler, Moore und Marschen, Schluchten und Gipfel. Tertiärformationen, unterirdische Flüsse, die als Quellen an die Oberfläche dringen, kaktusgefleckte Ödlandstreifen. Die Bewohner des Sertão sind halbnomadische, rauhe Viehtreiber; ihre Rastplätze sind das Dorf, Oase in der Ebene, ein Stück Ackerland, die Fazenda – das Landgut –, tief gelegene Wasserstellen, die von Steilhängen geschützten Haine der schattenspendenden Buriti-Palme.

In Parenthese: Doch seit Jahren zeigt der Sertão nicht mehr das Gesicht, das João Guimarães Rosa in seinen Büchern gezeichnet hat. »Für mich«, sagte 1977, dreißig Jahre nach Erscheinen von *Sagarana*, der Viehtreiber Manuel Narde, der *Manuelzão* aus *Eine Liebesgeschichte* in *Corps de Ballet*, »geht der Sertão zu Ende. Von Belo Horizonte bis nach Belém do Pará gibt's Asphalt. Und wo Asphalt ist, da ist der Sertão am Ende.«

Im Jahre 1911, während João Guimarães Rosas früher Kindheit, war Minas Gerais zu 48 % von Wäldern bedeckt; heute sind es kaum noch 5 %. Jährlich werden in Brasilien über dreißig Millionen Quadratmeter Wald abgeholzt, das sind dreihundert Millionen Bäume; die jährliche Aufforstung hingegen erreicht nicht mehr als 0,03 %. Die Pinie, Sinnbild des Staates Paraná, ist im Verschwinden begriffen; im Süden dieses Staates werden nur noch 1,68 % des Waldlandes aufgeforstet.

Dort, im Markflecken Cordisburgo, zwischen dem 19. Grad südlicher und dem 14. Grad westlicher Breite – Rosa nimmt diese Lokalisierung in der Novelle *Das Duell* vor –, ist der Autor geboren. »In Minas Gerais . . . Minas beginnt von innen nach außen und vom Himmel zur Erde . . .« lesen wir in *Meine Verwandten*. Und Minas ist für Rosa Brasilien.

Minas Gerais, der brasilianische Minenstaat, ist übrigens das Geburtsland bedeutender Schriftsteller: Einer war Brasiliens erster großer Romancier, Machado de Assis (1830 bis 1908), Gründer der Brasilianischen Akademie für Sprache und Dichtung; der größte lebende Lyriker des Landes, Carlos Drummond de Andrade, wurde 1902 in dem Minenstädtchen Itabira geboren; der weltweit berühmte Anthropologe und Romancier Darcy Ribeiro, Jahrgang 1923, ist in Montes Claros geboren. Andere aus dem Sertão stammende Autoren waren Afonso Arinos mit *Pelo Sertão*, 1898, und Euclides da Cunha, Verfasser des monumentalen, noch immer nicht in deutscher Sprache veröffentlichten *Os Sertões*, 1902.

Im Sertão kam das Portugiesische in Berührung mit der rohen Natur und erprobte mit Elementen der Indio- und Bantusprachen eine Art neuer »dritter Primitivität«. »Die Sertanejos von Minas Gerais, isoliert zwischen den Bergen, im tiefsten Innern eines Zentralstaates, konservativ ›par excellence‹, haben ein klassisch-archaisches Idiom fast unberührt bewahrt: »Mein Kindheitsidiom, das mich noch immer verführt. Ich habe es gewissermaßen als Grundlage genommen, habe seine evolutionären, noch embryonalen Tendenzen instinktiv als Wege entwickelt, die ich betrete.« Der Autor in einem Brief vom 3. November 1964.

Als Kind und Erwachsener hat der Schriftsteller seinen Heimatstaat durchstreift, zu Pferd, zu Esel, im Jeep, mit Viehzügen. Er hat Flüsse durchwatet, Klippen erklommen, Vieh getrieben, Wildkatzen gejagt, auf offenem Feld mit Viehtreibern übernachtet. Als einziger Dorfarzt, als Pflanzen- und Tierforscher, als Genetiker, Veterinär und Heilkundiger bei organischen Krankheiten hat er das Leben in allen biologischen Dimensionen kennengelernt. »Ich war Arzt, Rebell, Soldat. Das waren wichtige Etappen meines Lebens, und genaugenommen stellt schon diese Reihenfolge ein Paradox dar. Als Arzt habe ich den mystischen Wert des Leidens, als Rebell den Wert des

Gewissens, als Soldat den Wert der Todesnähe erfahren ...«
(Rosa im Gespräch mit Günter W. Lorenz) »Diese drei Erfahrungen haben zunächst meine innere Welt geformt, aber auch die Diplomatie, der Umgang mit Pferden, Kühen, Religionen und Sprachen hat meine Welt mitgeformt ...« – »Schau, was ich von den Leuten verstehe, habe ich im Umgang mit den Rindern gelernt«, läßt Rosa den Major in *Der kleine steingraue Esel* sagen. Rosa, Mensch aus dem Sertão, Mann des Volkes, wie er sich nennt, ist von Haus aus Fabulierer. »Schon als Kinder begegnen wir Märchen und Legenden, und schließlich wachsen wir dort in einer Welt auf, die uns selbst oft wie ein grausames Märchen vorkommt ... Ich bin kein Romancier, ich bin Erzähler kritischer Märchen. Meine Romane oder Romanzyklen sind in Wirklichkeit Märchen, in denen die poetische Fiktion sich mit der Wirklichkeit paart.«

1934 vertauschte Rosa den Arztberuf mit dem Diplomatischen Dienst, der ihn in viele Länder der Welt führte: nach Deutschland, nach Kolumbien, Frankreich, Venezuela. Zweimal berief der Außenminister João Neves da Fontoura seinen engeren Landsmann und vorbildlichen Beamten, dessen »doppelte Sicht er sein eigenes minensisches Gewissen« nannte, zum Kabinettschef. Nachdem seine Hauptwerke erschienen waren, übernahm der Diplomat auf seinen Wunsch hin im Rang eines Botschafters die Leitung der Abteilung ›Landesgrenzen‹, um ohne repräsentative Pflichten im Ausland sich zu Hause intensiver seiner literarischen Arbeit widmen zu können. Er sei einer der letzten Diplomaten, hat er gesagt, die wie Saint-John Perse und Paul Claudel gewisse Freiheiten genössen, die bei der Entstehung von Literatur Schutz gewährten.

Mit der Wortschöpfung *Sagarana* – zusammengesetzt aus dem altisländischen *Saga* (Prosaerzählung) und *rana* (ähnlich, gleich) aus dem Tupi, der Sprache der brasilianischen Ureinwohner – »Sagagleich« macht João Guimarães Rosa sein Stilprinzip deutlich: die Verwendung aller ihm dienlichen Sprachmittel und -partikel, wo immer er sie findet. Alle Geschichten von *Sagarana* spielen in Minas, zwischen dem Fluß Urucuia, dem Rio das Velhas, dem Staate Goiás, Bahia, den Städtchen Jequetinonha und Cordisburgo. Sie sind die Saga von Berg- und Hochland und sollten daher als Kapitel eines Romans und nicht einfach als voneinander unabhängige Erzählungen gelesen werden. Der kleine Junge in *Der kleine steingraue Esel* erinnert auf bestimmte Weise an Tião in *Rindergespräch*; der Esel Karo-Sieben des ersten Prosastücks hat einen Verwandten in *Kugelsicher*. Mutter Quitéria erinnert den Helden von *Die Stunde und die Umkehr* . . . daran, daß ein Esel eine Art heiliges Tier ist, eng verknüpft mit Episoden im Leben Jesu. Der Vierzeiler »Dort droben über den Berg . . .« eröffnet und erhellt den Schauplatz aller Begebenheiten. Auch die Epigraphe schlagen das Thema an; bisweilen vermitteln sie das Leitmotiv in Form eines Sprichworts, eines Kehrreims, und diese deuten auf das von der Handlung verdeckte Denken des Autors hin. Neben den Epigraphen dienen die eingestreuten, vom Dichter teils gesammelten, teils erfundenen Volksliedchen, Redensarten, Sprüche als Bindeglieder zwischen den verschiedenen Teilen, jedoch ohne deren Nahtstellen sichtbar zu machen.

Es lohnt sich, die Geschichten kurz zu beleuchten. *Der kleine steingraue Esel*, Karo-Sieben mit Namen, zu altersschwach für weite Ritte, wird vom Gutsherrn trotzdem bestimmt, eine Viehherde zu begleiten. Einer der Viehtreiber, Silvino, beabsichtigt, Badú, Widersacher in Sachen Liebe, unterwegs zu töten. Nach Verladung der Herde auf der Bahnstation reiten die Treiber betrunken zurück; Badú, als letzter, muß zu seinem Verdruß mit dem übriggebliebenen Esel vorliebnehmen. Beim Durchqueren des in der Gewitternacht geschwollenen Flüßchens ertrinken Viehtreiber und Reitpferde; nur der an den Hals des Eselchens, das sich und die Naturgewalten kennt, geklammerte Badú und der am Schweif hängende Francolim, der bemüht gewesen war, Silvinos Mordanschlag zu vereiteln, gelangen aufs Trockene. In *Die Rückkehr des verlorenen Ehemanns* kehrt nach einem ergebnislosen Ausbruch in die Freiheit der Großstadt Leichtfuß Lalino reumütig ins Dörfchen zurück und versöhnt sich mit seiner mittlerweile fremdgegangenen Frau durch Bewährung im Wahlkampf für einen örtlichen Parteiführer und dessen ehekittender Fürsprache. *Die Strohspinner* sind die beiden einzigen überlebenden Malaria-Kranken des verlassenen Dorfs. Während die Vettern die Erinnerung an die schöne Luísa, entlaufene Frau des Vetters Ribeiro, feiern, gesteht Vetter Argemiro, um sein Gewissen vor dem bevorstehenden Tod reinzuwaschen, dem Verwandten, er sei damals nur aus Sehnsucht nach seiner, Vetter Ribeiros, Frau zu ihm gezogen. Der tief verletzte Ribeiro jagt den Leidensgenossen, Verwandten und Gast unversöhnlich aus dem Haus, hinein in die Stunde der Agonie. In *Das Duell* will Turíbio sich an Cassiano für dessen Ehebruch mit der eigenen Frau rächen, erschießt aber aus Versehen dessen Bruder. Unversehens wird der Rächer zum Verbrecher. Es folgt ein gegenseitiges Verfolgungsduell, bei dem der rächende Ehebrecher am Herzschlag stirbt, aber auf dem Sterbebett einem Bäuerlein namens Einundzwanzig – dem deus ex machina – das Versprechen abnimmt, seinen ermordeten Bruder zu rächen: Einundzwanzig erschießt den Mörder. In *Meine Verwandten* verliebt sich der junge Besucher eines Landguts in Maria Irma, Tochter des Besitzers, und wird eifersüchtig auf Ramiro, den diese besuchenden Verlobten von Armanda, Tochter eines Nachbarguts. Um Maria Irmas Liebe zu gewinnen, heuchelt der Besucher Liebe zu Armanda. Der Plan scheitert. Bei einem Besuch Armandas auf Maria Irmas Gut verliebt sich der Besucher auf den ersten Blick in die Besucherin, während Maria Irma sich in Ramiro verliebt. Doppel-Happy-Ende über Kreuz. In *Sankt Markus* beleidigt ein zugereister junger Arzt grundlos den Zauberer Mangolô, der ihn zur Strafe im Buschwald durch Spuk blendet. Mühsam findet der Arzt ins Dorf zurück und überrumpelt den Zauberer im eigenen Haus, versöhnt sich aber mit dem Beleidigten und gewinnt sein Sehvermögen zurück. In *Kugelsicher* bittet der Luftikus Mané den jungen Arzt, Trauzeuge bei seiner Hochzeit zu sein. Der Draufgänger Targino verkündet, er werde vorher mit Manés Braut schlafen. Antonico, Besitzer eines mexikanischen Sattels, den Mané für seine Mauleselin Kolibri begehrt, verspricht, Mané im Austausch gegen die Mauleselin, die er für seinen Sattel benötigt, kugelsicher zu machen. Mané, von Antonico unsichtbar gepanzert, streckt seinen Widersacher Targino nieder und feiert mit dem Erzähler als Trauzeuge die ersehnte Hochzeit. In *Rindergespräch* hat Agenor die Mutter seines Viehtreibergehilfen, des kleinen Tãozinho, zum Ehebruch verleitet. Dieser und die geschundenen Rinder schwören ihrem gemeinsamen Unterdrücker Rache. Der deus ex machina, ein abstürzendes Ochsenjoch, stürzt den Missetäter in den Tod. Der Liederjan und Radaubruder Augusto Matraga aus *Die Stunde und Umkehr* tritt nach einem Luderleben, kaum dem Tode entronnen, den Pfad der Buße an und lernt in einem Flecken tief im Innern einen Jagunço-Hauptmann kennen, der ihn auffordert, als alter Scharfschütze seinem Schlägertrupp beizutreten; Augusto widersteht der Verlockung. Als er bei seiner Rückkehr ins geläuterte Leben – »die Umkehr« – dem Bandenführer von neuem begegnet, will sich dieser gerade an der Familie eines entflohenen Mörders rächen. Der gottergebene Augusto widersetzt sich der Absicht des Ruchlosen, beide fallen im Duell. Von einem Verwandten erkannt, sendet Augusto sterbend durch diesen seiner verlassenen Frau einen Abschieds- und Versöhnungsgruß.

Sagarana enthält die meisten »Brasilianismen«, die in den späteren Büchern abnehmen. Der Tonfall dieser Geschichten, sieben in der dritten, zwei in der ersten Person geschrieben und von »Untergeschichten« durchsetzt, ist weitgehend ein »unterschwelliger Zauber«, von dem später die Rede sein wird. Schon hier beginnt Rosas »telegraphische Syntax«: »Ein Gatter. Weitere Gatter. Die Korrale. Umrisse von Kühen, die auseinanderstieben . . .« (*Meine Verwandten*). In seinem ersten Buch mit den Themen Ehebruch, Totschlag, Umkehr, Vergeltung, wunderbare Rettung im Gegensatz zu unvorhersehbarer Rache oder Strafe, Hilfe und Liebe überläßt der Fabulierer Rosa dem Moralisten den Vortritt.

Nach zehn Jahren Schweigen legt Guimarães Rosa im Jahre 1958 innerhalb von wenigen Monaten seine beiden gleichzeitig entstandenen Hauptwerke vor: *Corpo de baile* und *Grande Sertão: Veredas* mit insgesamt 1500 Seiten. Die in *Corpo de baile* (dt. *Corps de Ballet*) versammelten Stücke nennt der Autor »Novellen, Erzählungen, Romane«. Wieder zeichnet Rosa, unbeeinflußt von Ideologien oder politischer Stellungnahme und mit einer Distanz, in der sich Sympathie und unbestechliche Kritik mischen, ohne ein Gran Skeptizismus, die Gesellschaft der Sertanejos im Norden von Minas und im Süden von Bahia, diesmal umrahmt von einer Unzahl von Statisten: Landstreicher, Eremiten und Bettler, Gauner und Zauberer. Doch während in *Sagarana* das Klima äußerer Handlung mit ihren Tätigkeiten und Bestrebungen vorherrscht, legt der Autor in *Corps de Ballet* – mit Ausnahme von zwei Stükken, *Die Botschaft des Hügels* und *Dão Lalalão* – den Akzent auf die Schilderung der inneren Entwicklung seiner Charaktere mit ihren geheimen Konflikten im Alltagsablauf, mit ihren Gewissensnöten, Enttäuschungen und Phantasiedramen, ihren Zweifeln, Sehnsüchten und Ängsten. Hier spielt der Dichter auch auf Personen und Themen an, die in *Grande Sertão: Veredas* entwickelt werden, darunter das Hauptthema: die psychophilosophische Behandlung des Sertão – mit fast personifizierender Kraft.

Der kleine Miguelim in *Campo Geral*, ein Dichterkind, »das nicht wachsen will und schon Geschichten aus dem eigenen Kopf erfindet«, erlebt den Streit der Eltern, die Reizbarkeit des ausgebeuteten Vaters, die Armut, den Tod des Brüderchens, Todesängste; er erwacht zum Leben der Großen und wird gerettet: der deus ex machina erscheint in Gestalt des Arztes, der ihm eine Brille schenkt und ihn in die Stadt mitnimmt: das bewußte Leben, der Aufbruch in die Zukunft beginnt. Während in *Eine Liebesgeschichte* ein Gutsfest gefeiert wird mit Tombola, Messe, Tanz und Gesang, bittet der alte Verwalter, der ein Leben lang nur Arbeit, Armut, Krankheit und Einsamkeit erlebt hat und von einem eigenen Stückchen Land träumt, den Bettler Camilo, eine Geschichte zu erzählen, die »Ballade vom Schönen Rind«. Manuelzão sieht durch den Vortrag sein Arbeitsleben heroisiert und sich selber getröstet. Der junge Held von *Lélio und Lina*, Gutsviehtreiber, der einer ersten, unerfüllbaren, idealisierten Liebe nachhängt und zwei Prostituierte frequentiert, gewinnt die alte Rosalina zur Vertrauten und beichtet ihr Heiratswünsche und erotische Verfallenheiten. Als das Gut seines Brotherrn versteigert wird, zieht er mit der mütterlichen Lina in die Weite. *Die Botschaft des Hügels* ist die Geschichte eines geplanten Hinterhalts, aber das bedrohte Opfer, Ochsenpeter, empfängt die Warnung eines Hügels, macht den Übeltäter Ivo samt Kumpanen unschädlich und flieht. Übrigens hat der Autor sich hier ins Bild gebracht als Seo Olquiste, der auf dem langen Ritt alle Augenblicke mit Bleistift und Notizbuch absitzt, um einen Stein, einen Falter oder Vogel zu registrieren. Der einstige Draufgänger Soropita in *Dão Lalalão* (oder: *Doralda, die weiße Lilie*), reitet eifersuchtsgequält zu seiner Ex-Dirnen-Ehefrau in einen versteckten Hinterlandweiler heim, verdächtigt seinen Freund Dalberto, einst »Kunde« seiner Frau gewesen zu sein und schwört sich bei der geringsten Anspielung Rache. Am nächsten Tag, gereinigten Gemüts, fühlt er sich auf dem Ritt ins Städtchen vom dreckigen Lachen des Negers Iládio herausgefordert und schlägt ihn mit wüsten Beschimpfungen in die Flucht. Seine beständige ungerechtfertigte Unruhe treibt ihn an, Doralda, seine Liebesfreuden und sein Image vor der Sertão-Gesellschaft zu verteidigen. *Zwischenspiel: Bronzegesicht* ist in der Tat ein Szenenspiel für Bühne, Hörfunk oder Fernsehen. Der alte einsame verschlossene Gutsherr Bronzegesicht, möglicherweise innerlich belastet von einem vermeintlichen, aber mißlungenen Vatermord, schickt Grivo in die Welt, um das »*Wer* der Dinge« zu entdecken und erforschen. Grivo liefert mit dem Gesehenen, Gehörten, Gefühlten, Betasteten, Gerochenen eine poetisch-phänomenologische Bestandsaufnahme des Sertão ab mit seinen Tieren, Pflanzen, Landschaften, Gewässern, Menschen. In diesem Prosastück, im wesentlichen ein Versuch über das Erzählen, ein Experiment mit verschiedenen Perspektiven und Gleichzeitigkeiten, nimmt Rosa mit einem Vorstoß aus dem Logischen ins Magische die in *Primeiras Estórias* (dt. *Das dritte Ufer des Flusses*) angewandte Technik vorweg. In *Buriti* endlich kehrt Miguelim als Veterinär Miguel wieder – übrigens der einzige Roman in Rosas Werk, der Mitglieder der herrschenden Klasse der Großgrundbesitzer schildert. Auf dem Gut gleichen Namens vertreiben Glória, die der junge Arzt zu heiraten gedenkt, und Lalinha sich ihre durch Liebesillusionen entwertete Zeit mit Männern aus der Umgebung, bis Lalinha in die Stadt zurückkehrt, wo sie sich vielleicht prostituieren wird, während Glória möglicherweise Miguel heiratet.

Der Tonfall dieser Prosa ist weitgehend das, was Rosa »die vordergründig-allgemeine Bedeutung« nennt.

Im Mittelpunkt von Rosas Werk steht fraglos *Grande Sertão: Veredas* (dt. *Grande Sertão*). Ein von den Kämpfen zurückgezogener, fast zum Bewohner des São Francisco-Flußhanges erniedrigter Ex-Jagunço erzählt sein Abenteuerleben und dabei weniger seine Kriegszüge durch den Sertão als den uralten Streit zwischen dem Geist des Guten und des Bösen. Die Cangaceiros, mit Ausnahme derer, die sich nur durch die Überredungskünste ihrer Anführer keilen ließen, fanden immer einen gewalttätigen Anlaß, um dem Cangaço beizutreten. In *Grande Sertão: Veredas* sind die Beweggründe ebenso undefiniert wie der Sertão selbst. Medeiro Vaz, durch Familienzwist enttäuscht, steckt die eigene Fazenda in Brand, läßt alles hinter sich und geht zum Cangaço; Sô Candelário litt an latenter Lepra; Vater und Brüder waren der Krankheit erlegen; in täglicher Erwartung des Übels suchte er den Tod. Er trug einen Taschenspiegel bei sich, um sein Gesicht zu mustern und krempelte unablässig die Hemdsärmel hoch auf der Suche nach Krankheitszeichen. Und Joca Ramiro? Das Buch verrät keinen Beweggrund für ihn, Cangaceiro-Chef zu werden und noch weniger dafür, seine Tochter einem so rauhen Beruf zu verschreiben: Maria Deodorina da Fé (da fé: vom Glauben) Bettancourt Marins – »die geboren wurde, um Krieg zu führen und nie Angst zu haben, um viel zu lieben und die Liebe nie zu genießen« – wurde seit ihrer Kindheit als Mann für das Kriegshandwerk erzogen. Was den Helden Riobaldo betrifft, so gab es für ihn nur einen Beweggrund: Seine Liebe zu Diadorim (Deodorina: Gottesgeschenk), seine als Freundschaft schlecht getarnte erste Liebe, aus Schamgefühl, das im Sertão gültige Gesetz der Männlichkeit zu verletzen. Am Schluß des Epos, als Diadorim im Kampf fällt, als der Schutzengel Riobaldo verläßt, verläßt diesen, Ritter der Campos Gerais, Herrn des Urucuia-Flusses, das Bewußtsein: »Plötzlich sah ich Diadorim nicht mehr. Im Himmel eine Wolkenwand.«

Grande Sertão: Veredas, eine von zahlreichen, meist epischen Episoden untermischte Epopöe, eine Saga, ein Heldengedicht, läuft, vereinfacht gesprochen – eine fraglos künstliche Vereinfachung, denn die verschiedenen Schichten durchdringen einander, unbegrenzbar, kaum unterscheidbar – auf drei Ebenen ab: die subjektive umfaßt die Märsche und Gegenmärsche eines zwischen Gott und Teufel schwankenden, merkwürdigen Jagunço-Charakters: »Gott ist Pflanzung. Der Mensch – ist Sand.« Die zweite, kollektive, darunterliegende, von der Volksliteratur beeinflußte Ebene macht den Cangaceiro Riobaldo zu einer Abart des Ritterromanen entnommen und in dem Sertão Zentralbrasiliens akkulturierten mittelalterlichen Helden. Die dritte Ebene ist tellurisch, mythisch: in ihr werden die Elemente der Natur – Sertão, Wind, Fluß, Buritípalmen – lebendige, handelnde Personen. Das Buch beginnt mit dem vieldeutigen Wort *Nonada* – Nichtigkeit. Oder: Hat nichts auf sich. Und endet mit dem Wort: *Travessia* – Überfahrt – Überfahrt im Sinne von Leben als Verwirklichung –, gefolgt vom Unendlichkeitszeichen: ∞. Dazwischen regieren die Stichwörter »Schiffen, Rudern, Überfahrt«. Ort der Handlung, der Sertão, »riesiges Meer von Gebieten«, Land ohne Gesetz, »wo der Starke befiehlt, mit Listen. Gott selbst, wenn er kommt, komme bewaffnet!«

Grande Sertão: Veredas – das ist die wirre, lärmende Masse der wahrnehmbaren Welt, unbegrenztes Chaos, von dem wir nur einen verschwindend kleinen Teil kennen können: die fernen »veredas«, schmale Kanäle der Durchdringung und Kommunikation. Der den Titel teilende Doppelpunkt bezeichnet den Gegensatz zwischen der ungeheuren unerfaßbaren Wirklichkeit und ihren winzigen zugänglichen Parzellen, anders ausgedrückt: zwischen dem intuitiv Wahrnehmbaren und dem Erkennbaren. »Ich erzähle Ihnen, was ich weiß und was Sie nicht wissen, vor allem aber will ich erzählen, was ich nicht weiß, wenn ichs weiß und was Sie möglicherweise wissen.« Riobaldo weiß: »Das Leben ist nicht verstehbar.«

Die Schauplätze des Romans lassen sich auf der Landkarte verfolgen: Städte wie Corinto, Curvelo, Diamantina, Montes Claros, der Fluß São Francisco, der Riobaldos Leben in zwei Teile teilte, der Urucuia, »mein Liebesfluß«; die Flußhäfen Januária, São Romão. Der Erzähler erwähnt den geplanten Bau einer Autostraße zwischen Paracatu und Pirapora. Er unterscheidet genau zwischen Stadt und Land: die Staatshauptstadt ist fern, die Bundeshauptstadt nur ein Begriff, Brasilien und Vaterland sind mysteriöse Einheiten. Was außerhalb des Sertão liegt, ist »irgendwo«. Die Ortschaften der Campos Gerais liegen weit, die Großgrundbesitze ohne moderne Transportmittel noch weiter voneinander entfernt, ohne kulturelle Ausstrahlung. Manchmal überfallen Jagunçobanden, fast mittelalterliche Geheimbünde mit einer inneren Ordnung ohne Klassenbewußtsein, die sich nicht der Landarbeitsfron beugen und auf den Besitzungen der Gutsherren gewaltsam ihre Bedürfnisse decken, Stadtgefängnisse, Kasernenkerker und lassen die Gefangenen frei, oder sie schröpfen die Kassen der Steuereinnehmer. Manch ein Landgut liegt nach einem Überfall durch Jagunços verlassen, die Besitzer sind geflüchtet. Auf einem solchen herrenlosen Gut findet der Prozeß Zé Bebelos statt. Lebensgrundlage der Gerais mit ihrer beweglichen, wanderlustigen, nie streng an kleine Gemeinden gebundenen Gesellschaft sind Viehwirtschaft, Reishandel, Flußverkehr, Bergbau; das Leben der Viehtreiber in den Korralen, auf den Weiden mit ihren Viehherden und Pferdekoppeln. Vergnügungen sind Teil des Alltags: die ausgedehnten Wochenmärkte der Dörfer, fischen, jagen, Flüsse und Vögel betrachten, rudern, Gitarre spielen, singen – wie in jeder traditionellen Gesellschaftsordnung. Auf der einen Seite das Patriarchat, auf der anderen Kleinbauern und Knechte. Treue ist Grundregel des Sertão, soziales Wertmaß; Treue des Ackerknechts zum Herrn, der dafür Schutz gewährt; Treue des Jagunço zum Bandenführer, teils aus Furcht vor Einsamkeit. Die Symbiose Mensch-Natur ist vollkommen. »Ich freue mich an den Sternen«, sagt der Erzähler; Diadorim versteht die Sprache der Vögel. »Sertão, diese seine inneren Leerräume... Sertão ist da, wo befiehlt, wer stark ist... Jagunço ist Sertão... Sertão ist das, wissen Sie: alles sicher, alles unsicher.« Das Sertão-Gebiet, »wo so viele Rinder brüllen« – ganz homerisch – steht auch für eine kollektive Geisteshaltung, deren tiefste Schicht metaphysisch ist. »Leben ist sehr gefährlich«, »Der Teufel auf der Gasse, mitten im Wirbelwind...« – sind immer wiederkehrende Schlüsselsätze, Konkordanzen: »Erzählen ist sehr schwierig.« Das Land ist Statussymbol; Landräubern bedeutet Land verhältnismäßig wenig, sie haben den ganzen Sertão zum Durchmessen, als Schauplatz ihrer Kriege und ihrer Erholung. Krieg führen, um Krieg zu führen in einer Art spielerischer Kampfbesessenheit, war Wahlspruch und Seinszweck des Jagunçotums. Sie lebten nicht nur außerhalb der Marktwirtschaft, sondern auch außerhalb der für den Eigenkonsum ausgerichteten Ökonomie der Selbsterhaltung. Sie brauchten weder in der Land- noch in der Viehwirtschaft zu produzieren. Sie waren allezeit bereit für den Krieg, für Raubzüge ohne Ende, für beliebige Unternehmungen wie für die lebensgefährliche Durchquerung des Liso do Sussurão. Und doch waren sie außerhalb der Kampfzeiten nie müßig; »man jagte, man fischte in den Gewässern«. Einer der Männer kochte, ein zweiter sammelte medizinische Blätter und Wurzeln, ein dritter entdeckte Brunnen und Wasserstellen. Ein jeder besaß Fer-

tigkeiten, Diadorim wusch manchmal die Wäsche der Kameraden.
 Und die Zeit des Romans? Die Orientierung innerhalb des Zeitraums, in dem der Erzähler sich bewegt, wird dem Leser weniger leicht gemacht als die im geographischen Raum, dank verläßlicher Ortsangaben. Die Ereignisse eines Lebens laufen João Guimarães Rosa zufolge nicht zusammenhängend, nicht chronologisch ab, vielmehr ordnen und verdichten sie sich im Nebeneinander mit gegenwärtigen Geschehnissen, uneingedenk des Imperativs der Zeit, zu einer unzusammenhängenden Komposition. »Ich will damit sagen: das Wirkliche geschieht nicht im Aufbruch, nicht bei der Ankunft; es begegnet uns mitten auf der Reise.« Kausalität muß in Rosas Verständnis in Übereinstimmung mit der modernen Physik der Zuordnung weichen. »Erzählen ist sehr, sehr schwierig . . . Ich möchte die Dinge entziffern, die wichtig sind.« Riobaldos Zeit, die Zeit des Romans, ist ins Mythische erhoben. »Sie kommen spät«, erklärt er seinem Besucher. »Die Zeiten sind dahin, die Gebräuche sind andere geworden.« Oft berichtet Riobaldo von dem, was vor ihm war, und das war besser – eine Sehweise, die sein traditionelles Denken spiegelt. Damit meint er die Zeiten der Alten Republik, als die Gutsherren Regierungspolitik betrieben und Schienenstränge den Sertão zu erreichen begannen. Manchmal läßt er Jahreszahlen fallen, »die Zeit um 79«, »um das Jahr 96«. Oder er zeigt seinem geduldigen Zuhörer Diadorims Taufschein: »An einem 11. September achtzehnhundertundsoundsoviel . . .« Oft sind seine Erinnerungen wiedergegebene Erinnerungen von Menschen, die vor ihm lebten. Einmal heißt es: »Später kamen die Aufständischen hier durch, Prestes, Soldaten aus Goiás, und requirierten alle Satteltiere.« Riobaldo meint die Revolutionskolonne des Kommunistenführers Luis Carlos Prestes, die zwischen 1926 und Anfang 1927 in den Staaten Piauí und Maranhão Aufruhr stifteten. Das Gespräch Ex-Jagunço-Besucher muß somit nach diesem Zeitpunkt stattgefunden haben. Mit anderen Worten: der Rhythmus der Komposition organisiert die Thematik. Nicht die Sprache – so könnte man folgern – paßt sich der Wirklichkeit an, sondern die Wirklichkeit verwandelt sich in Sprache. Welche Sprache?
 Vielleicht hat João Guimarães Rosa den Traum Mário de An-

drades verwirklicht: eine Sprache und eine eigentümliche brasilianische Ausdrucksweise zu schaffen. In seiner Syntax, welche die grammatikalische Syntax verschmäht, vermengt Rosa die sprachlichen Archetypen von Minas Gerais, Dialekt mit Archaik, Altes mit Neuem, er verwirft schwerfällige Regionalismen und schafft sich mit Wörtern und Redeweisen aus Amazonas, Piauí, dem Nordosten, Bahia, Espírito Santo, Rio, São Paulo und natürlich seinem Herkunftsgebiet sein Ausdrucksmittel. Der abgenutzte Wortschatz muß durch den »Prozeß der Rebarbarisierung« einen Teil seiner eingebüßten Macht und Bedeutsamkeit wiedergewinnen, dazu magische Evokations- und Suggestivkraft. »Ich bin kein Brasilianisierer«, schreibt Rosa in einem Brief vom 3. November 1964. »Im Gegenteil, vielleicht ziehe ich die Schreibweise Portugals, die stärkere, konkretere, kompaktere und saftigere vor (...) Ich will alles: das Minensische, das Brasilianische, das Portugiesische, das Lateinische – vielleicht sogar das Idiom der Eskimos oder Tataren. Ich möchte die Zunge, die man vor Babel sprach.« John Donne sagte, gelegentlich müsse man mit dem Körper denken. »Fühldenken« nennt Rosa sein Denken. Daher überwiegt in seinen Büchern das Plastische vor dem Gedanklichen, das Bild vor dem Begriff.

Nach Rosas Auffassung übertrifft die Vernünftigkeit der Unschuld die Vortrefflichkeit des Studiums. Daher sollte der Neologist ländlicher Herkunft sein und ungebildet, am besten Analphabet – eine Meinung, die aus dem Mund eines vielsprachigen, mit der Weltliteratur Vertrauten erstaunlich anmutet. Aber Rosa lebt aus Paradoxen. »Doch jeder neu erfundene Ausdruck muß eine Lücke füllen, das Wort ist nur neu, wenn es einen unbestrittenen Bedarf befriedigt«, heißt es in *Tutaméia*.

Meine Sprache [in einem Brief nennt er sie ›meine barbarisch-preziöse Sondersprache, das Portugiesisch-Brasilianisch-Minensisch-Guimarães-Rosaische‹] und ich sind ein Liebespaar, das eifrig miteinander zeugt, dem man aber bis heute den kirchlichen und wissenschaftlichen Segen verweigert hat. Als Sertanejo kümmere ich mich aber nicht um das Fehlen solcher Förmlichkeiten. Meine Geliebte ist mir wichtiger. Meine brasilianische Sprache ist die Sprache des Menschen von morgen, nach seiner Läuterung. Deshalb muß ich meine Sprache läutern. Meine Sprache ist die Waffe, mit der ich die Würde des Menschen verteidige ... Literatur muß Leben sein! Es gibt nichts Schrecklicheres als eine Literatur aus Papier, denn ich glaube fest daran, daß Literatur nur aus Leben entstehen kann, daß sie die Stimme dessen sein muß, was ich das ›Engagement des Herzens‹ nennen möchte. Literatur muß Leben sein. Der Schriftsteller muß sein, was er schreibt. (Aus dem Gespräch mit Günter W. Lorenz)

Schreibend appelliert Rosa, der etwas von einem Archäologen, von einem Anthropologen, Ornithologen und Gesteinsforscher, von einem Zauberer und Weisen hat, an das etymologische Bewußtsein des Lesers; er neologisiert gewöhnliche Vokabeln, belebt ihre Bedeutung und verleiht ihnen die durch den Gebrauch verlorengegangene Genauigkeit. Sein Stil, erklärt Rosa, entstehe aus seinem Horror vor Gemeinplätzen. Er versucht die Dinge neu zu sehen und daher neu zu benennen. Denn die Grammatik und die sogenannte Sprachwissenschaft seien von Leuten erfunden worden, die Feinde der Poesie waren. »Er biß auf seine Wörter« statt »Er hielt den Mund« wäre ein Beispiel für diese Methode. Kühn müsse sein Buch sein, voller Neuheiten, die der Leser zunächst ungereimt finde, schließlich aber zu schätzen lerne. *Credo quia absurdum* sei auch hier sein Wahlspruch. Daher sei auch die »gíria« – Jargon, Rotwelsch, Argot, Dialekt – für ihn wichtig, weil die »gíria« Revolte, Reaktion sei gegen die Starre überkommener Sprachformeln und -formen. Die Bambusschrift in *Sankt Markus* soll diesen Standpunkt belegen und Rosas Glauben an die von ihrer einfachen Bedeutung unabhängige geheimnisvolle Macht der Wörter erklären.

»In meinen Büchern« – schreibt er am 9. Februar 1964 an Harriet de Onís, seine nordamerikanische Übersetzerin –

haben neben dem Sinn der Geschichte eine gleichwertige, wenn nicht höhere Bedeutung: die Poetik oder das Poetische der Form; die magische, visuelle ›Sensation‹ der Wörter ebenso wie deren ›sonore Wirksamkeit‹; und noch mehr die lebendigen Veränderungen des Rhythmus, die unterschwellige Musik, die Gerippe-Formeln der Sätze – die im Unbewußten subtile Gefühlsschwingungen auslösen. All das auf drei Ebenen (wie die Lehren der alten orientalischen Religionen):
1. Der unterschwellige Zauber
2. Die vordergründig-allgemeine Bedeutung
3. Die darüberliegende Idee (Metaphysik)«

João Guimarães Rosas Sprache ist für Ausländer schwer zu verstehen; aber auch für die Portugiesen, und sogar für die Brasilianer. Noch im Jahre 1967, zwanzig Jahre nach Erscheinen von *Sagarana* (die Lissaboner Ausgabe hat ein Glossar von siebenhundert Worterklärungen), zehn Jahre nach *Grande Sertão: Veredas* bemerkt der Kritiker Tristão de Athayde, Rosas Sprache erfordere vom brasilianischen Leser ein Glossar und höchst intuitive Mitarbeit. Sogar auf seine von der offiziellen Rechtschreibung häufig abweichende eigene, eifersüchtig gehütete Schreibweise – von seinem Interpunktionssystem zu schweigen – weist der Verlag in einer Vorbemerkung hin.

In Rosas Büchern ist kein Unterschied zwischen Prosa und Poesie zu erkennen. Was zählt, ist die Gestalt. Das Ganze. Die 550 Seiten von *Grande Sertão* sind eine Erzählung in der ersten Person – erste und natürliche Quelle des poetischen Flusses. Die Vokabeln dieses Dichter-Romanciers beschränken sich nicht darauf, eine Geschichte zu erzählen. Sie erzählen auch von sich selbst. Die Wertsteigerung des Oralen in der literarischen Sprache ist eine Annäherung an die Ausdruckskraft und an das Leben. Daher auch Riobaldos ursprüngliche Neigung zum Nachdruck durch Wiederholung, mit oder ohne Variationen. Statt von der Peripherie zum Zentrum vorzustoßen, dringt er vom Zentrum nach außen. Durch die Wiederherstellung innerer Wirklichkeiten gelingt dem Dichter die Herstellung neuer Mythen, nicht nur persönlicher, sondern auch kollektiver Art. Der poetische Mythos ist ein psycho-sozialer Prozeß der eigenen Wiedergewinnung. Rosas Prosa nähren Mythen des mündlichen und gemeinsamen Werdens: Der Mythos der Begegnung (im Doppelsinn von Kampf und Pakt) zwischen Riobaldo und dem Geist des Bösen, ein Mythos aller Zeiten und Länder. Der Mythos der Identität des Engels, des gemeinsamen und zugleich Mann und Frau (Diadorim) unzugänglichen Archetyps, ein theophanischer Mythos, in dem die Gottheit im zweideutigen Antlitz des Seins aufscheint. Der Mythos unbekannter Universen, der Mythos des Grande Sertão, »von Stern zu Stern«, der Mythos des an den Rand, an den Rand der »veredas« gedrängten Individuums: des Jagunço, des Cangaceiro. Der Mythos der Poesie vom platonischen »göttlichen Wahnsinn« bis zur konkreten, unveräußerlichen

Intelligenz der Dinge. Die Radikalisierung dieses Prozesses erfordert die Technik des Vor- und Zurück, und der Fluß zeigt immer eine der Spekulation entweichende bewegliche Wirklichkeit. Die Handlung zielt auf Beispielhaftigkeit und will als Modell zur Erforschung der Wirklichkeit dienen; dazu lädt der Erzähler seinen Zuhörer ein. »Vom Teufel rede ich nicht«, sagt der Held und redet von nichts anderem. Ergebnis: Der Kern des Problems ist der Widerspruch: »Alles ist und ist nicht«, »Der Teufel existiert und existiert nicht«, »dies war und war nicht«. Das sichtbar Wirkliche verschwindet im Wort, und nur dieses bleibt als Stütze für unsere Reise. Sie durchzuführen ist eine harte, aber lohnende Aufgabe des Entzifferns, denn darin liegt alle Schönheit der Welt, die ganze Welt.

»Ich habe im Grunde immer gewußt. Ich hatte die ganze Zeit angestrengt etwas zu finden gesucht, ein Ganzes, dessen Bedeutung – das sehe ich jetzt – ich immer annähernd begriffen hatte: daß es das Rezept, die Norm für einen rechten, engen Weg gibt, nach dem ein jeglicher leben soll, einen Pfad, den er meist nur nicht findet. Wie soll man ihn auch allein finden, wissen?« Das Problem ist also nicht das Feststellbare, das Problem ist das nicht Feststellbare.

Primeiras Estórias, vier Jahre nach *Grande Sertão*, 1962, erschienen, stellt einen deutlichen Bruch gegenüber dem bisherigen Werk dar. Die Seitenzahl der Stücke mit 200, 150, 120 Seiten von *Corps de Ballet* ist auf 15 bis 6 geschrumpft, lange Beschreibungen und Parallelhandlungen fehlen, das Lokalkolorit beschränkt sich auf Unerläßliches; vorherrschend ist »die darüberliegende Idee (Metaphysik)«. *Estória* meint fraglos *short story*, in einem Atemzug zu lesen. Elf Geschichten sind in der ersten Person geschrieben. Der Tonfall ist von allen Büchern am wenigsten oral, und am literarischsten. In einem Brief vom 3. November 1964 schreibt der Autor über dieses Buch: »Alles Formale dient nur dazu, neue Ebenen, Felder und Wege zu eröffnen, im strengen Dienst des ›Inhalts‹.«

Die Anzahl der durch Unterentwicklung und Überarbeitung gezeichneten Randgestalten gegenüber *Corps de Ballet* erhöht sich in diesen Geschichten, der Protest des auf der Seite der Dulder stehenden Erzählers gegenüber der »wohlmeinenden« Mehrheit ist unüberhörbar. Das Stichwort heißt Widerspruch. In *Die Ufer der Freude* entdeckt der kleine Junge Freude, ein Milligramm Tod, Entsetzen, Trauer und Unruhe, Freude und Trauer, und wiederum Freude. In der letzten *estória, Die Höhen,* erlebt derselbe Junge Trauer bei der Krankheit der Mutter, Freude bei der Nachricht ihrer Genesung, Trauer beim Verlust seines Spielzeugs und Freude beim Wiederfinden vom Hut des Äffchens. Gemeinsames Thema: Koexistenz von Freude und Trauer. In *Der Spiegel* stellt der Erzähler die peinliche Frage nach der Wirklichkeit der Erscheinungen: »Bist du zur Existenz gelangt?« Hier enthüllt sich: Stil ist Handlung. Abermals Widerspruch: In *Seelenhokuspokus* wird erst die Mischung aus den improvisierten Theaterstücken zweier rivalisierender Schulklassen zur eigentlichen Aufführung, erst durch Widerlegung, durch Erfindung wandelt sich »Wirklichkeit« zur echten Wirklichkeit. Moral der Geschichte: Die von den Schülern erfundene Handlung ist mehr wert als das erbauliche konventionelle Drama der Schulkunst. In *Ausfahrt des kühnen Seefahrers* fragt Wildfang: »Wenn man nicht weiß, was die Liebe ist, kann man da auch die großen Romane lesen?« Die erfundene Geschichte als Widerhall und zugleich Überbietung der »wirklichen« Geschichte. In Liebesgeschichten wie *Honigmonde* erscheint ein magischer Helfer; durch ihn werden diese zu modernen Märchengeschichten.

Im Verhalten gegenüber der von Rosa eingeführten, übrigens harmlosen Abnormalen beweisen die geistigen Mechanismen der »Normalen« mit ihren widersprüchlichen Reaktionen, wie schlecht sie der sozialen Wirklichkeit angepaßt sind. So in *Die Gebrüder Dagobé,* so in *Tumult:* hier klatscht das Volk dem auf der Palme thronenden Irren Beifall, droht ihn aber zu lynchen, sobald er, wieder hellsichtig geworden, am Stamm herunterzuklettern beginnt. Der Sohn des von einem Tag auf den anderen »am dritten Ufer«, nämlich in der Mitte des Flusses für den Rest seines Lebens auf der Stelle schippernden pflichtvergessenen Familienvaters möchte diesen nach banger Wartezeit plötzlich ablösen. In *Nichts und unser Zustand* nehmen die Landarbeiter das von ihrem Brotherrn angebotene Ackerland gerne als Geschenk entgegen, fordern aber dafür, daß dieser sein Gut verlasse. Sorôco in *Sorôco, Mutter und Tochter* schiebt zwar seine dem Wahnsinn verfallene Anverwandten per Eisenbahn ins Irrenhaus ab, singt aber mitsamt der Dorfbevölkerung auf dem Heimweg das sinnlose Lied der sinnverwirrten Ausgestoßenen. Fazit: Die »Normalen«, die das Treiben der »Abnormalen« gelten lassen, solange es ihnen Nutzen bringt oder sinnvoll erscheint, die, welche es aus mancherlei Gründen bekämpfen, sind ebenso »abnormal« wie die vermeintlichen Schädlinge der Sertanejo-Gesellschaft. Der gemeinsame Nenner dieser Geschichten ist der Widerspruch. Weder erklärt noch motiviert der Autor das Gebaren seiner Protagonisten; die Grenzen zwischen Verstand und Unverstand sind fließender, als die Normalen sie wünschen; alles geschieht, schlicht und einfach. »Spielen Sie den Sinn der Passage so hoch wie möglich!« schreibt der Erzähler seinem deutschen Übersetzer. »Überlassen Sie alle Zweifel dem Leser: Klären Sie ihn nicht auf! Fast alle meine Sätze wollen meditiert sein. Fast jeder noch so einfältige Passus enthält etwas von Meditation oder Abenteuer, nicht selten beides. Ein wenig religiöse Dialektik, die gelegentliche Verwendung eines Paradoxes, doch immer auf der Linie, die Sie kennen – denn glücklicherweise sind wir auf den sich stets überschneidenden Linien der Poesie und der Metaphysik ein wenig verwandt.« Damit verdeutlicht Rosa sein Programm, mit Hilfe der Handlung Sehgewohnheiten zu zerstören, das »unvergessene Plötzlich« festzuhalten und »ein offenes Werk zu schaffen.«

Tutaméia, mit dem Untertitel *Terceiras Estórias* (Segundas Estórias sind nie erschienen), wenige Monate vor dem Tod des Autors, 1967, veröffentlicht und unübersetzt, besteht aus vier Vorwörtern und vierzig Kurz-Kurzgeschichten. In den Jahren seiner Arzttätigkeit im Sertão hat Rosa alles notiert, was »der Volksmund« ihm lieferte, und dieses Material verwendete er als Ausgangspunkt für kunstvolle Elaborate, die er zwischen 1965 und 1967 in *Pulso*, einer in Rio de Janeiro erscheinenden Ärztezeitschrift, regelmäßig veröffentlichte: Sequenzen, Situationen, Episoden, Geschehnisse, in deren Mehrzahl der Autor bis zum Kern der Dinge vorzustoßen und die Transzendenz des Existierens an die Oberfläche zu bringen sucht: sie behandeln Mord, Anklage oder Androhung von Mord; Unterdrückung oder problematische Lage der Frau; unerwiderte Liebe oder Ehebruch; Armut, Hunger, Verwahrlosung. Zwei Arten von Helden werden sichtbar: die, welche sich mit ihrem Los abfinden und die, welche reagieren. Geschichten mit Randsituationen. In einer dritten Gruppe von Geschichten stellt der Autor eine Zwischensituation dar: der Protagonist wird von einer Schwierigkeit, von Bedrohung oder Unheil bedrängt. Er nimmt seine Ausflucht zur Phantasie in der Hoffnung, daß diese Leib werde, daß das Imaginäre sich dem Wirklichen aufzwinge. Hier nimmt Rosa ein ihm wichtiges Thema aus *Das dritte Ufer des Flusses* wieder auf: Das wunderbare Fantastische. Doch die Übereinstimmung trügt. Manche Kurzgeschichte, in der die Phantasie über die Realität siegt, wird wettgemacht durch Geschichten, in denen die Phantasie vor den wirklichen Schwierigkeiten die Waffen streckt. Der Autor hat die Geschichte von *Tutaméia* als »Anekdoten der Abstraktion« bezeichnet, Abstraktion nicht im philosophischen Sinn, sondern als Poetik des Erzählens.

In *Tutaméia* – ein echt rosaischer Titel: Tota mea, Alles Meinige, aber auch Bagatelle – hat der Autor auch den ästhetischen Schlüssel zu seinem Werk und ein »didaktisches Resumé« gegeben. So lesen wir im vierten Vorwort »über die Bürste und den Zweifel«:

Mein Zweifeln betrifft die scheinbar sinnliche Wirklichkeit. Ich muß bekennen, daß – obwohl ich durch Erziehung und Neigung paranormalen Phänomenen kritische Bedenken entgegensetze und grundsätzlich metaphysische Experimente ablehne – mein Leben sich früh und immer mit einer subtilen Art von Pakten verwebte. Ahnungsvolle Träume, Telepathie, Intuition, alle Arten von Warnungen und Vorgefühlen. Im künstlerischen Schaffen, an sich schon teilweise unterschwellig oder überbewußt, in den Bereich des Geheimnisses verwoben und gelegentlich fast dem Gebet gleichwertig, treten diese Manifestationen fraglos häufiger auf. Vielleicht sollte ich bekennen, daß ich *Buriti (Corps de Ballett)* 1948 in einem zwei Nächte hindurch wiederholten Traum fast ganz »beiwohnte«. *Rindergespräch (Sagarana)* empfing ich an einem frühen Samstagmorgen. *Das dritte Ufer des Flusses* (Titelgeschichte des gleichnamigen Buches [dt.]) kam mir auf der Straße, in jäher, sofortiger Inspiration, so sehr von außen, daß ich unwillkürlich die Hände hob, um es ›aufzufangen‹ als sei es ein Ball und ich der Torwart. *Campo Geral (Corps de Ballet)* floß mir fertig aufs Papier, als ich mit der Schreibmaschine spielte, aus Faulheit und Furcht, eine Erzählung über einen kleinen Jungen zu beginnen, und zwar als Ersatz für eine andere mühsame Fassung, die ich beim Schlafengehen am Freitag abend für endgültig gehalten hatte ...

Übrigens beginnt das Buch mit der Überschrift *Fadennudeln und Hermeneutik:*

Die estória – Histörchen – will nicht História – Historie (Weltgeschichte) sein. Das Histörchen muß strenggenommen gegen die Historie sein. Das Histörchen will gelegentlich der Anekdote ähneln. Eine Anekdote ist wie ein Streichholz: angerissen, aufgeflammt endet ihre Dienstbarkeit. Sie mag aber noch einer zweiten Verwendung dienen, als Mittel der Induktion oder als Werkzeug der Analyse im Umgang mit der Poesie und der Transzendenz. Nicht umsonst bewahrt das Wort »graça« – Gnade, Gunst – die Sinninhalte von »gracejo« – Scherz –, von übernatürlichem Geschenk und von Reiz. Auf dem weitgespannten Gebiet des »humour« – Rosa gebraucht mit Vorliebe den englischen Ausdruck – ahnt man wendige Punkte und Wege. Und daß in der Ausübung der Kunst Komik und Humorismus als Katalysatoren oder Sensibilisatoren für das Allegorisch-Spirituelle und für das Nicht-Prosaische wirken, ist eine Wahrheit, die sich weitgehend bestätigt. Eineinhalb Lachen? Man versichere sich bei Chaplin und bei Cervantes. Ein Witz ist nichts Flaches, Gewöhnliches; und zwar deshalb nicht, weil es die Ebenen der Logik überspreizt und uns eine höhere Wirklichkeit nahelegt sowie Dimensionen für magische, neue Denksysteme.

Das Zitat erklärt, warum João Guimarães Rosa eher der *Geschichte* vertraut als der GESCHICHTE. Poesie – heißt bei Rosa das Offene, der Flug ins Freie, der Drang ins Darüberhinaus; er setzt das Indeterminierte gegen das Determinierte. Daher fühlt der Autor sich keiner Ideologie verpflichtet. »Mein Werk fußt auf keinem politischen Gedanken. Meine Ideologie geht nicht in meine Bücher ein. Ich versuche den Subjektivismus der Oberfläche zum Verstummen zu bringen und so objektiv zu sein wie möglich. Objektiv, rasch, augenblicklich. Ideologien sind persönliche Probleme und haben keinen Platz unter meinen Ideen.« Der Autor im Gespräch mit Schülern kurz vor seinem Tod. Seine Welt ist nicht pauschal zweigeteilt in rational und irrational. »Wir müssen heraus aus dem Logischen, dem Wirklichen« oder dem »Arithmetischen« und hinein ins Vage, Unbestimmte, Magische, ›Algebraische‹. Abzulesen an einem Zahlenspiel *(Eine Liebesgeschichte* aus *Corps de Ballet),* in dem von Viehtreiberstangen die Rede ist: »Die Stangen – die kleinste drei Meter lang, die längste klafterlang und länger!« Die zweite Bezeichnung bedeutet: »x Klafter plus 1/2« oder: »x Klafter plus 1/2 Klafter eine jede.« In *Ausfahrt des kühnen Seefahrers* lesen wir: »Ach das Gerubbel! sagte Wildfang und fröhlicher zugleich als die anderen, glücklich als ob, ob, ob: ein kleines Mädchen, ein Vogel.« Hier verbindet Rosa die Angewohnheit des analphabetischen Erzählers aus dem Hinterland, seine Sätze häufig in der Luft hängen zu lassen oder durch das eintretende Schweigen zu beschließen, mit seiner eigenen Auffassung von den Dingen, die ihrer Vollendung in der Zukunft entgegengehen. So sieht ein Kritiker in diesem Passus sowie in vielen anderen unvollendeten Sätzen aus Rosas Werk geradezu den Schlüssel zu seiner Ausdrucksform. Und in der Tat: eine der hervorragendsten Eigenschaften dieses poetischen Stils liegt in Rosas Präzision, auf unpräzise Weise einen Gedanken wiederzugeben, der als unmittelbare Gegebenheit unpräzise ist, es aber verschmäht, sich in Scheinpräzision zu kleiden. Daher wimmelt sein Werk von dunklen Stellen. »Meine Bücher«, schreibt er mir, »sind schlichte Versuche, das kosmische Geheimnis zu umkreisen und gelegentlich ein wenig zu lüften, jenes bewegliche, unmögliche, verwirrende, jeder Logik widerstrebende Ding: die sogenannte Wirklichkeit, die wir selber sind, die Welt, ›das Leben‹«. Somit ist das Sichtbare undeterminiert, die Dinge geschehen, niemand »tut« etwas, man glaubt nur, man tue etwas. So heißt es in *Die Wohltäterin:* »Man ist Bote« – und das heißt: Wir alle sind nicht mehr als ein Sinnbild, dessen Bedeutung uns entgeht. »Daher«, folgert Rosa »lieber das Obskure als das Einleuchtende, Naheliegende, denn das ist schwach. Jede Logik enthält eine unvermeidliche Dosis von Mystifikation. Jede Mystifikation enthält eine gute Dosis von unvermeidlicher Wahrheit. Wir brauchen auch das Dunkle.«

Nach João Guimarães Rosas Tod sind noch zwei von ihm druckfertig eingerichtete Bücher erschienen: *Estas Estórias* (Diese Geschichten), 1969, unübersetzt bis auf *Meu Tio o Iaurete* (dt. *Mein Onkel der Jaguar),* sind ein Kaleidoskop des Grande Sertão, acht Geschichten, die verschiedene seiner »veredas« – Flußläufe – zeigen. In »Viehtreiber Mariano« begegnen die Viehtreiber von Rosas Heimatstaat Minas Gerais ihrem endgültigen Archetyp. Wieder beweist der Dichter mit Hilfe vollgekritzelter Notizbücher, daß die Ausdruckssprache des Volkes, hier der Bevölkerung einer Agrarstruktur, die mittlerweile in beschleunigtem Masse in eine industrielle städtische Gesellschaftsordnung übergeht, der poetischen Metapher nähersteht als die Funktionssprache des Bürgertums, das sich nur mitteilt, ohne Phantasie, in der Verkalkung mechanischer Konventionen. Noch mehr: Hier läßt sich feststellen, daß Volk und Künstler zwei Seiten des gleichen schöpferischen Prinzips sind: kühn, lebendig, farbig, eine unablässige Erfindung saftiger, anmutiger oder philosophischer Ausdrücke und Redensarten, die menschliche Leidenschaften spiegeln und hier ironisch oder maliziös ein kurioses Faktum, da Verzauberung oder Enttäuschung, dort ein Ideal oder eine Tröstung festhalten. Dieser Band enthält auch Rosas berühmteste Erzählung *Mein Onkel der Jaguar*, der Monodialog eines Jaguarjägers, der sich in den Augenblicken seiner Agonie, bevor sein von ihm bedrohter Besucher ihn erschießt, in einen Jaguar verwandelt.

In Parenthese: Man kann ohne Übertreibung von einer brasilianischen Erzählkunst vor und nach Guimarães Rosa sprechen. Man braucht – um zwei Autoren zu nennen – nur *Corpo Vivo*, 1962, und *O Forte*, 1965, von Adonias Filho (geb. 1915) oder den Roman von João Ubaldo Ribeiro (geb. 1941), *Sargento Getúlio*, 1971), zu lesen, dessen Ich-Erzähler, der Sergeant, seine Epopöe mit ähnlichem Todesstammeln beendet wie Rosas Buschjäger.

Und schließlich *Ave, Palavra* (Gegrüßt seist du, Wort) 1970, gleichfalls unübersetzt, vom Autor »Miszellen« genannt: insgesamt 54 Texte zwischen Reiseaufzeichnungen, Tagebuchblättern, Gedichten, Erzählungen, Streiflichtern, poetischen Reportagen und Meditationen, von 2-12 Seiten je, zwischen 1947 und 1967 in Tageszeitungen und Zeitschriften veröffentlicht, darunter *Die Reiher*, Titelgeschichte einer deutschsprachigen Anthologie der brasilianischen Erzählungen der Gegenwart (Herrenalb, 1967).

»Als Schriftsteller arbeite ich hart und fleißig. Aber es tut mir leid, daß ich trotz allem Fleiß zu langsam arbeite. Ich habe zwar zur rechten Zeit, aber zu spät mit dem Schreiben begonnen. Einen frühen Tod kann ich mir nicht leisten, denn ich trage noch viele, viele Geschichten in mir herum. Aber ich bin in Cordisburgo geboren, dort werden die Leute manchmal sehr alt. Der *Mineiro* wird von seinem Land und von der Sonne ausgetrocknet, er wird haltbar wie Dörrfleisch.« Noch einmal der Autor im eingangs erwähnten Gespräch mit Günter W. Lorenz.

Am 19. November 1967, zwei Jahre später, ist João Guimarães Rosa in seiner Wohnung in Copacabana, dicht neben der Festung, in Rio de Janeiro gestorben, neunundfünfzig Jahre alt, drei Tage nach seiner Antrittsrede in der Academia Brasileira de Letras. Sie endete:

»Die Menschen sterben nicht, sie werden verzaubert... Die Welt ist magisch. Hier ist Cordisburgo.«

Benedito Nunes
Clarice Lispectors Passion

1.

Eine Art dialektische Umkehrung der Zeit, die dazu führt, daß das Ende eines Prozesses oft seinen Ursprung erhellt, findet sich in Kunstwerken oder in der Literatur besonders häufig. Dies gilt für Clarice Lispector in bemerkenswerter Weise. Wenngleich sich gemeinsame Linien in ihren ersten sechs Romanen *Perto do coração selvagem* (dt. *Nahe dem wilden Herzen*), *O Lustre* (Der Leuchter), *A Cidade sitiada* (Die belagerte Stadt), *A Maçã no oscuro* (dt. *Der Apfel im Dunkeln*), *A Paixão segundo G. H.* (dt. *Die Passion nach G. H.*), *Uma Aprendizagem ou O Livro dos prazares* (dt. *Eine Lehre oder das Buch der Lüste*) wie auch in den zahlreichen Zeitungsartikeln und Erzählungen, die in drei Bänden *(Laços de familia*, (Familienbande), *A Legião estrangeira* (Die Fremdenlegion) und *Felicidade clandestina* (Heimliches Glücksgefühl, dt. Auswahl unter dem Titel: *Die Nachahmung der Rose)* zusammengefaßt sind, feststellen lassen, setzt erst *A Hora da estrela* (dt. *Die Stunde des Sterns)* den klärenden Schlußpunkt. Von hier aus werden die Leitlinien ihres literarischen Schaffens sichtbar. Wenn ich also diese Ausführung mit *Die Stunde des Sterns* beginne, fange ich dort an, wo ich aufhören sollte, nämlich an dem Punkt, an dem das Leben der Schriftstellerin zu Ende ging und ihr Werk vollendet war.[1]

Die Stunde des Sterns besteht aus zwei unterschiedlichen, miteinander verflochtenen Geschichten und hat zwei Erzähler, den fiktiven, Rodrigo S. M., der sich als Autor des Buches ausgibt, und einen anderen, dessen Name auf dem Buchdeckel steht, Clarice Lispector. Die erste Geschichte handelt von einer *nordestina*, einem Mädchen aus dem Nordosten Brasiliens, dessen Leben Rodrigo S. M., wie unter einem Zwang stehend, von dem Augenblick an erzählen will, als er sie zum ersten Mal sah: »Ich habe auf einer Straße in Rio de Janeiro plötzlich das Gefühl der Verlorenheit im Gesicht eines Mädchens aus dem Nordosten eingefangen. Abgesehen davon, daß ich ja als kleiner Junge im Nordosten aufgewachsen bin, kenne ich mich in den Dingen auch aus, weil ich lebe. Wer lebt, weiß Bescheid, sogar ohne zu wissen, daß er Bescheid weiß. So kommt es auch, daß Sie, meine Herren, mehr wissen als Sie denken, und dabei spielen Sie die Ahnungslosen.«

Diese Herren, die da angesprochen werden, stehen außerhalb des Buches: wir sind es, die »sich ahnungslos stellenden Leser«, eine Anrede, die dem ›hypocrite lecteur‹ Baudelaires entspricht. Aber zu Beginn der Erzählung steht auch das Mädchen aus dem Nordosten ›draußen‹, da sie als Romanfigur erst zu einem bestimmten Zeitpunkt auftritt und innerhalb einer Geschichte Gestalt annimmt, deren vollständigen Ablauf der Autor zunächst selbst nicht kennt, sondern erst während des Schreibens dieses Textes erfährt:

Ich schreibe in eben diesem Augenblick, in dem ich gelesen werde. Ich fange nur deshalb nicht mit dem Ende an, das den Anfang rechtfertigen würde – wie der Tod etwas über das Leben auszusagen scheint –, weil ich die vorangegangenen Ereignisse aufzeichnen muß (...) Die Geschichte, so beschließe ich aus falschen freien Stücken, soll ungefähr sieben Personen haben, und ich, versteht sich, bin eine ihrer wichtigsten. Ich, Rodrigo S. M. Das ist eine traditionelle Erzählung, denn ich will nicht neumodisch sein und Modismen um ihrer Originalität willen erfinden. Daher werde ich also ganz gegen meine Gewohnheit eine Geschichte mit Anfang, Mitte und ›gran finale‹ ausprobieren, gefolgt von Schweigen und Regen.

So zählt also auch der Erzähler zu den Romanfiguren, und er spricht entweder von Macabéa – so heißt das Mädchen aus dem Nordosten – oder von sich selbst. Sein Leben definiert sich durch das ihre, er lebt mit den Schwierigkeiten, Sorgen und Gefühlen, die diese Gestalt ihm bereitet. Mit Kommentaren und Einschüben unterbricht er ihre Geschichte, die dadurch nur schleppend und mit kleinen episodenhaften Sprüngen vorankommt. Allein schon durch den Namen, einen vertraulich als Maca abgekürzten und ungewöhnlichen Namen, der »wie eine Krankheit, wie eine Hautkrankheit klingt«, gehört Macabéa, ein Geschöpf ohne Charme und Anmut, ein blasses, hilfloses, alleinstehendes und einsames Mädchen, eine schwerfällige, kränkliche Verkäuferin, zur Familie der vernachlässigten, gebrechlichen und bedürftigen Wesen, die für Clarice Lispectors Werk typisch sind.

Was ich schreibe, ist mehr als Erfindung, es ist meine Verpflichtung, von diesem Mädchen unter Millionen anderen zu erzählen. Es ist meine Pflicht, ihr Leben zu enthüllen, auch wenn dies wenig kunstvoll geschehen sollte. (. . .) Ich weiß, daß es Mädchen gibt, die ihren Körper, ihren einzigen Besitz, für ein warmes Abendessen statt ihres üblichen Wurstbrotes verkaufen. Aber die Person, von der ich sprechen will, hat kaum einen Körper, den sie verkaufen könnte, niemand will sie, sie ist Jungfrau und harmlos, sie fehlt niemandem. Übrigens stelle ich gerade fest, daß auch ich niemandem nur im geringsten fehle und daß das, was ich schreibe, ein anderer ebenso schreiben würde. Ein anderer Schriftsteller, ja, aber es müßte ein Mann sein, denn eine Schriftstellerin wäre zu Tränen gerührt.

Die zweite Geschichte, die nur in Verbindung mit der ersten existiert, aus ihr hervorgeht und sie aufrechthält, ist die Geschichte des fiktiven Erzählers. Da er sein eigenes Leben in dem der *nordestina* widerspiegelt, ist er zuletzt nicht mehr von ihr zu trennen, obgleich er und die Gestalt in ihrer schmerzhaften Begegnung, einer Situation, die sie zugleich vereint und trennt, deutlich voneinander unterscheidbar bleiben. Diese Situation ist die fortschreitende Erzählung, deren qualvolle und konfliktreiche Ausarbeitung Rodrigo S. M. beschreibt:

Es gibt nur wenige Tatsachen zu berichten, und ich weiß selbst noch nicht recht, was ich gerade schildere. Jetzt (Explosion) werde ich mit schnellen Strichen das frühere Leben des Mädchens nachzeichnen, bis zu dem Augenblick des Spiegels im Bad. (. . .) Ob ich diesen Bericht anreichern könnte, indem ich ein paar erzähltechnisch komplizierte Ausdrücke benutze? Aber das ist es ja gerade: diese Geschichte hat keinerlei Technik, keinen Stil, sie ergibt sich vielmehr aufs Geratewohl. Ich würde auch um nichts auf der Welt ein so klägliches Leben wie das der Schreibkraft mit brillanten und falschen Wörtern beflecken. (. . .) Ich bin die Literatur völlig leid; allein das Schweigen ist mein Begleiter. Wenn ich noch schreibe, so deshalb, weil ich nichts mehr auf der Welt zu tun habe, während ich auf den Tod warte. Die Suche nach dem Wort im Dunkeln.

Strenggenommen haben wir es noch mit einer dritten Geschichte zu tun, der Erzählung selbst, die den beiden Erzählern, dem fiktiven und dem realen, zugeschrieben werden kann, sowie mit einer weiteren Romanfigur, die zu den sieben namentlich aufgeführten hinzugezählt werden muß, nämlich der Autorin. Sie übernimmt ebenfalls die Rolle einer Romanfigur, wie die einschmeichelnde ›Widmung‹ verdeutlicht – eine

Widmung des Autors, also von Rodrigo S. M., »in Wirklichkeit Clarice Lispector«, wie in Klammern darunter steht. Diese Widmung ist für den »ehrwürdigen Schumann und seine sanfte Clara«, für »die Stürme Beethovens, für Bach, Chopin, Strawinsky, Marlos Nobre, Prokofiew u. a.« bestimmt.

Im Gegensatz zu Clarice Lispectors früheren Texten, die »Roman«, »Kurzgeschichte«, »Novelle« oder wie das kurz zuvor erschienene Buch *Agua viva* (dt. *Meduse*) einfach »Fiktion« genannt wurden, wird das seltsame, gewundene und aufgewühlte Buch *Die Stunde des Sterns* nicht nur keiner literarischen Gattung zugeordnet, sondern bietet dem sich ahnungslos stellenden Leser sogar noch dreizehn weitere Titel an, die ebensogut verwendet werden könnten: »Es ist meine Schuld«, »Die Stunde des Sterns«, »Sie muß sich zurechtfinden«, »Das Recht zum Schrei«, »Die Zukunft betreffend«, »Klage eines Blues«, »Sie kann nicht schreien«, »Ein Gefühl der Verlorenheit«, »Pfiff im dunklen Wind«, »Ich kann auch nichts tun«, »Aufzeichnung vorausgegangener Ereignisse«, »Tränenreiche Jahrmarktsgeschichte« oder »Diskreter Abgang durch die Hintertür«.

In der brasilianischen Literatur fehlt es für dieses Vorgehen nicht an berühmten Vorbildern von Machado de Assis bis hin zu Oswald de Andrade. Machado de Assis spielt häufig mit seinen Romanfiguren und dem Leser; er unterbricht die Handlung in seinen Romanen, um sie zu kommentieren, und wendet im Vorwort zu *Postume Erinnerungen des Bras Cubas* auch den Kunstgriff der falschen Autorschaft an. Hierbei handelt es sich um ein Stilmittel, das auf dieselbe Wirkung abzielt wie der Kunstgriff, den Daniel Defoe im 18. Jahrhundert in *Moll Flanders* benutzt oder den Max Frisch in *Stiller* wiederaufgegriffen hat, wenn er sich als Herausgeber von Manuskripten ausgibt, die angeblich von einer anderen Person oder von einer erfundenen Romanfigur stammen.

In *Die Stunde des Sterns* treten aber diese Mittel allzu offensichtlich in Erscheinung, so als seien sie zur Schau gestellt. Clarice Lispector hält sich nicht an die Spielregeln. Wir erleben, wie sie ihre Verkleidung, die Maske des Romanciers, abnimmt und sich als Romanfigur für identisch mit dem Erzähler erklärt. Während die Schwierigkeiten des Erzählers zu einem der Hauptthemen des Buches werden, verliert der Erzähler zugleich sein künstlerisches Schamgefühl, das ihn dazu zwingt, sein literarisches Tun zu verstecken und sich hinter dem Text zu verbergen. Die Literatur schließlich entpuppt sich als Literatur, indem die Autorin zuerst mit einer Geste des Bedauerns die Hilfsmittel angibt, die sie zur Erfassung der Realität verwendet, und sich gleich darauf selbst als verbale Mimesis einstuft. Ohne die Schwächen der benutzten Mittel weiter zu verheimlichen, beschließt sie, den Schwierigkeiten ihres spielerischen Tuns ins Auge zu sehen. Anstatt ihre Verkleidungen verlegen zu zeigen, deckt sie mutig die Verstellung auf, aus der sie ihre Kraft bezieht, und kommt auf diese Weise der Forderung nach Wahrhaftigkeit nach, die auch das literarische Schaffen erfüllen will. Im letzten Buch von Clarice Lispector liegt die Erzählkunst auf der Suche nach ihrer eigenen Wahrheit im Zwiespalt mit sich selbst und im Kampf mit der Realität offen vor unseren Augen.

Diese äußerste Grenze, die in *Die Stunde des Sterns* erreicht wird, ist ein Endpunkt in der Revolution des Romans, die im 20. Jahrhundert von Proust, Virginia Woolf, Joyce über Thomas Mann und Faulkner bis zu Borges, Cortázar und Guimarães Rosa geleistet wurde. An dieser Entwicklung nahm Clarice Lispector von ihrem ersten Buch, *Nahe dem wilden Herzen*, an teil, das sie mit siebzehn schrieb und mit neunzehn veröffentlichte. Mit Hilfe des Gesamteindrucks, den man rückblickend von *Die Stunde des Sterns* aus auf ihr Werk erhält, erkennt man in diesem Erstling schon die vorherrschende Tendenz, die von Anfang an die innere Revolution des zeitgenössischen Erzählens leitete und an deren Ende die Fiktion die Realität in Frage stellt, indem sie sich selbst befragt.

Clarice Lispector verkörpert die moderne Erzählkunst in Brasilien auf hervorragende Weise. In der Introspektion des individuellen Bewußtseins wie in *Nahe dem wilden Herzen* fand sie ihren persönlichen und unverwechselbaren Zugang zur Fiktion.

Tatsächlich ist bei ihr das individuelle Bewußtsein nicht nur zum Zentrum der Mimesis, sondern sogar zum Angelpunkt des Erzählens geworden, das wir *monozentrisch* nennen könnten. Sie konzentriert sich auf die Innenschau einer bevorzugten Person, mit der sich der Standpunkt des Erzählers vermischt oder zu vermischen neigt. Daher spielt sich in ihren

Romanen die eigentliche Handlung im Innern des Protagonisten ab, und nichts geschieht außerhalb seiner subjektiven Sicht.

Die Handlung im Innern der Protagonisten, sei es Johana in *Nahe dem wilden Herzen*, Virginia in *O Lustre* (Der Leuchter) oder auch Martin in *Der Apfel im Dunkeln*, gewinnt Konsistenz durch deren Gefühle, Wünsche und Konflikte, die sie von anderen Personen unterscheiden, und verwandelt sich in eine Suche ohne Grenzen, eine angstvolle Suche nach der wahren und unerreichbaren Existenz.

Bei jedem Schritt wird diese Suche durch die abgrundtiefe Introspektion, den eigentlichen Erzählstoff oder die Substanz des Erzählten, erneuert. Die Projektion der Wirklichkeit geht Hand in Hand mit der Innenschau.

Auch wenn ein Roman in der dritten Person geschrieben ist wie *A Cidade sitiada* (Die belagerte Stadt), ist die Distanz zwischen dem Erzähler und der Romangestalt minimal: ersterer übernimmt die Perspektive der Romangestalt.

Der fünfte Roman, *Die Passion nach G. H.*, der in der ersten Person geschrieben ist und aufgrund der Bedeutung, die ihm in der Entwicklung des Werkes von Clarice Lispector zukommt, eine eingehendere Betrachtung verdiente, ist das Geständnis eines simplen häuslichen Vorfalls: der triviale Tod einer Küchenschabe, die G. H., eine nur durch Initialen erkennbare Figur, in der Kleiderschranktür des Dienstmädchenzimmers in ihrer Wohnung, die sie allein bewohnt, zerdrückt. Fasziniert von dem Tierkadaver erfährt G. H. eine Art »Entrückung der Seele« – den Verlust oder die Entäußerung des Ichs –, die große Ähnlichkeit mit der Ekstase der Mystiker aufweist. Sie kann einem fiktiven Du nur unter Schwierigkeiten davon erzählen, an das sich das nicht beendete Geständnis ja auch richtet. Mit diesem Buch, in dem die Identität des Romans als Gattung wie auch die individuelle Identität der Erzählerin problematisch wurden, gelangte Clarice Lispector an den kritischen Punkt zeitgenössischer Literatur, an dem Art, Reichweite und Grenzen der Fiktion aufs Spiel gesetzt werden.

Wie andere große Schriftsteller von heute, kennt auch die Autorin von *Die Stunde des Sterns* kein ›reines‹ literarisches Gewissen mehr. Auf die vertrauensvolle Hingabe an den Akt des Schreibens, an den Rhythmus der Schaffensfreude, folgte eine Haltung des Argwohns, der kritischen Zurückhaltung, die den Schriftsteller bei jedem Schritt zwingt, über Grund, Zweck und Ziel seiner Kunst nachzudenken.

Warum erzählen? Was erzählen? Wie und wozu erzählen? Diese Fragen sind für den Erzähler so fundamental geworden, daß sie einen großen Teil des Erzählstoffs ausmachen. In gewisser Hinsicht gibt das Werk Clarice Lispectors Antwort auf diese Fragen.

2.

Warum erzählen? Vor allem aufgrund einer starken Berufung, im Sinne von *vocare, rufen*, eines unwiderstehlichen Zwangs, des Wunsch-Ziels, die Sprache zu erfassen und sie durch die Zeiten hindurch weiterzugeben. »Ich fühle die glänzende, feuchte Form, die in mir kämpft. Aber wo ist, was ich sagen will?« fragt sich Johana in *Nahe dem wilden Herzen*. Aufgrund ihres besonderen Verhältnisses zur Sprache drückt sich das Bedürfnis der Romangestalten zu sprechen – ein Wollen und Müssen zugleich – allmählich in ungestümer Freiheit aus. Zunächst ist es ein undeutlicher Wunsch oder namenloser Impuls, der die Freiheit beeinträchtigt: »Gefangen, gefangen. Wo ist die Phantasie? Ich gehe auf unsichtbaren Gleisen. Gefangenschaft. Freiheit. Das sind die Wörter, die mir einfallen. Es sind jedoch nicht die wahren, einzigen, unersetzbaren, das fühle ich. Freiheit ist gering. Was ich ersehne, hat noch keinen Namen«.

Als namenloser Wunsch oder unbestimmter Name eines Wunsches, als vergegenständlichter erotischer Impuls wird das Ich auf der Suche nach seinem anderen, tieferen Selbst personifiziert, wird zur Romangestalt, weshalb das »Warum« des Erzählens niemals ›rein‹ ist. Was das Sprechen – stets untrennbar von dem Willen, sich auszudrücken – bei Clarice Lispector antreibt, ist frei von der Notwendigkeit, Geschichten zu erzählen, von der Vorschrift, eine Welt aus Ereignissen zu konstruieren, die den Mythen, Epen und Sagen eigen sind – letztlich frei vom Ethos, das in der Erzählkunst weiterhin das Romanhafte schafft, sei es als einfache Entwicklung von Geschehnissen im Raum, sei es als Biographie eines individuellen Schicksals, das sich als angehäufte zeitliche Erfahrung um einen Fabelkern äußert. Die Absicht, sich über die Mimesis von Ereignissen und die Fabel hinausgehend auszudrücken, bestimmt die Haltung der Autorin und führt zu ihrem vorwiegend lyrischen Gebrauch der Sprache.

Schon die ersten Romane Clarice Lispectors, *Nahe dem wilden Herzen*, *O Lustre* (Der Leuchter) und *A Cidade sitiada* (Die belagerte Stadt), sind in keiner Weise ›ereignisreiche Geschichten‹. Ihre letzten Texte *Meduse* und *Die Stunde des Sterns* hingegen überschreiten die Form des Romans. Die Erzählungen schließlich weisen tatsächlich wenig oder gar keine Handlung auf. Man muß sie wieder und wieder lesen, aber da in ihnen die Möglichkeit der mündlichen Überlieferung der Geschichte verlorenging, kann man sie kaum weitererzählen. Der traditionelle Erzähler berichtet ja so, als ob er eine erzählte Geschichte weitergeben wolle, die ohne Ende von Mund zu Mund überliefert werden kann. Aber die Erzählungen Lispectors sind für die mündliche Wiederholung ungeeignet. Es wäre fast unmöglich, sie »am Lagerfeuer« – um mit Walter Benjamin zu sprechen – zu erzählen. Die ›Geschichte‹ dieser Erzählungen besteht aus einer subjektiven Erfahrung, die sich nicht auf das Einfangen eines Augenblicks beschränkt, was aus dem Erzählten ein lyrisches Gedicht machte, sondern enthält einen potentiellen Romankern. Virginia Woolf sprach von dieser Erfahrung, die sich aus vielen kleinen Geschehnissen zusammensetzt: »little separate incidents which one lived one by one«. In gegenseitiger Durchdringung bilden sie gemeinsam die »erlebte Zeit« bei unterschiedlicher Dauer der Episoden. Auf Clarice Lispector bezogen könnte man sagen, daß die potentielle Romanzelle in ihren letzten Büchern wucherte und sich in eine vielgestaltige, gleichsam *improvisierte* Geschichte verwandelt hat, die sich fortpflanzt und vermehrt, wie in *Meduse*. »Ich weiß, was ich hier tue: ich zähle die Momente, die herabtropfen und schwer wie Blut sind. Ich weiß, was ich hier tue: ich improvisiere. Aber was ist schon Schlimmes daran? Ich improvisiere so, wie im Jazz Musik improvisiert wird, Jazz in der Ekstase. Ich improvisiere vor dem Publikum.« Der Roman wird zu einem Impromptu verschiedener Themen, die wie in der Musik miteinander verbunden oder variiert werden. In dieser extremen Situation stellt sich die zweite Frage: *Was erzählen?*

Für den Erzähler gibt es keinen bevorzugten Erzählstoff: Huhn oder Ei, Blick eines gefrässigen Tieres, Mädchen aus dem Nordosten oder Baumwurzel, alles kann der Fiktion als ›unreines‹ Material dienen. Daraus ergibt sich dann eine ›Geschichte‹, die sich aus Geschichten, Kommentaren, Fragen oder Betrachtungen der Dinge zusammensetzt und versucht, diese mit dem flüchtigen geschriebenen Wort einzufangen, wodurch ein Spiel mit der Sprache entsteht, das mit dem Ernst intellektueller Spekulation betrieben wird.

So ist die Kurzgeschichte *Das Ei und das Huhn* eine Spekulation mit Wörtern um Wörter, die uns zuletzt durch Hartnäkkigkeit den Weg zu dem in Worten ausgedrückten Ding freimacht:

Am Morgen in der Küche sehe ich auf dem Tisch das Ei. Ich erblicke das Ei mit einem einzigen Blick. Sofort wird mir bewußt, daß man ein Ei nicht sehen kann. Ein Ei sehen behauptet sich nie in der Gegenwart: Kaum sehe ich ein Ei, wird es schon zu einem vor dreitausend Jahren gesehenen Ei.

Auf den ersten rein beschreibenden Satz folgt ein intellektuelles Training, ein Spiel mit der Sprache, das um das ins Blickfeld geratene Objekt kreist:

Im selben Augenblick, in dem man das Ei sieht, ist es die Erinnerung an ein Ei. – Nur der sieht das Ei, der es schon gesehen hat. – Wenn man das Ei sieht, ist es schon zu spät: Gesehenes Ei, verlorenes Ei. – Das Ei sehen ist die Verheißung, eines Tages dahin zu kommen, das Ei zu sehen. – Kurzer unteilbarer Blick; ob es wirklich einen Gedanken gibt; es gibt ihn nicht; es gibt das Ei. – Blicken ist das notwendige Werkzeug, das ich nach Gebrauch wegwerfe. Ich behalte das Ei. – Das Ei hat kein Selbst. Individuell existiert es nicht.

Das Spiel mit der Sprache, das das Objekt schließlich negiert, wird weitergeführt, scheinbar als Traumvorstellung, die auf das Repertoire an vorgegebenen Sätzen, stehenden Redewendungen, Ungereimtheiten und Paradoxien zurückgreift:

Sieht der Hund das Ei? Nur die Maschinen sehen das Ei. Der Kran sieht das Ei. (...) Dem Ei widme ich die chinesische Nation. Das Ei ist eine schwebende Sache. Es hat nie gedacht. (...) Ob ich von dem Ei weiß? Es ist fast sicher, daß ich weiß. So: ich existiere, also weiß ich.

– Was ich vom Ei nicht weiß, ist das, worauf es wirklich ankommt.
Was ich vom Ei nicht weiß, gibt mir genaugenommen das Ei.

Die Sätze folgen in fieberhaftem, halluzinatorischem Rhythmus aufeinander, der von Absatz zu Absatz wieder aufgegriffen wird, wobei an das Wort »Ei« ständig eine neue Bedeutung geknüpft wird:

Das Ei zu sehen ist unmöglich: Das Ei ist übersichtbar wie es Überschallwellen gibt. (. . .) Das Ei existiert nicht mehr. (. . .) Das Ei ist eine schwebende Sache. (. . .) Das Ei ist eine Entäußerung. (. . .) Das Ei ist die Seele des Huhns. (. . .) Das Ei ist eine Sache, die sich in acht nehmen muß. (. . .) Mit der Zeit ist das Ei ein Hühnerei geworden.

Mit Worten spielen muß nicht immer eine sinnlose Beschäftigung sein. Wie in poetischen Texten, so eröffnet der Zusammenprall von Signifikanten – hier den Bildern – und den Signifikaten – hier den Konzepten – einen Hiatus des Schweigens, einen kontemplativen Augenblick, der der schlüpfrigen Oberfläche der Sätze abgerungen wurde. Er ist nicht mehr erzählbar und daher auch nicht mit Worten ausdrückbar. Aber er lädt den Leser ein zu einer rezeptiven Haltung oder zur Absorption des behandelten Objektes. Clarice Lispector versucht, in ihren Romanen zu diesem Schweigen vorzustoßen.

In *Der Apfel im Dunkeln* findet man z. B. häufig Augenblicke des Schweigens, einer besinnlichen Pause, eines visuellen Genusses der Dinge, die rätselhaft und unerklärlich bleiben, je mehr einfache Beschreibung und Meditation ineinandergreifen. In diesem Roman, der eine lange und verschlungene Untersuchung der menschlichen Bedingtheit ist, gibt es keinen Unterschied zwischen Beschreiben und Meditieren. Martin, der Protagonist, sieht, was er nicht verstehen kann, und gelangt gerade durch seinen Mangel an Verständnis zu einer verwirrenden Gewißheit, die er nicht in Worte fassen kann:

Er sah nur, daß alles eine sanfte Verlängerung von allem war; was existierte, vereinigte sich mit dem Existierenden, die Kurven füllten sich harmonisch, der Wind fraß den Sand und schlug vergeblich gegen die Steine. Freilich wurde alles, wenn man es nicht begriff, auf seltsame Weise übersichtlich und harmonisch. Wenn er umherblickte, fand er es dennoch schwierig, jenen offensichtlichen Sinn zu begreifen, als müßte er ein Licht im Licht unterscheiden.

Alles kann also erzählt werden, aber die Tendenz geht stets zum Unerzählbaren, in dem alles gipfelt. Wer erzählen will, ist immer eine Figur aus dieser Welt, der erkennbare Teil einer grenzenlosen Kette von Ereignissen, die der Autor Glied um Glied vor uns abwickelt. Doch die einfachen Geschichten genügen nicht, sie sind stets mit anderen in einer endlosen Folge verbunden. Hierbei entwickelt der Erzähler, auch wenn er den Faden der mündlichen Überlieferung verloren hat, immer noch den Zauber der Scheherazade aus Tausendundeiner Nacht.

Wie also erzählen? Um diese dritte Frage zu beantworten, genügt es, die beiden vorhergehenden Antworten zu kombinieren. Das Bedürfnis, sich auszudrücken, das zur Improvisation führt, und die poetische Erzähltechnik der endlos wuchernden Romansubstanz und der verketteten Themen verlangen von der Romanform etwas Vitales, das keine Ausschmückungen, keine literarischen Abschweifungen, keine Stilübungen erlaubt. Das Improvisieren mit Wörtern ist vor allem existentielle Anstrengung. In *Meduse* werden durch die Improvisation, die der musikalischen Variation ähnelt, die Themen Gott, Zeit und Tod mit einer asketischen, schmucklosen Prosa berührt, die bereits in *Die Passion nach G. H.* verwendet wurde. Dieses Werk bedeutete für Clarice Lispector die definitive Schule der Einfachheit, eine echte Katharsis, in der ihre Schreibweise von allen Schnörkeln gereinigt wurde, ihr Ethik verlieh. Der Gebrauch der Wörter wurde einem Gelübde ewiger Armut unterworfen, wodurch sie befähigt wurde, das Rohe, Trockene, Dürre, Unwirtliche und Ausdruckslose auszudrücken. Wenn die Kunst gut ist, sagt G. H., »dann nur, weil sie das Ausdruckslose streift, die schlimmste Kunst ist die ausdrucksstarke, jene, die über das Stück Eisen und das Stück Glas, über das Lächeln und den Schrei hinausschreitet«. Auf dieser Ebene sind Ethik und Ästhetik nicht mehr zu unterscheiden.

Hiermit erhalten wir bereits eine Antwort auf die vierte Frage: *Wozu erzählen?* Die Ethik des Romans und der Erzählung (und zugleich das ästhetische Ziel der Fiktion) liegt darin, Zeugnis zu geben, um das »Gewebe des Lebens« freizulegen und zur Verteidigung der menschlichen Natur beizutragen. Dabei ist gegebenenfalls sogar das Recht zum Schrei erlaubt, wie in *Die Stunde des Sterns* gesagt wird – vorausgesetzt, der Schrei zeigt als Ausdruck moralischer Auflehnung den Zustand der Entfremdung der ihn verursachenden Gesellschaft auf, so daß er über das Naheliegende und Einzigartige hinausreicht und sich zu einem hemmungslosen Ruf nach dem Kern der Existenz ausweitet. Die Fiktion kann ihre enthüllende Aufgabe nur erfüllen, wenn sie aus dem Schreiben herrührt, das auf einzigartige und unersetzliche Weise durch die Sprache mit der Wirklichkeit verschmolzen ist.

Clarice Lispector schreibt wie ein Fischer, der die Angel seiner Sätze zwischen die flüchtigen Dinge auswirft:

Also ist Schreiben die Seinsweise dessen, der das Wort als Köder besitzt: das Wort angelt das, was nicht Wort ist. Wenn dieses Nicht-Wort, das zwischen den Zeilen steht, anbeißt, wird etwas geschrieben. Wenn man einmal das zwischen den Zeilen stehende Wort geangelt hat, könnte man es erleichtert wegwerfen. Aber da hört die Analogie schon auf: das Nicht-Wort hat beim Anbeissen den Köder verschluckt.

Bei dieser todesmutigen Anglerei, dem Kampf der Schriftstellerin mit sich selbst und mit der Sprache, gibt es aber keinen eigentlichen Sieg. Durch die Ambiguität des Triumphes des Geschriebenen, das Niederlagen und viele Verluste mit sich bringt, setzt sich die Schriftstellerin ständig dem Scheitern aus.

Ich besitze in dem Maße, wie ich bezeichne – und darin liegt die Pracht, eine Sprache zu haben. Aber ich besitze noch viel mehr in dem Maße, wie ich nicht bezeichnen kann. Die Wirklichkeit ist der Rohstoff, die Sprache meine Art, wie ich sie suche – nicht aber, wie ich sie finde. Aber aus dem Suchen und dem Finden entwickelt sich, was ich nicht kannte und sofort wiedererkenne. Die Sprache ist meine menschliche Anstrengung. Es ist mein Schicksal, auf die Suche zu gehen und auch mein Schicksal, mit leeren Händen zurückzukehren. Das Unsagbare kann mir nur durch das Scheitern meiner Sprache gegeben werden. Erst wenn die Konstruktion fehlschlägt, erhalte ich, was sie nicht erreichte.

Dieses unaufhörliche Hin und Her zwischen der Schriftstellerin und ihrem Werk und zwischen ihrem Werk und ihr selbst hat die Kraft einer Passion. Daher ist Schreiben für Clarice Lispector die Unterwerfung unter einen Prozeß, den nicht sie bestimmt, sondern von dem sie geleitet wird. Aber als Konsequenz dieses schicksalhaften Zwanges wird jede bewußte Zielsetzung, die zur Erzählung hinzukommt, abhängig von einer Zielsetzung *ohne Zweck*, von der Bewegung des Wunsches in der Zeit, der zu erzählen zwingt.

Die Frage *Wozu erzählen?*, auf die es viele, aber keine endgültigen Antworten gibt, führt uns in letzter Instanz zurück in das Reich der einzigen Passion, der Sprache, die Clarice Lispectors Leben auszehrte: »Warum schreibe ich?« fragte der fiktive Erzähler in *Die Stunde des Sterns*. »Vor allem deshalb, weil ich den Geist der Sprache einfing, und so ist es manchmal die Form, die den Inhalt schafft. Ich schreibe also nicht wegen der *nordestina*, sondern aus dem schwerwiegenden Grund einer ›höheren Gewalt‹, oder wie es in den offiziellen Formularen heißt, qua ›Gesetzeskraft‹.«

3.

Wenn wir zum Ausgangspunkt, zu *Die Stunde des Sterns*, zurückkehren, müssen wir die Verknüpfung der drei Geschichten – die des Mädchens aus dem Nordosten, die des zwischengeschalteten Erzählers und die der eigentlichen Erzählung – sowie die Begegnung des Pseudo-Autors mit der Person der dazwischen tretenden Schriftstellerin, die sich beide als fiktive Romanfiguren mit Macabéa, der wirklichen Romanfigur, identifizieren, neu analysieren. Das Spiel mit der Sprache erscheint nun als Spiel mit vertauschten Masken, ein Spiel sich kreuzender Identitäten. Der Erzähler identifiziert sich mit dem Mädchen aus dem Nordosten, mit dem ihrerseits zuletzt auch Clarice Lispector verschmilzt, ohne Scheu, die literarische Maske abzunehmen, wenn sie sich als Autorin dieses Buches zu erkennen gibt. Clarice Lispector ist wie Macabéa eine Romangestalt.

In *Die Stunde des Sterns* herrscht eine so starke wechselseitige Konnivenz zwischens Person und Romanfigur, daß Clarice Lispector wie Flaubert sagen könnte: »Macabéa, das bin ich«. Die Schriftstellerin ist von der fiktiven Gestalt besessen, die sich wie ein Parasit in ihrem Rücken festkrallt: »Sie hat sich wie klebriger Zuckerrohrsaft oder schwarzer Lehm an meine Haut geheftet«. Wir könnten auch noch Descartes' berühmten Ausspruch, mit dem er sich eigentlich fragt: ›Ich denke, also wer bin ich?‹, angesichts Clarice Lispectors Spiel mit der Sprache, das sich in ein Spiel mit der Identität verwandelt hat, auf die Autorin anwenden und fragen: ›Ich erzähle, also wer bin ich?‹

Diese neue Frage, die den vorausgegangenen hinzugefügt werden sollte – warum, was, wie und wozu erzählen – ist ebenfalls charakteristisch für die zuvor erwähnte Revolution im Roman. Das Identitätsspiel zwischen Erzähler und Romanfigur entwickelte sich aus dessen Macht über die subjektive Erfahrung, aus der exzessiven Innenschau.

Nach *Die Passion nach G. H.* nimmt das Identitätsspiel zwischen Erzähler und Romanfiguren allmählich die Dimensionen eines existentiellen Dramas an, das Clarice Lispectors Passion für die Sprache erklärt. Diese würde ihrerseits eine psychoanalytische Untersuchung rechtfertigen, was hier nur angedeutet werden soll. Daher kehren wir zu dem seltsamen Vorfall zurück, der den Kern des erwähnten Romans bildet.

Wenn uns die Erzählerin in *Die Passion nach G. H.* von der Erfahrung ihrer Entrückung beim Anblick der toten Küchenschabe, von ihrer Ekstase und ihrem qualvollen Abstieg in ihr eigenes zur Hölle gewordenes Bewußtsein berichtet, so war sie damit wahrscheinlich an die Grenzen der Introspektion gelangt, die auch die Grenzen der Erzählung bilden. Jedoch läßt sich in diesem Roman nicht die starke Bindung der Autorin an die von ihr geschaffene anspruchsvolle Romangestalt feststellen. Diese Frau, G. H., ist ein einsames Wesen, das von ihrem Erlebnis in einem leeren Dienstmädchenzimmer berichtet. Niemandem begegnet sie dort, sie hat einzig die weiße Masse der Innereien des zerquetschten Insekts vor sich, was in ihr eine ›Entrückung der Seele‹ verursacht. Diese weiße Masse wird als kosmische, substantielle und neutrale Materie angesehen, von der G. H. angezogen wird und die sie in ihrer Ekstase zerkauen und schlucken will. »Was mich jetzt lockt und ruft, ist das Neutrale. Ich habe keine Worte, um es auszudrücken, und daher spreche ich im Neutrum. Ich habe nur diese Ekstase, die auch nicht mehr das ist, was wir Ekstase nannten, denn sie ist kein Höhepunkt. Aber diese Ekstase ohne Höhepunkt drückt das Neutrale aus, von dem ich spreche.«

Während G. H. sich diese weiße und neutrale Masse wie bei der Kommunion zu Munde führt, identifiziert sie sich nicht etwa mit einem anderen Subjekt, mit einem Du, das ihr gegenüberstünde. Vielmehr ist ihre Ekstase eine Spiegelung im Neutralen, in der Verlassenheit, im Unpersönlichen – sie ist der Zustand in der dritten Person, weder sie noch er, sondern etwas, das G. H. *göttliches Leben* nennt, etwas, das sich der Unterscheidung in männlich und weiblich entzieht und im neutralen Reflexivpronomen ausgedrückt wird, das dem englischen »it« oder dem deutschen »es« entspräche. Auf dem Höhepunkt ihrer Introspektion ist G. H. nicht mehr sie selbst, sie verwandelt sich in etwas unbestimmtes Anderes, das im Ich schon enthalten war. Durch den ungewöhnlichen Gebrauch des Reflexivpronomens [2] wird in diesem außerordentlichen Bericht die eigenartige Identifikation deutlich:

Die Welt schaut *sich* mich an. Alles schaut auf alles, alles lebt das andere; in dieser Wüste kennen die Dinge die Dinge (. . .) Das, was ich nichts nannte, war jedoch so an mich geheftet, daß *ich . . . mich war,* und trotzdem wurde es unsichtbar, wie ich *mir* unsichtbar war, und verwandelte sich in nichts. (. . .) Das Leben *ist sich mir* und ich verstehe nicht, was ich sage. (. . .) Ich bin nicht Du, aber *Du bist mich.* Nur deshalb werde ich Dich niemals richtig fühlen, *weil Du mich bist.* (. . .) Was Du getan hast, bin ich? Und ich kann nicht auf mich zugehen, *mich* ist eine Sache, und Du . . . Gib mir, was in mir ist. Gib mir, was in den anderen ist. Du bist der Er, ich weiß, ich weiß, denn wenn ich *ich* berühre, sehe ich den Er.

Mehr noch als den Bericht eines seltsamen Falles von Besessenheit liefert *Die Passion nach G. H.* das unbewußte Substrat des Erzählvorgangs als Entrückung. Wer erzählt, begibt sich an einen anderen Ort, außerhalb eines Zentrums des Ichs und gelangt auf diesem Weg zum Unbewußten, zum Es, das das Geheimnis unserer Identität enthält. Das Ich will zum Unbewußten gelangen, zu dem Anderen, das wir auch sind. Freud hat diesen Vorgang aufgezeichnet: »Wo Es war, soll Ich werden.« Als Seinsmöglichkeit ist dieses Sein-Können der Horizont, des Identitätsspiels innerhalb der Sprache zwischen Autor und Person, zwischen Schriftstellerin und Geschriebenem. In *Die Passion nach G. H.* gelangte es zur Vollendung und wurde bis zu *Die Stunde des Sterns* auf andere Weise weitergeführt.

In dieser äußersten Existenzmöglichkeit gründet bei Clarice Lispector die Wahrhaftigkeit des Erzählten und die Leidenschaft zur Sprache; hieraus besteht der Stoff des existentiellen Dramas in ihren Werken. Kein anderer brasilianischer Schriftsteller hat die Literatur so nahe an dieses Reich des Unbewußten herangeführt, dem Antoine Artaud oder Georges Bataille nahekamen. Mit ihrer Faszination durch die Libido, das Numinose und den Tod müssen wir Lispector an ihre Seite stellen. Ihr Werk hat den Charakter einer Opferung und vollzog sich wie eine *Passion* – Passion hier im Sinne von auferlegtem Leiden, das dem Tod vorausgeht und ihn vorbereitet. Wenn Eros, das Verlangen, die Erzählung antreibt, so vollendet sie Tanatos, der Tod, wie zuletzt deutlich wird.

Als Macabéa von einem Auto angefahren wird und stirbt – ›gran finale‹ eines ausdruckslosen Lebens –, kommentiert die Schriftstellerin, nachdem sie ihre Verkleidung und Maske abgestreift hat, und nicht der fiktive Autor das Geschehen:

Macabéa hat mich getötet. Endlich war sie sich und uns los. Erschreckt nicht, Sterben ist nur ein Augenblick, es geht gleich vorüber, ich weiß das, denn ich bin gerade mit dem Mädchen gestorben. Verzeiht mir diesen Tod. Ich konnte ihn nicht verhindern; man akzeptiert alles, wenn man schon die Wand geküßt hat. Doch plötzlich fühle ich meine letzte rebellische Grimasse und schreie: das Blutbad an den Tauben!!! Leben ist Luxus.

Aus dem Brasilianischen von Ingrid Schwamborn

Anmerkungen

1 *Um Sopro de vida* (Ein Lebenshauch) erschien postum 1978, hg. von der Sekretärin Clarice Lispectors, Olga Borelli.
2 A. d. Ü.: Im Brasilianischen ist dies noch auffälliger als im Deutschen.

João Alexandre Barbosa
Grundlegende Begriffe im Werk von João Cabral de Melo Neto

1.

Das Werk von João Cabral de Melo Neto (geb. 1920 in Recife), in den vierziger Jahren begonnen, umfaßt heute fünfzehn Lyrikbände. Dreizehn wurden 1968 in der Ausgabe *Poesias Completas* (Gesammelte Gedichte)[1] zusammengefaßt; es folgten 1975 *Museu de Tudo* (Museum für alles)[2] und 1980 *A Escola das Facas* (Die Schule der Messer)[3].

Sein Werk, deutlich geprägt von den charakteristischen Aspekten seiner Heimatregion – des brasilianischen Nordostens –, ist jedoch mehr als eine Quelle für regionale Dokumentation. Vielmehr geben die Behandlung der Themen und die poetische Darstellung dem Werk seine Gültigkeit. Hier liegt auch eine große Gefahr: daß der Leser sich von den regionalen Aspekten dieser Lyrik leiten läßt (eine Art »touristische Reise« durch die Texte unternimmt) und dabei nicht wahrnimmt, wie komplex, wie dicht sie angelegt ist. Es ist eine Poetik großer Spannung. Sagen und Tun sind in einer Weise ausgedrückt, die der Leser nur halb verstehen würde, wollte er diese Lyrik nur vom Thema oder von der Form her begreifen. Wie alle große Dichtung muß man das Werk von João Cabral dort erfassen, wo Kommunikation und Kunst ein subtiles Wechselspiel eingehen.

Zuweilen kann am Rande des Unsagbaren eine syntaktische Wendung dieser Dichtung eine ungeheure kommunikative Kraft verleihen. Dann wieder, wenn seine Poesie mit leicht wahrnehmbaren Gegebenheiten der Realität zu spielen scheint, schafft der »Teufel der Analogie« (Mallarmé) eine Art schwindelerregender Vision, in der das poetische Wort die Initiative übernimmt und den Leser verwirrt zurückläßt.

Liest man heute die fünfzehn Bücher von João Cabral, kann man eine wichtige Tatsache herausstellen: je länger der Autor die Wirklichkeit mit der Sprache der Dichter las, desto mehr erweiterten sich die Bedeutungsräume, auf die sich sein Werk gründet.

In einem Buch über den Dichter habe ich versucht, das Problem ausführlicher zu beleuchten[4]; es gibt so etwas wie Erziehung in seinem ganzen Werk, die sich als einzigartige Nachahmung manifestiert. Während er mit Objekten, Dingen, Situationen, Personen, Landschaften usw. lernte, baute seine Sprache allmählich eine neue Form des Sehens auf, wobei Cabral nie der Versuchung einer einfach didaktischen Aussage erlag. Eine paradoxe, weil poetische Erziehung: frei von Belehrung, lehrt sein Werk viel radikaler, nämlich aus der Wurzel der Dinge heraus, in denen die grundlegende Bedeutung gesucht wird. In diesem Sinne kann man von einer eminent metalinguistischen Dichtung sprechen: nicht eine Dichtung über Dichtung, sondern eine Dichtung, die ihren Gegenständen die Sprache leiht, um damit ein Gedicht aufzubauen. Dabei sollte man nicht an eine leere Formalisierung denken: Gerade wegen seines hohen erzieherischen Gehaltes – wer lehrt, lernt – ist das Werk von João Cabral keinen Augenblick frei von einer nachhaltigen Historizität. Durch das Gedicht die Wirklichkeit lesen bedeutet immer, die Geschichte früherer Lesarten von Dichtung zu erneuern. Daher durchdringen sich Metasprache und Geschichte in seinem Werk und befruchten einander. Die Historizität seiner Dichtung verweist immer auf zwei grundlegende Räume: auf die sozialen und historischen Gegebenheiten und auf die Geschichte jener Sprache, mit der er diese benennt. Seine Dichtung ist insofern historisch, als sie den Sinn ihrer Sprache in wachsendem Maße in Frage stellt.

Erziehung, Nachahmung, Metasprache, Geschichte: dies sind die Begriffe, mit denen ich versuchen möchte, die Dichtung von João Cabral de Melo Neto zu analysieren.

2.

Das erste Buch von João Cabral, *Pedra do Sono* (Stein des Schlafes), umfaßt in der Ausgabe *Sämtliche Gedichte*[5] zwanzig Gedichte, die zwischen 1939 und 1941 entstanden sind. Ihnen voran steht ein Motto aus Mallarmés Gedicht *Salut:* »Solitude, récit, étoile . . .« Hier werden Einflüsse von zwei bedeutenden Dichtern erkennbar, die zu jener Zeit schon einen festen Platz in der brasilianischen Lyrik einnahmen, Carlos Drummond de Andrade und Murilo Mendes. Nicht zu sprechen von den allgemeineren Einflüssen Mallarmés, Valérys und der ständigen Beziehung zu den bildenden Künsten, zum Surrealismus und Konstruktivismus.

In diesem ersten Buch, das zur Zeit des Höhepunktes regionalistischer Romane (Graciliano Ramos, José Lins do Rego, Jorge Amado, Raquel de Queiróz) erschien, ist die Beschäftigung mit Erinnerung und Zeit vorherrschend. Diese Kategorien treten aber gewissermaßen unter einem negativen Blickwinkel in den Gedichten auf.

Ein Beispiel dafür ist das Gedicht »Im Verlust der Erinnerung«, in dem die erwähnte Negativität bereits im Titel deutlich wird:

> Im Verlust der Erinnerung
> lag eine blaue Frau
> die in den Armen versteckte
> diese so kalten Vögel
> die der Mond in tiefer Nacht haucht
> auf die entblößten Schultern des Bildes.
>
> Und aus dem Bild wurden geboren zwei Blumen
> (zwei Augen zwei Brüste zwei Klarinetten)
> die zu bestimmten Stunden des Tages
> wunderbar wuchsen
> damit die Fahrräder meiner Verzweiflung
> über ihr Haar führen.
>
> Und auf den Fahrrädern die Gedichte waren
> kamen meine Freunde an voller Staunen.
> Saßen in scheinbarer Unordnung
> sieh, wie sie regelmäßig ihre Uhren verschlangen
> während der bewaffnete Hierophant zu Pferde
> sinnlos seinen einzigen Arm bewegte.[6]

Zweifellos verweist das Gedicht auf eine Poesie des Traumhaften, in der surrealistische Züge à la Murilo Mendes mit den ersten Büchern von Carlos Drummond de Andrade zu dem verschmelzen[7], was Leo Spitzer als »chaotische Aufzählung«[8] bezeichnet hat. Damit eröffnet das Gedicht den Raum, der notwendig ist, um die »scheinbare Unordnung« durch einen geschärften Sinn für die Konstruktion einzudämmen. Im Unterschied zu Drummond geht es nicht darum, die Erinnerung festzulegen, sondern vielmehr darum, sich von der Erinnerung freizumachen, um den Weg zu einer Poetik der Beweglichkeit und Phantasie zu finden, die sich jedoch ihrer linguistischen Eigenschaft als Erinnerung *im* Gedicht bewußt ist. Lesen wir das Gedicht »Nocturne«:

> Das Meer blies Glocken an
> die Glocken trockneten die Blumen
> die Blumen waren Köpfe von Heiligen.
>
> Meine Erinnerung voller Worte
> meine Gedanken auf der Suche nach Phantasmen
> meine Alpträume verspätet aus vielen Nächten.
>
> Früh morgens meine Gedanken losgelöst
> schwebten wie Telegramme
> und in den Fenstern die ganze Nacht erleuchtet
> mühte sich das Bild der Toten
> verzweifelt zu fliehen.
> (*Poesia Completa*, S. 377.)

Der erste Vers der zweiten Strophe ist einschränkend: es geht nicht nur um eine Erinnerung, sondern um eine »Erinnerung voller Worte«. Darin sucht er *in nuce* auszudrücken, worauf er sich schon im ersten Text des Buches bezogen hatte, in »Gedicht«:

> Seit zwanzig Jahren sage ich das Wort
> nicht, das ich immer von mir erwarte.
> (*Poesia Completa*, S. 375)

So ist dieses erste Buch von João Cabral gerade unter diesem Aspekt, den ich negativ – im Sinne der Komposition, die expliziter in den Picasso und André Masson gewidmeten Texten erscheint – genannt habe, wahrhaft einzigartig, wenn man es im Zusammenhang seines späteren Werkes sieht. Die eindringliche, traumhafte Atmosphäre wird gestützt durch ein nicht minder eindringliches und angespanntes Bemühen um die Konstruktion.

Langsam bereitet der Dichter sich darauf vor, jene angstvolle Frage, die in einem der schönsten Gedichte des Bandes, »Poesie«, enthalten ist, zu beantworten:

Oh, rasende Gärten
Gedanken Worte Ketzerei
unter einem betrachteten Mond;
Gärten meiner Abwesenheit
groß und pflanzlich;

Oh, Gärten eines Himmels
lasterhaft aufgesucht:
wo das größte Geheimnis
der Sonne des Lichts der Gesundheit?

3.

Am Anfang steht also ein Buch, in dem die Reflexion über Dichtung vorherrscht (hier sei nur daran erinnert, daß acht der zwanzig Gedichte sich ausdrücklich auf die Dichtung beziehen). Daher überrascht es nicht, daß sein zweites Buch, *Os Três Mal-Amados* (Die drei Schlechtgeliebten) von 1943, eine dramatische Parodie ist auf ein Gedicht von Drummond, »Quadrille«[9], in dem die Personen sich durch ihre Art zu sprechen definieren. Beispielhaft sind folgende Worte von Raimundo:

Maria war auch ein weißes Blatt, eine Barriere gegen den ungenauen Fluß, der in Regionen irgendwo in uns selbst fließt. Auf diesem Blatt werde ich ein festes Objekt errichten, das ich dann nachahmen werde, das mich dann definieren wird. Ich denke mir wahlweise: ein Gedicht, eine Zeichnung, Spannbeton, – genaue, unveränderbare Gegenwärtigkeiten, meiner Flucht entgegengesetzt.
(*Poesia Completa*, S. 371)

Außer einigen Elementen, die wörtlich im folgenden Werk *O Engenheiro* (Der Ingenieur) wiederaufgenommen werden, sind diese Worte von Raimundo deshalb so wichtig, weil sie im zweiten Abschnitt ein poetisches mit einem ethischen Vorhaben verbinden, was zu einem Leitmotiv in der Dichtung von João Cabral wird. »Auf diesem Blatt werde ich ein festes Objekt errichten, das ich dann nachahmen werde, das mich dann definieren wird.« Zwischen den Dichter und die Dichtung schiebt sich der Bereich einer ihn selbst definierenden Verpflichtung: die Definition seiner selbst wird sein Tun sein, und dieses, aus einer vermeintlichen Festigkeit heraus, soll die Ungenauigkeit (des ersten Textabschnitts) ebenso wie die Flucht (des letzten) meiden. Im Gefolge von Paul Valéry wird Klarheit angestrebt, wie in diesen letzten Worten von Raimundo:

Maria war auch das im voraus errichtete System, das Ziel, wo man ankommt. Sie war die Klarheit, nur sie allein kann uns eine neue, vollständige Weise vermitteln, eine Blume zu sehen, einen Vers zu lesen. *(Poesia Completa,* S. 372.)

Dieses Vorhaben wird deutlicher mit Erscheinen des Bandes O Engenheiro (22 Gedichte), die zwischen 1942 und 1945 geschrieben und 1945 veröffentlicht wurden. Das Buch ist Carlos Drummond de Andrade gewidmet, mit einem Motto von Le Corbusier ». . . machine à émouvoir . . .« Obwohl hier noch Texte enthalten sind, die eine Verbindung zum Traumhaften aus seinen Anfängen knüpfen (ein Beispiel dafür ist das erste Gedicht, »Die Wolken«), ist die *Dominante* des Werkes, um einen Ausdruck von Roman Jakobson zu gebrauchen, in der Tat ein strenger Sinn für Komposition, wie schon der Titel anzeigt. Selbstverständlich gibt es hier »Ausdruck«, aber die Abhängigkeit von der Komposition »dominiert«.

Eben deshalb sind die repräsentativsten Gedichte jene, in denen João Cabral bestimmte Gesten, Landschaften oder Figuren zu erfassen versucht und so einen Leitfaden des Lernens für sein eigenes Werk schafft. Lesen wir z. B. das Gedicht »Die Tänzerin«:

>Die Tänzerin gemacht
>aus Gummi und einem Vogel
>tanzt im vorigen
>Stockwerk des Traums.
>
>Um drei Uhr des Schlafs,
>noch jenseits der Träume,
>in den noch geheimen Kammern
>die der Tod enthüllt.
>
>Zwischen Ungeheuern
>aus Tinte,
>die Tänzerin gemacht
>aus Gummi und einem Vogel.
>
>Aus dem täglichen trägen
>Gummi den ich kaue.

> Aus dem Insekt oder dem Vogel
> den ich nicht zu jagen weiß.[10]

Was an diesem Gedicht zweifellos auffällt, ist die qualitative Verbindung – Gummi und Vogel – für die Tänzerin, ausgehend von dem Verb, das diese Beziehung herstellt: machen. Ohne *gegeben* zu sein, aber *gemacht*, dienen die Tänzerin und ihre Gesten in einem langen, präzisen textlich-choreographischen Ablauf der Definition einer poetischen Geste.

Zwischen Tänzerin und Vogel setzt der Dichter seine Arbeit des Konstruierens, um in einer Negation zu enden, in der das Insekt an die Stelle des Gummis tritt: »Aus dem Insekt oder dem Vogel, den ich nicht zu jagen weiß.«

Bemerkenswert ist immerhin die Wiederaufnahme jener »Ungeheuer« aus der dritten Strophe in einem Gedicht, das bisher vielleicht am besten das Vorhaben des Dichters definiert: »Die Lehre der Dichtung«:

> 1
> Der ganze Morgen verbraucht
> wie eine reglose Sonne
> vor dem weißen Bogen:
> Anfang der Welt, Neumond.
>
> Du konntest nicht einmal
> eine Linie mehr zeichnen:
> kein Name, nicht mal eine Blume
> erblühte im Sommer des Tischs:
>
> Nicht mal am hellichten Mittag,
> jeder Tag erkauft
> mit dem Papier das gleichwohl
> jedwede Welt akzeptiert.
>
> 2
> Die ganze Nacht der Dichter
> an seinem Tisch, bemüht
> vorm Tode zu retten die Ungeheuer
> erzeugt in seinem Tintenfaß.
>
> Ungeheur, Tiere, Gespenster
> aus Wörtern, kreisend,
> urinierend auf dem Papier,
> es mit ihrer Kohle befleckend.

> Kohle des Bleistifts, Kohle
> der fixen Idee, Kohle
> der erloschenen Erregung, Kohle
> verbraucht in den Träumen.
>
> 3
> Die weiße Schlacht auf dem Papier
> die der Dichter vermeidet.
> Weiße Schlacht, in der fließt
> das Blut seiner Salzwasseradern.
>
> Die Mechanik des Schreckens
> wahrgenommen unter Alltagsgesten;
> Schrecken von Dingen nie ruhend
> wiewohl reglos – lebende Leben.
>
> Und die zwanzig Wörter gesammelt
> in den Salzwassern des Dichters
> deren er sich bedient
> in seiner nützlichen Maschine.
>
> Zwanzig Wörter, immer dieselben
> deren Funktionen er kennt,
> die Verdunstung, die Dichte,
> geringer als die der Luft.[11]

In diesem Erlernen des Geringen wie in der letzten Strophe liegt aber eine Gefahr: die des Schweigens. Das wird deutlich an drei langen Texten, die 1947 unter dem Titel *Psicologia da Composição* (Psychologie der Komposition) mit der »Fabel von Amphion« und »Antiode« erschienen. Es sind Texte, die sozusagen an der Schwelle stehen – von ihnen ausgehend entscheidet der Dichter, welchen Weg er drei Jahre später einschlagen wird.

In ihnen drücken sich Negation, Ablehnung und Schweigen als dialektische Bestätigung der Dichtung aus, die als Instrument auf der Suche nach einer noch zu findenden Bedeutung verstanden wird.

Unter dem Epigraph eines Verses von Jorge Guillén, »Strenger Horizont«, haben diese drei Texte ein ausdrückliches Bestreben: Die Ablehnung der Dichtung wird oder kann das Finden einer Poetik sein. Daher läßt sich vielleicht die große Bedeutung dieser Gedichte für das Entstehen der dichterischen

Avantgarde in der Mitte des folgenden Jahrzehnts erklären. Es sind bisweilen stark ironisch geprägte Texte der Ablehnung, die sich gegen die Tradition und das Zeitgenössische in der brasilianischen Lyrik stellen. Sie deuten auf einen Engpaß hin, der nicht nur persönlich bedingt war, sondern für eine ganze Generation bestand. Der Dichter, der vor allem wegen seines Mißtrauens gegenüber dem eigenen poetischen Tun aus dieser Generation herausragte, wirkte geradezu paradigmatisch für die Jüngeren, die dann die Avantgarde bilden sollten.

Jeder Text der *Psychologie der Komposition* – acht nachdenkliche Gedichte über das Verhältnis von Dichter und Dichtung – beleuchtet unter verschiedenen Blickwinkeln die Haltung radikaler Anti-Intimität und Kontrolle:

> Ich trete aus meinem Gedicht
> wie jemand, der sich die Hände wäscht.[12]

oder:

> Dieses weiße Blatt
> verweht mir den Traum,
> treibt mich zum Vers
> dem klaren, notwendigen.[13]

Das ist der vollkommene Sieg des »Ingenieurs« von 1945 über den schlaftrunkenen Dichter von 1942, obwohl auch dort schon, wie wir gesehen haben, der Schlaf nicht ganz so ungestört war, wie das Traumhafte und die Phantasie es vielleicht erfordert hätten. Schon der Stein im Titel des Bandes wies auf das harte Schreiten hin.

Gegensatz von Tag und Nacht:

> Auf diesem Papier
> kann dein Salz
> zu Asche werden,
> kann die Zitrone
> Stein werden,
> die Sonne der Haut
> der Weizen des Leibes
> Asche werden.
>
> (Fürchte darum
> den jungen Morgen
> auf den Blumen
> des Vorabends.)

> Auf diesem Papier
> sterben bald
> die violetten lauen
> sittlichen Blumen,
> alle flüssigen
> Blumen der Eile,
> alle feuchten
> Blumen des Traums.
>
> (Warte daher
> bis der junge Morgen
> kommt und dir offenbart
> die Blumen des Vorabends.[14]

Sieg der Komposition über die Inspiration:

> Nicht die Form gefunden
> wie eine Muschel, verloren
> im schlaffen Sandboden
> wie in Haaren,
> (...)
> sondern die Form erzielt
> wie das Ende des Knäuels,
> das die Aufmerksamkeit
> langsam entrollt[15]

Und schließlich die Entscheidung, den Dichter als Sprecher völlig zurücktreten zu lassen (Mallarmé):

> Die Wüste bebauen
> wie die Kehrseite eines Obstgartens.
> (...)
> wo ein Wort war
> (gezähmte Fohlen oder Stiere)
> bleibt nurmehr die strenge
> Form der Leere.[16]

In diesem Gedicht ging es darum, die offengebliebenen Fragen aus der Parodie auf Valéry in der »Fabel des Amphion« zu beantworten. Darin waren Wüste, Sterilität und Flöte Ausdruck eines und desselben Vorhabens, einer möglichen Auslöschung des Lyrischen:

> Eine Flöte: wie vorhersehen
> ihre Modulationen,
> losgelassenes, verrücktes Pferd?

> Wie ihre Wellen nachzeichnen
> vorschnell, wie es, in der
> Zeit, das Meer tut?
>
> Die Flöte, ich habe sie
> geworfen zu den taubstummen
> Fischen des Meeres.
> (»Amphion und die Flöte«, in: *Poesias Completas*, S. 327.)

Diese Poetik der Radikalisierung, zu der João Cabral am Ende des ersten Jahrzehnts seines Dichtens gelangt, wird jedoch in der »Antiode« besonders deutlich – einem langen Text mit 128 Versen in 32 Vierzeilern, der in fünf Abschnitte (A, B, C, D und E) unterteilt ist. Er trägt den ironischen Untertitel: »(Gegen die sogenannte tiefe Dichtung)«.

Ein sehr einfaches thematisches Schema, denn es geht um die Gültigkeit der Gleichung Dichtung – Blume. Dabei entdeckt João Cabral die Grenzen des Lyrischen:

> Dichtung, ich schrieb dich:
> Blume: wissend,
> daß du Kot bist. Kot
> wie irgendwelcher
> (A)[17]

Er geht nun dazu über, poetische Gewohnheit und Routine freizulegen:

> Wie nicht anrufen
> das Laster der Dichtung: den
> Körper, der erschlafft
> in der Luft von Versen?
> (C)[18]

um ohne Umschweife zur eigentlichen poetischen Benennung zu gelangen:

> Blume ist das Wort
> Blume, Vers eingeschrieben
> im Vers wie der
> Morgen in der Zeit.
> (D)[19]

Nun war der Bereich für eine antilyrische Benennung erobert, die mehr und mehr seine Dichtung bestimmen sollte und ihr in seinen geschichtlichen und persönlichen Erkundungen einen inneren Widerstand entgegensetzte.

Durch die äußerste Reduzierung des Sagens auf das Tun, die fast zum gänzlichen Schweigen führt und sicherlich alles Leichte ablehnt, sollte es möglich werden, umfassende Lernprozesse durchzumachen, die seinem Werk im folgenden Jahrzehnt eine größere Reichweite gaben.

4.

1956 vereint João Cabral sein Gesamtwerk in einem Band unter dem Titel *Duas Aguas* (Zwei Wasser)[20]. Nur ein Text daraus, das Langgedicht *O Cão sem Plumas* (dt. *Der Hund ohne Federn*)[21] von 1950, war schon 1954 in dem Band *Poemas Reunidos* (Gesammelte Gedichte)[22] erschienen.

Die anderen in diesem Jahrzehnt veröffentlichten Bücher, *O Rio* (Der Fluß), *Paisagens com Figuras* (Landschaften mit Figuren), *Morte e Vida Severina* (dt. *Tod und Leben des Severino*)[23] und *Uma Faca só Lâmina* (Ein Messer nur als Klinge) sind insofern beispielhaft, als sie zeigen, auf welche Weise seine Erziehung sich mit/durch die Sprache erweiterte und ihm damit eine größere thematisch-expressive Unbefangenheit gestattete.

Nachdem die Gefahr, zu der ihn das Nachdenken über sein Tun gezwungen hatte, vorüber war, konnte João Cabral jetzt Geschichte und Sprache, Erziehung und Nachahmung artikulieren. Wenn er in *Der Fluß* von 1953 oder *Leben und Tod des Severino* von 1954/55 den dramatischen, jetzt allerdings »regionalisierten« Ton von *Die drei Schlechtgeliebten*, *Landschaften mit Figuren* von 1954-55 und *Ein Messer nur als Klinge* von 1955 wieder aufnimmt, ist dies auch eine neuerliche Betonung der strengen Abhängigkeit von Kunst und Kommunikation, nach Art des »Ingenieurs« bzw. der »Antiode«.

Aber alles hat seinen Anfang, und der Anfang dieser Ausdrucksmöglichkeiten liegt gerade in einem 1950 in Barcelona veröffentlichten Text: *Der Hund ohne Federn*. Dieser 426 Verse lange Text, der in zwei Landschaften unterteilt ist, eine Fabel und eine Rede, legt offen, was von einer durchdachten poetischen Erziehung geblieben ist: eine bestimmte Weise, das

Regionale zu sehen – hier den Capibaribe, der durch die Stadt Recife fließt. Es ist der Versuch, die Landschaften am Flußufer erzählen zu lassen. In dem Gedicht geht es einerseits darum, ob und auf welche Weise der anthropomorphisierte Fluß weiß oder nicht weiß, wo er fließt, und andererseits darum, die Beziehung zwischen dem als »federlos« Definierten, d. h. Schmucklosen, und dem Menschen, der die Ufer dieses Flusses bewohnt, herzustellen.

> Der Fluß
> war wie ein Hund ohne Federn.
> Nichts wußte er vom blauen Regen,
> von der rosafarbenen Quelle,
> vom Wasser im Wasserglas,
> vom Wasser im Krug,
> von den Fischen im Wasser,
> von dem Wind überm Wasser.
> Er wußte von den Krebsen
> aus Kot und Rost.
> Er wußte vom Schlamm
> wie vom Schleim.
> Er wußte wohl von den Tintenfischen.
> Er wußte sicherlich von der fiebrigen Frau,
> die Austern bewohnt.[24]
>
> (Landschaft des Capibaribe I)

Die Symmetrie ist vollkommen: »blauer Regen«, »rosafarbene Quelle«, »Wasser im Krug«, »Fische im Wind«, sie alle finden ihren Gegensatz in den Krebsen, in »Schlamm und Schleim«, in der »fiebrigen Frau«.

Andererseits rechtfertigt dieses negative Wissen den Vergleich mit der anderen Landschaft:

> Wie der Fluß
> sind jene Menschen
> wie Hunde ohne Federn.
> (...)
> Der Fluß wußte
> von den Menschen ohne Federn.
> Wußte
> von ihren zur Schau gestellten Bärten,
> von ihrem beklagenswerten Haar
> aus Krebsen und Werg.
>
> (Landschaft des Capibaribe II)

Wie aber diese Landschaften des Flusses und der Menschen nicht von einem starken Geschichtsbewußtsein isoliert sind, das man nur wahrnehmen kann, wenn man nicht »mit dem Rücken zum Fluß« lebt, so sind das Meer und andere Flüsse Kontrapunkt zum Capibaribe.

> Der Fluß fürchtet das Meer
> wie ein Hund eine gleichwohl
> geöffnete Tür fürchtet,
> wie ein Bettler die scheinbar
> geöffnete Kirche fürchtet.
>
> (Fabel des Capibaribe)

Nach diesen Angaben, Gleichnissen und Gegensätzen ist es nun möglich, die Rede des Flusses als isomorph zu der Realität zu charakterisieren, durch die er fließt: einer Realität der Entbehrung.

> Der Fluß
> ist dicht
> wie das dichteste Wirkliche.
> Dicht
> durch seine dichte Landschaft
> wo der Hunger seine Bataillone
> geheimer und vertrauter Ameisen
> aussendet.
>
> Und dicht
> durch seine dichte Fabel,
> durch das Fließen
> seiner Gallerte aus Erde,
> beim Gebären
> seiner schwarzen Inseln aus Erde.
>
> (Rede des Capibaribe)

Die Bennenung der Realität hängt von der verwendeten Sprache ab; die elende, bettelarme Wirklichkeit verlangt den armen »entfederten« Vers. Er steigert diese Wirklichkeit durch Reduzieren, durch Aussparung, und verliert nichts an Dichte.

Sowohl die »Prosa« des ersten Gedichtes, *Hund ohne Federn*, wie die weihnachtliche, bescheidene und »severinische« Dramatik[25] des zweiten Textes, *Leben und Tod des Severino*, sind Anzeichen eines radikalen Lernprozesses: Die Einbeziehung des Regionalen kann und wird vorgenommen durch die schmale Pforte einer isomorphen Sprache, in der Existenz und poetischer Diskurs nicht auseinanderklaffen. João Cabral hat gelernt, daß die schlimmste Entfremdung entsteht, wenn man einen Zustand des Elends anzuklagen versucht, aber nicht die passenden Worte finden kann und den unangemessenen »Federn« des selbstgenügsamen Schreibens verfällt.

In den achtzehn Gedichte umfassenden *Landschaften mit Figuren* gibt es zahlreiche Beispiele für dieses Vorgehen. Es fällt auf, daß der Dichter Landschaften und Gestalten des Nordostens und Spaniens beschreibt. Von nun an werden die Spannungen zwischen dem Sich-auf-die-Realität-Ausrichten, dem Selbstbezug und dem Lernprozeß eine Konstante in seinem Werk sein: Nachahmung, Metasprache und Erziehung, um die Bezugspunkte dieses Aufsatzes wiederaufzugreifen.

Schon das erste Gedicht, »Touristenplakat der Stadt Recife«, leitet den weniger aufmerksamen Leser fehl: es handelt sich kaum um »Tourismus«, sondern um eine oder mehrere *Lehren* – Ausdrücke wie »könnt ihr gewinnen«, »eine Lehre ziehen«, liefern die Elemente dessen, was in den drei letzten Quartetten gesagt wird:

> Und von diesem armen Fluß,
> der als Schlammblut sich bewegt
> zwischen Sklerose und Zement
> und fast auf der Stelle steht,
>
> und den Leuten, die im Schleim
> des Flusses hocken ihr Lebtag lang
> und an Dauerfäulnis sterben,
> Leben auf Leben am laufenden Band,
>
> könnt ihr lernen: nach wie vor
> ist der Mensch das beste Maß.
> Aber: das Maß des Menschen ist
> nicht der Tod, sondern das Leben.[26]

Wie man sieht, ist das ein »Humanismus« ähnlich dem in *Der Hund ohne Federn*. Es würde schwerfallen, in diesem Buch einen Text herauszusuchen, der nicht als Beispiel hierfür dienen könnte. Man kann sagen, daß in einem Stück wie »Einige Toreros« die obsessive Beziehung Dichtung/Blume jetzt im ungewohnten Kontext der Stierkämpfe wiederkehrt, damit der Dichter in den drei letzten Strophen das herausstreichen kann, was dem ganzen Buch zugrunde liegt:

> ja, ich sah Manuel Rodriguez,
> den so asketischen *Manolete,*
> nicht nur seine Blume kultivieren,
> sondern wie er den Dichtern zeigte:
>
> wie die Explosion zähmen
> mit gelassener, beherrschter Hand,
> ohne daß er die Blume, die er
> versteckt hält, zerfallen läßt,
>
> und wie, sodann, sie behandeln
> mit sicherer Hand, knapp und außergewöhnlich:
> ohne seine Blume zu parfümieren,
> ohne sein Gedicht zu poetisieren.
> (»Landschaften mit Figuren«, in: *Poesias Completas,* S. 258)

Die *Entpoetisierung* erscheint wie ein Instrument, das dem Dichter das Aufgreifen von Themen ermöglicht, die er sozusagen aus den Landschaften und Figuren des Nordostens und Spaniens herausliest. »Medinaceli«, »Bilder aus Kastilien«, »Fabel von Joan Brossa«, »Feld in Tarragona« usw. stellen mit »Der Wind im Zuckerrohrfeld«, »Tal des Capibaribe«, »Pernambukanische Friedhöfe« (mit seinen drei Orten) usw. ein und dieselbe Seite einer Münze dar. Man kann Katalonien mit Pernambuco in Verbindung bringen, vorausgesetzt, daß die Unterschiede klar herausgestellt werden.

> Klar, nicht aus Bildung,
> gemessen, aber nicht aus Wissenschaft
> kommt seine Klarheit vom Hunger
> und die Gemessenheit von der Entbehrung,
> und wenn denn ein Mythos vonnöten wäre,
> um ihn recht darzustellen
> anstatt einer *Wohlbestellten*
> verwende man *Schlechtgedüngten.*
> (»Zwei Landschaften«, in: *Poesias Completas,* S. 268/9)

Ein Zusammenfließen und Auseinandergehen, wie sie die Sprache nur in der Bewegung der Übergänge erfassen kann. Be-greifen: er-greifen.

Aus dieser Bewegung kommt die Schärfe seines Instrumentes, die eindringliche Meditation in *Ein Messer nur als Klinge,* eine Meditation über das Verhältnis von Bild und Realität und daher auch über die Entsprechungen Messer, Kugel, Uhr: Begriffe, die möglich und ersetzbar sind, die auseinandergenommen werden, bis der Kern des Bildes, der am ehesten der nackten Wirklichkeit entspricht, getroffen ist. Das Messer, *nur als Klinge*, ist also auf seine Wesentlichkeit reduziert.

Dennoch weiß der Dichter, trotz seines Bemühens um Eindringlichkeit, daß die Realität dichter ist als das Bild, das sie benennt:

> des Bildes, bei dem ich mich
> am meisten aufgehalten habe, der Klinge,
> denn es ist von all diesen
> sicher das geringste;
> (. . .)
> und schließlich die Präsenz
> der Wirklichkeit, der vollendeten,
> die die Erinnerung hervorrief
> und noch immer hervorruft, noch immer
> der Wirklichkeit ein Ende setzen,
> der vollendeten, und so heftigen
> die jedes Bild beim Versuch
> sie zu erfassen, sprengt.
> (»Ein Messer nur als Klinge«, in: *Poesias Completas*, S. 198/199)

5.

Vier Jahre nach Veröffentlichung von *Duas Aguas* (Zwei Wasser) brachte João Cabral in Lissabon wieder ein neues Buch heraus, *Quaderna,* auf das in Madrid 1961 *Dois Parlamentos* (Zwei Parlamente) folgte. Aus diesem Jahr stammt auch die Veröffentlichung von *Terceira Feira*[27], in dem die beiden vorausgegangenen Titel enthalten sind, und das bis dahin noch unveröffentlichte *Serial* (Seriell).

Schließlich erschien 1966 *A Educação pela Pedra* (Die Erziehung durch den Stein)[28], ein Buch, das die Reihe der in diesem Jahrzehnt veröffentlichten Werke abschließt. Es wäre bei einem Dichter wie João Cabral unvorsichtig zu behaupten, dieses sei der beste Teil seines Werkes, gerade weil sich in jedem der vorangegangenen Werke die Eroberung der poetischen Sprache kohärent und kontinuierlich vollzog. Diese Werke aus den sechziger Jahren dürfen als entscheidend wichtig bezeichnet werden. Hier zeigt der Dichter ein- für allemal die

Beherrschung seiner Sprache. Mehr noch: man muß die Texte in *Terceira Feira* von denen in *Erziehung durch den Stein* unterscheiden. Wo jene drei Bücher zu Beginn des Jahrzehnts die vorangegangenen Erfahrungen wiederaufnehmen, erweitern und auf die vollkommene Beherrschung der poetischen Sprache abzielen, zeugt das Buch aus dem Jahre 1966 von der Meisterschaft, die der Dichter nun erreicht hat. Thematische Besessenheit und technisches Gelingen sind auf bewundernswerte Weise miteinander verschmolzen.

Sagen wir so: von der Sprache der Dichtung (beherrscht von klarer Ausführung) zur Dichtung der Sprache (die sich der klaren, spielerischen Handhabung öffnet). In *Quaderna* (zwanzig Gedichten, die Murilo Mendes gewidmet sind) wird der Ton von dem Gedicht »Mit blankem Mast« bestimmt:

> Man nennt *mit blankem Mast*
> den Gesang ohne Gitarre;
> den *Cante* nicht den *Canto*,
> den *Gesang* ohne jedes Mehr.[29]

Mit der durchgängigen Verwendung des Vierzeilers, der sowohl im Nordosten Brasiliens als auch im iberischen Romancero der Volksdichtung entstammt, sind die Gedichte in der Tat von einer Schärfe, die João Cabral in der letzten Strophe des Gedichtes hervorhebt:

> das Trockene anzunehmen
> doch nicht aus Resignation,
> vielmehr das Trockene zu nutzen,
> weil es heftiger stößt.[30]

Die Gedichte in *Quaderna* scheinen sowohl auf der Ebene der Kommunikation als auch auf der der Kunst die Texte aus *Landschaften mit Figuren* zu erweitern.

Auf der einen Seite haben wir ein beharrliches Verschmelzen von spanischen und nordöstlichen Motiven. Dies geschieht immer in der Absicht, mit karger Sprache von einer Wirklichkeit der Friedhöfe (in diesem Buch gibt es einen in Alagoas, einen in Paraíba, zwei in Pernambuco), der »Termitenlandschaften«, oder von entbehrungsreichen Lebensbedingungen (wie in »Gedicht(e) der Ziege«) zu erlösen. Auf der anderen Seite jedoch treten hier erstmals (in neun von zwanzig Gedichten) in Cabrals Lyrik Liebe und Erotik als Thema in den Vordergrund, so in »Studien für eine andalusische Tänzerin«, »Landschaft durch das Telefon«, »Naturgeschichte« »Die Frau und das Haus«, »Das Wort Seide«, »Fluß und/oder Brunnen«, »Nachahmung des Wassers«, »Frau in Käfig gekleidet« und in dem wunderbaren »Früchtespiele«, mit dem das Buch endet.

Dies ist jedoch keine erotische Liebeslyrik, die sich aus der Tradition der Topoi nährt. Die Thematik tritt vielmehr auf eine für den Dichter charakteristische Art auf, mit einer *Klarheit*, die den Gegenstand mit der Sprache erschafft. Dazu ein Beispiel: »Frau und Haus«:

> Deine Verführung ist weniger
> die einer Frau als eines Hauses:
> denn sie kommt von drinnen
> vom Hintergrund der Fassade.
>
> Selbst wenn es besitzt
> deine gelassene Anmut,
> deinen hellen Verputz,
> dein freies Verandenlächeln,
>
> ist ein Haus niemals
> nur zum Betrachten da;
> besser: nur von innen
> läßt es sich betrachten.
>
> Es verführt, wenn geöffnet,
> durch das was es ist oder sein wird;
> durch das was es innerhalb seiner
> geschlossenen Mauern vermag;
>
> durch das was aus seiner Lehre
> aus seinem Nichts entstand;
> durch die Innenräume und nicht
> durch das was es enthält.
>
> durch die Räume des Innern:
> seine Flächen und seine Winkel
> die sich innen ordnen
> zu Zimmern und zu Gängen,
>
> die dem Mann suggerieren
> behagliche Ruhepätze

> gutverkleidete Wände
> wohnliche Untergeschosse,
>
> die in ihm auslösen
> die gleiche Wirkung wie du:
> ein Verlangen das Innere
> zu besuchen, zu erkunden.[31]

So liegt die Kraft dieser Liebeslyrik nicht nur in dem Gesagten, sondern auch im Spiel mit den syntaktischen Ausdrucksmöglichkeiten. Dadurch werden Übergänge und Unterbrechungen zwischen dem Innen und dem Außen geschaffen – Begriffe, mit denen João Cabral das Netz seiner erotischen Aussage spinnt.

Die letzte Strophe ist aufschlußreich: hier ist die Spannung zwischen den architektonischen Elementen (innen/außen) das Vehikel für den weniger aus Liebe als aus sexuellem Begehren motivierten Wunsch nach Penetration.

Unter dem Zeichen des »Gesanges mit blankem Mast« ist das ganze Buch von dieser Art: die in ihm enthaltene Gesellschaftskritik (wie in den verschiedenen »Friedhöfen« oder in »Termitenlandschaften«) drückt sich, mehr als die Ironie, in dem trockenen, harten Sarkasmus, der Dürre des *Canto*, aus. Dieses Vorgehen wird zum Teil in *Seriell* wiederaufgenommen, nachdem zuvor *Zwei Parlamente* vernichtende Gesellschaftskritik enthielt.

Im letzten Buch *Terceira Feira*, herrscht Wille zur Anti-Musikalität seiner Lyrik. Durchgängig bestimmt wird *Zwei Parlamente* durch das Auseinandernehmen der Visionen »von oben«, wie das schon in dem Gedicht »Oben in Trapuá« in *Landschaften mit Figuren* der Fall war – Visionen von der Realität des Nordostens, sei sie nun »Der Rhythmus: Senator; Aussprache: südlich« wie im ersten Teil, dem »Kongreß im Dürrevieleck«, sei es der »Rhythmus: Abgeordneter; Aussprache: nordöstlich«, wie im zweiten Teil, dem »Fest im Herrenhaus«. In beiden Fällen ist die Aussprache beeinflußt von der Machtposition des Betreffenden.

Wieder ist die Kritik der Wirklichkeit abhängig von der Kritik der Sprache, die ihr als Vermittlung dient (oder dienen könnte).

Durch das ironische Vorgehen, mit dem der Dichter die herrschende Klasse schildert, findet er zu einer Konkretisierung von Situationen, die durch eine unangemessene Sprache leicht abstrakt gerieten.

Umgekehrt konkretisiert der Dichter gerade durch intensives Abstrahieren in den sechzehn Texten von *Seriell* die verschiedensten Situationen, vor allem durch den Gebrauch der *Serie*, der Reihung, die die Wiederaufnahme von Motiven erlaubt, die der Leser umdreht und daher gezwungenermaßen wiederliest.

Schon eine oberflächliche Lektüre des Buches zeigt, daß viele Gedichte auf Abstraktion zielen. Spanien und der Nordosten erscheinen nicht nur in der Widmung (an den Romancier José Lins do Rego) oder in einigen Titeln, sondern als konkrete Situationen, in denen die Dichtung an den Gegenständen der Erinnerung lernt.

So lehnt die Abstraktion in diesem Buch die Obsessionen des Dichters nicht ab, liefert aber auch keinen Ausweg ins Allgemeine angesichts der Unmöglichkeit, das Besondere zu erfassen. Durch poetische *Serien*, Strophengruppen, die das Objekt unter verschiedenen Gesichtspunkten herausheben, wird die Konkretisierung größer, denn sie ist abhängig von der radikalen Hervorhebung durch die Sprache[32].

Zwischen *Terceira Feira* und *Erziehung durch den Stein*, dem letzten Buch der sechziger Jahre, liegen fünf Jahre. Wir haben ein Werk strengster Konstruktion vor uns, das Produkt eines erfahrenen, gereiften »Ingenieurs«. Es ist Manuel Bandeira gewidmet und enthält (in der Ausgabe von 1966) achtundvierzig Gedichte in vier Gruppen zu je zwölf, die jedoch ohne diese Trennung 1968 in den *Poesias Completas* erschienen.

Schon bei einer ersten Lektüre lassen sich zwei eng miteinander verflochtene Elemente als grundlegend für eine Definition des Werkes erkennen.

Auf der einen Seite ist es die Erkundung der Realität mittels einer Art Ultra-Nominalismus, in dem die Wörter von ihrem eigenen Stellenwert innerhalb des Gedichts her neu definiert werden und damit eine der ersten *Lehren* ergeben, die man aus dem Stein ziehen kann:

> der Stein gibt dem Satz sein lebendigstes Korn,
> verhindert die fließende, flüssige Lektüre,

stachelt die Aufmerksamkeit an, lockt sie mit dem Wagnis.
(»Bohnen pflücken«, in: *Poesias Completas*, S. 22)

Andererseits ist dieser Prozeß der Re-Definition nicht beschränkt auf das Innere des einen oder anderen Textes, sondern erweitert sich auf die Wiederaufnahme einer und derselbem Komposition durch ein Wechselspiel mit seinen Teilen.

Diesem ist ein drittes Element hinzuzufügen, das mir das Werk am deutlichsten zu definieren scheint und alle genannten Begriffe anspricht: Erziehung, Nachahmung, Metasprache, Geschichte. Ich meine die Art, wie der Dichter aus jedem Text kraft der Konstruktion einen Weg findet, die Wirklichkeit zu lesen – die eigene und die der Sprache. Eine Dichtung der Sprache, in der die Klarheit zu einem Punkt derartiger Sättigung geführt wird, daß das spielerische Element bestehenbleiben kann, ohne daß die Kontrolle über die Komposition verlorenginge.

Gerade aus diesem Grund ist das Titelgedicht »Erziehung durch den Stein« aufschlußreich: hier wird einerseits das Bemühen um einen Lernprozeß deutlich und andererseits eine Weise, die dem Dichter als Maßstab für sein eigenes Tun gilt:

> Eine Erziehung durch den Stein: durch Lehren;
> um vom Stein zu lernen, mit ihm zu verkehren,
> seine unpathetische, unpersönliche Stimme einzufangen
> (mit der Ausdrucksweise beginnt er den Unterricht).
> Die Lehre der Moral, seine kalte Widerstandskraft
> gegen das Fließende und das Fließen, das Geformtwerden,
> die der Poetik, seine konkrete Fleischigkeit,
> die der Ökonomie, sein kompaktes Sich-Verdichten:
> Lehren des Steins (von außen nach innen,
> stumme Fibel) für den, der sie buchstabieren will.
> Eine zweite Erziehung durch den Stein: im Sertão
> (von innen nach außen, und vordidaktisch).
> Im Sertão versteht der Stein nicht zu unterrichten,
> und unterrichtete er, er würde nichts lehren;
> dort lernt man nicht den Stein: dort beherbergt
> der Stein, ein Stein von Geburt, die Seele.[33]

Lehren: Ausdrucksweise, Moral, Poetik, Ökonomie. Aber wer lernt und wozu? Zunächst der Dichter, ohne daß eine

Verallgemeinerung, wie es im letzten Vers heißt, unmöglich gemacht würde. Dann aber scheint sich diese Erziehung auf das Tun des Dichters zu richten: Hier findet eine Hervorhebung statt, wobei das Erfassen des Objekts durch das schreibende Subjekt geschieht und es zu einer Verinnerlichung führt, die sich in der zweiten Strophe herauskristallisiert. Die Wirklichkeit, größer als das Bild, lehrt jedoch nicht: statt zu lehren, ist das, *was sie sagt*, ihre eigentliche verinnerlichte Anwesenheit. Der Sertão lernt nicht mit dem Stein: er *ist* Stein, im Gegensatz zum Dichter, der ihn mittels der Sprache zu erfassen und zu begreifen versucht. Und was er schließlich begreift, ist nichts anderes als eine bestimmte Beziehung zur Wirklichkeit, wehrlos gegenüber dem Leichten, dem, was sich der Kontrolle der Gedicht-»Maschine« entzieht.

Ohne die Ausrichtung auf die Wirklichkeit je zu verlassen, zeigt dieses Buch auf bemerkenswerte Weise, wie sich João Cabral die geheimsten Mechanismen seiner Sprache zueigen gemacht hat. Damit wird eine Poesie über die Poesie möglich, ohne ins Oberflächliche auszurutschen. Seine Metasprache ist von einer seltenen Art: sie bezeichnet die Grenzen einer Poetik, die, ohne das Schwierige zurückzuweisen, das Antilyrische als Horizont einer komplexen Syntax der Wirklichkeit errichtet. So wird die Geschichte innerhalb des Raumes, der ihr zukommt, neu artikuliert: im Gedicht.

Nachdem João Cabral durch den Stein unterwiesen worden war, legte er in den beiden folgenden Büchern *Múseu de Tudo* (Museum für alles) und *A Escola das Facas* (Schule der Messer) Momente einer Erziehung frei, in der sich »Dichtung und Wahrheit« nicht mehr voneinander unterscheiden.

6.

Diese beiden letzten Bücher von João Cabral, *Museum für alles* und *Schule der Messer,* zeigen den Übergang, nicht aber die Verschiebung vom Klaren zum Spielerischen.

Offensichtlich (und der Dichter weist den Leser gleich im ersten Buch darauf hin) ist die Dichtung nicht mehr ein Gegenstand, den man mit sich wiederholenden, sich aufdrängenden Variationen konstruiert.

A priori wird jedes Urteil ausgeschlossen, das man über den poetischen Wert dieser Texte fällen möchte, wenn man argumentiert, *Museum für alles* entziehe sich dem Kompositionsprinzip, das bis zu *Erziehung durch den Stein* existiert habe. Noch einmal: Übergang, nicht Verschiebung des Klaren zum Spielerischen.

Es genügt, das Titelgedicht des Buches von 1975 zu lesen:

> *Museum für alles*
> Dieses Museum für alles ist Museum,
> wie jedes andere aufgebaut;
> als Museum kann es sein
> Mülltonne oder auch Archiv.
> So wird es nicht zum Rückgrat,
> das jedes Buch stützen muß:
> es ist Depot für das, was vorhanden,
> entstanden ohne Wagen und Wagnis.

Den letzten Vers kann man offensichtlich nur dann ganz begreifen, wenn man Cabrals bis dahin veröffentlichtes Werk miteinbezieht.

Mit »Museum« betont João Cabral einen Aspekt seiner Poetik: Seine »Erziehung« wurde sorgfältig abgeschlossen. Nun, nachdem die Lehren der Wirklichkeit erlernt sind und der strenge Plan aufgelockert ist, kann man durch die Texte wandern, wie man an den Gegenständen in einem Museum vorübergeht. Und eben gerade daher ist einer der anfänglich genannten Begriffe immer noch wesentlich: der Lernprozeß, dem sich der Dichter (und damit auch der Leser) durch sein eigenes Lernen mit der poetischen Sprache unterzieht.

Museum für alles besteht aus achtzig Texten. Ist das Beharren auf der Vier vielleicht Zufall? Das gleiche gilt für die *Schule der Messer*: vierundvierzig Gedichte, wenn man das Brief-Gedicht »Was man dem Verleger über Gedichte sagt« ausnimmt, da das Buch eigentlich mit dem Gedicht »Kind von der Zuckermühle« beginnt. Es scheint mir kein Zufall zu sein, eher ein Übergang: Auch wenn der Vierzeiler keine notwendige Forderung mehr für alle Gedichte ist (obwohl er in den meisten beibehalten wird), so beherrscht er doch das Ganze und verweist damit auf die größere Freiheit der Objekte.

In diesem Buch sind Texte vereint, die zwischen 1966 und 1974 geschrieben wurden (fünf stammen aus früheren Jahren:

1946, 1947, 1952 und 1962). Wir haben es hier mit einer Arbeitsweise zu tun, die »museologisch« vorgeht und gleichzeitig von Komposition und Rekomposition vorangegangener Bücher fasziniert ist.

Die Wirkung rührt von der vorsichtigen und schwierigen Annäherung an Bezüge her, die durch die eigentümliche Syntax von João Cabral verwandelt werden. In diesem Sinne sind Thematisierungen häufig, nichts entgeht dem, der aus der Sprache der Dichtung den Weg macht, auf dem er zur Dichtung der Sprache gelangt.

In diesem Buch kann der Leser einen Weg finden, die Poetik von João Cabral besser zu verstehen. In jedem Gedicht wird die Dichtung auf eine bestimmte Weise vergegenwärtigt: Städte (in Brasilien oder Europa), bildende Künstler, Seinsformen, Funktion von Dichtern und Dichtung usw. Alles ist jetzt möglich, wird von der Dichtung verwandelt, ein Bild von der Welt entsteht: das Bild eines Dichters, der aus dem Schreiben einen Akt der Vergegenwärtigung des Wesentlichen macht. Mit Ironie, Humor, Freude oder Verzweiflung streift der Hauch jener »Weihe des Augenblicks«, die Octavio Paz als Grundlage poetischen Tuns bezeichnet, durch dieses Buch. Bestes Beispiel ist vielleicht der folgende Text:

> Was immer man tut, ist sinnlos.
> Nichts zu tun ist sinnlos.
> Aber zwischen Tun und Nicht-Tun
> ist das Sinnlose des Tuns besser.
> Aber nein: tun um zu vergessen,
> daß es sinnlos ist: es niemals vergessen.
> Aber das Sinnlose tun in dem Wissen,
> daß es sinnlos ist, und wohl wissend,
> daß es sinnlos ist und daß sein Sinn
> nicht einmal erahnt werden wird,
> tun: weil es einfacher ist, als
> nichts zu tun, und schwerlich
> wird man sagen können
> mit mehr Verachtung, oder eben
> direkter sagen dem Leser Niemand,
> daß das Getane getan war für niemand.
> (»O artista inconfessável«, in: *Poesias Completas*)

Das spielerische Element und die Art seiner Aufnahme durch den Dichter werden damit deutlich: die »Sinnlosigkeit« des

Tuns wird unter dem Kriterium der Schwierigkeit wahrgenommen.

Zwischen dem Leichten und dem Schwierigen drängt sich die »Sinnlosigkeit« der Dichtung als Alternative auf, wenn sie vom Bewußtsein kontrolliert wird. Daher ist es möglich, den Fächer der Dichtung zu öffnen: die dargestellten Gegenstände werden nur »sinnlos« sein für den, der die Distanz zwischen dem »leichten« Schweigen und dem »schwierigen« Ausdruck kennt. Den Schlußpunkt setzt der Leser: ein verschwommenes Bild, mit dem sich der Kreis der Kommunikation schließt. Gerade oder weil er »Niemand« genannt wird, ist der Leser eine Möglichkeit im System der poetischen Kommunikation. Ohne den Leser hätte die Prävalenz des Tuns keinen Sinn: das Tun schließt die Möglichkeit des Wieder-Tuns ein, das so »sinnlos« ist wie ersteres. Ein Ausweg aus diesem Engpaß ist das klare, bewußte Schaffen eines Raumes, in dem die Schwierigkeit siegt.

Dieses Buch von João Cabral vervollständigt seine Person als Dichter: Er ist nicht nur der strenge Verfertiger von Versen, sondern auch der Schriftsteller, der die durch sein eigenes Tun festgelegten Werte in Frage stellt, indem er Wege noch einmal geht, seine Sicht der Wirklichkeit vervielfacht und immer wiederkehrende Themen in neuen Varianten entfaltet.

Beispiel dafür ist das Gedicht »An Quevedo«. Schon vorher zog sich das Spiel als wesentliches Element des poetischen Tuns durch sein Werk. Jetzt wird es in seiner Eigenschaft als Kunstfertigkeit, als ergänzende Seite der Dichtung, bestätigt:

> Heute, wo die Fertigkeit nicht mehr am Platz ist,
> wo die Dichtung sich mehr als Kunst verstehen möchte
> und eine Spur von Fertigkeit
> als Teil in sich verweigert,
> zeigt uns dein Gebälk
> es ist möglich, das Unvermutete
> abzuschaffen, den Zufall und die Chance,
> mehr noch: das Tun ist Fertigkeit.

An jedem Text dieses Buches kann man sehen, daß die Vielfalt der Motive und das scheinbare Auseinandernehmen auf eine fest umrissene Gesamtkonfiguration deuten. Das »alles« im Titel kann nur in dem Maße »vom Museum« sein, wie Fertigkeit und Kunst angemessen geäußert wurden und dabei die möglichen Dimensionen einer Sensibilität, die von der Dichtung »erzogen« wurde, durchscheinen.

Die Zeit der Dichtung öffnet sich für die Erinnerung: ihre Kanten, ihre Spalten, Messer, durch launisches Tun erobert, Gegenwärtigkeit einer »Erziehung«, Schritt für Schritt *mit blankem Mast*. Bewegung in Richtung auf das letzte Buch: *Die Schule der Messer.*

Wer den Wert des Lernprozesses im Werk von João Cabral kennt, für den sind die vierundvierzig Gedichte dieses Bandes ein Bogen, der zwischen Erziehung und Instrument gespannt wird (die Schule besteht aus Messern, weil man dort die Elimination von allem, was überflüssig ist, lernt): Summe und Gipfel des von João Cabral zurückgelegten Weges.

Indem er zu den Formen seines Anfangs (sowohl geographisch als auch psychologisch) zurückkehrt, reartikuliert der sechzigjährige Dichter jenen Bereich, der ihn ständig bedrängt hat. Cabral hat diesen Band in einem Brief an seinen Verleger »Bauchnabel-Buch« genannt, da es das »Rückgrat« besitze, das zuvor gefehlt habe. Die autobiographische Linie, die es charakterisiert, stellt das Kompositionsmodell.

Pernambuco, Zuckermühlen, Zuckerrohr, Wind, Meer, Kokospalmen, Literatur, Flüsse, Messer, Küstenebene, Sertão, Herrenhäuser, Sklavenhütten, Regenfälle, Recife, Olinda, Strände, Früchte, Maler, Dichter, Familie, Helden, Gezeiten – Begriffe, die der Dichter im Verlauf von vierzig Jahren zusammengestellt hat. Mehr noch: während diese Konstellation auf dem Gipfel der Erinnerung steht, lehnt sie das Harte, Rauhe und Scharfe der erreichten Klarheit nicht ab. Das Zuckerrohr, die Zuckerrohrmachete, das Schneiden des Zuckerrohrs, werden auf Schritt und Tritt angedeutet, geschärfte Klinge, die in die Gefälligkeit der fettgewordenen Erinnerung eindringt. Vom ersten Augenblick an wird diese Beziehung ungehindert dargestellt:

> Das geschnittene Zuckerrohr ist eine Machete.
> In scharfem Winkel geschnitten,
> gewinnt es die scharfe Kante der Machete,
> die messerscharf schneidet, gegenseitige Hingabe,
>
> Junge, die Kante eines Zuckerrohrs
> schnitt mich, daß ich fast erblindete,

> um eine Narbe, die ich nicht bewahre,
> konnte sich in meinem Innern halten.
>
> Die Narbe, die habe ich nicht mehr,
> das Eingeflößte, das habe ich noch,
> nie habe ich erfahren, ob das Eingeflößte
> (damals) Virus oder Impfstoff ist.
> (»Menino do Engenho« [Junge von der Zuckermühle])

Vom ersten Augenblick ihrer Beziehung an, fast könnte man sagen, ihrer Liebesbeziehung, gehen Zuckerrohr und Machete ineinander über: über die Verinnerlichung der Wunde bis zum Bewußtsein dessen, was fortdauert, obwohl nicht genau bestimmbar ist, ob sein Wert übertragbar ist (Virus) oder abwehrend (Impfstoff). Jedenfalls ist »gegenseitige Hingabe« mittels der Sprache der Dichtung möglich geworden: eine konstante Umkehrbarkeit zwischen Objekt (Zuckerrohr, Machete) und Erfahrung (Narbe, Erinnerung). Was übrig bleibt, ist Thema für eine Autobiographie, die, da sie die eines Dichters ist, in den Mechanismen der Gleichung Erfahrung und Sprache ihren Rückhalt hat.

So finden wir manchmal eine Anekdote (»Horaz«), in der das Ersetzen von Begriffen (Vogel, betrunken, Vogelfutter, Zuckerrohrschnaps) Raum schafft für Humor und Lachen. Daher finden wir auch Erotik, die schon in *Quaderna* vorkam, schärfer wiederaufgenommen im expliziten Gebrauch der Beziehung Frucht/Frau (in »Die Früchte von Pernambuco«).

> sie ist so fleischig, dick, ihr Körper
> Körper für den Körper, der Koitus,
> lieber im Bett als auf dem Tisch
> hätte man sie gern.

In dem wunderbaren Gedicht »Fort Orange, Itamaracá« wird die mehr sexuelle als sinnliche Beziehung in der Annäherung von Eisen an Moos errichtet, von der Zeit beherrscht, die die Penetration in »gegenseitiger Hingabe« ermöglicht:

> Und eines Tages die Kanonen aus Eisen
> ihre vergebliche Härte, harte Finger
> werden der Zeit erliegen
> ihrem Lauf und Verlauf:
> sie wird, mit ihrem Tropfen,
> unaufhaltsam und stumm bewirken

daß sie sich umarmen, ineinander dringen
sich besitzen, Eisen und Moos.

Vielleicht eignen sich diese Verse als Metapher für das, was in der Lektüre dieser beiden letzten Bücher aufgezeigt werden sollte: für den Übergang vom Klaren zum Spielerischen. Die Klarheit geht nie verloren, wird bloß in die strenge Architektur Cabrals einbezogen: Aufmerksamkeit, Spannung, Härte[34]; Lauf, Verlauf: die Zeit hat den Begriffen seiner Poetik den Übergang vom einen zum anderen ermöglicht.

Aus dem Brasilianischen von Ray-Güde Mertin

Anmerkungen

1 *Poesías Completas (1940-1965)*, Ed. Sabiá, Rio de Janeiro 1968.
2 *Museo de Tudo (1966-1974)*, José Olympio Ed., Rio de Janeiro 1975.
3 *A Escola das Facas (1975-1980)*, José Olympio Ed., Rio de Janeiro 1980.
4 Vgl. *A Imitação da Forma. Uma leitura de João Cabral*, Livraria Duas Cidades, São Paulo 1975.
5 Die erste Ausgabe von João Cabral selber, 1942 in Pernambuco publiziert, mit Illustrationen von Vicente do Rego Monteiro, enthält 29 Gedichte.
6 A. d. Ü.: Alle deutschen Fassungen sind Interlinearversionen, falls nicht anders vermerkt.
7 Vgl. *Alguma Poesía* (1930) und *Brejo das Almas* (1934).
8 Vgl. *Enumerative Style and its Significance in Whitman, Rilke, Werfel*, in: Modern Language Quarterly, June 1942, S. 171-204.
9 Gemeint ist der Text *Einige Dichtung*:
    João liebte Teresa die Raimundo liebte
    der Maria liebte die Joaquim liebte der Lili liebte
    die niemanden liebte.
    João ging in die Vereinigten Staaten, Teresa ins Kloster, Raimundo starb durch einen Unfall, Maria wurde alte Jungfer, Joaquim nahm sich das Leben und Lili heiratete J. Pinto Fernandes, der nicht Teil der Geschichte gewesen war.
10 In: João Cabral de Melo Neto, *Ausgewählte Gedichte*, übersetzt von Curt Meyer-Clason, Frankfurt/M. 1969 (edition suhrkamp 295), S. 8.

11 Ebd., S. 12-14.
12 Ebd., S. 15.
13 Ebd., S. 16.
14 Ebd., S. 17.
15 Ebd., S. 20.
16 Ebd., S. 22.
17 Ebd., S. 23.
18 Ebd., S. 25.
19 Ebd., S. 27.
20 *Duas Aguas. (Poemas Reunidos),* José Olympio Ed., Rio de Janeiro 1956.
21 João Cabral de Melo Neto, *Der Hund ohne Federn,* übersetzt von Willy Keller, hg. von Max Bense, Stuttgart 1969 (reihe rot); und von Curt Meyer-Clason, Düsseldorf 1970 (Claassen *poetica*).
22 *Poemas Reunidos,* Ed. Orfeu, Rio de Janeiro 1954.
23 João Cabral de Melo Neto, *Tod und Leben des Severino,* übersetzt von Curt Meyer-Clason, Peter Hammer Verlag, Wuppertal 1975.
24 *Der Hund ohne Federn,* Claassen, S. 22/23 und S. 26/27.
25 Severino ist ein sehr verbreiteter Name im Nordosten. Der Autor verwendet ihn, um damit die Lebensumstände der Menschen jener Gegend zu umreißen.
26 *Ausgewählte Gedichte,* S. 43/44.
27 *Terceira Feira (Poesia),* Editora do Autor, Rio de Janeiro 1961. (Titel ebenso wie *Quaderna* nicht adäquat übersetzbar.)
28 *A Educação pela Pedra,* Editora do Autor, Rio de Janeiro 1966.
29 *Ausgewählte Gedichte,* S. 61.
30 Ebd., S. 67.
31 Ebd., S. 59/60.
32 Beispiel dafür ist das Gedicht »Das Zuckerrohr der anderen«, besonders die ersten acht Strophen.
33 *Ausgewählte Gedichte,* S. 115.
34 A. d. Ü.: Port. *atenção, tensão, tesão.*

Clélia Pisa
Der Kosmos von Osman Lins

Osman Lins ist in Pernambuco geboren. Dieses unendlich arme Land im Nordosten Brasiliens öffnet sich auf das Meer und trägt Spuren alter kultureller Traditionen, die aus Europa eingeführt wurden. Die Portugiesen haben die meisten von ihnen herübergebracht. Aber man darf darüber die Präsenz des Holländers nicht vergessen, der diesen Teil des Landes ungefähr dreißig Jahre lang besetzt hielt. Der Bewohner Pernambucos ist ein Mensch, der stolz ist auf eine Vergangenheit, die ihre Eigenständigkeit bewahrt und sich nicht mit der der übrigen Brasilianer vermischt hat. Die Sprache der Pernambukaner zeichnet sich durch einen speziellen Tonfall, durch besondere Musikalität aus.

Lange Zeit hindurch war die Hafenstadt Recife das Tor, das es dem Land erlaubte, Nachrichten aus aller Welt zu empfangen. Dieses Tor schuf Verbindungen zur anderen Seite des Ozeans, die wichtiger waren als die mehr zufälligen Beziehungen, die zu dem weiter südlich gelegenen Teil Brasiliens bestanden. Trotz der anarchistischen Revolten, die Recife im Verlauf seiner Geschichte kannte, ist das Gewicht der Traditionen – sowohl der guten als auch der weniger guten – hier größer als anderswo.

In diesem Land also, das sich arm weiß, sich nur langsam verändert und seine Vergangenheit liebt, wurde Osman Lins 1924 geboren. Pernambuco prägt ihn, viele seiner Texte sprechen von diesem geographischen Raum. Sein Vater war ein einfacher Schneider, seine Mutter, die ein paar Tage nach seiner Geburt starb, hat er nicht gekannt, nicht einmal von einem Foto, da es keins gab. Als er dreißig Jahre alt war, sagte man ihm, daß eine Verwandte ein Foto von seiner Mutter besäße. Er unternahm eine lange Reise, um in den Besitz dieses Bildes zu kommen. Aber er kam zu spät, es war bereits verlorengegangen. Bis zu seinem vierzigsten Lebensjahr lebte Osman Lins in Recife. Er arbeitete als Angestellter in einer Bank und veröffentlichte seine frühen schriftstellerischen Arbeiten in diversen Zeitungen. 1955 erschien sein erster Roman *O Visitante* (Der Besucher), der zwei Preise erhielt.

1957 folgte dann ein Novellenband *Os Gestos* (Gesten), der ebenfalls ausgezeichnet wurde. Er beendet noch einen dritten Roman *O Fiel e a Pedra* (Der Gläubige und der Stein) – der später zum Forschungsgegenstand vieler Literaturstudenten wurde –, bevor ein Bruch in seinem Leben geschah: ein Bruch sowohl in geographischer als auch in literarischer Hinsicht. Er betraf vor allem seine Persönlichkeit und zeitigte tiefe Folgen.

Der zweite Abschnitt seines Lebens begann mit einer langen Reise nach Europa: Er besuchte zahllose Museen, lernte Städte kennen, deren Steine von einer langen Vergangenheit erzählten. Wieder zurückgekehrt wählte er eine Stadt im Südosten Brasiliens zum neuen Wohnsitz: eine vibrierende, harte und bedrohliche Millionenstadt, die jeden Morgen vergessen läßt, was sich am Vorabend ereignet hat. Hier in São Paulo, das in vieler Hinsicht das genaue Gegenteil von Recife ist, starb er 1978.

Mit dem Wechsel des Wohnsitzes ging eine Veränderung in seinem Werk einher, die ebenfalls beträchtlich war. Das erste Beispiel dafür sind die Erzählungen aus *Nove, Novena* (dt. *Verlorenes und Gefundenes*), die 1966 erschienen. Die erzählerische Konstruktion ist jetzt für den Schriftsteller explizit und unmittelbar ein Hauptanliegen. Gewiß, die Architektonik seiner vorhergehenden Romane war keineswegs ein Produkt des Zufalls. Aber künftig entwickelt sich eine theoretische Arbeit, die in die literarische Schöpfung eingeht und einer der Hauptfäden ihrer Gewebestruktur wird. *Avalovara* (dt. *Avalovara*), das 1973 erscheint, bestätigt den Weg, der mit *Verlorenes und Gefundenes* eingeschlagen worden ist, und in *A Rainha dos Cárceres de Grécia*, (dt. *Die Königin der Gefängnisse Griechenlands*), das 1976 veröffentlicht wurde, findet sich derselbe Gestaltungswille.

Ohne Zweifel ist *Die Königin der Gefängnisse Griechenlands* das Werk, das es am ehesten erlaubt, diesen Gestaltungswillen zu erfassen. Der Grund ist einfach: sein Hauptthema scheint rundweg die Literatur zu sein, gestaltet natürlich von Osman Lins, der Labyrinthe liebt oder Konstruktionen, die an jene russischen Puppen erinnern, die man ineinanderstecken und von denen man nicht sagen kann, welche das eigentliche Wesen der Puppe verkörpert.

 Man muß sich *Die Königin der Gefängnisse Griechenlands* ein wenig näher anschauen, um zu sehen, was Osman Lins beabsichtigte. Das Buch gibt sich als Tagebuch aus, geschrieben von einem etwa fünfzigjährigen Mann, von Beruf Professor für Naturgeschichte und überdies ein großer Literaturliebhaber. Dieses Tagebuch ist ein Kommentar, der den noch nicht veröffentlichten Roman einer Frau begleitet, die der Professor geliebt hat und die kurz zuvor gestorben ist. Ihr Roman wiederum erzählt die Geschichte der Marie de France, eines armen Mädchens aus Recife, das sich mit einer endlosen Reihe von schlecht bezahlten Jobs am Leben erhält. Marie de France hört Stimmen, hat Visionen und wenn sie spricht, gibt sie eine Art von Wahrsagungen in einer Sprache von sich, die vor Metaphern birst. Außerdem leidet sie an Anfällen von Wahnsinn. In diesen Augenblicken wird ihre Sprache sehr konventionell, erstarrt fast zu Formeln der Verwaltungssprache. Aufgrund ihrer Anfälle sperrt man sie zweimal in eine Anstalt. Zu krank, um weiter arbeiten zu können, bittet sie um eine Rente. Sie sucht verschiedene Abteilungen der Sozialversicherung auf, die sich daran machen, umfangreiche Akten anzulegen. Überall bedeutet man ihr, daß noch ein Dokument oder eine Unterschrift fehle. Auf ihren Behördengängen trifft sie einen jungen Mann, der ihr helfen möchte. Die beiden verlieben sich und der junge Mann beschließt, sie zu heiraten. Marie de France gelingt es auch diesmal nicht, Boden unter die Füße zu bekommen; noch bevor ihre Akte abgeschlossen ist, stirbt der Verlobte.

 Auf diese Weise faßt der Professor bei seiner ersten Annäherung den Roman für uns zusammen. Dann jedoch erschließt er nach und nach im Text viele andere Bedeutungen, die über die erste Lektüre hinausführen. Zum Beispiel bemerkt er, daß die Namen, die die Romanschriftstellerin für ihre Personen wählt, immer gleichzeitig auf andere Personen hinweisen. So ist zum Beispiel der Name »Marie de France« trotz seines durchaus brasilianischen Klanges nicht nur der eines armen Mädchens aus dem Nordosten, sondern zugleich der Name der ersten französischen Dichterin, die am Hof von England lebte. Der Professor präsentiert uns diese Entdeckungen nach und nach, genauso wie er sein Tagebuch kontinuierlich weiterschreibt. Diese Entdeckungen machen deutlich, daß verschiedene und mehrfache Lektüre des Textes möglich und notwendig ist. Der Kommentar des Professors unterstreicht beständig, daß der Reichtum eines Buches in seiner Mehrdeutigkeit liegt, die hier von der Romanschriftstellerin gewollt ist, die ihr aber ebensogut entgehen und sich ohne ihr Wissen vervielfältigen kann.

Die Visionen der Marie de France, die zunächst als Produkt des ein wenig geistig verstörten und armen Mädchens erscheinen, das keinen anderen Ausweg fand, um sein Elend erträglich zu machen, sind eine Anhäufung alter Wissensschätze, in denen sich, wie er uns beweist, Chiromantie, Astrologie und Alchimie vermischen. Auch die Stadt Recife der Romanschriftstellerin stellt eine topographische Querverbindung dar. Dieser neue Raum erlaubt es ihr, den Spuren der Vergangenheit zu folgen. So kann sie dort den entscheidenden Augenblick einer alten Geschichte darstellen: Die Portugiesen bereiten in Erwartung der Holländer die Verteidigung der Stadt vor.

Zu einem bestimmten Zeitpunkt legt der kommentierende Professor Wert darauf, uns seine Traumvorstellung mitzuteilen – die auch die der Romanschriftstellerin ist und letzten Endes auf Osman Lins selbst zurückgeht –, nämlich die Möglichkeit eines voll entfalteten Werkes, das mehrschichtig konzipiert ist und seine eigene Analyse enthält. Da es nicht möglich ist, ein solches Buch zu schreiben – abgesehen vom vorliegenden Fall, in dem der Autor einen Kommentator vorschiebt, der seinerseits eine Romanschriftstellerin einführt –, muß man nach Wegen suchen, um diesem Ideal nahe zu kommen, denn schließlich ist der Roman »eine verbale Konstruktion, ein Bündel von Anspielungen, ein Laboratorium voller Instrumente, ein Feld von Beweisen und von Materialien, die bald neu, bald veraltet sind«.

Wenn das so ist, wenn die Erzählung sich jedesmal selbst erfinden muß, wenn man, wie Osman Lins in *Die Königin der Gefängnisse Griechenlands* versichert, der Mehrdeutigkeit das Recht lassen muß, sich zu entfalten, da der Roman »eine Welt innerhalb der Welt ist, mit einer ständigen gegenseitigen Durchdringung zwischen den beiden«, dann ist es auch notwendig, im Chaos der Möglichkeiten eine Wahl zu treffen. Der Schriftsteller muß ja aus dem Ungeordneten dessen, was noch nicht benannt ist, eine Ordnung gewinnen, die einer neuen verbalen Konstruktion zugrunde liegen soll. Dafür gibt es zahlreiche Möglichkeiten. Einige dieser Möglichkeiten hat Osman Lins in den Werken seines zweiten Lebensabschnitts erprobt. Bereits die Erzählungen aus *Verlorenes und Gefundenes* gestatten uns, seine Intentionen zu begreifen. So ist einer dieser Texte, *Altartafel für die heilige Joana Carolina*, in zwölf Bilder unterteilt. Jedes Bild (oder Kapitel) beginnt mit einem kurzen Prolog. Diese Vorworte sind eine Art neutrale Stimme. Tatsächlich sind sie mit dem späteren Gang der Ereignisse nicht direkt verbunden. In Form von Betrachtungen über die Natur, Beschreibungen von Ortschaften, Aufzählung von Feldarbeiten bereiten sie den Leser auf die folgende Handlung vor. Verschiedenartige typographische Zeichen (Punkt in einem Viereck, Kreuz in einem Kreis) weisen darauf hin, daß mehrere Erzähler einander folgen. Sie bleiben autonom, obwohl sie durch die Frauengestalt Joana Carolina miteinander verbunden sind.

Wir wollen ein wenig bei dieser Gestalt verweilen. Es ist eine außergewöhnliche Figur. Eine Frau, die »sich nicht in ihren Schmerz steigert, sondern ihn in sich birgt wie ein Geheimnis«. Sie lebt in einer Welt der Armut: »Von allem bekam man nur die Hälfte. Eine halbe Orange, ein halbes Stück Brot, eine halbe Banane, ein halbes Glas Milch, ein halbes Ei, einen Schuh nur für einen Fuß, der andere Schuh wurde verwahrt. Beide Schuhe zogen wir einzig dann an, wenn sie uns zur Stadt mitnahm.«

Jeder Autor erfaßt ein größeres oder kleineres Teilstück aus dem Leben der Joana Carolina. Aber die aufeinanderfolgenden Erzähler, die getrennt und selbständig bleiben, können auch ihre eigene Geschichte erzählen. Es gibt also genügend Raum für Vielgestaltigkeit und Mehrdeutigkeit. Gerade für die Anwesenheit der Erzähler braucht der Schriftsteller keine Begründung zu geben, wie dies in einer mehr klassischen Erzählung notwendig gewesen wäre. Gleichzeitig wird die Gefahr der Zersplitterung insofern vermieden, als es für alle ein gemeinsames Band gibt: in irgendeiner Weise ist jeder von ihnen Joana Carolina einmal nahegekommen.

Das *Fünfeck um Lilli,* eine weitere Erzählung, folgt einem ähnlichen Muster. Auch hier sind die Erzähler selbständig, auch hier hat jeder seine eigenen Probleme, auch hier wird jeder durch typographische Zeichen kenntlich gemacht. Aber ihre Beiträge erfolgen nicht mehr an einem Stück, sondern werden unterbrochen. Der erste Erzähler macht dem zweiten Platz, dieser einem dritten, dann kehrt der erste zurück, ein vierter löst ihn ab – und so weiter. Einer der Erzähler ist ein Mann, der versucht, unter Schichten von Asche seine Vergangenheit wiederzufinden, dann folgt ein junges Mädchen, das die ersten sinnlichen Erregungen verspürt, an dritter Stelle finden wir eine alte Frau, die sich mit einer frühen Liebe auseinandersetzt.

Diese parallelen Geschichten bilden eine Einheit, weil sie in derselben Stadt spielen, vor allem aber wegen der Faszination, die die wunderbare Elephantenkuh namens Hahn, die mit dem Zirkus in der kleinen Stadt gastiert, auf alle ausübt. Am Ende der Erzählung wird in eindrucksvoller Weise die Frage nach dem Problem des Schreibens angesprochen, und zwar nicht im Sinne einer Modalität, sondern im Sinne eines essentiellen Bedürfnisses. Das geschieht im Rahmen der Ansprache, die einer der Erzähler an sich selbst richtet – jener, dem es nicht gelingt, mit seiner Vergangenheit fertig zu werden:

Schreibe, gleichgültig wie und was. Mache aus der Vergangenheit, die zur Zeit dein Herr ist, dich ganz mit Beschlag belegt und deine Kräfte lähmt, aus einem Besitz, den du dir mit deinem Herzblut erworben hast, einen Diener, statt dich von ihr beherrschen und aussaugen zu lassen. Bilde aus allen Erinnerungen, die du nicht verwirfst, ein Lager, aus dessen Beständen du deine Wahl triffst; vielleicht wird sie auf deine eigenen Toten fallen, auf Elefanten, die du nie wiedersehen wirst; gib alles weiter an die Lebenden und beseele dadurch aufs neue, was die Zeit verschlungen hat.

Hier haben wir ohne Zweifel eine der wesentlichsten Antworten auf das Warum aller schriftstellerischen Tätigkeit, die uns auf überzeugende Weise die tiefste und letzte Begründung liefert: der Schriftsteller stellt, wie jeder Künstler, der alles verschlingenden Zeit seine Herausforderung entgegen und hofft sie wenigstens teilweise durch die Dauerhaftigkeit seines Textes zu besiegen.

Avalovara, ein Roman, der ebenfalls der zweiten Schaffensperiode Osman Lins' angehört, ist ein außerordentlich anspruchsvolles Werk. Am Anfang des Buches finden wir eine Zeichnung, die eine Spirale darstellt. Jede Spirale ist eine Kurve, die um einen festen Punkt kreist, von dem sie sich immer weiter entfernt. Es gibt also einen Ausgangspunkt, aber niemand sagt uns, wo sich der Endpunkt befindet. Ist die Spirale nicht das Sinnbild von etwas, das kein Ende hat? Dann würde die Zeichnung bedeuten, daß ein Text, nachdem das erste Wort einmal geschrieben ist, nie mehr enden könnte. Aber in unserem Falle legt sich ein Viereck über die Zeichnung der Spirale, so daß diese eingerahmt ist. Das Unbegrenzte hat eine Grenze gefunden. Der Künstler muß also dem Ausufern seines Textes entgegenwirken, indem er Ordnung in das ursprüngliche Chaos des noch Unbenannten bringt.

Anläßlich des Erscheinens seines Romans in Brasilien hat man Osman Lins häufig nach der Bedeutung, oder vielmehr den Bedeutungen, von *Avalovara* gefragt. Er hat geantwortet, daß er selbst einen tiefen Widerspruch in dem Werk finde, nämlich den zwischen der Suche nach einer Erkenntnis und der Gewißheit des Gegenteils, daß alles immer rätselhaft bleibt. *Avalovara* ist ein Liebesroman, zumindest was eine seiner Seiten betrifft. Die Sehnsucht nach dem anderen, die das Fleisch in sich trägt, verzaubert den Menschen in einem Maße, daß er sie zum Symbol einer kosmischen Deutung macht. Die Vereinigung des Fleisches ist eine der Wurzeln der Erkenntnis, sie ermöglicht es uns, eine Interpretation des Universums zu formulieren. Osman Lins zitiert einen alten hinduistischen Text, in dem geschrieben steht, daß es ohne den Körper weder Vollkommenheit noch Glück gebe.

Die andere Seite des Romans befaßt sich nach Aussage seines Autors mit der Erzählkunst und mit jenem so wichtigen Aspekt der Sprache: ihrer Mehrdeutigkeit. Aber wenn das Buch auch die Beunruhigung seiner Zeit bezüglich der Kunst in sich aufgenommen hat, so geht es ihm niemals darum, irgendeine theoretische Demonstration vorzuführen. Osman Lins erinnert auch an die Bedeutung der Mythen und hebt einen wichtigen Unterschied hervor: der Europäer macht den Mythos zum Gegenstand einer Untersuchung, während der Brasilianer oder generell der Lateinamerikaner mit dem Mythos auf eine viel archaischere Weise verbunden ist. Der Mythos findet durch das Unterbewußtsein des Autors den Weg in sein Werk.

Osman Lins war ein Mensch, der sich für alles interessierte. Im Museum konnte er ein Gemälde betrachten, das normalerweise wenig Aufmerksamkeit fand und das, nachdem es einmal aus seiner Anonymität herausgehoben war, auf besondere Weise zu leben anfing und mehr über eine Epoche aussagte als lange Abhandlungen. In Bibliotheken stöberte er oft Bücher auf, denen der offizielle Wissenschaftsbetrieb keine Beachtung schenkte und die ganz unorthodoxe Kenntnisse erschlossen.

Fasziniert vom Ablauf der Zeit studierte er die Arbeitsweise von verschiedenen Chronometern, seien es nun Wasser-, Sand- oder andere Uhren. Er beschäftigte sich auch mit der Funktionsweise mechanischer Werke, die ihm zum Sinnbild einer geordneten Welt wurden. Mit den Augen eines aufgeklärten Geistes las er die Schriften von Chiromanten und Astrologen. Wenngleich er seine Zukunft nicht aus den Sternen erfahren wollte, versuchte er doch, die Ursachen eines solchen Bedürfnisses beim Menschen zu ergründen. Auch liebte er die besondere Art und Weise, in der einige dieser Bücher ihre Themen angehen, denn er interessierte sich für alles, was ein wenig am Rande des Gewöhnlichen und Üblichen liegt.

Nichtsdestoweniger war er ein Mensch, der die Augen für alles weit offenhielt, was in Brasilien und in der Welt geschah. Was er sah, gefiel ihm nicht, und er sprach es unerschrocken aus. Wenn der Starke den Schwachen unterdrückte, brachte er diesen Mißstand vor die Öffentlichkeit. Er kannte das Elend des brasilianischen Nordostens aus eigener Anschauung und konnte es nie vergessen. Die Helden seiner Bücher sind Menschen, denen es an allem mangelt. Er hat auch nicht geschwiegen, als das Militär in Brasilien die Macht ergriff und Wort und Schrift strenger Zensur unterwarfen. Osman Lins war ein engagierter Mensch.

Lins hat auch ausführlich über die Stellung des Schriftstellers geschrieben, die in Brasilien überaus problematisch ist. Der Schriftsteller kämpft an beiden Fronten seiner Tätigkeit mit zahlreichen Schwierigkeiten. Bücher sind teuer, und ihre Verteilung an den Endverbraucher ist unzureichend; das Land besitzt nur wenige Buchhandlungen und öffentliche Bibliotheken. Die Verleger schließen leoninische Verträge zu ihren Gunsten, die meistens noch nicht einmal korrekt eingehalten werden. Es ist unmöglich, unter diesen Umständen von der Schriftstellerei zu leben. Die Ausnahmen von dieser Regel kann man an den Fingern einer Hand abzählen. Osman Lins hat diese Zustände analysiert und mehrere Reformen vorgeschlagen.

Wenn sich sein dichterisches Schaffen, wie wir gesehen haben, in zwei Epochen unterteilen läßt – die Bücher, die schon ins Deutsche übersetzt sind, gehören der zweiten an – darf man darüber die Romane der ersten Epoche nicht vergessen, für die *O Fiel e a Pedra* ein herausragendes Beispiel ist. Hier stellt er sein heimatliches Pernambuco dar, mit seiner kargen Landschaft und seinen unerwartet üppig bewachsenen Grünzonen. Der Held Bernardo möchte ein aufrechtes Leben führen und wird deshalb Landwirt. Sein Leben auf dem Hof wird von unheimlichen Vorzeichen überschattet, der Tod geht um, es wird ein Verbrechen begangen, immer wieder keimen Verdächtigungen auf: eine Atmosphäre der Erwartung und der Schicksalhaftigkeit kennzeichnet das Werk. Der Leser hat den Eindruck, daß sich etwas ereignen wird und verspürt immer wieder die Angst des Schwebezustands. Sobald ein Rätsel gelöst ist, beginnt eine neue Wartezeit, so als ob es einerseits ein Geheimnis bezüglich der Ereignisse gäbe – wenn ein Mord verübt worden ist, wer ist der Täter? –, aber andererseits auch noch ein anderes, schwereres, tiefergreifendes.

1977, kurz vor seinem Tod, ist ein Buch erschienen, das eine Frage als Titel trägt: *La Paz Existe?* (Gibt es La Paz?) Dieses kleine Meisterwerk schrieb er gemeinsam mit der Schriftstellerin Julieta Godoy Ladeira, seiner Lebensgefährtin »der zweiten Epoche«.

Die Verfasser schildern ihre Reise von Peru nach Bolivien. Wenn der Titel nach der Existenz der Hauptstadt Boliviens fragt, dann hat das ganz konkrete Gründe, die sich auf die Reisebedingungen beziehen. Nach dem Besuch der imposanten Ruinen von Cuzco wollen sie die Anden überqueren, um nach La Paz zu kommen. Von jetzt an geht alles daneben. Die vorgesehenen Reisebusse stehen nicht an den Haltestellen, Taxis sind unerreichbar. Sie müssen in Dörfern haltmachen, die auf der Karte nicht verzeichnet sind, Straßen befahren, die hinter ihnen von wolkenbruchartigen Regengüssen weggespült werden. Immer wieder treffen sie auf Indianer, die sich hinter einer Mauer des Schweigens verschanzen. Kurze Bemerkungen über einen Dorfmarkt oder über einen Blickkontakt an einer Straßenkreuzung gehen dem Leser zu Herzen und schildern, deutlicher als eine lange Abhandlung, die trostlose Wahrheit einer ewigen, entsetzlichen Armut. Aber Osman Lins vergißt nicht, daß auch er aus einem armen Land stammt. Er spricht es aus, zieht Vergleiche, stellt sich Fragen. Während er die beunruhigendsten Probleme aufwirft, schildert er uns die verfallenen Mauern eines Dorfes, die übereinander getragenen Röcke einer India, den erloschenen Blick eines Indios, die pechschwarzen Zöpfe eines jungen Mädchens.

Osman Lins ist, was seine Texte betrifft, ein Schriftsteller der Moderne. Niemand hat in Brasilien besser strukturierte Antworten auf die Fragen gegeben, die hinsichtlich der Bedeutung des schriftstellerischen Schaffens in unserer Zeit gestellt werden. Dennoch hat sich Osman Lins nicht in den Elfenbeinturm der Theorie eingeschlossen, weil er wußte, daß die Kunst noch eine weitere Dimension besitzt.

In seinem Land haben jene, die nicht das Recht auf freie Meinungsäußerung genießen, in ihm ihren Fürsprecher gefunden. Er lieh den Ärmsten seine Stimme und wurde so zum engagierten Schriftsteller.

Wenn das eine das andere auch nicht ausschließt, so ist ein solches Zusammentreffen doch selten genug und soll deshalb gebührend betont werden. Osman Lins ist einer der ganz großen brasilianischen Schriftsteller: auch aus diesem Grunde.

Aus dem Französischen von Volker von Auw

Alfredo Bosi

Situation und Formen der zeitgenössischen brasilianischen Kurzgeschichte

Die Kurzgeschichte erfüllt auf ihre Weise die Bestimmung der gegenwärtigen Literatur. Zwischen die Anforderungen der realistischen Erzählweise, die Bedürfnisse der Fantasie und die Verführung des Spiels mit dem Wort gestellt, hat die Kurzgeschichte Formen von überraschender Vielfalt angenommen. Einmal ist sie volkstümliches Quasi-Dokument, einmal Quasi-Chronik des Lebens in der Großstadt, einmal Quasi-Drama des bürgerlichen Alltags, einmal Quasi-Gedicht des entfesselten Imaginären und einmal, letztendlich, brillantes und preziöses Schreib- und Sprachfest.

Dieser formbare Charakter hat schon mehr als einen Literaturtheoretiker verwirrt, der darauf aus war, die Form der Kurzgeschichte in einen festen Gattungsrahmen zu pressen. Vergleicht man die Kurzgeschichte mit der Novelle und dem Roman, so kondensiert und potenziert die kurze Form des Erzählens in Wirklichkeit sämtliche Möglichkeiten der Literatur in sich. Mehr noch, diese Kürze zwingt den Schriftsteller zu einem intensiveren Kampf mit den Techniken der poetischen Erfindung, der Komposition und der sprachlichen Gestaltung: Von da her werden bei der Kurzgeschichte schnell die Grenzen zwischen Epischem und Lyrischem, zwischen Epischem und Dramatischem überschritten.

In ihrer Vielgestaltigkeit gelingt es der Kurzgeschichte nicht nur, die Gesamtthematik des Romans abzudecken, sondern sie bringt auch die Gestaltungsprinzipien des modernen Schreibens auf der Suche nach dem artifiziell aufgebauten Text und dem Zusammenspiel von Erzähllagen, Gattungen und Inhalten ins Spiel.

1. Die Kurzgeschichte: Situationen

Ein kurzer Blick auf diese Anthologie[1] genügt, um einige der Wege zu erkennen, die unsere modernen Erzähler zurückgelegt haben, nachdem die lauten Stimmen des Modernismo oder seines Umfeldes verstummt waren: Mário de Andrade, Antônio de Alcântara Machado, Aníbal Machado, João Alphonsus.

Was die Erfindung der Themen betrifft, so hat die Kurzgeschichte stets die Rolle des bevorzugten Ortes gespielt, wo man exemplarische Situationen, die von dem modernen Menschen gelebt werden, ausspricht.

Ich wiederhole das Schlüsselwort: Situationen. Wenn der Roman eine Verflechtung von Begebenheiten ist, so tendiert die Kurzgeschichte dazu, sich in der intensiven Beleuchtung einer realen oder imaginären Situation zu erfüllen, in der Merkmale von Personen und Handlungen und eine Sprache, die sie verbindet, konvergieren.

Es ist auch wahrscheinlich, daß der »einzigartige Effekt«, den Edgar Allan Poe von jeder guten Kurzgeschichte fordert, nicht so sehr in der Einfachheit der Handlung oder in der geringen Zahl der Ereignisse und Figuren, die zufällig darin vorkommen, liegt; das Gefühl der Harmonie hängt letztlich von einer inneren Bewegung der Inhalte ab, die einen Teil zum anderen fügt, und von einem einzigartigen Rhythmus und Ton, die nur durch wiederholtes Lesen (wenn möglich mit lauter Stimme) gefunden werden können.

Poe schreibt, daß ein geschickter Schriftsteller, der eine Kurzgeschichte konstruiert hat, klug ist, wenn er nicht seine Gedanken zurechtstutzt, damit sie zu seinen Begebenheiten passen, sondern, nachdem er sich mit größter Sorgfalt einen bestimmten einzigartigen Effekt zurechtgelegt hat, solche Begebenheiten erfindet und sie mit solchen Einfällen kombiniert, daß sie ihm am besten dazu verhelfen, jenen vorher ausgedachten Effekt zu erzielen. Wenn sein allererster Satz nicht bereits auf den Endeffekt hin angelegt ist, ist er schon beim ersten Schritt gestrauchelt. In der gesamten Komposition darf kein einziges Wort stehen, das nicht, direkt oder indirekt, auf den einen vorgefaßten Entwurf abgestimmt ist (Graham's Magazine, Mai 1842).

Beim Erzähler spielt sich der Schöpfungsvorgang ab im Bereich der Invention (invenire – finden, erfinden), einer Situation, die mittels eines oder mehrerer Erzählstandpunkte Raum und Zeit, Figuren und Handlungen bindet. Von daher ist die Themenwahl des Erzählers nicht so unbestimmt und naiv, wie manchmal angenommen wird. In ihrer geschichtlichen Entwicklung negiert die Literatur (indem sie ihn bewahrt) den Bereich der Erfahrung, der ihr vorausliegt. Aus dem doppelten Vorgang, die Dinge zu transzendieren und neu darzustellen, entsteht das Thema. Das Thema ist also bereits eine Eingrenzung des Stoffes und als solche veredelt es ihn und schneidet Teile aus ihm heraus, damit er in einer neuen Form entstehen kann. Jede Determination ist, wie es uns die alte Logik lehrt, eine Art, die Dinge zu bezeichnen: sie so abzugrenzen, daß auf die erste Zeichenebene nur der Aspekt oder nur die Aspekte treten, die zu behandeln es sich lohnt. *Omnis determinatio negatio est.*

In diesem Prozeß der Suche und Schöpfung stehen sich der Erzähler und der Fluß der Erfahrung gegenüber: Dieser wird zur Erzählsubstanz, jener zur »umgewälzten Materie«, von der Riobaldo im *Grande Sertão*[2] spricht. Das zu Erzählende entsteht Satz für Satz durch die Vorgehensweise der Literatur: diese forscht in dem möglichen, beweglichen und offenen Universum des Seins nach jenen Situationen, die bezeichnet und in Thema und Stil bewältigt werden sollen.

Es besteht oftmals eine verzweifelte Beziehung zwischen der gewählten Form der Erzählung und dem zu Erzählenden. Und in Wirklichkeit kann eine unter ästhetischen Gesichtspunkten gültige Erzählung nur entstehen, wenn dieses schöpferische Moment lebendig und leidenschaftlich ist. Diesseits der Spannung gelangt die Kurzgeschichte nicht hinaus über die Chronik; sie ist dann voller Konventionen, ein Beispiel mittelmäßiger oder mißglückter Unterhaltung, mehr oder weniger billiger Gemeinplatz. Oder aber aufgewärmter Manierismus.

Wenn die innere Schwelle zu dem Thema überschritten ist, ist es erforderlich, daß man sich in der Schreibweise auskennt, der die Materie unterworfen werden soll: ob dokumentarischer Realismus, ob kritischer Realismus, ob Intimismus auf der Ebene des Ich (erinnernd), ob Intimismus auf der Ebene des Id (träumerisch, visionär, fatastisch), ob Experimentalismus auf der linguistischen Ebene und, in diesem Fall, zentrifugal und auf den ersten Blick athematisch.

Auf jeden Fall wird die Erfindung, insofern sie ästetische Handlung ist, die äußerlichen Oppositionen, die den Stoff kennzeichnen, bereits hinter sich gelassen haben (urban/ländlich; regional/universal; psychologisch/sozial . .). Die Vorliebe für einige Motive und die Verachtung anderer machen die Kunst nicht aus: Sie ergeben sich aus einer falschen ideologischen Frontstellung. Und wieviel Bitterkeit könnte erspart bleiben, wenn dieser Punkt ganz klar wäre: Für oder gegen das Regionale sein, für oder gegen das Universale sein, ist als literarische Wertschätzung sinnlos: Im Grunde ist es eine verräterische Projektion von Gruppenideologien.

Aber im Verständnis des Textes kann die inadäquate Einstellung korrigiert werden, wenn der Leser in der Lage ist, im Erzählstandpunkt den Kern des kreativen Moments zu entdecken. Gegenüber der Geschichte, endloser Fluß, der alles und alle in seinem Strömen mit sich reißt, fischt der Erzähler nach den einzigartigen Momenten voller Gehalt. Erfinden, von neuem finden: entdecken, was die anderen nicht mit so viel Klarheit sehen konnten, nicht mit so viel Kraft fühlen konnten. Auf die Literatur angewandt: Der Erzähler erkundet im fiktionalen Diskurs einen intensiven und klaren Augenblick der Wahrnehmung. Diese, verschärft durch den Dämon des Sehens, hört nicht damit auf, erzählbare Situationen in der scheinbar amorphen Masse des Realen zu suchen. Und was hat sie in Brasilien gefunden?

Historische Situationen, gesehen in ihrer extremen Eigentümlichkeit, die zum Beispiel auf dem Lande in der nackten Tatsache der Ausbeutung des Menschen durch den Menschen liegen (*A Enxada* [Die Hacke] von Bernardo Elis). Dieselbe Gewalt findet sich in den familiären Beziehungen der Mittelklasse in einer Provinzhauptstadt wieder: Von dem prosaischen Äußeren eines Curitiba[3] ausgehend, thematisieren die Erzählungen von Dalton Trevisan das Leiden des ehelichen Lebens, die Erniedrigung des Mannes auf der Straße, die Obsessionen desintegrierter Sexualität.

Die Wahrnehmung kann die Verwundungen verschiedenen Grades erkennen, die die Klassengesellschaft unaufhörlich in das moralische Gewebe des zeitgenössischen Anti-Helden schlägt; Läsionen, die vom ›Sub-Leben‹ der kleinen Randexistenz in den stechenden Geschichten von João Antônio abspielen, gehen bis zum ›Sub-Leben‹ der hochgestellten Randexistenzen in Rio de Janeiro, Boxunternehmer, Manager im Urlaub, Agenten der Edelprostitution: die Welt von »Lúcia Mc Cartney« von Rubem Fonseca.

Die Konsumgesellschaft, die sich im kleinen wiederfindet in der Anhäufung von Objekten und zwanghaften Gewohnheiten, ist auch Thema der kurzen substantivischen Texte in *Circuito Fechado* (Geschlossener Kreis) von Ricardo Ramos; und in der fieberhaften Prosa des erwähnten Rubem Fonseca zeichnet sich die Vision der Roboterstadt ab, in der die andersartigen Wesen mit methodischer Perfektion liquidiert werden (*O Exterminador* [Der Würgengel]).

Das gleiche Spannungsverhältnis in bezug auf die Gegenwart führt zur Durchleuchtung des Ganzen durch die Darstellung seiner harten und undankbaren Aspekte: Die Erzählung *Pausa* von Moacyr Scliar in *O Carnaval dos Animais* (Karneval der Tiere) schildert den Höhepunkt eines Schicksals während einiger erlebter oder geträumter Stunden im Alptraum einer lauwarmen und bis zum Ekel eintönigen Stadt wie Porto Alegre.[4]

Aber es gibt auch das dramatische Verhältnis zur Vergangenheit, dem Reich von Besitz und Verlust. Die Koexistenz von Bewußtsein und Erinnerung hat einen Intimismus neuer, zum Teil gewagter und herausfordernder Situationen produziert. Das Bild dessen, das bereits war und nicht wiederkehrt, zurückzuerobern, darin besteht die gelungene Anstrengung der glühenden Prosa von Lygia Fagundes Telles (*Cerejas* [Kirschen], *Estrutura da Bolha de Sabão* [dt. *Die Struktur der Seifenblase*]), sowie die scharfsinnige Kunst von Autran Dourado *(Solidão Solitude* [Einsamkeit, Solitüde] und die zusammenfaßbaren Episoden von *O Risco do Bordado* [Der Riß der Stickerei]) und das gewundene Spiel von Osman Lins (*Nove Novena*[6] [dt. *Verlorenes und Gefundenes]*). Alle sind sie Erfinder und Restaurateure der individuellen oder kollektiven Vergangenheit. »Der Hauptakzent«, sagt Autran über sein Buch, »ist die Erinnerung.«[7] »Hinzu kommt, daß der Schriftsteller über die Vergangenheit schreibt. Über die Gegenwart schreibt der Journalist.«[8]

Aber die besten brasilianischen Kurzgeschichten haben immer wieder versucht, auch die metaphysische und, in gewissem Sinne, atemporale Dimension der lebenswichtigen Realitäten zu erreichen: Guimarães Rosa war ein Meister im Übergang von der groben Tatsache zur durchlebten Situation, von der Beschreibung zur Epiphanie, vom flachen Erzählen zur Konstellation von Bildern und Symbolen; aber all das tat er, indem er sich in die Mentalität des »sertanejo« hineinversetzte und in den magischen und dämonischen Beziehungen, die der rustikalen brasilianischen Religion innewohnen, herumwühlte.

Die dichterische Erfindung von Guimarães Rosa birgt in sich tiefe Analogien zu dem animistischen »Materialismus« des »vaqueiro« (Viehtreiber) und des »jagunço«. Seine Perspektive, der er poetisch treu zu bleiben versucht, scheint darin zu bestehen, eine primitive oder archaische Sichtweise der Dinge in eine literarische Form zu übertragen.

Aber das Beispiel Guimarães Rosa konnte sich nicht als einziges Modell durchsetzen. Seine außerordentliche Originalität war das Ergebnis einer seltenen, vielleicht unwiederholbaren Verbindung: der Dialog zwischen einer raffinierten linguistischen und literarischen Kultur und den subtilsten Ausdrücken der Psyche und der reichen Mythologie des »sertanejo«.

Das Bedürfnis, die Begegnung zwischen Literatur und »sertão« herzustellen, hat eine lange Geschichte: Es waren die Romantiker, Alencar, Bernardo Guimarães, Taunay, Varela und andere, die sich zum ersten Mal von dem ländlichen Leben faszinieren ließen, das den Gewohnheiten der bürgerlichen Gesellschaft, die sich während des XIX. Jahrhunderts in Brasilien entwickelte, noch widersprach. Aber seit Beginn unseres Regionalismus trat die Ungleichheit zwischen kulturellem Projekt und ästhetischer Realisierung hervor. Nur selten hob der Kontakt die Kluft zwischen den beiden Sprachen auf: die herrschende, die des gebildeten Erzählers, und die beherrschte, die sich auf passive, pittoreske, pseudofolkloristische Materie reduzierte. Das Ergebnis war, die rustikale Welt als Vorwand zu benutzen, um ihr Anderssein darzustellen: rauh, ungehobelt, barbarisch, impulsiv. Von da bis zur Schaffung eines typischen und konventionellen Stils war bloß ein kurzer Schritt. Die Naturalisten taten ihn mit großer Schnelligkeit.

Die Entfernung, die bereits zwischen dem Erzähler und seinem Thema bestand, vergrößerte sich auf bemerkenswerte Weise, als sich die Evolutionstheorie trennend zwischen beide schob. Einmal unterdrückt, blieb von dem schönen romantischen Einfühlungsvermögen in das ländlich-rauhe Leben nur eine »objektive« Haltung übrig, die das Rustikale und das Archaische als rückständig und dekadent zu erklären versuchte. Folklore und Pathologie verbinden sich in der Prosa eines Coelho Netto, eines Inglês e Sousa, manchmal bei Lobato und Alcides Maya und in vielerlei Subliteratur über den »sertanejo«, die zwischen Naturalismus und Modernismo geschrieben wurde. Es handelt sich dabei um stumpfsinnige, glanzlose und melodramatische Chroniken voller Gestalten, die einen anormalen, grotesken und makabren Geschmack haben.

Wenigstens zwei Erzähler können sich aus dieser ideologischen und tonalen Verfälschung der rustikalen Welt retten: Valdomiro Silveira, der sich in *Caboclos* (Mischlinge) von der naturalistischen Konvention abwandte und, indem er sich nahe der reinen folkloristischen Aufzeichnung bewegte, die offene Lücke zwischen ländlicher Materie und einem gepflegten Stil klassischer Prägung so gut wie möglich schloß; und Simões Lopes Neto (unser größter Regionalist vor Guimarães Rosa), dessen Erzählungen eine metaphorische Wiedererschaffung des Gaucho-Lebens darstellen. Die vorurteilsfreie Zuwendung zu dem ursprünglichen Leben auf dem Lande erlaubte Valdomiro und Simões Lopes, ein Gleichgewicht herzustellen zwischen dem Dokumentationscharakter und einer Erzählform, die es vermochte, lyrische, pathetische und seltener auch satirische Zustände zu suggerieren.

Was den Modernismo in São Paulo im Jahre 1922 betrifft, so lag der Schwerpunkt seiner Interessen nicht auf der Erschaffung einer regionalistischen Dichtung; seine ästhetische Beziehung zu dem heimatlichen Raum artikulierte sich in Richtung auf globale Mythologien, genannt *Pau-Brasil* (Brasilholz), *Retrato do Brasil* (Portrait Brasiliens), *Macunaíma*[9] (dt. *Macunaima*), *Antropofagia* und *Martím Cererê*. Der Höhepunkt des Primitivismus als künstlerische Achse, um die sich die brasilianische Kultur drehte, war erreicht.

Erst nach 1930 zeichnet sich ein neuer Regionalcharakter ab.

Jetzt ist es aber weniger das archaische und mythologisierbare Leben, das die Erzähler der Provinz anspricht, als vielmehr die materielle Krise, in der er steckt, und die daraus resultierende Depression, die sich von der Stadt aufs Land erstreckt, während beide immer mehr vom vorrückenden Kapitalismus der ersten Nachkriegszeit eingenommen werden.

Der Regionalismus des Nordostens ist im allgemeinen klar und kritisch, auch wenn er sich in Erinnerungen, in Nostalgien verstrickt (im Falle von *Menino de Engenho* [dt. *Santa Rosa]*[10] von José Lins do Rego) oder wenn er die Bereiche des subjektiven Infernos ausschlachtet, wie Graciliano Ramos in *Angústia* (dt. *Angst*[11]). Es ist ein Regionalismus, der sich mit der herrschenden Kultur schreiend oder diskursiv auseinandersetzt, sei es, indem er eine zerstörte Vergangenheit heraufbeschwört (*Fogo Morto* [Totes Feuer]), sei es, indem er mit der rauhen und abgehackten Stimme des Protestes die Gegenwart vorführt (*Vidas Sêcas [*dt. *Karges Leben])*[12]. Mit Guimarães Rosa scheint die Dringlichkeit dieses Dialogs aufzuhören. Dies- oder jenseits des Dramas, tendiert der Mythos in seiner geschlossenen Form dazu, sich den Widersprüchen zu der alles vereinnahmenden Gesellschaft zu entziehen; er erfreut sich im verzauberten Reich der dichterischen Erzählung der unendlichen Reichtümer seines eigenen Seins. »Aber der gute Buriti war ein schöner stiller Brunnen. Nichts konnte dort passieren – außer der Sage.« Dinge, Tiere und Menschen werden von einer größeren Dimension erfaßt, von einer Aura umgeben, die nicht die des normalen und geselligen Alltags ist: Es sind kosmische, erotische und heilige Kräfte, die im Inneren eines jeden Lebewesens wirken und es dazu bringen, sein Schicksal zu erfüllen.

Die innere Form dieser Gemeinschaft von Subjekt und Welt ist ein Stil, der die klangvollen und symbolischen Potenzen des Wortes reaktiviert. Es handelt sich nicht um eine simple Rückkehr zum archaischen Vokabular oder zu der Alltagssprache des »sertanejo«: Das gab es bereits in der realistischen Prosa von Valdomiro Silveira und Simões Lopes Neto; es geht darum, die kreativen Prinzipien der mythisch-poetischen Sprache auf den gesamten Stoff der Erzählung auszudehnen. Die neue Sprache ist nicht der reine Neologismus, denn sie greift auf einen Formationsprozeß zurück, der von sehr weit her kommt; so wird mit einem Mal die Zeit aufgehoben, und das Zeichen – archaisch und modern – simuliert die ewige Gegenwart. Der Satz seinerseits, erstaunlich frei, unvollständig und unruhig, scheint manchmal den fundamentalen Sinn, der Prädikat und Subjekt verbindet, zu überlisten. Es ist Zeit, den Namen aufleuchten zu lassen, das Abbild der Substanz, mysteriös, jenseits oder diesseits der verbalen Bestimmungen. Der Junge. Die Freunde. Die Angst. Der Fluß. Das Mädchen. Ebenbild. Die ganze Sonne. Die absurde Luft. Das Insichselbst. Das Nicht. Guimarães Rosa sucht in der Semantik des Ungewöhnlichen seine Art, auf extreme einzigartige Situationen zu antworten, die einen Kontrapunkt zu der anderen Literatur, der Literatur der typischen und mittelmäßigen Situationen der modernen Zivilisation darstellen. Ihn bezaubert das zarte Mädchen, das den Alltag erträumt und erfindet; die wahnsinnigen Frauen, die auf dem Bahnhof singen; die Ochsen, die vom Menschen sprechen, und die Menschen, die den Ochsen erfinden; der Berg, der spricht; der »jagunço«, der zum Heiligen wird; der Besessene, der dem Dämon abschwört; die Jungfrau, die Krieg führt; die Prostituierte, die die reinste Liebe geben kann. Und in Anbetracht der starken Kohärenz der ästhetischen Erzählung, wird die Ausnahme zur Regel: »Niemand ist verrückt. Oder aber alle.« Der Mythos ist die Wahrheit des Herzens: denken: liebdenken. Die kleine Strophe mitten im Text zeugt vom Triumph der Vorstellungskraft über die Realität:

Ich traf Melim-Meloso
in seiner Vorstellung von den Ochsen;
was er sich vorstellt im zuvor
wird zur Gewißheit nachher.

(Tutaméia)

Wenn das Glück oder die Fantasie nicht eingreifen (was rar ist), verwandelt sich das Leid der Figuren in Weisheit. Der Rhythmus des »sertão«, welcher der Rhythmus der Notwendigkeit, der ewigen Ananke ist, läßt die Gegensätze des Lebens koexistieren, um sie auf der Ebene einer höheren Einheit aufzulösen. Daher der quasi sprichwörtliche Ton, der zum Leseerlebnis eines guten Teils dieser beispielhaften Erzählungen gehört.

Wenn wir nun den Blick auf die existentielle Version lenken, die Clarice Lispector der »Welt« zu geben versucht, werden wir eine größere und zwangsläufig nicht so geschlossene Anstrengung sehen als bei der Metapher des »sertão« in den Schriften von Guimarães Rosa. Wenn es kein festes mythologisches Netz als Grundlage mehr gibt, da die Quellen der traditionellen Weisheit versiegt sind, dann schwebt der Geist unruhig über den Dingen und den Menschen, und da er nicht weiß, welchen Sinn er ihnen verleihen soll, macht er das Leben zu einer konstanten Ratlosigkeit. Antwort darauf gibt der einfach psychologische Diskurs, der als routinehaft, als verfremdend gilt, nicht. Dann ist es also notwendig, einen Weg, der vom erzählenden Ich zu den Dingen führt, zu finden, wenn nicht gar zu erfinden. Diese Suche ist der Kern der thematischen Erfindung von Clarice, ob sie von den falschen Begegnungen in der Familie spricht oder von Kindern oder von dunklen, in das Geheimnis ihres Lebens eingekerkerten Tieren.

Aber das Mysterium wird nicht thematisiert und bis zu einem gewissen Punkt produziert, um Profile der Fremdartigkeit zu zeichnen, wie es in der gespenstischen Erzählung von Murilo Rubião der Fall ist oder in der amphibischen, halb dokumentarischen, halb fantastischen Erzählung von José J. Veiga; beide graben in den seltenen Goldadern der Erfahrung. Bei ihnen bricht das Fantastische ein wie der Eindringling in den Rhythmus des Alltags; und das neue Ereignis, das nach Unvorhergesehenem und Zufälligem klingen könnte, bekommt in der tieferen Struktur der Handlung die Funktion, einen unerbittlichen Prozeß im Leben einer Gruppe (*A Usina atrás do Morro* [Die Fabrik hinter dem Hügel] von J. J. Veiga) oder im Leben des einzelnen (*A Flor de Vidro* [dt. *Die gläserne Blume*])[13] von Murilo Rubião) aufzudecken.

Aber nicht das – ich wiederhole es – ist die Furche, die gezogen wird von der Aussage von Clarice Lispector, die zu einem radikaleren Befremden vorrückt und auf die Waffen der Magie verzichtet, weil ihre Verwunderung von der Feststellung dessen kommt, was der gemeine Menschenverstand bereits ohne Überraschung akzeptiert: zum Beispiel die banale und unendlich mysteriöse Tatsache, daß außer dem ich und außerhalb von ihm die Dinge und andere Bewußtseinsformen existieren.

Die Offenbarung stellt sich in *Laços de Família*[14] (dt. *Fami-*

lienbande) als der Wahrnehmung innewohnender Prozeß dar, während sie in den Werken der fantastischen Literatur von den äußeren Machenschaften abhängt.

2. Die Werke des Ausdrucks

Wenn man von den inhaltlichen Umwälzungen zu den formalen Errungenschaften der brasilianischen Kurzgeschichte der Gegenwart übergeht, sieht man, daß die intensive ästhetische Erfahrung des Modernismo nicht umsonst war.

Hier ist es jedoch angebracht, einen Unterschied zu ziehen zwischen den ersten, teils expressionistischen, teils futuristischen Ergebnissen der Avantgarde von 1920/30 (ich denke an die experimentelle Prosa von Oswald de Andrade, von Mário de Andrade und zum Teil auch an die Prosa von Antônio de Alcântara Machado) und der Beschaffenheit eines neuen und gereinigten Realismus, der sich nach den 30er Jahren entwickelt hat: die klare Chronik von Rubem Braga, die nackte Prosa von Graciliano Ramos, José Lins do Rego, Jorge Amado, Érico Veríssimo, Marques Rebelo, Aníbal Machado, João Alphonsus, Dyonélio Machado. Ich glaube, daß die gebräuchlichsten Ausdrucksformen der zeitgenössischen Kurzgeschichte auf den Stamm dieser im weitesten Sinne modernen Schreibweise aufgepfropft wurden. Vor allem Rubem Braga, Graciliano Ramos und Marques Rebelo scheinen mir ein Modell ausgesprochener Knappheit im Aufbau des Satzes und großer Sorgfalt in der Auswahl des Vokabulars – Zeichen ihrer Modernität im Sinne eines kritischen Realismus – darzustellen.

Andererseits muß auch auf die Präsenz ausländischer Erzähler hingewiesen werden, die ungefähr seit dem 2. Weltkrieg bekannt geworden sind.

Unsere intimistische Erzählung lehnt sich sowohl an bestimmte Anspielungstechniken von Katherine Mansfield und Virginia Woolf an, als auch an die Neigung zur moralischen Analyse von Gide und Mauriac.

Die fantastische und metaphysische Prosa wandelt mehr oder weniger erfolgreich auf den Spuren Poes, Kafkas und Borges'. Hinzu kommt der Einfluß, den das Theater von Pirandello in einem Alter, in dem der Mensch alles aufnimmt, auf einen Schriftsteller wie Murilo Rubião ausübte, der auf das Thema der Veränderung des Menschen hinter der Rigidität der gesellschaftlichen Maske sensibel reagiert.

Ein gewisses nordamerikanisches Echo von Hemingway, Steinbeck und ganz sicher von Faulkner ist in den grausamen Schmerzensschreien bei Dalton Trevisan zu hören. Und es gibt viel Yankee-Brutalität in der sprachlichen Gestaltung bei Rubem Foseca und seinen jüngsten Nachfolgern.

Der zweite Modernismo und die seit 1940 weit verbreitete ausländische Literatur waren also der stilistische Bezugsrahmen der brasilianischen Kurzgeschichte der letzten fünfundzwanzig Jahre.

Was das Sprachexperiment betrifft, so ist es in diesem Kontext kaum spürbar. Es ist hingegen immer und immer wieder zu finden in *Tutaméia*, *Terceiras Estórias* und in *Estas Estórias*, den letzten Produktionen von Guimarães Rosa aus den 60er Jahren. Im Vergleich dazu könnte die brasilianische Kurzgeschichte linguistisch konservativ erscheinen. Das beste historische Kriterium wird jedoch kein manichäistisches sein: etwa radikal auf der einen und verschwommen auf der anderen Seite. *Primeiras Estórias* (1962; dt. *Das dritte Ufer des Flusses*)[15] und *Tutaméia* (1967) sind Werke, die eine äußerst eigentümliche Anlage haben, die nicht als ahistorisches Modell dienen kann, um so ungleiche Erfahrungen zu verstehen oder zu beurteilen wie *Laços de Família* (dt. *Familienbande*), von Clarice Lispector, *Nove Novena* (dt. *Verlorenes und Gefundenes*) von Osman Lins, *O Ex-Mágico* (*Der Ex-Zauberer*) von Murilo Rubião, *O Retrato na Gaveta* (*Das Bild in der Schublade*) von Otto Lara Resende, *O Cemitério de Elefantes*[16] (dt. *Elefantenfriedhof*, in: *Ehekrieg*) von Dalton Trevisan, *Lúcia Mc Cartney* von Rubem Fonseca, *Os Cavalinhos de Platiplanto* (Die Pferdchen von Platiplanto) von J. J. Veiga, *Caminhos e Descaminhos* (Wege und Irrwege) von Bernardo Elis, *Solidão Solitude* (Einsamkeit, Solitude) von Autran Dourado, *Histórias de Desencontro* (Geschichten von verfehlten Begegnungen) von Lygia Fagundes Telles, *As Vozes do Morto* (Stimmen des Todes) von Moreira Campos, *Contos do Imigrante* (Erzählungen des Immigranten) von Samuel Rawet, *O Carnaval dos Animais* (Karneval der Tiere) von Moacyr Scliar, *Mala-

gueta, Perus e Bacanaço (Truthahn, Pfeffer und ein toller Typ) von João Antônio . . .

Der Erzählzusammenhang und der Umgang mit der Sprache in sämtlichen Kurzgeschichten in diesen Büchern, die für die brasilianische Literatur repräsentativ sind, unterliegen gewissen, der modernen Prosa immanenten Prozessen, die dem neo-realistischen Erbe oder einer nüchternen und angespannten Selbstanalyse viel näher kommen als den ungehemmten Äußerungen des Neobarock. Aber Guimarães Rosa, manchmal mit großen hispanoamerikanischen Schriftstellern wie Lezama Lima und Borges verwandt, bewegte sich in seinen letzten Erzählungen entschlossen auf den ungewöhnlichen und vieldeutigen Text zu, die semantische Neuschöpfung und die syntaktische Überraschung, was gerade an die komplexeste manieristische Tradition erinnert: Das war die ihm eigene Art, den Regionalismus, von dem er letztendlich ausgegangen war, als er die Erzählungen *Sagarana* (dt. *Sagarana*)[17] 1937 schrieb, zu transzendieren.

Wenn ich die Prosa von Otto Lara Resende, von Lygia Fagundes Telles, von Moreira Campos und vor allem die von Dalton Trevisan lese, so fühle ich an anderer Stelle einen scharfen Hang zum Wesentlichen (der stets der reinen Kommunikation zugewandt bleibt). Solches ist zu einer Art zweite Natur geworden, seit die Modelle begannen, Graciliano Ramos, Marques Rebelo, Rubem Braga zu heißen und neben ihnen die bereits genannten Ausländer und hinter ihnen allen ihre Meister: Tschechow, Maupassant, Eça de Queiróz, Machado de Assis. Diese Tradition, die sich bewußt um eine verständliche Ausdrucksweise bemüht, weist nur spärliche linguistische Erneuerungen auf, gewinnt aber sehr, wenn es um die Synthese von Pathos und Ausdruck, von Mimesis und Ausdruck geht. Es gibt bei Dalton Trevisan, Bernardo Elis und Osman Lins Stellen, die anthologiewürdig sind.

Im Hinblick auf einen so reichen und differenzierten Stoff kann nur die Textanalyse etwas genaueres über die wichtigsten Schreibweisen der gegenwärtigen Kurzgeschichte aussagen. Ich möchte dennoch die eine oder andere allgemeinen Bemerkung machen.

Der streng orthodoxe Gebrauch der reinen Hochsprache ist ein gemeinsamer Zug vieler Schriftsteller aus Minas Gerais, die den Geschmack an der grammatikalischen Richtigkeit, der ihnen durch Generationen und Generationen von Portugiesisch-Lehrern vermittelt wurde, bewahrt haben:

> Man vergesse nicht die in Minas herrschende rigide stilistische Disziplin, die eindeutig auf Machado de Assis und den Klassizismus zurückzuführen ist, und zur Verarmung, wenn nicht gar zum Akademismus führt. In diesem Punkt stellt Guimarães Rosa eine Ausnahme der in Minas gültigen Regel dar, er ist ein »nordischer« Schriftsteller, wie es im minenser Jargon heißt. Es war die Stilkunst eines Eduardo Frieiro, eines Godofredo Rangel, eines Mário Matos, eines Rodrigo M. F. de Andrade, eines Cristiano Martins – zweifelsohne alles genaue, gute Schriftsteller –, die Ciro dos Anjos dazu verleitete, aus lauter stilistischer Sorgfalt die verschiedenen Auflagen von *Amanuense Belmiro* zu verstümmeln. (...)
>
> Man vergesse nicht, daß ein Buch, das einer ganzen Generation »eleganter Prosaschreiber aus Minas« zum Leitbild diente, das Repetitorium von Albalat war, das *Handbuch der Komposition und des Stils*, von Pater Cruz, dem »Caraça«[18], ein Werk, das auf den Gymnasien in Minas Gerais in hohem Ansehen stand.
>
> Man sehe, wie sehr Otto Lara Resende unter der Tortur des Buches von Pater Cruz leidet. All das, das »Mondgesicht«, das Internat, der Pater liegen ihm schwer auf der Seele und binden ihm die Hände. Bei ihm ist der Einfluß klar, direkt. Welch eiserne Disziplin, mein Gott, die von Minas Gerais![19]

Otto Lara Resende, Murilo Rubião, Paulo Mendes Campos, Fernando Sabino und selbst Autran Dourado, der sich mit so viel historischem Sinn analysiert, sind Prosaisten, die Syntax und Vokabular auf traditionelle Weise behandeln, obwohl sie manchmal ihren literarischen Produkten einige umgangssprachliche Modismen beimischen, was auf Mário de Andrade zurückzuführen ist, der vielen von ihnen mit Rat und Tat zur Seite stand, als sie noch in den Anfängen steckten. So blieb bei allen eine Mischung haften aus eleganter und sauberer Syntax (der »gute Stil«, der bei Ciro dos Anjos aus Minas Gerais klar zum Vorschein kommt) und einem manchmal gewagten Umgang mit den Inhalten: Dabei läßt die modernistische Enthemmung erotische Töne, perverse Vorstellungen und unerwartete Verneinungen durch die alte Prosa dringen.

Die sadistischen Erzählungen in *Boca do Inferno* (Höllenschlund) von Otto Lara Resende und bewegten Internatsgeschichten von Autran Dourado sprechen Bände über die traditionelle Erziehung unserer Kinder. Die Erinnerung steckt voller Schrecken und voller Zwänge, ist eingebettet in saubere Abschnitte, deren Gleichgewicht unter größten Anstrengungen errungen wurde: Das ist der Eindruck, den die Literatur aus Minas hinterläßt. Und die Verbindung überlebt sogar bei jüngeren Erzählern, wie Luiz Vilela und Sérgio Sant'Anna, obwohl bei diesen die Alltagssprache einen größeren Stellenwert hat.

In den Geschichten von Dalton Trevisan hat die Knappheit des Stils eine andere Bedeutung. Die obsessive Tendenz, sich auf das Wesentliche zu beschränken, scheint hier an die Chronik heranzuführen, entfernt sich aber wieder von ihr durch den schneidenden oder grotesken Ton, der dem Gesagten vorausgeht. Jede Einzelheit ist ein Hinweis auf die extreme Verlassenheit und die außerordentliche Grausamkeit, die das Schicksal des namenlosen Menschen in der modernen Stadt bestimmen.

Der Intimismus von Lygia Fagundes Telles, Otto Lara Resende, Autran Dourado erscheint auf einer gewellten und feinen literarischen Ebene, die, gefangen in den adoleszenten Erinnerungen eines noch mobilen und labilen Ichs, der Form des Tagebuchs nahekommt. Bei Trevisan ist das nicht der Fall, er zeigt harnäckig auf das Objekt, denn seine Poetik will nicht die Geheimnisse des erzählenden Subjekts enthüllen, sondern den gemeinsamen Hintergrund der Misere. Die Stärke dieser Prosa liegt in dem scharfen Herausarbeiten exemplarischer Situationen, so daß der Leser schließlich nicht weiß, wen er vor sich hat: den direktesten Realisten oder den finstersten und vehementesten Expressionisten.

Trevisan wirkt sicherlich brutal in den Szenen voller Gewalt und Degradierung, aber sein bis in die Zeichensetzung kontrollierter Stil kann nicht einfach als »brutalistisch« bezeichnet werden. Diese Eigenschaft trifft eher auf eine neuere Schreibweise zu, die sich in den 60er Jahren entwickelt hat, eine Zeit, in der in Brasilien eine weitere Explosion wilden Kapitalismus stattfand, eine Zeit der Massenbewegungen, der kontinuierlichen Unterdrückung, alles schön vermengt mit technischen Feinheiten und zauberhaften Anklängen an Babel und Byzanz. Die Konsumgesellschaft ist extravagant und barbarisch zugleich. Die »brutalistischen« Erzählungen von Rubem Fonseca sind ein Beispiel für das Chaos und die Agonie der Werte, die die Technokratie in einem Land der Dritten Welt produziert. Fonsecas Sprache gründet direkt und indirekt auf den Erfahrungen der Bourgeoisie aus dem Süden Rio de Janeiros, wo die »Unschuldigen aus Leblon«, nachdem die Unschuld ein für allemal verloren ist, weiterhin Strände, Appartements und Nachtclubs füllen und in ein und demselben Cocktail Instinkt und Asphalt vermischen, Plastikware und Äußerungen einer Libido, in der kein Raum für Zuneigung und Zukunft existiert. Die Sprechweise in diesem Millieu ist schnell, manchmal gezwungen; unsauber, wenn nicht gar obszön; direkt, an die Gestik grenzend; mißtönend, fast lärmend. Das Beispiel macht notwendigerweise Schule: Außer Rubem Fonseca liegen auf dieser Linie einige Texte von Luiz Vilela, Sérgio Sant'Anna, Manuel Lobato, Wander Piroli, von Erzählern, die für das Feuilleton des *Minas Gerais* schreiben, von Moacyr Scliar und anderen Schriftstellern aus Rio Grande do Sul, die mit dem Movimento-Verlag in Verbindung stehen, nicht zu vergessen einige der quasi Chroniken gleichkommenden Texte der Wochenzeitung *O Pasquim* aus Rio de Janeiro.

Diese Literatur, die die existentielle Verpestung des fortgeschrittenen Kapitalismus tief ein- und ausatmet, die gleichzeitig sein Produkt und ein Gegengift für ihn ist, verfolgt die Denk- und Schreibweise der grotesken Chronik und des neuen Yankee-Journalismus aus der Nähe. Daher auch ihre antiliterarischen Aspekte, die populär sein wollen, die aber außerhalb eines Gesinnungssystems, das das internationale Bildungsbürgertum heute kennzeichnet, nicht überleben können.

Der urbane Stil besteht, analog zur Großstadt, aus verschiedenen Teilen und Schichten, die eigene Dialekte sprechen. Es gibt auch die zentralen oder zentrumsnahen Stadtteile, die ein fluktuierendes und marginales Publikum beherbergen: Dort treffen sich der Dealer und der Schuhputzerjunge, die »mulher da vida«[20] (welch sprechender Ausdruck!) und der Lotterielosverkäufer. Diese Welt des kleinen Behelfs und der kleinen Gaunereien, die in Rio und Bahia (noch) den offenen Raum von Berg und Meer genießt, bewegt sich schleichend durch die staubigen Straßen eines dreckigen São Paulo, wo es außer der Silhouette der Wolkenkratzer keinen anderen Horizont mehr gibt. Diesem fürchterlichen Hintergrund entnahm João Antônio seine lyrisch-volkstümliche Sprache in den Geschichten *Malagueta, Perus e Bacanaço* (Pfeffer, Truthahn und ein toller Typ). In diesen Erzählungen ist alles kurz, intensiv und durchkalkuliert, analog zu den Vorstellungen des Autors vom Lebensablauf jener eingeengten Kreaturen, die einerseits verfolgt werden von der Notwendigkeit, den dringenden Hunger gewitzt zu bezwingen und andererseits von ihrer Angst vor der Polizei oder dem stärkeren Gauner. Ich lese die Geschichte *Frio* (Kälte): Jeder Satz beinhaltet eine drückende Empfindung, eine schmerzliche Erfahrung, eine Angst mehr. Es ist die Rede vom Warten, vom körperlichen Leiden; fast nie vom Traum, dem süßen Augenblick zwischen Momenten der Trostlosigkeit. Dieses Leben steht unter einem schlechten Stern, aber trotzdem läuft es schnell und unbehindert, vorangetrieben von der Sympathie des Erzählers.

Eine nicht geringe Überraschung erwartet den Leser, der von den Gewaltausdrücken bei Rubem Fonseca und João Antônio übergeht zu den pedantisch genauen Schriften von Osman Lins in *Nove Novena* (dt. *Verlorenes und Gefundenes):* Er wird dann feststellen können, daß die noble Auffassung des Stils als Kunsthandwerk nicht tot ist, sondern Anzeichen eines langen Atems von sich gibt. Es geht um das Wort an sich, das empfunden, ertastet wird in seinem Klangkörper und in seinen symbolischen Resonanzen. Es geht um die gewissenhafte Konstruktion von Akkorden, Symmetrien, goldenen Schnitten. Alles ist im voraus berechnet, abgewogen, ausgemessen. Die Dinge befinden sich in Erwartung der Termini, die an sie erinnern oder die sie ersetzen. Die Sprache hält Ausschau nach den feinsten Wahrnehmungen, nach den subtilsten Unterscheidungen und forciert somit den Übergang vom epischen zum poetischen Rhythmus. In der Einleitung jedes einzelnen Mysteriums in *Retábulo de Santa Joana Carolina* (dt. *Altartafel für die Hl. Joana Carolina)*[21] weicht der Diskurs dem Namen, dem bildhaftem Sein an sich:

Die Erde, das Zuckerrohr, die Raffinade, der Kandiszucker, die Zuckersiederei, der Abflußhahn, der Honigseim, die Belastung, die Destilieranlage, der Branntwein, der Zucker, der Arbeitsablauf, der Tagelöhner, der Verwalter, der Aufseher, der Gutsherr, der erste Pflanzertrag, der Nachpflanzertrag, die dritte Ernte, die Nachernte, der Rechen, der Pflug, der Ochse, das Pferd, der Wagen, der Kutscher, das Feld, die Furche, der Ableger, das Pflanzloch, der Winter, der Sommer, die Überschwemmung, die Dürre, der Dünger, die Rückstände, das Feuer, die Mahd, die Sense, der Schnitt, die Axt, die Sichel, das Mahlgut, die Mühle, die Abrechnung, der Schuppen, der Zaun, der Stausee, die Hacke, das Gewehr, die Hilfeleistung, das Joch, der Angestellte, der Patron, der Knecht, der Herr.

Eine Reihe graphischer Symbole kennzeichnet hier die Verknüpfung der Erzählstandpunkte. Aber trotz dieses technischen Hilfsmittels entwickelt sich *Altartafel* nicht zum Drama: Seine Stärke besteht in der Aufmerksamkeit, die durch die Absicht des Erzählers der verbalen Materie gewidmet wird.

Im Vergleich zu der Literatur einer Lygia Fagundes Telles oder eines J. J. Veiga, die »lockerer« und »fließender« ist, wirkt die stark formalisierte Prosa von Osman Lins wie eine Introspektion zweiten Grades.

Obige Bezeichnung kann als Ausgangspunkt dienen, um eine Analyse der Prosa von Clarice Lispector anzuregen. Erstens, die Gemeinsamkeiten: die fast schmerzhafte Denkschärfe, die Sprache aus dem tiefsten Innern des Subjekts, welches das Objekt wahrnimmt und sich in ihm wiederfindet. Aber die Unterschiede sind bemerkenswert. Bei Osman Lins überwiegt die hypotaktische Satzkonstruktion, eine Technik, die nach Klassizität strebt und den passenden Terminus verlangt. Ein lapidarer Stil feinsten Schliffes.

Lispectors Prosa entwickelt sich stückchenweise, bewegt sich im Rhythmus ihrer Wahrnehmungen, tastet herum und kann und will das Lückenhafte und Diffuse nicht vermeiden, denn ihr Hauptanliegen besteht darin, die Dinge ins Bewußtsein und das Bewußtsein zu sich selbst zu bringen. Was zu einem schmerzvollen, undankbaren Vorgehen führt, bei dem das leicht Banale mit unerwarteten aber entscheidenden Offenbarungen abwechselt. Es ist eine Prosa, die selten den »glücklichen Ausdruck« trifft; und wenn es gelingt, ist der Sieg eher einem klaren und geduldigem Denken als dem Geschick eines Virtuosen zuzuschreiben:

Diese Unfähigkeit, den Sinn zu treffen, zu verstehen, ist es, die mich instinktiv nach . . wonach? nach einer Sprache suchen läßt, die mich schneller zum Verständnis führt. Diese Art, dieser »Stil« [!] wurde schon als alles Mögliche bezeichnet, aber nicht als das, was er in Wirklichkeit ist: nur eine demütige Suche. Nie hatte ich auch nur ein einziges Problem mit dem Ausdruck, mein Problem ist viel ernster: Es ist ein Problem der Konzeption. Wenn ich von »Demut« spreche, so meine ich Demut im christlichen Sinne (als Ideal, das erreicht werden kann oder nicht); ich meine die Demut, die von dem vollen Bewußtsein unserer tatsächlichen Unfähigkeit kommt. Und ich meine Demut im Sinne von Technik. Heilige Jungfrau, sogar ich selbst bin erschrokken über meine Schamlosigkeit; aber das ist es nicht. Demut als Technik bedeutet folgendes: Nur wenn man demütig an die Sache herangeht, entzieht sie sich nicht ganz.[22]

Dieser spekulative Charakter der Sprache bei Clarice Lispector findet sich auch in einigen Texten von Samuel Rawet und Nélida Piñon wieder, deren Aussagen sich jedoch im Gewebe einer Rhetorik des Imaginären verfangen; die manipulierte Erregung hindert die Sprache daran, an der lebendigen Reinheit der Wesen teilzuhaben, wie es auf den Höhepunkten von *A paixão segundo G. H.* (Die Passion nach G. H.) der Fall ist. Was die Erforscher des Ungewöhnlichen betrifft, diejenigen, die wie z. B. Murilo Rubião und J. J. Veiga, bei uns mit großer Beharrlichkeit die Spur des Fantastischen verfolgt haben, so unterscheiden sie sich doch sehr in ihren Bemühungen um die Form: bei J. J. Veiga ist sie neutraler und undurchsichtiger, bei Murilo Rubião bewußt literarischer.

Die unterschiedliche Vorgehensweise ist vielleicht auf die Familienzugehörigkeit zurückzuführen. Der Autor von *Cavalinhos de Platiplanto* (Die Pferdchen von Platiplanto) fügt fremdartige Situationen in einen familiären Kontext ein, der diskret an regionale Bräuche und Szenen erinnert. Es sind Erzählungen, in denen die Allegorie des persönlichen oder kollektiven Schicksals sich aus Teilen eines in der Beschreibung von Personen und Situationen nüchternen Sprachrealismus zusammensetzt, alles arrangiert in einem sehr glaubhaften und konsequenten Erzählsystem, das jedoch voller Überraschungen steckt. Das fremdartige Wort in diesen mit so viel Natürlichkeit erzählten Geschichten gleicht dem Moment des Todes, der das Leben jederzeit beenden kann, aber immer unerwartet kommt.

Rubião findet Gefallen daran, das Schreckliche und das Seltsame an sich zu pflegen.[23] Aber um seine Magien auszudrükken, greift er nicht, wie man vielleicht erwarten könnte, auf die formalen Wagnisse des Surrealismus zurück. Sein Stil ist nicht weit von dem Standard entfernt, den andere Schriftsteller aus Minas Gerais erreicht haben (Ciro dos Anjos, Autran Dourado, Otto Lara Resende) in bezug auf das, was allen gemein ist: das Abschweifen in die Erinnerung, das häufige Anhalten, um eine subjektive Analyse der Begebenheiten vorzunehmen und die Gepflegtheit und Korrektheit des sprachlichen Ausdrucks zu überprüfen. Obwohl die Metamorphosen zahlreich und gewaltig sind, können sie letztendlich neutralisiert werden, insofern sie von einer Prosa gehandhabt werden, die sie von oben herab aufgrund eines Meridianbewußtseins zu beherrschen weiß.

* * *

Diese Ausführungen knüpfen nun wieder bei einer Bemerkung an, die ich zu Beginn gemacht habe. Die Kurzgeschichte der Gegenwart, die dank ihrer Vielgestaltigkeit die unterschiedlichsten Situationen unseres realen oder imaginären Lebens wiedergeben kann, entstand im Rahmen einer modernen (weil sensiblen, straffen und um die Bedeutung bemühten), aber nicht unbedingt modernistischen Sprache. Ihre häufigsten Vorbilder waren Schriftsteller, die in den dreißiger und vierziger Jahren neorealistische Romane, Memoiren oder Alltagschroniken schrieben.

Die Ausnahmen aus der letzten Zeit bestätigen die Regel oder, besser gesagt, sind die systemeigene Regel, ein System, das sich von Tag zu Tag verschlechtert und der Krise entgegeneilt. Einerseits tendiert der Modernisierungsprozeß des Kapitalismus dazu, das Regionale abzutun, und sprengt die Fesseln der geschlossenen, bereits klassischen Komposition des Neorealismus, die nach und nach durch fragmentarische und violente Ausdrucksweisen ersetzt wird. Das ist die *Wahrheits-Literatur,* die uns seit den sechziger Jahren willkommen ist und auf die Technokratie, die Massenkultur, die Napalmkriege, die aus Kalkül und Blut bestehenden Diktaturen antwortet. Andererseits widersteht die nach innen gerichtete Literatur, deren Halt immer die Erinnerung und die Selbstbeobachtung waren, der Abnormität und Verrohung so gut sie kann, indem sie zu einem mythischen und surrealen Universum übergeht, wo die Sprache sich kämpfend dreht und windet, um durch ihre eigenen symbolischen Kräfte die sie bedrohenden Kontraste zu lösen. Dem Menschen der mechanisierten Stadt genügt die nackte Reportage nicht: Er will in die Tiefen der Fantasie eintauchen, wo er unter der Maske der Nacht das pervertierte Leben des Tages unverfälscht wiederfindet (es gibt einen aus Sadismus, Terror und Pornografie bestehenden »underground«), aber wo er auch träumen kann von den warmen Utopien der Rückkehr zur Natur, des ästhetischen Spiels, der emotionalen Verbindung.

Es ist sehr wahrscheinlich, daß die Kurzgeschichte noch sehr lange zwischen dem glanzlosen Abbild der herrschenden Brutalität und der mythischen Erforschung der Welt, des Bewußtseins und dem Wort an sich hin und her pendelt. Diese zwei Seiten desselben Gesichts bilden vielleicht die ästhetische Maske, die in unserer Zeit möglich ist; und die Literatur, sofern sie Literatur-für-die-Literatur ist, hat keine Möglichkeiten, diese Maske abzulegen. Sie kann sie repräsentieren, ausdrücken, bedeuten. Und sie erleben, erleiden und sogar herausfordern. Herunterreißen jedoch nicht. Dazu müßte das fast Unmögliche passieren. Daß der Schriftsteller in irgendeiner Weise aufhörte, Schriftsteller zu sein; daß sein Vorhaben das Eintauchen des ganzen Körpers in die Gedankenwelt und die Handlungen der Mitmenschen sei; daß er zum Korn in der Parabel des Evangeliums würde: »Wenn das Weizenkorn nicht in die Erde fällt und erstirbt, so bleibt es allein; wenn es aber erstirbt, so bringt es viel Frucht.« (Johannes 12,24)

Aus dem Brasilianischen von Sarita Brandt

Anmerkungen

1 *O Conto Brasileiro Contemporâneo*, hg. von Alfredo Bosi, Ed. Cultrix, São Paulo 1975.
2 João Guimarães Rosa, *Grande Sertão*, Kiepenheuer und Witsch, Köln 1964.
3 A. d. Ü.: Hauptstadt des Bundesstaates Paraná.
4 A. d. Ü.: Hauptstadt des Bundesstaates Rio Grande do Sul.

5 Lygia Fagundes Telles, *Die Struktur der Seifenblase*, Suhrkamp, Frankfurt/M. 1983 (Phantastische Bibliothek 105).
6 Osman Lins, *Verlorenes und Gefundenes*, Suhrkamp, Frankfurt/M. 1978.
7 »Ja, *O Risco do Bordado* ist nicht nur ein Buch über imaginäre Erinnerungen, sondern ein Buch über die Erinnerung, ein temporales Buch, was nicht heißt ein chronologisches. (...) Der Hauptakzent ist die Erinnerung. Die Erinnerung des Autors und des Lesers, der zu Mitarbeit und Identifizierung aufgefordert wird.« *(Uma Poética do Romance*, Ed. Perspectiva-INL, São Paulo 1973, S. 68).
8 In: *Matéria de Carpinteria*, Hektographierter Text, PUC, Departamento de Letras e Artes, Rio de Janeiro, 1974, S. 18.
9 Mário de Andrade, *Macunaíma*, Suhrkamp, Frankfurt 1982.
10 José Lins do Rego, *Santa Rosa*, Robert Mölich Verlag, Hamburg 1953.
11 Graciliano Ramos, *Angst*, Frankfurt/M. 1978 (Bibliothek Suhrkamp 570).
12 Graciliano Ramos, *Karges Leben*, Frankfurt/M. 1981 (suhrkamp taschenbuch 667).
13 Murilo Rubião, *Die gläserne Blume*, in: *Der Feuerwerker Zacharias*, Suhrkamp, Frankfurt/M. 1981.
14 Clarice Lispector, *Familienbande*, in: *Die Nachahmung der Rose*, Frankfurt/M. 1982 (Bibliothek Suhrkamp 781).
15 João Guimarães Rosa, *Das dritte Ufer des Flusses*, Kiepenheuer und Witsch, Köln 1968.
16 Dalton Trevisan, *Elefantenfriedhof*, in: *Ehekrieg*, Frankfurt/M. 1980 (edition suhrkamp 1041).
17 João Guimarães Rosa, *Sagarana*, Kiepenheuer und Witsch, Köln 1982.
18 A. d. Ü.: caraça, Mondgesicht.
19 Autran Dourado, *Uma Poética do Romance*, S., 87 ff.
20 A. d. Ü.: mulher da vida, »Frau des Lebens«, Prostituierte.
21 *Altartafel für die heilige Joana Carolina*, in: *Verlorenes und Gefundenes*, Suhrkamp, Frankfurt/M. 1978.
22 Clarice Lispector, *A Legião Estrangeira*, Ed. do Autor, Rio de Janeiro 1964, S. 144.
23 Der Kritiker Davi Arriguci Jr. schreibt in seinem schönen Vorwort zu *Der Zauberwerker Zacharias* vom »gefrorenen Schrecken«, ein Ausdruck, der den geistigen Tenor definiert, der fast das gesamte Werk von Murilo Rubião durchzieht.

Mario Carelli
Der brasilianische Roman von 1964 bis heute

Bei der Vorstellung des »brasilianischen Territoriums meiner Bibliothek« (Valery Larbaud) werde ich zwangsläufig willkürlich vorgehen und daher ungerecht sein müssen. Meine subjektive Auswahl (das Subjektive an ihr muß hier betont werden) ist das Ergebnis einer zufälligen Reihe von – zuweilen erschütternden – Leseerfahrungen, und sie erhebt nicht den Anspruch auf Vollständigkeit oder erschöpfende Systematik eines Handbuchs. Im übrigen ist die Präsentation der Werke weniger als akademische Studie denn als *invitation au voyage* gemeint. Nicht der »Spezialist« spricht hier, sondern der beharrliche Leser brasilianischer Literatur, der sich an andere Leser wendet.

Während der sechziger Jahre konnte man den Eindruck gewinnen, daß dem brasilianischen Roman der Atem ausgegangen sei. Tatsächlich schien die Kraft regionaler Strömung, aus der die Romanciers des Nordostens wie José Lins do Rego und Jorge Amado und die des Südens wie Érico Veríssimo geschöpft hatten, versiegt zu sein, seit es João Guimarães Rosa gelungen war, den thematischen und sprachlichen Reichtum gerade des lokalen Lebens in universale Werke eingehen zu lassen, die an Kühnheit und Neuerung den Vergleich mit Joyce nicht zu scheuen brauchen. Eine andere Strömung, die der psychologischen Innenschau und der leidenschaftlichen Spiritualität, deren beste Repräsentanten Cornélio Penna und Lúcio Cardoso hießen, war in die abstrakten und beunruhigenden Texte von Clarice Lispector eingemündet, in Texte, die allein von den Schwingungen des Wortes und seines Echos leben. Diese beiden Höhepunkte der neueren brasilianischen Literaturentwicklung schienen unerreichbar geworden, und zeitgenössische Arbeiten wirkten im Vergleich zu ihnen blaß.

In Wirklichkeit ist diese Krise ebensosehr der Ausdruck des tiefen Traumas, das für die brasilianische Gesellschaft die Machtergreifung der Militärs im Jahre 1964 und insbesondere die Einrichtung der Zensur und die zunehmende Repression seit 1968 bedeutete. Unter diesen Umständen zog sich das literarische Schaffen auf die Produktion kurzer Texte zurück: Es kam zu einer Inflation von Erzählungen auf Kosten des Romans. Eine Tendenz zur ästhetischen Reflexion um ihrer selbst willen und die Notwendigkeit, auf die Mittel der Allegorie zurückzugreifen, sind für diese Phase bezeichnend. Doch schon bevor in der jüngsten Zeit die Politik der »Öffnung« progagiert wurde, seit die Zensur der Bücher weniger streng gehandhabt wurde, konnte man eine Art Renaissance des Romans beobachten. Es versteht sich unter diesen Umständen von selbst, daß der Roman unter das Primat des Politischen gestellt wurde, was aber nicht notwendigerweise bedeutete, daß dies auf Kosten einer Vertiefung des Konzepts der *Brasilidade,* das die brasilianische Moderne schon in den zwanziger Jahren formuliert hatte, geschah – oder gar auf Kosten des erwachenden Bewußtseins für die Vielfalt des Landes und seine Minderheiten.

1. Unter dem Eindruck der politischen Verhältnisse

Jeder Roman ist Träger einer politischen Bedeutung – und dies nicht nur, wenn er ausdrücklich eine politische Botschaft verkündet, sondern allemal schon, insofern er einen »acte de sociabilité« (Roland Barthes) darstellt. Und selbst in einem Land, in dem nur ein Bruchteil der Bevölkerung Zugang zur Literatur hat, entgeht denen, die in ihm eine Willkürherrschaft ausüben, diese konstitutive Dimension des Romans keineswegs. Zum Phänomen der Zensur tritt der psychologische Mechanismus der Selbstzensur bei Schriftstellern, die in der Angst vor repressiven Maßnahmen leben, hinzu.

Im Jahre 1966 veröffentlicht José J. Veiga (geboren 1915) eine längere Erzählung mit dem enigmatischen Titel *A Hora dos ruminantes* (Die Stunde der Wiederkäuer). Eine *boiada* (Rinderherde) zieht durch das friedliche Dorf Manaraima und nimmt am Rand des Fleckens Aufenthalt. Die Viehtreiber verhöhnen die Bevölkerung. Auf diese beunruhigende Ankunft folgt die Zeit der Konzessionen. Ein dem Alkohol verfallener Kaufmann empfängt die »Fremden« vertraulich in seinem Haus; danach gelingt es ihm, den widerstrebenden Geminiano

dazu zu überreden, für diese zu arbeiten. Doch den Unglücklichen überkommt eine merkwürdige Trauer, und man findet ihn in Tränen aufgelöst. All dies ist ein schlechtes Vorzeichen. Was wird geschehen? Aus der ängstlichen Erwartung wird ein unerträglicher Druck, als die Rinderhirten ihre großen Hunde loslassen, welche in die Häuser eindringen, ohne daß irgendjemand den Mut hätte, sie zu vertreiben. Auf den »Tag der Hunde« folgt der der Rinder, die Stunde der Wiederkäuer ...
Es bleibt dem Leser überlassen, in diese an der Grenze zwischen Alptraum und Hoffnung angesiedelte politische Fabel einzutreten. Wie schon in dem ungewöhnlichen Roman *A Sombra dos reis barbudos* (1972; Der Schatten der bärtigen Könige), wird der Leser von der »Logik des Geheimnisvollen« gefangengenommen und in gewisser Weise selbst zum Opfer jener unabwehrbaren Einmischung, die die Dorfbewohner über sich ergehen lassen müssen, da sie das Vertrauen in ihre eigene Kraft verloren haben. Die Allegorik und der suggestive Symbolismus dieser Romane werden unterstützt durch einen von neuartigen Bildern eingefaßten transparenten Stil. Diese Geschichten sind keine bloßen Gedankenkonstruktionen, vielmehr erkennt man in ihrer dichten Atmosphäre die Farben und die Gerüche Brasiliens wieder. Man hat diesem Werk viele Etiketten angeheftet (die Kritik hat insbesondere hervorgehoben, wie sehr es Kafka verpflichtet ist), doch seine Magie beruht auf dem paradoxen Hineinwirken eines Anderswo in den brasilianischen Alltag. Der außergewöhnliche Erfolg dieser Romane (besonders bei der Jugend) wäre nicht möglich gewesen, wenn in ihnen nicht manches Uneindeutige zurückbliebe; doch die politische Rolle, die sie gespielt haben (anscheinend ohne daß dies vom Autor so gewollt gewesen wäre), macht diese Lektüre für uns in Europa nicht weniger interessant.

Jene, die gerne wissen möchten, was sich jenseits aller Fiktion während der finstersten Jahre der Diktatur (1967-1970) zugetragen hat, werden gewiß von dem Erlebnisbericht des »Terroristen« Fernando Gabeira gefesselt sein. Nach seiner Amnestierung im Jahre 1979 hat Gabeira in *O Que é isso compagneiro* (dt. *Die Guerilleros sind müde*) eindringlich geschildert, wie er, zunächst einfach ein kritischer Journalist, in die Stadtguerilla von Rio de Janeiro hineinstolperte und wie er an der Entführung des US-Botschafters teilnahm. Danach wurde er bei seiner Verhaftung in São Paulo verwundet, brutalen Verhören unterworfen und gefoltert, bevor er im Austausch gegen den deutschen Botschafter freigelassen wurde. Danach begann die Exilzeit in Algerien. . .

Diese Seiten von prickelnder Authenzität bringen dem Leser näher, was Freiheit und Kampf um die Demokratie bedeuten. Sie sind die Schrift eines militanten Parteigängers, der unaufhörlich über die Mechanismen nachdenkt, die auf ihn einwirken, nicht aber eines Dogmatikers oder Sektierers. Gabeira betrachtet die Ereignisse mit Distanz, und ein Schauder durchzieht seine ganze Erzählung.

Bevor solche Selbstzeugnisse erscheinen konnten, gab es die Untergrundliteratur, deren vielleicht wichtigster Repräsentant Ignácio de Loyola Brandão (geboren 1936) ist. Brandão hatte seinen Roman *Zero* (dt. *Null*) schon 1971 vollendet (er wurde zuerst in Italien veröffentlicht), doch als er im Jahre 1975 in Brasilien erschien, wurde er von der Zensur eingezogen. Antônio Cândido hat den »wütenden Realismus« dieses Buches hervorgehoben, in dem die Chronik der politischen Konflikte und die Schilderung der Komplexität des großstädtischen Lebens sich mit dem kraftvollen Bemühen um ästhetische Neuerungen verbindet. Die vielgestaltigen stilistischen und sprachlichen Manipulationen und die Wahl einer chaotischen Romanstruktur spiegeln die gewaltsame Anarchie in der monströsen Metropole São Paulo wider. Dieselbe Charakteristik gilt auch für den Roman *Dentes ao sol* (1976; Zähne in der Sonne), der uns in das seltsame Leben eines leitenden Angestellten in einer Mittelstadt des Landesinnern hineinversetzt. Dieser manische Cineast, der von der Erinnerung an seine Frau, die ihn verlassen hat, besessen ist, macht es sich zur Aufgabe, dem Polizeisystem auf die Spur zu kommen, auf das sich die Gesellschaft stützt. »Wie verbarrikadieren Sie sich?«, fragt er überall in seiner Umgebung. Die minutiöse Beschreibung seiner merkwürdigen Verhaltensweisen, die Schilderung der Details seiner Träume, seiner Erinnerungen und Halluzinationen müssen im Leser so etwas wie Abwehr erzeugen. Zu vieles erscheint unzusammenhängend oder willkürlich, und da ist nichts, was der modernen Gesellschaft oder dem Menschengeist einen sicheren Ort zuweist, so daß dieses Werk zu einer Folge von ebenso düsteren wie spielerischen Pamphleten wird.

Ihren Klassiker besitzt die engagierte Literatur in Brasilien in Antônio Callado (geboren 1917), dem Autor von *Quarup* (1967) und von *Bar Don Juan* (1971). Die innere Wandlung von Nando, einem Priester, der sich in seiner Haut nicht mehr wohlfühlt, der sich von seinen sexuellen Verklemmungen befreit und sich als Revolutionär engagiert, entspricht in gewisser Weise der Entwicklung der ganzen Nation. Callado, ein professioneller Journalist und ausgezeichneter Kenner und Beobachter der politischen Kräfte, die in Brasilien am Werk sind, gestaltet Personen, die die Stigmata seines gekreuzigten Landes tragen. Ferreira Gullar trifft den Kern des Calladoschen Werks, in dem die Gemeinsamkeit psychologischer und sozialer Strukturen deutlich werden, wenn er schreibt: »Diese Identifikation der Frau (Francisca) mit der Erde, des Geschlechts mit dem Zentrum des Landes und des Zentrums des Landes mit dem Zentrum des Lebens – dem Sinn der Existenz – macht die Notwendigkeit einer globalen Integration deutlich, die in dem Roman angedeutet und ausgedrückt wird.« Die Virtuosität Callados wird auch den Leser von *Reflexos do baile* (Tanzreflexe) in ihren Bann ziehen, beinahe einem Kriminalroman, der von der Niederlage einer kleinen revolutionären Gruppe handelt, die einen Anschlag auf ausländische Diplomaten unternimmt. Der Leser kommt nicht umhin, an der Rekonstruktion der Ballnacht, in der es um Leben und Tod geht, teilzunehmen, welche mit den Bruchstücken eines Tagebuches beschrieben wird. Er lernt die verschiedenen Versionen ein und derselben Operation kennen und entdeckt dabei den Keim des Todes in den Herzen der Lebenden, welche in Kämpfe verwickelt sind, die ihnen gegenüber eine eigene Dynamik entwickeln.

Wenn ich den Roman *Em Liberdade* (In Freiheit) von Silviano Santiago auch auf diesen ersten, den politischen Pol der brasilianischen Erzählprosa beziehe, so handelt es sich hier doch um einen einzigartigen Fall. Santiago, der sich in *Uma Literatura nos trópicos* (Eine Literatur in den Tropen) als scharfsinniger Essayist erwiesen hat, integriert das Politische in den gesamten Kulturprozeß des brasilianischen Volkes. Dies gelingt ihm in diesem Fall, indem er sich des fiktiven Tagebuches von Graciliano Ramos bedient, das dieser im Jahre 1937, nach seiner Entlassung aus dem Gefängnis in der Zeit der populistischen Diktatur von Getúlio Vargas verfaßt haben soll. Dem Autor von *Vidas sêcas* (dt. *Karges Leben*) werden nicht allein Reflexionen über die Konflikte in den Mund gelegt, in die der Intellektuelle im politischen Kräftespiel geraten muß, sondern auch die konkretesten existentiellen Probleme. Er ist kein Kriecher und will keiner sein. Alles gewinnt in dieser Perspektive Bedeutung, und der Held der Erzählung notiert die Anziehungskraft ebenso sorgfältig, die die jungen *Cariocas* am Strand auf ihn ausüben, wie sein etwas unglückliches Verhältnis zum Geld. Der Status eines beamteten Intellektuellen, den er zuvor innehatte, wird ihm unerträglich. Er wird sich dessen bewußt, was ihn wesentlich mit dem Volk verbindet: »Ich lebe mit meinem Mißgeschick, wie ich mit meinem Volk lebe. Geschunden, getreten. Gequält.« Dieses Tagebuch ist von äußerster Klarheit und von einem unerschütterlichen Anspruch geprägt: von dem Willen, durch keinerlei einseitige Parteinahme Vorteile zu erlangen. Die allgemeinen Aphorismen, die der Autor Graciliano Ramos zuschreibt, sind um so eindringlicher, als sie von einem Mann geäußert werden, der sich selbst in Frage stellt. Er lebt »in Freiheit« (gewiß überwacht, aber doch in Freiheit), und er fürchtet das, was ihn daran hindern könnte, er selbst zu sein, was ihn erneut (und dieses Mal für immer) zum Gefangenen machen könnte. Er flieht vor der Aura des Schmerzes, die ihn selbst als ehemaligen Gefangenen umgibt – ebenso wie vor den »Personen mit tiefer und hohler Stimme, mit verständnisvollem und mildtätigem Blick«. Wir kommen so dem merkwürdig gewundenen Denken und den Obsessionen des Graciliano Ramos auf die Spur, seinem »Flirt« mit dem Tod und seiner Abhängigkeit vom Alkohol, der allein seine Phantasie zu wecken imstande ist. Im Lichte von *Em Liberdade* lernen wir verstehen, was der Kampf freier Menschen gegen die Diktatur während der sechziger Jahre bedeutete, und wie sehr er doch dem gleicht, den andere erst vor kurzem geführt haben – aber auch dem der *Mineiros* des 18. Jahrhunderts, die davon träumten, Freiheit für Brasilien zu erlangen.

2. Die stetige Suche nach der »Brasilidade«

Die politischen Verhältnisse geben also den Stoff her für äußerst feinsinnige Romane, die unmittelbar oder verschleiert Bekenntnischarakter haben; wirken aber auch noch auf eine weitere Gruppe von Romanen ein: Andere schöpferische Strömungen, die die kulturelle Identität des brasilianischen Volkes erhellen und neu definieren, werden ebenfalls auf das Interesse des europäischen Lesers stoßen. Wenn Sie Jorge Amado und Adonias Filho kennen, werden Sie gewiß auch gerne die Wandlungen der regionalistischen Literatur und die neue Generation der *Bahianos* kennenlernen wollen. Es ist dies die Generation von Antônio Torres, der das Verdienst hat, daß er sich von seinen großen Vorgängern nicht hat einschüchtern lassen und im Jahre 1976 ein packendes Porträt des *Sertão* vorgelegt hat, *Essa Terra* (Dieses Land). »Bruttonationalprodukt: Menschen, die sich von Dachziegelmehl, Lumpensuppe und Rattenfleisch ernähren«, so charakterisiert der Autor seine holzschnittartig gezeichneten Personen. Die ausgedörrte Erde Juncos erscheint aufgrund der Untreue seiner Kinder, die in die reichen Metropolen des Südens auswandern und sich dem Fortschritt opfern, als verdammt. Nur die apokalyptischen Reden eines Verrückten, Alcino, geben davon Rechenschaft, wie sehr die Rückkehr eines solchen untreuen Sohnes das Bewußtsein und das Gewissen seiner Angehörigen verwirrt. Hat er Erfolg gehabt? Es geht hier um einen Kampf zwischen den Bindungen an die traditionellen Werte des Bodens und der Verführungskraft des Fernsehens. In dieser Erzählung vermischen sich Gegenwart und Zukunft ebenso, wie die biblische und prophetische Rede Seite an Seite mit den kritischen Überlegungen des Erzählers geht. Es herrscht ein harter Ton, und die gesprochene Sprache des Nordostens läßt das verwirrte Denken eines Volkes erahnen, das unter der *Violência* leidet.

Ein anderer Autor, der in diesem verdorrten Nordosten, wo sich der Mystizismus mit dem ehrenwerten Banditentum mischt, verwurzelt ist, heißt João Ubaldo Ribeiro (geboren 1941) aus Bahia. In seinem Roman *Sargento Getúlio* (1971; dt. *Sargento Getúlio*), dem sein Held den Titel gegeben hat, erleben wir die epische Wiederbelebung der Mythen des Nordostens. Dieser »Sergeant«, im Sold eines Großgrundbesitzers stehend, vermag seine Heldentaten gar nicht mehr zu zählen: »Und ich mit meinen zwanzig Toten am Hals. Mehr als zwanzig. Wenn man mich so sieht, denkt man es nicht (. . .) Mehr als zwanzig am Hals, schauen Euergnaden, das ist wie mit den Weibern, man erinnert sich einfach nicht an alle.«

Dieser Söldner soll einen Gefangenen von Paulo Afonso nach Sandbank-der-Kokospalmen bringen, aber die gemeinsame Reise findet einfach kein Ende: »tyrannische Pest, Pest, Pest, Pest, Scheiße . . .«

Während der Fahrt wiederholt er fortwährend seine Geschichte: Die Litanei eines Leichenackers, im Rhythmus eines traurigen Sprechgesangs, der an die volkstümlichen Verse der *Cordel-Literatur* erinnert. Während dieser Höllenfahrt klammert er sich an seine »Pflicht«, die »seinem kurzen *Macho*-Leben« einen Sinn verleiht: »Schließlich hat der Chef mir aufgetragen, das Stück da zu holen, und ich ging hin, faßte ihn, brachte ihn, zähmte ihn und bringe ihn fort. (. . .) Ich muß das Tier abliefern. Ich liefere ihn ab und sage: Befehl ausgeführt.«

Er macht sich seinen eigenen Mythos zurecht, in dem er als unerschrockener Drache erscheint. Doch dieser Mann, der so unermüdlich zu sprechen versteht, sieht, wie seine Worte verblassen, gleichsam als ob die Zivilisation über alle seine Werte, die aus der Tradition des Sertão stammen, das Todesurteil gesprochen hätte.

Zu den Regionen, in denen der brasilianische Roman wurzelt, kommt Amazonien neu hinzu. Márcio Souza (geboren 1947) ist durch seinen Roman *Galvez, Imperador do Acre* (1977; dt. *Galvez, Kaiser von Amazonien*) bekannt geworden. Der Untertitel dieses »Feuilletons« gibt etwas von seiner Atmosphäre wieder: »Leben und wundersame Abenteuer des Don Luiz Galves Rodrigues de Aria in den sagenumwobenen Städten Amazoniens sowie die ergötzliche Eroberung des Territoriums von Acre in wohlausgewogener Darstellung zum Vergnügen des Lesers berichtet«. In einer Folge von sehr kurzen Kapiteln voller Wortspiele erzählt Galvez, der Spanier »aus melancholischem Geschlechte« das Kautschuk-Epos, in das er verwoben ist. Im Herzen des Urwalds erhebt sich die Oper von Manaus, ein Symbol des Reichtums; hier fließt der Champagner in Strömen und französische Kokotten befassen sich mit der »Erziehung« der vom Rausch des Geldes benommenen grobschlächtigen Eroberer. Galvez erklärt sich zum Kaiser von Amazonien, doch sein Reich bricht so schnell zusammen, wie es entstanden ist... Bei aller Spaßhaftigkeit dieser wahnwitzigen Geschichte wird jedoch auch deutlich, welch außerordentliche Bedeutung diese dramatische Episode für die ökonomische Geschichte Brasiliens gehabt hat: Galvez besteht siegreich alle Gefahren der *Selva*, selbst die Malaria, doch wird er durch die Perfidie von Sir Wickam besiegt, einem loyalen Untertan Ihrer Majestät der Königin Viktoria, dem es gelingt, Samen der Hevea nach Malaya auszuführen.

Der Anthropologe und Politiker Darcy Ribeiro (geboren 1922) ist erst spät zur Literatur vorgedrungen. Er ist der erste Schriftsteller, der der indianischen Bevölkerung Sprache verliehen hat, so in seinem Roman *Maĩra* (1976; dt. *Maira*). In ihm erweist sich dieser im Kampf gegen den Völkermord engagierte Wissenschaftler zugleich als begabter Romancier. Eine Weiße ist in einem Indianerterritorium umgebracht worden. Die Untersuchung dieses Vorfalls durch einen Kriminalkommissar hat die Funktion eines roten Fadens, der eine Vielzahl von Einzelberichten verbindet. Da ist die Schilderung der existentiellen Zweifel von Ava, der als Kind von katholischen Missionaren aufgenommen worden war, den Namen Isaias angenommen und in Rom ein Priesterseminar besucht hatte, den Priesterrock aber schließlich an den Nagel hängte und als Ava zu seinem Stamm zurückkehrte. Da ist die Schilderung der Lebensstationen von Alma, einem jungen Mädchen aus der besseren Gesellschaft von Rio, die sich in die Gesellschaft der Indianer integriert und dort ihren Platz gefunden hat. Nach vielen Irrungen und Wirrungen scheint sie glücklich geworden zu sein, doch stirbt sie bei der Niederkunft eines totgeborenen Zwillingspaars. Da ist auch die Schilderung der Mythen von der lebensspendenden und bewegenden Gegenwart der Götter Maira (Sonne) und Micura (Mond). Es sind keine »edlen Wilden«, die hier beschrieben werden; vielmehr werden die Riten und die Kosmogonie der Indios aus ihrer inneren Logik heraus dargestellt. Dieses Volk stirbt, und Darcy Ribeiro zwingt uns in einem Text von liturgischer Intensität, an seinem Todeskampf Anteil zu nehmen. Ribeiros Talent als Romancier erscheint noch vollendeter in seinem Roman *O*

Mulo (1981; Das Maultier), den er selbst als einen Spiegel beschreibt, in dem der Brasilianer sich ohne die Verzerrungen zu betrachten vermag, die sein offizielles Bild prägen. Das versteinerte Herz des alten Philôgonio öffnet sich im Verlaufe einer Beichte, die er gegenüber einem Priester, dem er alle seine Güter vermacht, ablegt. Er erzählt seine Lebensgeschichte in allen Einzelheiten, erzählt von seinem Dasein als Herr, von seiner Einsamkeit, von seiner Ohnmacht und davon, wie er zum Bettler der Ewigkeit geworden ist. Dies ist der eindrucksvollste Roman in zwanzig Jahren brasilianischer Literaturgeschichte, der einzige, dem ich ohne Zögern das Etikett »Meisterwerk« anheften würde.

3. Das Auftauchen neuer Differenzierungen

Auch wenn wir es vermeiden wollen, die Existenz »weiblicher« Literatur anzunehmen, können wir doch festhalten, daß Frauen einen wachsenden Anteil der brasilianischen Literaturproduktion bestreiten. Im Jahre 1975 veröffentlichte Rachel de Queiróz, die Autorin von *O Quinze* (dt. *Das Jahr 15*), nach zwanzigjähriger Pause wieder einen Roman: *Dôra, Doralina*. Und auch dieser Roman, der die Geschichte einer großen Liebe erzählt, schlägt den Leser in seinen Bann – mit seiner Sprache regional gefärbter »praller Sinnlichkeit« und spontaner Poesie. Die alte Dôra läßt uns an ihrem Leben Anteil haben. Dieses von tiefer Humanität und von der Weisheit der kleinen Leute geprägte Werk ist fest in der Landschaft des Ceará verwurzelt. Doch im Gefolge Dôras lernt der Leser die verschiedensten Gegenden und Aspekte Brasiliens kennen, des Brasilien der Fazendas des Nordostens, und das der Straßen und der Flüsse (des São Francisco), wo eine kleine Theatergruppe herumirrt. Die Heldin gehört dieser Truppe an, bevor sie sich mit dem Mann ihres Lebens in Rio niederläßt. Ihr Schicksal scheint in ihrem Namen beschlossen zu sein, denn Dôra ist die Abkürzung von Maria das Dores, schmerzensreiche Maria, was manche gerne zu Doralina abmildern möchten. Viele Brasilianerinnen haben ihr eigenes Leben im Schicksal dieses jungen Mädchens wiedererkannt, das unermüdlich kämpft, um sich von den ihm auferlegten Fesseln zu befreien.

Dieser erschütternde Roman beschreibt den Weg einer Initiation, der gleichzeitig zur Selbstbefreiung führt – wobei er die Ebene einer Illustration feministischer Forderungen weit hinter sich läßt –, und erhebt seine Stimme so stellvertretend für die vielen Frauen, denen nie Gehör zuteil werden wird.

Auch auf Lygia Fagundes Telles, eine Frau von verletzlicher Sensibilität, muß hier hingewiesen werden. In São Paulo, jener undurchsichtigen morbiden Stadt, jener Anhäufung von Beton, lebt eine recht dekadente traditionelle Bourgeoisie. Die Autorin macht deutlich, welch ein Luxus die psychischen Probleme dieser Gesellschaft sind, während sie zugleich ausführlich beschreibt, was diese für die einzelnen bedeuten. In ihrem Roman *As Meninas* (1973) gelingt es ihr, noch tiefer in die Einsamkeit der toten Seelen im Dickicht der Stadt einzudringen. Diese jungen Mädchen – die Meninas –, die sich in einem vornehmen, von Nonnen geführten Pensionat zusammenfinden, stellen einen repräsentativen Querschnitt durch das bessere São Paulo dar. Lia de Melo Schultz, die Tochter eines emigrierten Nazis, wird zu einer militanten Untergrundkämpferin; die reiche Lorena Vaz Leme verliebt sich in einen verheirateten Arzt und macht diesen zu ihrem Liebhaber; Ana Clara wird drogenabhängig und teilt ihre Energien zwischen der Psychoanalyse und zwei Männern. Lygia Fagundes Telles führt uns an die Orte, wo ihre Heldinnen leben: in das schick eingerichtete Zimmer der einen, zum schmutzigen Lokal, in dem sich die Untergrundkämpfer versammeln und an den Treffpunkt der Drogenabhängigen. Sie besitzt die Fähigkeit, uns an Szenen teilnehmen zu lassen, die ein klares Licht auf die Verhältnisse werfen, auch wenn sie im Halbdunkel bleiben. In ihrem konsequenten Realismus läßt sie die Personen ihres Romans ihre Ängste und ihre geheimen Begierden bekennen und die banalsten oder irrationalsten Handlungen vollführen. Angst durchzittert die Seiten dieses Buches, und allein Lorena, die Stabilste unter den Mädchen, ist so etwas wie ein Gravitationszentrum in einer orientierungslos gewordenen Welt. Das Auseinanderbrechen aller Zusammenhänge tritt um so schärfer hervor, als sein äußerer Rahmen ein Kloster ist, in dem Ordnung herrscht. Die Kunst von Lygia Fagundes Telles läßt sich in einem Wort zusammenfassen: Intensität.

Unter den zahlreichen anderen Frauen in der brasilianischen

Gegenwartsliteratur ist Nélida Piñón besonders hervorzuheben. Es lohnt sich, noch einmal ihr schwieriges und außerordentlich dichtes Werk *A Casa da paixão* (1972; Das Haus der Leidenschaft) zu betrachten, ein Romangedicht, das vom Körper und vom Sonnenreich Martas handelt, der in Erwartung der Liebe lebenden Heldin. Archetypische Personen treten durch ihre Gegensätze hervor: der strenge Vater, der zugleich Verführer ist, erscheint als Christ und wird mit dem wilden Heidentum seiner Tochter Marta konfrontiert, welcher er einen Mann, Jerônimo, zuführt. Zentrale Gestalt ist auch die Dienstmagd Antônia, die die Geheimnisse der Natur bewahrt. Dieser ambitionierte und in einem überschäumenden Stil geschriebene Roman hat viel mit der neuen hispanoamerikanischen epischen Erzählkunst gemein. Der heftige Lyrismus dieses erotischen und initiatorischen Textes findet sich noch stärker in einem anderen außerordentlich reichen Werk, nämlich *Tebas do meu coração* (1974; Tebas meines Herzens).

Neue Differenzierungen schlagen sich auch in der Arbeit des radikalen Spracherneuerers Raduan Nassar nieder. Wenn er sich im Rhythmus von *Lavoura arcaica* (1975; Archaische Arbeit) verliert oder den vibrierenden Text von *Um Copo de cólera* (1978; Ein Glas Wut) schreibt, schafft Nassar eine ökonomische Prosa, so etwas wie ein aufgehaltenes Fließen, einen allesverschlingenden Strom, angesichts dessen man den Sinn der Interpunktion wieder entdeckt. In dieser einzigartig musikalischen Sprache werden alle Metaphern des Weltschmerzes erneuert. Das Anekdotische und selbst das Wunderbare sind dort nicht mehr am Platz, wo die geringsten Gesten vom Gewicht und der Dichte des Wirklichen zeugen. Nassar legt die Gegensätze innerhalb einer Familie offen, die durch die Gestalt des Vaters geprägt ist, und läßt eine mittelmeerische Atmosphäre wieder erstehen, die die Seinen aus dem Nahen Osten – woher sie erst vor kurzem eingewandert sind – mitgebracht haben. In seinem zweiten Roman, *Um Copo de coléra*, schildert er, wie ein Paar von der Banalität großstädtischen Lebens erstickt wird. Ein ungewöhnliches Werk.

Während dieses kurzen Ganges durch die neuere brasilianische Literatur konnte vieles nicht einmal gestreift werden, was unbedingt Beachtung verdient hätte. Doch ich wäre bereits froh, wenn die Verschiedenheit der literarischen Temperamente und die – beinahe schon überbordende – Vielfalt des brasilianischen Romans deutlich geworden wäre. Wir können heute den Charakter des dortigen Romans nicht mehr formelhaft mit dem Exotismus der Tropen und der Rassenmischung bezeichnen oder einfach durch den Vergleich mit unseren eigenen Autoren bestimmen. Tatsächlich hat die brasilianische Literatur die europäischen und nordamerikanischen Einflüsse bereits mehr oder weniger verdaut, und ihre innere Differenzierung beschränkt sich durchaus nicht mehr nur auf Unterschiede in der Thematik. Denn was haben die sinnliche Prosa in den Memoiren von Pedro Nava, die doppeldeutigen Erzählungen von Paulo Emilio Salles Gomes und die subtilen Romane von Autran Dourado gemein? Der brasilianische Roman ist alles andere als tot; er wird – zusammen mit einer Vielfalt erzählerischer Formen – fortwährend wiedergeboren. Jedem unter uns bleibt es überlassen, seinen Autor oder seine Autorin zu entdecken.

Aus dem Französischen von Edmund Jacoby

II

Bio-Bibliographien

Joaquim Maria Machado de Assis
*1839 in Rio de Janeiro, † 1908 dort

Machado de Assis stammte aus sehr bescheidenen Verhältnissen: sein Vater, Mulatte, war Maler; seine Mutter Wäscherin. Als Kind litt er unter Epilepsie und stotterte. Sein Schulbesuch war lückenhaft, da es an Geld fehlte. Früh starben Mutter und eine Schwester (1845), sechs Jahre später auch der Vater. Seit 1855 erste Veröffentlichungen in diversen Zeitschriften und Arbeit als Lehrling in einer Druckerei. Der Romancier Manuel Antônio de Almeida unterstützte und protegierte seinen Werdegang. Autodidaktische Studien (Französisch, Latein). In den folgenden Jahren schrieb Machado de Assis Theaterstücke, Artikel, Gedichte und Erzählungen, die teils unter Pseudonym, teils unter seinem Namen publiziert wurden. 1869 heiratete er die Portugiesin Carolina Augusta Xavier de Novais; die Ehe war überaus harmonisch. Jahre später wurde sein erster Roman gedruckt: *Ressurreição (1872)*. Danach nahm sein Ruhm schnell und stetig zu, so daß er schon 1873 eine erste öffentliche Anstellung erhielt (im Ministerium für Handel und öffentliche Arbeiten). Aufgrund seiner vorbildlichen Amtsführung wurde er 1877 durch ein Dekret der Prinzessin Isabel zum Abteilungsdirektor befördert. In diesen Jahren übersetzte er auch einige Werke großer europäischer Romanciers aus dem 19. Jahrhundert, die er sehr bewunderte. 1880 erschienen die *Postumen Erinnerungen des Bras Cubas* als Fortsetzungsroman in einer Zeitung, ein Jahr später dann als Buch. Damit fand Machado de Assis zu seinem eigenen Stil. 1882 war seine Gesundheit aufgrund intensiver Arbeit so angegriffen, daß er sich einige Monate nach Petropolis und Nova Friburgo zurückziehen mußte. 1883 gründete er mit anderen die *Liga do ensino no Brasil* (Liga für den Unterricht in Brasilien). Er fing an, Deutsch zu lernen. In Rio wurde die *Asociação dos Homens das Letras do Brasil* gegründet. 1886 erschien *Quincas Borba* als Fortsetzungsroman. 1888 erhielt Machado de Assis durch ein kaiserliches Dekret den Titel »Oficial de la Orden de la Rosa« für seine schriftstellerischen Verdienste. Im gleichen Jahr beteiligte er sich an den Feierlichkeiten zur Abschaffung der Sklaverei. Seine 1892 erfolgte Ernennung zum Generaldirektor für Verkehr und Straßen markiert den Höhepunkt seiner Beamtenlaufbahn. 1896 wurde die *Academia Brasileira de Letras* gegründet, Machado de Assis zu ihrem ersten Präsidenten gewählt. Er übte dieses Amt bis zu seinem Tode aus. 1899 erschien sein Roman *Dom Casmurro*, den viele für sein reifstes und schönstes Werk halten. 1904 stirbt seine Frau; seitdem mehrten sich wieder seine epileptischen Anfälle, und er klagte häufig über Einsamkeit. 1905 begann er, Griechisch zu lernen. Machado de Assis starb 1908 und wurde mit allen staatlichen Ehren beigesetzt.

I. Werke von Machado de Assis

1. Romane

Ressurreição (1872)
A Mão e a Luva (1874)
Helena (1876)
Iaiá Garcia (1878)
Memórias póstumas de Brás Cubas (1881)
Quincas Borba (1891)
Dom Casmurro (1899)
Esaú e Jacó (1904)
Memorial de Aires (1908)

2. Erzählungen

Contos Fluminenses (1870)
Histórias de Meia-Noite (1873)
Papéis Avulsos (1882)
Histórias Sem Data (1884)
Várias Histórias (1896)
Páginas Recolhidas (1899)
Relíquias de Casa Velha (1906)
Outras Relíquias (1910)

3. Lyrik

Crisálidas (1864)
Falenas (1870)
Americanas (1875)
Poesias Completas (1901)

4. Theater

Desencantos (1861)
Tu, Só, Tu, Puro Amor (1881)
Não Consultes Médico, Lição de Botanica (1910)

5. Gesamtausgaben

Obra Completa (Org. por Afrânio Coutinho), Aguilar, Rio de Janeiro

1959 (3 vols.)
Edições Críticas de Obras de Machado de Assis, Civil. Brasileira/INL, Rio de Janeiro 1975 (15 vols.)

II. Sekundärliteratur

1. Bibliographie

Carpeaux, Otto María, *Pequena Bibliografia Crítica da Literatura Brasileira*, Rio de Janeiro ³1964.
Exposição Machado de Assis (1839-1939), Ministério da Educação e Saúde, Rio de Janeiro, 1939.
Massa, Jean-Michel, *Bibliographique Descriptive, Analytique et Critique de Machado de Assis*, Rio de Janeiro/São Paulo 1965.
Sousa, J. Galante de, *Bibliografia de Machado de Assis*, Instituto do Livro, Rio de Janeiro 1955.
Ders., *Fontes para o Estudo de Machado de Assis*, Instituto do Livro, Rio de Janeiro, 1958.
Centenário de Machado de Assis, Revista do Brasil, Rio de Janeiro 1939.
Edição Conmemorativa do Cinquentenário da morte de Machado de Assis, Revista do Livro, Rio de Janeiro 1958.

2. Untersuchungen

Die Sekundärliteratur zu Machado de Assis ist überaus umfangreich. Ich erwähne daher nur einige wenige Arbeiten der letzten fünfundzwanzig Jahre:

Antônio Cândido, *Esquema de Machado de Assis*, in: *Vários Escritos*, Ed. Duas Cidades, São Paulo 1970.
Afrânio Coutinho, *Machado de Assis na Literatura Brasileira*, in: Machado de Assis, *Obra Completa*, Vol. 1, Aguilar, Rio de Janeiro 1959.
Eugênio Gomes, *Machado de Assis*, Livr. São José, Rio de Janeiro 1958.
Raimundo Magalhães Junior, *Ao Redor de Machado de Assis*, Civil. Brasileira, Rio de Janeiro 1958.
Augusto Meyer, *Machado de Assis 1935-1958*, Livr. São José, Rio de Janeiro 1958.
Francisco Pati, *Dicionário de Machado de Assis. História e Biografia das Personagens*, Rede Latina, São Paulo 1958.
Roberto Schwarz, *Ao Vencedor as Batatas; forma literária e processo social nos inícios do romance brasileiro*, Ed. Duas Cidades, São Paulo 1977.

III. Machado de Assis in deutscher Sprache

Die nachträglichen Memoiren des Brás Cubas, übersetzt von Wolfgang Kayser, Manesse, Zürich 1950.
Auch als: *Postume Erinnerungen des Brás Cubas,* übersetzt von Erhard Engler, Ruetten u. Loening, Berlin 1967; Frankfurt/M. 1978 (suhrkamp taschenbuch 494).
Quincas Borbas, übersetzt von Georg Rudolf Lind, Frankfurt/M. 1982 (Bibliothek Suhrkamp 764).
Dom Casmurro, übersetzt von E. G. Meyenburg, Manesse, Zürich 1951.
Auch als: *Dom Casmurro,* übersetzt von Harry Kaufmann, Rütten und Loening, Berlin 1966; Frankfurt/M. 1980 (Bibliothek Suhrkamp 699).
Der Irrenarzt, übersetzt von Curt Meyer-Clason, Frankfurt/M. 1978 (Bibliothek Suhrkamp 610).
Meistererzählungen des Machado de Assis, übersetzt von Curt Meyer-Clason, Christian Wegner, Hamburg 1964 (Die Bücher der Neunzehn Bd. 120).
Auswahl aus: *Meistererzählungen* unter dem Titel: *Der geheime Grund,* übersetzt von Curt Meyer-Clason, München 1970 (Sonderreihe dtv 81).

Euclides da Cunha
* 1866 in der Provinz Rio de Janeiro, † 1909 in Rio

Euclides da Cunha (Euclides Rodrigues Pimenta da Cunha) besuchte die Polytechnische Schule und von 1886 an die Militärschule, die er jedoch nicht beendete. Er zog nach São Paulo und arbeitete als Journalist. Dann kehrte er zum Militär zurück, um sich einige Jahre später wieder zurückzuziehen. Er arbeitete als Zivilingenieur, als der Aufstand von Canudos 1896 begann. Eine Zeitung aus São Paulo schickte ihn als Reporter in die Zone, um die Kämpfe zu beobachten. Aus diesen Berichten entstand das Nationalepos *Os Sertões,* das 1902 publiziert wurde. Es ist das wohl einflußreichste Buch Brasiliens, das durch den Roman von Mario Vargas Llosa *Der Krieg am Ende der Welt* (1981) neue Aktualität gewann.

Alfonso Henriques de Lima Barreto
* 1881 in Rio de Janeiro, † 1922 dort

Beide Eltern waren Mulatten, der Vater Buchdrucker, die Mutter Lehrerin. Als er sieben Jahre alt war, starb die Mutter. Nach der Proklamation der Republik verlor der Vater seine Stellung. Der Vicomte von Ouro Preto, Taufpate von Lima Barreto, finanzierte daraufhin seine Schulbildung. Später besuchte Lima Barreto die polytechnische Hochschule, um Ingenieur zu werden, brach das Studium aber 1903 ab. Ein Jahr zuvor war sein Vater wahnsinnig geworden. Lima Barreto erhielt eine kleine Anstellung im Kriegsministerium. In den folgenden Jahren las er unermüdlich alle europäischen Romane aus dem 19. Jahrhundert, ließ sich Bücher aus Europa mitbringen und schien nie genug Lesestoff bekommen zu können. Sein Leben ist von Depressionen und Alkohol gezeichnet. Wiederholt wurde er in psychiatrische Anstalten eingeliefert und schrieb nahezu fieberhaft Romane, Artikel, Chroniken und Briefe.
Die Russische Revolution übte nachhaltigen Einfluß auf ihn aus, da er sich eine ähnliche Entwicklung für Brasilien wünschte, um das jahrhundertalte Unrecht und Elend zu überwinden. Im Alter von 41 Jahren starb er an einem Herzschlag.

I. Werke von Lima Barreto

Clara dos Anjos (1905 entstanden; 1923) (Roman)
O Triste Fim de Policarpo Quaresma (1911) (Roman)
Recordações do Escrivão Isaías Caminha (1909) (Roman)
Numa e Ninfa (1915) (Roman)
Vida e Morte de M. J. Gonzaga de Sá (1919) (Roman)
Histórias e Sonkos (1920) (Erzählungen)
Bagatelas (1923) (Aufsätze)
Os Buruzundangas (1922) (Satire)
Seit 1956 erschien unter Leitung von Francisco Assis Barbosa die Gesamtausgabe *Obras Completas* (17 Bände), Ed. Brasiliense, São Paulo 1957 ff.

II. Sekundärliteratur

Francisco de Assis Barbosa, *A Vida de Lima Barreto*, José Olympio, Rio de Janeiro [3]1965.
Osman Lins, *Lima Barreto e o Espaço Romanesco*, Ed. Atica, São Paulo 1976 (Coll. Ensaios No. 20).

Vorworte zu den 17 Bänden der Gesamtausgabe von Francisco de Assis Barbosa, Oliveira Lima, João Ribeiro, Alceu de Amoroso Lima, Sérgio Buarque de Holanda, Lúcia Miguel-Pereira, Osmar Pimentel, Olívio Montenegro, Astrojildo Pereira, Jackson de Figueiredo, Antônio Houaiss, Agripino Grieco, Calvalcanti Proença, Gilberto Freyre, Eugênio Gomes, Antônio Noronha Santos.

Bandeira, Manuel
* 1886 in Recife, † 1968 in Rio de Janeiro

Manuel Bandeira besuchte die Schule in Rio de Janeiro und wollte wie sein Vater Bauingenieur werden. Da er jedoch an Tuberkulose erkrankte, mußte er das Studium abbrechen und kam später in ein Sanatorium in die Schweiz, wo er Paul Eluard kennenlernte. 1917 publizierte er seinen ersten Gedichtband, *A Cinza das horas*. In Rio scharte sich ein Freundeskreis von Schriftstellern um ihn. Seine Krankheit war nicht ausgeheilt, so daß er keiner festen Arbeit nachgehen konnte, sondern von einer Rente seines Vaters lebte. 1922, als die »Woche der Modernen Kunst« in São Paulo stattfand, nahm er als »älterer Bruder« daran teil. In den folgenden Jahren erschienen noch sieben Gedichtbände, Chroniken, Literaturkritiken und Übersetzungen von ihm (*Macbeth, Maria Stuart*, O'Casey, Cocteau u. a.)

I. Werke

Das Werk Manuel Bandeiras umfaßt zwölf Gedichtbände, zehn Prosabände (Chroniken, Essays) und eine umfangreiche Korrespondenz. Die Ausgabe der *Poesías Completas* wurde viermal erweitert (1945, 1947, 1949 und 1954).

II. Sekundärliteratur

Einführende Essays in der Ausgabe: M. Bandeira, *Poesía e Prosa*, 2 vols., Ed. Aguilar, Rio de Janeiro 1958 (von Sérgio Buarque de Holanda, Francisco de Assis Barbosa und Antônio Cândido).
Roger Bastide, *Poetas do Brasil*, Ed. Guaíra, Curitiba 1947.
Carlos Drummond de Andrade, *Passeios na Ilha*, Ed. Simões, Rio de Janeiro 1952.
Lêdo Ivo, *O Prêto no Branco. Exegese de um Poema de Manuel Bandeira*, Livraría São José, Rio de Janeiro 1955.

III. Manuel Bandeira in deutscher Sprache

Vereinzelte Gedichte in Anthologien, z. B. in:
Lateinamerika. Gedichte und Erzählungen 1930-1980, hg. und mit einem Vorwort versehen von José Miguel Oviedo, Frankfurt/M. 1982 (suhrkamp taschenbuch 810).

Jorge de Lima
* 1895 in União/Alagoas, † 1953 in Rio de Janeiro

Jorge de Lima stammte aus einer liberalen und wohlhabenden Kaufmanns- und Grundbesitzerfamilie. In Maceió studierte er Geisteswissenschaften, in Salvador dann Medizin. Er übte den Beruf sowohl in seiner Heimatstadt wie auch in Salvador aus. Er interessierte sich sehr für Literatur und Kunst und erhielt einen Lehrstuhl für Literatur an der Universidade do Brasil. Nach Ende der Diktatur (1945) wurde er als Abgeordneter politisch aktiv. Zu den wichtigsten Begebenheiten seines Lebens zählten die »Woche der Modernen Kunst« und seit 1935 ein fortschrittliches Verständnis vom Katholizismus. Jorge de Lima publizierte seit 1914: sein Werk umfaßt dreizehn Gedichtbände, fünf Romane, Essays und ein Filmdrehbuch.

I. Wichtige Gedichtbände von Jorge de Lima

O Mundo do Menino Impossível (1925)
Tempo e Eternidade (1935)
Poemas Negros (1937)
Livro de Sonetos (1949)
Invenção de Orfeu (1952)
Obra Completa, Ed. Aguilar, Rio de Janeiro 1958.

II. Sekundärliteratur

Otto Maria Carpeaux, *Introdução à obra poética de Jorge de Lima*, Ed. Getúlio Costa, Rio de Janeiro 1950.
Antônio Rangel Bandeira, *Jorge de Lima. O Roteiro de uma contradição*, Livr. São José, Rio de Janeiro 1959.

III. Jorge de Lima in deutscher Sprache

Auf deutsch erschienen vereinzelte Gedichte in Anthologien, u. a. in:

Brasilianische Poesie des 20. Jahrhunderts, München 1975 (sonderreihe dtv 128).

Mário de Andrade
* 1893 in São Paulo, † 1945 dort

Nach dem Abitur besuchte Mário de Andrade das Konservatorium und unterrichtete anschließend als Musikhistoriker. Er war einer der Hauptinitiatoren der »Woche der modernen Kunst« und gründete mehrere Literaturzeitschriften. Sein intensives literarisches Schaffen verlief parallel zur Erforschung der brasilianischen Folklore, Musik und Bildenden Künste. Von 1934 bis 1937 leitete er die Kulturabteilung der Landesregierung, gründete das Kulturamt, eine Stadtbibliothek, Kindergärten und andere Institutionen, wie z. B. eine Gesellschaft für Ethnographie.
1938 wurde er Direktor des Instituts für Bildende Künste in Rio und lehrte Ästhetik an der dortigen Universität. Anschließend arbeitete er im Amt für Denkmalschutz. Mário de Andrade starb mit 52 Jahren.
Die Bedeutung von Mário de Andrade für die brasilianische Kultur und das intellektuelle Leben des Landes war überaus groß. »Genie und Pragmatiker in einer Person, entwickelte er Initiativen und erfand Projekte, die ebenso beharrlich wie liebenswürdig durchgesetzt wurden. Faszination und Hochachtung der Zeitgenossen bringen die ihm beigelegten Ehrentitel wie ›Orakel der Neuen‹, ›Lebende Enzyklopädie‹ oder ›Papst des Modernismo‹ zum Ausdruck.« (Dieter Reichardt) Sein umfangreiches Werk enthält Poesie, Prosa, Essays, Briefe, Chroniken, Folklorestudien sowie den bahnbrechenden Roman *Macunaíma*.

I. Wichtige Werke von Mário de Andrade

Paulicéia Desvairada (1922)
Primeiro Andar (1926)
Macunaíma, o Herói sem Nenhum Caráter (1928)
Compêndio de História da Música (1929)
O Aleijadinho e Álvares de Azevedo (1935)
Música do Brasil, História e Folclore (1941)
O Movimento Modernista (1942)
Aspectos da Literatura Brasileira (1943)
Poesias Completas (1955)
Cartas de Mário de Andrade a Manuel Bandeira (1958)
Danças Dramáticas do Brasil (3 Bde., 1959)

II. Sekundärliteratur

Lêdo Ivo, *Lição de Mário de Andrade*, MES, Rio de Janeiro 1952.
M. Cavalcanti Proença, *Roteiro de Macunaíma*, Ed. Anhembi, São Paulo 1955.
Roberto Schwarz, *A Sereia e o Desconfiado*, Ed. Civil. Brasileira, Rio de Janeiro 1965.

III. Mário de Andrade in deutscher Sprache

Vereinzelte Erzählungen und Gedichte in Anthologien, u. a.:
Der Weihnachtstruthahn, in: *Die Reiher und andere brasilianische Erzählungen*, Erdmann, Tübingen 1967.
Sechs Gedichte in: *Brasilianische Poesie des 20. Jahrhunderts*, München 1975 (sonderreihe dtv 128).
Macunaíma – der Held ohne jeden Charakter, Rhapsodie, übersetzt von Curt Meyer-Clason, Suhrkamp, Frankfurt/M. 1982.

Carlos Drummond de Andrade
* 1902 in Itabira/Minas Gerais

Drummond de Andrade wuchs auf der Fazenda seiner Eltern auf, die zur reichen Oberschicht des Landes gehörten. Er besuchte das Gymnasium in Friburgo und Belo Horizonte, wo er anschließend Pharmazie studierte. Später erteilte er Geographieunterricht und gründete 1925 mit anderen die Zeitschrift *A Revista*, die trotz weniger Nummern zum wichtigsten Sprachrohr des Modernismo wurde. 1933 siedelte er nach Rio über und arbeitete dort als Abteilungsleiter im Amt für öffentliche Gebäude und Denkmalschutz.
Von 1934 bis 1945 übte er das Amt des Kabinettchefs im Unterrichtsministerium von Rio de Janeiro aus.
Drummond war immer journalistisch tätig; noch heute publiziert er regelmäßig Artikel und Chroniken. Er übersetzte u. a. Werke von Mauriac, Choderlos de Laclos, Balzac, Maeterlinck und Proust.
Drummond ist der bedeutendste Lyriker Brasiliens des 20. Jahrhunderts. Er wurde mehrmals für den Nobelpreis vorgeschlagen.

I. Werke von Carlos Drummond de Andrade

1. Poesie

Alguma Poesia (1930)
Brejo das Almas (1934)
Sentimento do Mundo (1940)
José (1942)
A Rosa do Povo (1945)
Novos Poemas (1948) in: *Poesia até agora*
Claro Enigma (1951)
Viola de Bôlso (1952)
Fazendeiro do Ar (1954)
A Vida Passada a Limpo (1959)
Lição de Coisas (1962)
Viola de Bôlso II (1964)
Versiprosa (1967)
Boitempo (1968)
Menino Antigo (Boitempo II) (1973)
As Impurezas do Branco (1973)
A Visita (1977)
Discurso de Primavera e Algumas Sombras (1977)
Esquecer para Lembrar (Boitempo III), (1979)
A Paixão Medida (1980)

2. Prosa

Confissões de Minas, Essays und Chroniken (1944)
Contos de Aprendiz, Erzählungen (1951)
Passeios na Ilha, Essays und Chroniken (1952)
Fala, Amendoeira, Chroniken (1957)
A Bôlsa e a Vida, Chroniken und Gedichte (1962)
Cadeira de Balanço, Chroniken (1966)
Versiprosa, Crônica da vida quotidiana e de algumas miragens (1967)
Caminhos de João Brandão, Chroniken und Gedichte (1970)
O Poder Ultrajovem e mais 79 Textos em Prosa e Verso (1972)
De Notícias e não notícias faz-se a crônica (1974)
Os Dias Lindos, Chroniken (1977)
70 Historinhas, Geschichtchen (1978)
Contos Plausiveis, Erzählungen (1982)

II. Sekundärliteratur

Hélcio Martins, *A Rima na Poesia de C. D. A.*, José Olympio, Rio de Janeiro 1968.

Luis Costa Lima, *Lira e Antilira (Mário, Drummond, Cabral)*, Civil. Brasileira, Rio de Janeiro 1968.
Gilberto Mendoça Telles, *Drummond. A Estilística da Repetição*, José Olympio, Rio de Janeiro 1970.
Curt Meyer-Clason, *Nachwort* zu der von ihm besorgten Ausgabe *Gedichte*, Frankfurt/M. 1962 (Bibliothek Suhrkamp 765).

III. Carlos Drummond de Andrade in deutscher Sprache

Carlos Drummond de Andrade: *Poesie,* übersetzt von Curt Meyer-Clason, Suhrkamp, Frankfurt/M. 1965.
Carlos Drummond de Andrade: *Gedichte,* übersetzt von Curt Meyer-Clason, Frankfurt/M. 1982 (Bibliothek Suhrkamp 765).

Graciliano Ramos
* 1892 in Quebrângulo, Alagoas, † 1953 in Rio

Graciliano Ramos war das älteste von fünfzehn Kindern. Seine Familie zählte zur Mittelschicht und lebte in einer Kleinstadt des Sertão. Einen Teil seiner Kindheit verbrachte er in Buíque, Pernambuco. Später besuchte er das Gymnasium in Maceió, konnte jedoch mangels der notwendigen Mittel nicht studieren. 1910 ließ er sich in Palmeira dos Indios nieder und arbeitete im Geschäft seines Vaters. Wenig später zog er dann nach Rio und arbeitete als Korrektor bei der Zeitung *Correio da Manhã*, später bei *A Tarde*.
Er kehrte nach Palmeira zurück, als drei seiner Geschwister an der Beulenpest starben. Von diesem Zeitpunkt an verband er die journalistische mit der politischen Tätigkeit, wurde Bürgermeister und publizierte seinen ersten Roman *Caetés*. Von 1930 bis 1936 lebte er in Maceió und leitete die staatliche Druckerei. In dieser Zeit freundete er sich mit José Lins do Rego, Jorge Amado und Raquel de Queiróz an und schrieb *Vidas Sêcas* und *Angústia*. 1936 wurde er wegen subversiver Tätigkeit inhaftiert. Er blieb ohne konkrete Anschuldigung neun Monate lang im Gefängnis. Die Erfahrungen dieser Zeit faßte er in den *Memórias do Cárcere* zusammen. Graciliano Ramos lebte seitdem in Rio und schrieb Zeitungsartikel, Romane und einige Erzählungen für Kinder. Schon seit etwa 1945 wurde er als bedeutendster Romancier Brasiliens nach Machado de Assis bezeichnet. 1945 trat er der Kommunistischen Partei bei. 1951 wurde er zum Präsidenten des brasilianischen Schriftstellerverbandes gewählt. 1952 reiste er in die UdSSR und andere sozialistische Länder. *Viagem* schildert die Eindrücke dieser Reise.

I. Werke von Graciliano Ramos

Caetés (1933)
São Bernardo (1934)
Angústia (1936)
Vidas Sêcas (1938)
Histórias de Alexandre (1944)
Infância (1945)
Dois Dedos (1945)
Histórias Incompletas (1946)
Insônia (1947)
7 Histórias Verdadeiras (1951)
Memórias do Cácere (1953)
Viagem (1953)

II. Sekundärliteratur

Homenagem a Graciliano Ramos (Francisco de Assis Barbosa, Carpeaux, J. Lins do Rêgo, Astrojildo Pereiro, A. Schmidt u. a.), Ed. Oficinas Alba, Rio de Janeiro 1943.
Antônio Cândido, *Ficção e Confissão*, José Olympio, Rio de Janeiro 1956.
Rui Mourão, *Estruturas. Ensaio sôbre o Romance de Graciliano*, Ed. Tendência, Belo Horizonte 1969.

III. Graciliano Ramos in deutscher Sprache

Karges Leben, übersetzt von Willy Keller, Frankfurt/M. 1981 (suhrkamp taschenbuch 667).
Angst, übersetzt von Willy Keller, Frankfurt/M. 1978 (Bibliothek Suhrkamp 570).

Jorge Amado
* 1912 in Ferradas, einer Kakao-Fazenda bei Ilhéus, Bahia

Jorge Amado wuchs auf der kleinen Kakao-Fazenda seines Vaters auf, bis diese durch Überschwemmungen des Cachoeira-Flusses zerstört wurde. Der Vater mußte sie daraufhin 1914 verkaufen und zog mit der Familie nach Ilhéus. Die verarmte Familie lebte dort einige Jahre, der Vater eröffnete einen kleinen Handwerksbetrieb und sparte das nötige Geld zusammen, bis er wiederum Land erwerben konnte.

Bald beteiligte der Vater sich an den Unruhen in der Gegend, die Jorge
Amado in dem Roman *Terras do Sem Fim* evoziert. Amado besuchte
seit 1922 eine Jesuitenschule in Salvador, konnte die drückende Atmosphäre aber nicht lange ertragen. Er floh 1924 und streifte monatelang
durch den Sertão, bis er schließlich in Itaporanga (Sergipe) im Haus
seines Großvaters ankam. Im folgenden Jahr besuchte er auf Wunsch
seines Vaters ein Internat (Ipiranga), der Romancier Adonias Filho
war sein Klassenkamerad. Von 1927 an arbeitete er als Journalist bei
der Zeitung *Diário da Bahia*, gehörte zur »Akademie der Rebellen«
und lebte ein Bohèmeleben, bis der Vater 1930 beschloß, der schlechte
Schüler solle seine Ausbildung in Rio beenden. Amado studierte ein
wenig und eher lustlos Jura, während zugleich seine ersten Bücher erschienen. 1936 wurde er kurze Zeit inhaftiert, seine Romane wurden
ein Jahr später öffentlich in Bahia verbrannt. Amado wurde 1942
nochmals inhaftiert (in Manaus), im folgenden Jahr nach Rio über-
führt und dort freigelassen. 1945 heiratete er Zélia Gattai. Im gleichen
Jahr wurde er zum kommunistischen Abgeordneten ins Bundesparla-
ment gewählt. Drei Jahre später zwang ihn ein weiterer Diktator ins
Exil. Von 1948 bis 1952 lebte das Ehepaar in Paris und unternahm
lange Reisen. In dieser Zeit lernte Amado Sartre, Picasso, Eluard, Eh-
renburg, Anna Seghers u. a. kennen. Zurück in Brasilien gründete er
gemeinsam mit Oscar Niemeyer, Moacyr Werneck und James Amado
die Kulturzeitschrift *Paratodos*, die drei Jahre lang im Zwei-Wochen-
Rhythmus erschien und aktuelle und polemische Themen aufgriff.
1961 wurde Amado einstimmig in die Academia Brasileira de Letras
gewählt. Amado lebt seit vielen Jahren in Rio Vermelho, einem Vorort
von Salvador/Bahia. Seine Romane wurden mit zahlreichen Preisen
versehen und in 36 Sprachen übersetzt; viele von ihnen sind verfilmt
worden. Amados Werk ist *der* Bestseller Lateinamerikas in Europa
wie auch in den USA.

I. Werke von Jorge Amado

O País do Carnaval (1931)
Cacau (1933)
Suor (1934)
Jubiabá (1935)
Mar Morto (1936)
Capitães de Areía (1937)
ABC de Cástro Alves (Biografía Lírica) (1941)
Vida de Luis Carlos Prestes, El Caballero de la Esperanza (Argentinien
1942, Brasilien 1945)
Terras do Sem Fim (1942)
São Jorge dos Ilhéus (1944)

Bahia de Todos os Santos (Reiseführer) (1945)
Seara Vermelha (1946)
O Amor do Soldado (Theater) (1947)
O Mundo da Paz (1951)
Os Subterrâneos da Liberdade (3 Bde.) (1952)
Gabriela, Cravo e Canela (1958)
A Morte e a Morte de Quincas Berro Dágua (1961)
Os Velhos Marinheiros ou O Capitão de Longo Curso (1961)
Os Pastores da Noite (1964)
Dona Flor e Seus Dois Maridos (1966)
Tenda dos Milagres (1970)
Tereza Batista, Cansada de Guerra (1972)
Tieta do Agreste (1977)
A Gato Malhado e a Andorinha Sinhá (1977)
Farda, Fardão, Camisola de Dormir (1979)
O Menino Grapiúna (1982)

II. Sekundärliteratur

Miécio Tati, *Jorge Amado, Vida e Obra,* Ed. Itatiaia, Belo Horizonte 1961.
Luis Costa Lima, *Jorge Amado,* in: A Literatura no Brasil, Vol. V., Ed. Sul Americana, Rio de Janeiro 1970, S. 304-326.
Joseph Jurt, *Jorge Amado,* in: *Lateinamerikanische Literatur der Gegenwart* (Hg. Wolfgang Eitel), Kröner, Stuttgart 1978, S. 108-133.
Ronald Daus, *Jorge Amado als engagierter Schriftsteller,* Dortmund 1968.

III. Jorge Amado in deutscher Sprache

Jubiabá, übersetzt von H. Wiltsch und H. Bräuning, Volk und Welt, Berlin 1950 und 1969; neue Übersetzung in Vorbereitung.
Tote See, übersetzt von H. Bräuning, Volk und Welt, Berlin 1950; Rowohlt, Hamburg 1959.
Herren des Strandes, übersetzt von L. Graf von Schönfeld, Volk und Welt, Berlin 1951; Rowohlt, Hamburg 1963.
Kakao (Terras do Sem Fim), übersetzt von L. Graf von Schönfeldt, Amandus, Wien 1951; Volk und Welt, Berlin 1957.
Die Auswanderer vom São Francisco (Seara Vermelha), übersetzt von H. Bräuning, Volk und Welt, Berlin 1951.
Der Ritter der Hoffnung. Das Leben von Luis Carlos Prestes, übersetzt von K. Heinrich, Volk und Welt, Berlin 1952; Stern, Wien 1953.
Das Land der goldenen Früchte (São Jorge dos Ilhéus), übersetzt von

H. Bräuning, Volk und Welt, Berlin 1953; Globus, Wien 1953; in neuer Übersetzung von R. Erb, Volk und Welt, Berlin 1978; Peter Hammer, Wuppertal 1983.
Katakomben der Freiheit, übersetzt von A. T. Salutrégui, Volk und Welt, Berlin 1955.
Gabriele wie Zimt und Nelken, übersetzt von G. Lazarus und E. A. Nicklas, Volk und Welt, Berlin 1963; Rowohlt, Hamburg 1963.
Die Abenteuer des Kapitäns Vasco Moscoso, übersetzt von C. Meyer-Clason, Piper, München 1964; dtv, München 1967; Suhrkamp. Frankfurt 1984 (Bibliothek Suhrkamp 850); in Übersetzung von S. Schmidt unter dem Titel *Kapitän auf großer Fahrt*, Volk und Welt, Berlin 1966.
Die drei Tode des Jochen Wasserbrüller, übersetzt von C. Meyer-Clason, Piper, München 1964; Suhrkamp, Frankfurt 1984 (Bibliothek Suhrkamp 851); in Übersetzung von S. Schmidt unter dem Titel *Der zweifache Tod des Quincas Berro Dagua*, Volk und Welt, Berlin 1965, (in: Beispiele, S. 37-87).
Nächte in Bahía, übersetzt von C. Meyer-Clason, Piper, München 1965; in Übersetzung von J. Klare unter dem Titel *Hirten der Nacht*, Volk und Welt, Berlin 1970.
Dona Flor und ihre zwei Ehemänner, übersetzt von C. Meyer-Clason, Piper, München 1968; in Übersetzung von J. Klare und K. Hering unter dem Titel *Dona Flor und ihre beiden Ehemänner*, Volk und Welt, Berlin 1970.
Werkstatt der Wunder, übersetzt von K. Hering, Volk und Welt, Berlin 1972 und unter dem Titel *Die Geheimnisse des Mulatten Pedro*, Piper, München 1978.
Viva Teresa, übersetzt von L. Graf von Schönfeldt, Piper, München 1975.
Tieta aus Agreste, übersetzt von L. Graf von Schönfeldt, Piper, München 1975; Volk und Welt, Berlin 1981.
Das Nachthemd und die Akademie, übersetzt von Andreas Klotsch, Volk und Welt, Berlin 1982.

João Guimarães Rosa

1908 Am 27. Juni wird João Guimarães Rosa in Cordisburgo, im Staat Minas Gerais, geboren als Sohn von Florduardo Pinto Rosa und Francisca Guimarães Rosa.
1918 Eintritt in die Unterstufe des Gymnasiums Arnaldo von Belo Horizonte, Hauptstadt von Minas Gerais.
1925 Aufnahme in die medizinische Fakultät von Minas Gerais in Belo Horizonte.
1929 Ernennung zum Beamten des Statistischen Amts von Minas Ge-

rais. In der Zeitschrift *O Cruzeiro* vom 7. Dezember erscheint seine erste Erzählung *Das Mysterium von Highmore Hall*.
1920 Heiratet Lygia Cabral Pena am 27. Juni. Am 21. Dezember promoviert er in Medizin.
1931 Läßt sich als Arzt in Itaguara, Landkreis Itaúna, nieder.
1932 Als freiwilliger Militärarzt nimmt er an der Verfassungsmäßigen Revolution in Belo Horizonte teil.
1933 Als Stabsarzt des 9. Infanterie-Bataillons siedelt er im April nach Barbacena über.
1934 Am 11. Juli tritt er nach bestandener Aufnahmeprüfung in das Außenministerium ein.
1937 Am 29. Juni gewinnt er mit seinem Gedichtband *Magma* (bis heute unveröffentlicht) den Poesie-Preis der Academia Brasileira de Letras von Rio de Janeiro.
1938 Sein Erzählungsband *Sagarana* erhält den zweiten Platz im Wettbewerb des Humberto de Campos-Preises derselben Institution.
Am 5. Mai tritt er den Posten eines Vize-Konsuls in Hamburg an. Dort lernt er seine zweite Frau, Aracy Moebius de Carvalho, kennen.
1942 Da Brasilien in den Zweiten Weltkrieg eintritt, wird er mit anderen Diplomaten in Baden-Baden vom 28. Januar bis zum 23. Mai interniert.
Rückkehr nach Rio de Janeiro.
Nimmt am 22. Juni den Posten eines Botschaftssekretärs in Bogotá, Kolumbien, ein.
1944 Kehrt am 27. Juni nach Rio de Janeiro zurück.
1945 Chef des Dokumentationsdienstes im Itamaratí, dem Außenministerium, in Rio de Janeiro: 17. Juni.
1946 Veröffentlicht *Sagarana*.
Kabinettchef des Ministers João Neves da Fontoura. Nimmt im Juni als Sekretär der Brasilianischen Delegation an der Friedenskonferenz in Paris teil.
1948 Generalsekretär der Brasilianischen Delegation bei der IX. Panamerikanischen Konferenz in Bogotá, Kolumbien: 19. März. Tritt in der Brasilianischen Botschaft von Paris am 10. Dezember den Posten des Ersten Sekretärs, und am 10. Juni 1949 den des Botschaftsrats an.
1951 Kehrt am 16. Februar nach Rio de Janeiro zurück. Zum zweiten Mal, vom 29. März an, Kabinettchef des Ministers João Neves da Fontoura.
1952 Unternimmt mit einem Viehtreiberzug eine Exkursion nach Mato Grosso.
1953 Vom 9. Oktober an Chef der Etat-Abteilung des Itamaratí.

1956 Veröffentlicht im Januar *Corpo de Baile*. Veröffentlicht im Mai *Grande Sertão: Veredas*.
1962 Chef der Abteilung Landesgrenzen des Itamaratí.
Veröffentlicht im August *Primeiras Estórias*.
1963 Wird am 8. August zum Mitglied der Academia Brasileira de Letras von Rio de Janeiro gewählt.
1965 Vertreter Brasiliens beim Lateinamerikanischen Schriftstellerkongreß in Genua, Januar.
Teilnahme als Vize-Präsident beim 1. Kongress Lateinamerikanischer Schriftsteller in Mexiko-Stadt.
1967 Veröffentlicht im Juli *Tutaméia*.
Am 16. November hält er in der Academia Brasileira de Letras von Rio de Janeiro seine Antrittsrede.
Am 19. November stirbt er an Herzversagen.
Hinterläßt zwei Töchter: Vilma und Agnes.
1969 Im November wird sein postumer Band *Estas Estórias* veröffentlicht.
1970 Im November wird sein zweiter postumer Band *Ave, Palavra* veröffentlicht.

João Guimarães Rosa
Rhein und Urucuia

Statt eines Gesprächs zwischen Autor und Verleger
(zum 60. Geburtstag von Joseph Caspar Witsch)

Es sei mir gestattet, bei mir zu beginnen. Ich bin ›Guimarães‹ – ein Name, der auch Ortsname ist: Guimarães, eine Stadt im Norden Portugals, das Wimaranes der Sueben, Hauptstadt des Reichs, in dem sich jener germanische Volksstamm einhundertundsechsundsiebzig Jahre lang behauptete, bis er von einem anderen, dem der Westgoten, aufgesogen wurde. Von einer Sippe der Sueben – die ich, ich weiß nicht, ob berechtigt oder unberechtigt, mit den heutigen Schwaben in Verbindung bringe – werde ich wohl, wenn auch entfernt, mütterlicherseits ein wenig abstammen; wir, die Guimarães meines Geschlechts, Sertanejos, haben alle die gleichen grünlichen Augen und den gleichen unverwechselbaren Nacken.

Dort, in Minas Gerais, setzte ich neunjährig die Meinen in nicht geringes Erstaunen, als ich eigenhändig eine deutsche

Grammatik kaufte, um sie allein, am Straßenrand hockend, zu studieren, wenn meine Spielkameraden und ich beim Straßenfußball eine Pause einlegten. Und das geschah nur aus angeborener Liebe für die von genauen Konsonanten umrissenen Wörter wie Kraft *und* sanft, Welt *und* Wald *und* Gnade *und* Pfad *wie* Haupt *und* Schwung *und* Schmiß. *Nicht umsonst sollte ich später Medizin auch anhand von deutschen Büchern studieren, Schiller, Heine, Goethe lesen und mich mit Vorliebe in blonde Mädchen deutscher Abstammung verlieben.*

Später, schon in diplomatischen Diensten, war das brasilianische Generalkonsulat in Hamburg mein erster Posten. Natürlich liebte ich die Hansestadt, eine der auf mannigfache und vollkommene Weise schönsten Städte der Welt. Und dort lernte ich im Verlauf von vier Jahren Deutschland, das konkrete und abstrakte kennen – die Leute, die Musik, das »solid«, das »tief«, die Kultur, die alles durchtränkt und durchdringt, die deutsche Wesensart und ihr fortschrittliches Denken. Sicherlich verdanke ich all dem vieles – was meine lange, unpassend autobiographische Einführung rechtfertigen mag.

Es wird aber gleichfalls erklären, warum ich meine Bücher in Deutschland übersetzt und veröffentlicht sehen wollte. Ja, noch mehr. Ich fand immer, daß sie in erster Linie Lektüre für Deutsche sein müßten – mithin für Menschen mit einem entschiedenen, leidenschaftlichen Gefühl für die Natur, für Menschen, die sich alle Augenblicke auf unabdingbare Weise metaphysisch absichern müssen. In träumerischen Stunden kam mir sogar der Gedanke, diese so brasilianischen, ja minensischen Bücher würden so lange gewissermaßen jungfräulich und arm an Bedeutung bleiben, bis sie nicht die Sanktion und Segnung der deutschen Leser empfangen hätten, von Lesern nämlich, die in der Tat die befähigsten wären, »alles in ihnen zu sehen«. Ich spreche hier mit aller Aufrichtigkeit und keineswegs demagogisch, ich könnte es sogar beim Kampfpferd des Jagunço Riobaldo beschwören, welche beide unlöslich ein Weihs Mahr *sind (›Streitender Ritter‹ oder ›Streitroß‹) – was, wie ich in einem etymologischen Wörterbuch sehe, auf dem Wege über* Wimara, Guimara *der ursprüngliche Name von Guimarães war . . .*

(1966)

I. Werke von João Guimarães Rosa

Magma (Gedichte, unveröffentlicht) (1936)
Sagarana (Erzählungszyklus) (1946)
Com o Vaqueiro Mariano (Bericht) (1952)
Corpo de Baile (1956)
Grande Sertão: Veredas (1956)
Primeiras Estórias (1962)
Tutaméia (Terceiras Estórias) (1967)
Estas Estórias (postum 1969)
Ave, Palavra (Miszellen, postum) (1970)
Gemeinschaftsarbeiten
O Mistério dos M M M (Roman in Gemeinschaft mit verschiedenen Schriftstellern; Rosa schrieb Kapitel VII) (1962)
Os Sete Pecados Capitais (Geschrieben in Gemeinschaft mit verschiedenen Schriftstellern; Rosa schrieb Kapitel I, »A Soberba« [Stolz], mit dem Titel »Os Chapéus Transeuntes«) (1964)
Seleta de João Guimarães Rosa (Organisação, estudo e notas do Prof. Paulo Ronai) (1973)

II. Sekundärliteratur

Die seit den sechziger Jahren in Lateinamerika, Nordamerika und Europa erschienenen Studien über das Werk von João Guimarães Rosa gehen in die Hunderte; als Auswahl seien folgende in Buchform erschienenen Arbeiten genannt:

diálogo, revista de cultura, 8, 1957; sechs Essays über das Werk von João Guimarães Rosa
M. Cavalcanti Proença, *Trilhas no Grande Sertão*, Serviço de Documentação, Ministério da Educação e Cultura, Rio de Janeiro 1958.
Paulo Rónai, *Encontros com o Brasil*, Ministério da Educação e Cultura, Instituto Nacional do Livro, Rio de Janeiro 1958.
Antônio Cândido, *Tese e Antítese*, Companhia Editora Nacional, São Paulo 1964.
Marginalien zu J. G. Rosa, *Grande Sertão*, Kiepenheuer und Witsch, Köln 1964.
Ciclo de Conferências sôbre Guimarães Rosa, Centro de Estudos Mineiros, Belo Horizonte 1966.
Em Memória de João Guimarães Rosa, Livraria José Olýmpio, Rio de Janeiro 1968.
Mary L. Daniel, *João Guimarães Rosa: Travessia Literária*, (Livraria José Olýmpio Editora, Rio de Janeiro 1968 (Coleção Documentos Brasileiros No. 133).

Guimarães Rosa, Estudos de Adonias Filho, Oscar Lopes, Curt Meyer-Clason, Vítor Manuel de Aguiar e Silva, Instituto Luso-Brasileiro, Lisboa 1969.
João Guimarães Rosa, por Guilherme Cesar, Donaldo Schüler, Flávio Loureiro Chaves, Curt Meyer-Clason, Edições da Faculdade de Filosofia, Universidade Federal do Rio Grande do Sul 1969.
Guimarães Rosa em Três Dimensões por Pedro Xisto, Augusto de Campos, Haroldo de Campos, Conselho Estadual de Cultura, Comissão de Literatura, São Paulo 1970.
Nei Leandro de Castro, *Universo e Vocábulo do Grande Sertão*, Prêmio Instituto Nacional do Livro, Livraria José Olympio Editora, Rio de Janeiro 1970.
Günter W. Lorenz, *João Guimarães Rosa*, in: *Dialog mit Lateinamerika*, Tübingen und Basel 1970.
João Guimarães Rosa, Briefe an seinen deutschen Übersetzer, herausgegeben, übersetzt und erläutert von Curt Meyer-Clason, in: poetica, Zeitschrift für Sprach- und Literaturwissenschaft, 3. Band, Heft 1-2, Januar-April 1970, München 1970.
José Carlos Garbuglio, *O Mundo Movente de Guimarães Rosa*, Editora Ática, São Paulo 1972.
Willi Bolle, *Fórmula e Fábula*, Editora Perspectiva, São Paulo 1973.
Manuel Antônio de Castro, *O Homem Provisório no Grande Sertão*, Edições Tempo Brasileiro, Rio de Janeiro 1976 (Biblioteca Tempo Universitário 44).
Alan Viggiano, *Itinerário de Riobaldo Tatarana*, Editora Comunicação Ltda., em Convênio com o Instituto Nacional do Livro/INL, Brasília 1974.
Suzi Frankl Sperber, *Caos e Cosmos, Leituras de Guimarães Rosa*, Livraria Duas Cidades, Secretaria da Cultura, Ciência e Tecnologia, São Paulo 1976.
Suzi Frankl Sperber, *Guimarães Rosa: Signo e Sentimento*, editora ática, São Paulo 1982.
Ana Maria Machado, *Recado do Nome*, Leitura de Guimarães Rosa à Luz do Nome de Seus Personagens, Imago Editora Ltda., Rio de Janeiro 1976.
Martin Franzbach, *João Guimarães Rosa*, in: *Lateinamerikanische Literatur der Gegenwart* (Hg. W. Eitel), Kröner, Stuttgart 1978, S. 156-170.
Correspondência entre João Guimarães Rosa e Curt Meyer-Clason, Editora Nova Fronteira, Rio de Janeiro 1984.

III. João Guimarães Rosa in deutscher Sprache

(Sämtliche Übersetzungen von Curt Meyer-Clason)

Grande Sertão, Roman, Kiepenheuer und Witsch, Köln 1964.
Corps de Ballet, Romanzyklus, Kiepenheuer und Witsch, Köln 1966.
Das dritte Ufer des Flusses, Erzählungen, Kiepenheuer und Witsch, Köln 1968.
Nach langer Sehnsucht und langer Zeit, Roman (= *Buriti* aus *Corps de Ballet*), München 1969 (dtv 543).
Miguilims Kindheit, Roman (= *Miguilim* aus *Corps de Ballet*), München 1970 (dtv 671).
Das dritte Ufer des Flusses, Erzählungen, Kiepenheuer und Witsch, Köln 1968, München 1975 (dtv 1117).
Mein Onkel der Jaguar, Erzählung (aus *Estas Estórias*), Kiepenheuer und Witsch, Köln 1981.
Sagarana, Erzählungszyklus, Kiepenheuer und Witsch, Köln 1982.
Doralda, die weiße Lilie, Roman (= *Dão Lalalão* aus *Corps de Ballet*), Frankfurt/M. 1982 (Bibliothek Suhrkamp 775).
(Bio-Bibliographie zusammengestellt von Curt Meyer-Clason)

Clarice Lispector
* 1925 Tschetschelnik (Ukraine),
† 1977 Rio de Janeiro

Im Alter von zwei Jahren kam Clarice Lispector nach Brasilien. Die Familie wohnte zunächst in Recife, ab 1937 dann in Rio. Nach dem Schulbesuch studierte Clarice Lispector Jura und begann als Journalistin zu arbeiten. 1943 heiratete sie einen Studienkollegen, der die diplomatische Laufbahn ergriffen hatte. Mit ihm lebte sie in Italien, in der Schweiz (1945-49) und später in den USA (1952-59). Von 1959 an lebte Clarice Lispector mit ihren beiden Söhnen in Rio, wo sie 1977 starb.

I. Werke von Clarice Lispector

1. Romane

Perto do Coração Selvagem (1943)
O Lustre (1946)
A Cidade Sitiada (1949)
A Maçã no Oscuro (1961)
A Paixão Segundo G. H. (1964)

Uma Aprendizagem ou O Livro dos prazeres (1969)
Agua Viva (1973)
A Hora da Estrela (1977)
Um Sopro da Vida (posthum, 1978)

2. Erzählungen

Alguns Contos (1952)
Laços de Familia (1960)
A Legião Estrangeira (1964)
Felicidade Clandestina (1971)
A Imitação da Rosa (1973)
A Vía crucis do corpo (1974)

3. Kinderbücher

O Misterio do Coelho Pensante (1967)
A Mulher que Matou os Peixes (1968)
A Vida Intima de Laura (1974)

4. Essays

Onde Estivestes de Noite (1974)
Visão do Esplendor (1975)

II. Sekundärliteratur

Benedito Nunes, *Leitura de Clarice Lispector*, Ed. Quiron, São Paulo 1973.
Assis Brasil, *Clarice Lispector*, Organização Simões Ed., Rio de Janeiro 1969.
Antônio Cândido, *Varios Escritos*, Liv. Duas Cidades, São Paulo 1970.
Roberto Schwarz, *A Sereia e o Desconfiado*, Ed. Civil. Brasileira, Rio de Janeiro 1965.
Eliane Zagury, *A Palavra e os Ecos*, Ed. Vozes, Petrópolis 1971.

III. Clarice Lispector in deutscher Sprache

Nahe dem wilden Herzen, übersetzt von Ray-Güde Mertin, Suhrkamp, Frankfurt/M. 1981 und 1984 (Bibliothek Suhrkamp 847).
Die Nachahmung der Rose, übersetzt von C. Meyer-Clason, Frankfurt/M. 1982 (Bibliothek Suhrkamp 781).

Eine Lehre oder das Buch der Lüste, übersetzt von Christiane Schrübbers, Lilith Verlag, Berlin 1982.
Der Apfel im Dunkeln, übersetzt von C. Meyer-Clason, Frankfurt/M. 1983 (Bibliothek Suhrkamp 826).
Die Passion nach G. H., Lilith Verlag, Berlin (in Vorbereitung).
Die Stunde des Sterns und *Meduse*, Übersetzt von Curt Meyer-Clason, Suhrkamp, Frankfurt/M. (in Vorbereitung).

João Cabral de Melo Neto
* 1920 Recife

João Cabral de Melo Neto stammt aus einer alteingesessenen, illustren Familie Recifes. Er ist mit dem Lyriker Manuel Bandeira und dem Soziologen Gilberto Freyre verwandt. João Cabral ergriff die diplomatische Laufbahn und lebte u. a. in Spanien, Frankreich, England, Schweiz, Paraguay. Er ist z. Zt. Botschafter seines Landes in Tegucigalpa/Honduras.

I. Werke von João Cabral de Melo Neto

1. Lyrik

Pedra de Sono (1942)
O Engenheiro (1945)
Psicología da Composição, Fábula de Anfión e Antiode (1947)
O Cão sem Plumas (1950)
O Rio (1954)
Duas Aguas (Morte e Vida Severina, Paisagens com Figuras e Uma Faca só Lâmina) (1956)
Quaderna (1960)
Dois Parlamentos (1961)
Terceira Feira (1961)
A Educação pela Pedra (1966)
Museu de Tudo (1975)
A Escola das Facas (1980)

2. Ausgaben

Poemas Escolhidos (1963)
Antología Poética (1965)
Poesías Completes (1968)

II. Sekundärliteratur

L. Costa Lima, *Lira e Antilira (Mário, Drummond, Cabral)*, Civ. Brasilera, Rio de Janeiro 1968.
João Alexandre Barbosa, *A Imitação da Forma. Uma leitura de João Cabral*, Liv. Duas Cidades, São Paulo 1975.

III. João Cabral de Melo Neto in deutscher Sprache

Ausgewählte Gedichte, übersetzt von C. Meyer-Clason, Frankfurt/M. 1969 (edition Suhrkamp 295).
Der Hund ohne Federn, übersetzt von Willy Keller, Ed. Walther, Stuttgart 1969 (rot. text 14).
Der Hund ohne Federn, übersetzt von C. Meyer-Clason, Düsseldorf 1970 (Claassen pretica).
Tod und Leben des Severino, übersetzt von C. Meyer-Clason, Peter Hammer, Wuppertal 1975.

Osman Lins
* 1924 in Vitória de Santo Antão/Pernambuco,
† 1978 in São Paulo

Osman Lins verbrachte seine Kindheit in seiner Heimatstadt und zog 1941 nach Recife, wo er das Gymnasium besuchte. Von 1944 bis 1946 studierte er Betriebswirtschaft; zugleich schrieb er erste Erzählungen und wurde auch als Journalist tätig. Die Arbeit an seinem ersten Roman zog sich über fünf Jahre hin, doch hielt der Autor ihn nicht gut genug für eine Veröffentlichung. 1961 reiste Lins als Stipendiat der Alliance Française nach Frankreich. Von 1962 an arbeitete er in einer Bank São Paulos, seine literarische Berufung rückte aber immer stärker in den Vordergrund. Von 1970 an lehrte er brasilianische Literatur an der Universität, promovierte dann 1973 mit einer Doktorarbeit über Lima Barreto. Erst in den letzten beiden Jahren vor seinem Tod konnte er sich seinen größten Wunsch erfüllen und sich ausschließlich der Literatur widmen, ohne auf einen anderen Broterwerb angewiesen zu sein.

I. Werke von Osman Lins

1. Romane und Erzählungen

O Visitante (1955)
Os Gestos (1957)

O Fiel e a Pedra (1961)
Nove, Novena (1966)
Avalovara (1973)
A Rainha dos Cárceres da Grecia (1977)
O Diabo na Noite de Natal (Kinderbuch) (1977)

2. Theater

Lisbela e o Prisioneiro (1964)
A Idade dos Homens (1963)
Guerra do »Cansta-Cavalo« (1967)
Santa, Automóvel e Soldado (1975)

3. Essays

Guerra sem Testemunhas. O escritor, sua condição e realidade social (1975)
Lima Barreto e o Espaço Romanesco (1975)
La Paz existe? (in Zusammenarbeit mit seiner Frau Julieta de Godoy Ladeira) (Reisebericht) (1977)
Do Ideal e da Glória – Problemas Inculturais Brasileiros (1977)
Evangelho na Taba – Outros Problemas Inculturais Brasileiros (posthum 1979)

II. Die Sekundärliteratur besteht vorwiegend aus Artikeln, Doktorarbeiten und Rezensionen. Sie wird daher hier nicht aufgeführt.

III. Osman Lins in deutscher Sprache

Avalovara übersetzt von Marianne Jolowicz, Suhrkamp, Frankfurt/M. 1976.
Verlorenes und Gefundenes (Nove Novena), übersetzt von Marianne Jolowicz, Suhrkamp, Frankfurt/M. 1978.
Die Königin der Gefängnisse Griechenlands, übersetzt von Marianne Jolowicz, Suhrkamp, Frankfurt/M. 1980.

Sekundärliteratur allgemein

I. Literaturgeschichten

Alfredo Bosi, *História Concisa da Literatura Brasileira*, Ed. Cultrix, São Paulo 1970.
Assis Brasil, *História Crítica da Literatura Brasileira* (4 Bde.), (O romance, A poesia, O conto, A crítica), Companhia Editora Americana, Rio de Janeiro 1973.
Antônio Cândido, *Formação da Literatura Brasileira*, Liv. Martins, São Paulo 1959.
Antônio Cândido, *Presença da Literatura Brasileira*, Difusão Européia do Livro, São Paulo 1968.
Otto Maria Carpeaux, *Pequena Bibliografia Crítica da Literatura Brasileira*, Ed. Letras e Artes, Rio de Janeiro 1964.
Afrânio Coutinho (Hg.), *A Literatura no Brasil* (6 Bde.), Ed. Sul Americana, Rio de Janeiro 1956 ff.
José Guilherme Merquior, *De Anchieta a Euclides, Breve História da Literatura Brasileira*, José Olympio, Rio de Janeiro 1977.
A Literatura Brasileira (6 Bde.)
Bd. 1: J. Aderaldo Castello, *Período Colonial*
Bd. 2: Antônio Soares Amora, *O Romantismo*
Bd. 3: João Pacheco, *O Realismo*
Bd. 4: Massaud Moisés, *O Simbolismo*
Bd. 5: Alfredo Bosi, *O Pré-Modernismo*
Bd. 6: Wilsons Martins, *O Modernismo*
Ed. Cultrix, São Paulo 1964 ff.
Pequeno Dicionário de Literatura Brasileira (versch.), Ed. Cultrix, São Paulo 1967.
Lateinamerikanische Literatur der Gegenwart, hg. von Wolfgang Eitel, Kröner, Stuttgart 1978 (Aufsätze zu J. Amado, A. Filho, É. Veríssimo, J. Guimarães Rosa, D. Trevisan).
Écrivains du Brésil. Magazine Littéraire, Paris, No. 187, Sept. 1982.

II. Allgemeine Bibliographie

Augusto Boal, *Theater der Unterdrückten*, Frankfurt/M. 1979 (edition suhrkamp 987).
Sérgio Buarque de Holanda, *Raízes do Brasil*, José Olympio, Rio de Janeiro 1936, 5. erw. Auflage 1969.
Ders., *Visão do Paraíso, Os Motivos Edênicos no Descobrimento e Co-*

lonização do Brasil, José Olympio, Rio de Janeiro 1959.
Ders., *História Geral da Civilização Brasileira*, Difusão Europeía do Livro, São Paulo 1960 (2 Bde).
Josué de Castro, *Geopolitik des Hungers*, Suhrkamp, Frankfurt/M. 1973.
Gilberto Freyre, *New World in the Tropics. The Culture of Modern Brazil*, Knopf, New York 1945; revidierte Auflage, Vintage Book, New York 1963.
Ders., *Herrenhaus und Sklavenhütte, ein Bild der brasilianischen Gesellschaft*, Klett-Cotta, Stuttgart 1982.
Ders., *Das Land in der Stadt. Die Entwicklung der urbanen Gesellschaft Brasiliens*, Klett-Cotta, Stuttgart 1982.
Celso Furtado, *Formação Econômica do Brasil*, Editôra Fundo de Cultura, Rio de Janeiro 1959.
Ders., *Brasilien nach dem Wirtschaftswunder*, Frankfurt/M. 1984 (edition suhrkamp 1186).
Fernando Gabeira, *Die Guerilleros sind müde*, Frankfurt/M. 1982 (suhrkamp taschenbuch 745).
Roberto da Matta, *Carnavais, Malandros e Heróis, Para uma sociologia do dilema brasileiro*, Zahar Editores, Rio de Janeiro 1979.
Darcy Ribeiro, *Der zivilisatorische Prozeß*, Suhrkamp, Frankfurt/M. 1971.
Ders., *Unterentwicklung, Kultur und Zivilisation. Ungewöhnliche Versuche*, Frankfurt/M. 1980 (edition suhrkamp 1018).
Ders., *Die Brasilianer*, Soziologische Studie, Suhrkamp, Frankfurt/M. (in Vorbereitung).
Ders., *Wilde Utopie*, Suhrkamp, Frankfurt/M. (in Vorbereitung).
Ders., *As Américas e a Civilização*, Ed. Civil. Brasileira, Rio de Janeiro 1970; Suhrkamp, Frankfurt/M. (in Vorbereitung).
Ders., *Os Indios e a Civilização*, Ed. Civil. Brasileira, Rio de Janeiro 1970.
Stefan Zweig, *Brasilien – ein Land der Zukunft*, Insel, Frankfurt/M. 1981 und suhrkamp taschenbuch 984, Frankfurt/M. 1984.

III. Anthologien in deutscher Sprache

Die Reiher und andere brasilianische Erzählungen, ausgewählt und übersetzt von Curt Meyer-Clason, Erdmann, Tübingen 1967.
Moderne brasilianische Erzähler, ausgewählt und übersetzt von Carl Heupel, Walter, Olten und Freiburg/Brsg. 1968.
Brasilianische Poesie des 20. Jahrhunderts, ausgewählt und übersetzt von Curt Meyer-Clason, München 1975 (sonderreihe dtv 128).
Lateinamerika. Gedichte und Erzählungen 1930-1980, hg. von José

Miguel Oviedo, Frankfurt/M. 1982 (suhrkamp taschenbuch 810).
Zitronengras. Neue brasilianische Erzähler. Ein Lesebuch, hg. von Kay-Michael Schreiner, Kiepenheuer u. Witsch, Köln 1982.
Mythen – Märchen – Moritaten. Orale und traditionelle Literatur in Brasilien, hg. von G. W. Lorenz, Zeitschrift für Kulturaustausch 33 (1983), H. 1, Institut für Auslandsbeziehungen, Stuttgart 1983.

Quellenhinweise/Über die Verfasser

Antônio Cândido, *O papel do Brasil na nova narrativa*, Manuskript eines Vortrags, den Cândido 1979 im Woodrow Wilson International Center for Scholars in Washington hielt. Unter dem Titel *Os Brasileiros e a Literatura Latino-Americana* erschien der Text leicht verändert in der Zeitschrift novos estudos CEBRAP, vol. I, no. 1, Dez. 1981, São Paulo, S. 58-68.
Ders., *Inquietudes na poesía de Drummond*, in: *Vários Escritos*, Livraria Duas Cidades, São Paulo 1977, S. 93-122.
* 1918 in Rio de Janeiro. Kritiker, Essayist und Universitätsprofessor in São Paulo. Doyen der brasilianischen Literaturwissenschaftler. Zahlreiche Publikationen: *Formação da Literatura Brasileira, Ficção e Confissão, Tese e Antítese, Literatura e Sociedade, Introducción a la Literatura do Brasil* u. a.

Roberto Schwarz, *Quién me dice que Machado de Assis no sea el Brasil?* in: *Quincas Borba*, Biblioteca Ayacucho, Carácas 1979, Vorwort S. IX-XXVII.
* 1938. Kritiker, Essayist und Universitätsprofessor in São Paulo. Langjährige Aufenthalte in Frankreich und USA. Publikationen: *Ao Vencedor as Batatas, O Paí de Familia e Outros Estudos, A Sereia e o Desconfiado, Os Pobres na Literatura Brasileira* (Hg.); Theaterstücke.

Walnice Nogueira Galvão, *Os Sertões para estrangeiros*, in: *Gatos de Outro Saco*, Ed. Brasiliense, São Paulo 1981, S. 62-85.
Professor für vergleichende Literaturwissenschaft und -theorie an der Universität von São Paulo. Publikationen: *As Formas do Falso* (Guimarães Rosa), *No Calor da Hora* (Euclides da Cunha), *Saco de Gatos* (Essays).

Osman Lins, *Lima Barreto: O escritor*, in: *Lima Barreto e o Espaço Romanesco*, Ed. Ática, São Paulo 1976 (Coll. Ensaios no. 20), Kap. 1, S. 15-30.
Vgl. Bio-Bibliographie des Autors.

José Guilherme Merquior, *O Modernismo e três dos seus poetas: Mário de Andrade, Manuel Bandeira e Jorge de Lima*, Originalbeitrag.
* 1941 in Rio de Janeiro. Essayist, Universitätsprofessor, Diplomat. Zahlreiche Publikationen: *Formalismo e Tradição Moderna, L'Esthétique de Levi-Strauss, De Anchieta a Euclides, The Veil and the Mask: Essays on Culture and Ideology, Rousseau and Weber – Two Studies in the Theory of Legitimacy, O Fantasma Romántico e Outros Ensaios, As Ideías e as Formas, Arte e Sociedade em Marcuse, Adorno e Benjamín* u. a.

Haroldo de Campos, *Macunaíma: A imaginacão estrutural*, Erstdruck in der Zeitschrift Manchete, 10. 2. 1973; revidierte Fassung.
* 1929 in São Paulo. Gemeinsam mit seinem Bruder Augusto de Campos und Décio Pignatari gilt er als Hauptvertreter der »konkreten Poesie« in Brasilien. Übersetzer von Lyrik; Essayist. Publikationen: *Auto do Possesso, Servidão de Passagem, Xadrez de Estrelas, Signantia quasi coelum* (Poesie), *Teoría da Poesía Concreta, A Arte no Horizonte do Provável, Morfología do Macunaíma, Introduçãos Críticas as Obras Completas de Oswald de Andrade (Vols. 2 e 7), Metalinguagem.*

Emir Rodríguez Monegal, *Graciliano Ramos y el regionalismo nordestino*, Originalbeitrag.
* 1921 in Montevideo/Uruguay. Kritiker, Essayist, Herausgeber von Anthologien. Lehrt z. Zt. an der Yale University und verbringt jedes Jahr mehrere Monate in Rio de Janeiro. Publikationen: *Borges – una lectura poética, Neruda – el viajero inmóvil, Narradores de esta América* (2 vols.), *Borges par lui-même, The Borzoi Anthology of Latin American Literature* (2 vols.). Im Suhrkamp Verlag erschien: *Die Neue Welt. Chroniken Lateinamerikas von Kolumbus bis zu den Unabhängigkeitskriegen*, Frankfurt/M. 1982 (suhrkamp taschenbuch 811).

Curt Meyer-Clason, *Der Sertão des José Guimarães Rosa*, Originalbeitrag.
* 1910 in Ludwigsburg. Kaufmännische Ausbildung. Von 1936 bis 1954 in Brasilien und Argentinien als Kaufmann tätig. Seitdem in München freier Verlagslektor, Übersetzer und Schriftsteller. Von 1969 bis 1976 Leiter des Goethe-Institutes in Lissabon. Übersetzungen: ca. 80 Titel aus Poesie und Prosa Iberoamerikas. Herausgeber mehrerer Anthologien: *Brasilianische Poesie des 20. Jahrhunderts; Die Reiher und andere brasilianische Erzählungen; Unsere Freunde die Diktatoren.* Eigene Publikationen: *Portugiesische Tagebücher* (1979), *Erstens die Freiheit . . . Reiseaufzeichnungen* (1978). Korrespondierendes Mitglied der Academia Brasileira de Letras in Rio de Janeiro.

Alice Raillard, *Jorge Amado – l'écrivain ›engagé‹ et le narrateur ›populaire‹*, Originalbeitrag.
* in Lyon. Lebte in Barcelona und Rio de Janeiro. Seit zehn Jahren übersetzt sie alle Werke von Jorge Amado ins Französische. Desgleichen übertrug sie den Roman *Maíra* von Darcy Ribeiro, Gedichte von João Cabral de Melo Neto, sowie Werke von João Ubaldo Ribeiro, Raduan Nassar, Campos de Carvalho und anderen. Sie publiziert Artikel und Rezensionen über lateinamerikanische Literatur in *La Croix* und *La Quinzaine littéraire*.

Benedito Nunes, *A paixão de Clarice Lispector*, Referat aus dem Jahre 1978, in Austin/Texas. Später publiziert in veränderter Fassung in: Almanaque 13, Ed. Brasiliense, São Paulo 1981.
* 1929 in Belém, Pará geboren. Professor für Philosophie und Literatur an der Universität von Belém. Gastprofessuren in Rennes und Austin/Texas. Publikationen: *O Mundo de Clarice Lispector, Introdução à Filosofia da Arte, A Filosofia Contemporánea, O Dorso do Tigre* (Ensaios filosóficos e literarios), *João Cabral de Melo Neto, Leitura de Clarice Lispector.*

João A. Barbosa, *Esquema de João Cabral de Melo Neto*, Originalbeitrag.
* 1937 in Recife. Professor für vergleichende Literaturwissenschaft und -theorie in São Paulo. Gastprofessuren in den USA (Yale u. a.) Publikationen: *A Tradição do Impasse, A Metáfora Crítica, A Imitação da Forma – Uma Leitura de João Cabral; Teoría, Crítica e História Literaria em José Veríssimo, Opus 60 (Ensaios).*

Clélia Pisa, *Le cosmos d'Osman Lins*, Originalbeitrag.
* in Brasilien, lebt jedoch seit 1951 in Paris. Sie bemüht sich als Journalistin, Kritikerin und Beraterin literarischer Verlage um eine stärkere Verbreitung der brasilianischen Literatur und Kunst. Korrespondentin von *Leia Livros* und Repräsentantin des Museums für Moderne Kunst von São Paulo in Paris. Gemeinsam mit Maryvonne Lapouge hat sie ein Buch über brasilianische Frauen veröffentlicht: *Brasileiras*, Ed. des Femmes, Paris 1977. In Zusammenarbeit mit dem Maler und Graphiker Piza publizierte sie *Approches*.

Alfredo Bosi, *Situação e formas do conto brasileiro contemporáneo*, in: *O Conto Brasileiro Contemporâneo*, Ed. Cultrix, São Paulo 1975, Vorwort S. 7-22.
* 1936 in São Paulo. Professor für brasil. Literatur an der Universität von São Paulo. Zahlreiche Publikationen, darunter das Standardwerk *Historia Concisa da Literatura Brasileira, O Pré-Modernismo* (Band 5 der sechsbändigen Reihe *A Literatura Brasileira*), *O Ser e o Tempo da Poesía, A Máscara e a Fonda* (in: Machado de Assis, Ed. Atica, São Paulo 1982).

Mario Carelli, *Le roman au Brésil de 1964 à nos jours,* Originalbeitrag.
* 1952 als Sohn des brasilianischen Malers Antonio Carelli in Neuilly-sur-Seine. Agrégé der Sorbonne, Attaché des CNRS in Paris. Übersetzer brasilianischer Literatur und Mitarbeiter zahlreicher Zeitschriften (L'Alphée, Bulletin des Etudes Portugaises et Brésiliennes, Letterature d'America, Caravelle).

Mechtild Strausfeld, *Brasilianische Literatur von Machado de Assis bis heute*, Originalbeitrag.

* 1945 in Recklinghausen. Studien der Anglistik, Romanistik und Hispanistik. Promotion über García Márquez und den zeitgenössischen Roman Lateinamerikas. Lange Aufenthalte in Südamerika. Lebt seit 1968 in Barcelona. Seit 1974 im Suhrkamp Verlag tätig. Journalistische Arbeiten und Herausgeberin von *Materialien zur lateinamerikanischen Literatur*, Frankfurt/M. 1976 (suhrkamp taschenbuch 341), ³1983 (suhrkamp taschenbuch 2041); *Aspekte von Lezama Lima ›Paradiso‹*, Frankfurt/M. 1979 (suhrkamp taschenbuch 482); *Horizonte '82. Zweites Festival der Weltkulturen. Dokumente zur Literatur, Malerei, Kultur und Politik*, die horen 129, Band 1, Frühjahr 1983. Seit 1983 in Madrid.

Zeittafel

22. April 1500	Pedro Álvares Cabral landet auf dem Wege nach Indien in Brasilien.
1501	Fernando de Noronha beginnt den Handel mit Brasilholz.
1503	Vespucci besucht Brasilien auf der Flotte Gonçalo Coelhos.
1519	Fernão de Magalhães landet in Brasilien bei der ersten Weltumseglung.
1534	Brasilien wird in *capitanias* eingeteilt und verteilt.
1549	Der erste Gouverneur Portugals, Tomé de Sousa, landet in Bahía; mit ihm die ersten Jesuiten, Manuel da Nóbrega als Provinzial.
1551	Der erste Bischof in Brasilien.
1554	Gründung São Paulos durch Nóbrega.
1555	Die Franzosen landen in Rio de Janeiro.
1557	erscheint das Buch Hans Stadens über Brasilien, *Wahrhaftige Historie und Beschreibung einer Landschaft der wilden, nacketen, grimmigen Menschenfresser*.
1558	erscheint das Buch André Thévets, *Les Singularités de la France Antarctique*.
1560	Kampf gegen die Franzosen in Rio de Janeiro.
1565-1567	Vertreibung der Franzosen, Begründung Rios als Stadt.
1578	erscheint Jean de Léry, *Voyage fait en la terre du Brésil 1556-1558*.
1580	Portugal fällt an die spanische Krone.
1584	Eroberung Paraíbas.
1598	Eroberung von Rio Grande do Norte.
1610	Eroberung Cearás.
1615	Eroberung Maranhãos, Gründung Beléms.
1621	Gründung der *Companhia das Indias Occidentais*.
1624	Bahia fällt vorübergehend an die Holländer.
1627	Olinda (Recife) von den Holländern besetzt und »Mauritsstaad« benannt.
1640	Portugal wieder von Spanien unabhängig.
1645	Aufstand in Pernambuco gegen die Holländer.
1654	Endgültiges Ende der holländischen Okkupation.
1661	Friede zwischen Holland und Portugal.
1694	Erste Entdeckung des Goldes in Taubaté.
1720	Minas Gerais, das Goldgebiet, wird Provinz.
1723	Der Kaffee kommt nach Brasilien.

	1729 Diamantenfunde.
	1737 Gründung von Rio Grande do Sul.
	1739 Der erste brasilianische Dramatiker, Antônio José, von der Inquisition in Lissabon verbrannt.
	1740 Provinz Goias.
	1748 Provinz Mato Grosso.
13. Jan.	1750 Vertrag von Madrid, der die Grenzen zwischen dem spanischen Amerika und dem portugiesischen (Brasilien) festsetzt.
	1756 Erdbeben in Lissabon.
	1759 Vertreibung der Jesuiten.
	1763 Rio de Janeiro wird Hauptstadt.
	1789 Verschwörung zur Unabhängigkeit Brasiliens (Conjuraçao dos Inconfidentes) in Minas Gerais.
	1792 Hinrichtung von Tirandentes, dem Anführer.
	1807 Flucht der königlichen Familie vor Napoleon aus Lissabon.
	1807 Ankunft der königlichen Familie in Rio.
	1808 Öffnung der Häfen für den Welthandel.
	1808 Brasiliens Bevölkerung auf dreieinhalb Millionen geschätzt, darunter fast zwei Millionen Sklaven.
	1810 Die »*History of Brazil*« von Robert Southey.
	1815 Brasilien zum Königreich erhoben.
	1821 König João VI. kehrt nach Portugal zurück.
	1822 Dom Pedro, sein Stellvertreter, erklärt sich als unabhängig und zum Kaiser von Brasilien, wird als Pedro I. gekrönt.
	1823 »*Voyage dans l'intérieur du Brésil*« de Saint-Hilaire.
	1828 Verlust Uruguays, der »cisalpinischen Republik«.
	1831 Abdankung und Abreise Kaiser Pedro I.
	1840 Kaiser Pedro II. mündig erklärt.
	1850 Verbot des Sklavenimports.
	1855 Erste Eisenbahn.
	1870 Krieg gegen Paraguay.
	1874 Telegraph zwischen Brasilien und Europa.
	1875 Die Bevölkerungszahl hat zehn Millionen überschritten.
	1888 Aufhebung der Sklaverei in Brasilien.
	1889 Abdankung Pedro II. Proklamierung Brasiliens als föderalistische Republik.
	1891 Tod des Kaisers im Exil.
	1899 Santos Dumont umfliegt den Eiffelturm.
	1902 Euclides da Cunha veröffentlicht die »*Sertões*«.
	1902 Brasiliens Einwohnerzahl überschreitet 30 Millionen.

1930   Brasiliens Einwohnerzahl überschreitet 40 Millionen.
1930   Getúlio Vargas übernimmt die Präsidentschaft: *Estado Novo* bis 1945.

Zwischen 1945 und 1964 amtierten neun Präsidenten:

1945-46   José Linhares
1946-51   Eurico Gaspar Dutra
1951-54   Getúlio Vargas
1954-55   João Café Filho
1955   Carlos Luz
1955-56   Nereu Ramos
1956-61   Juscelino Kubitschek
1961   Jánio Quadros
1961-64   João Goulart

1964   Staatsstreich der Militärs
1964-67   Diktatur von H. Castelo Branco – Beginn des sogenannten »Brasilianischen Wirtschaftswunders«.
1967-69   Diktatur von Arthur da Costa e Silva – harte Repression und Zensur, Verbot jeder Opposition in den Medien.
1969-74   Diktatur von Emilio Garrastazú Medici – härteste Repression, Stadtguerillakämpfe, Flucht vieler Brasilianer ins Exil, »schmutziger Krieg«.
1974-79   Diktatur von Ernesto Geisel – allmähliche Lockerung der Repression; Krise bzw. Ende des »Wirtschaftswunders« und der Scheinblüte der Industrie.
1979   João B. Figueiredo, Beginn der »apertura«, der »Öffnung« und Redemokratisierung.
1982   Erste freie Wahlen der Landesparlamente.
1984   Erste freie Präsidentschaftswahlen in Brasilien.

Brasilien setzt sich aus 28 Bundesstaaten zusammen, besitzt eine Gesamtoberfläche von 8 511 965 km² und zählt 118,667 Mio. Einwohner. Jährliches Bevölkerungswachstum: 2,1 %. Geschätzte Bevölkerung für das Jahr 2000: 200 Mio. Einwohner. 68 % der Brasilianer wohnen in den Städten: Brasilia, die Hauptstadt, hat ca. 500 000 Einwohner; São Paulo 7,5 Mio.; Rio de Janeiro 5,5 Mio.; Belo Horizonte 1,5 Mio.; Recife 1,2 Mio.; Salvador 1,5 Mio.; Porto Alegre 1,2 Mio. (Angaben: 1980). Anderen Angaben folgend, zählen São Paulo zwölf und Rio neun Mio. Einwohner (davon leben 1,3 Mio. in »Favelas«).

*Lateinamerikanische Literatur
im Suhrkamp Verlag*

»Imagination, Sensibilität, Liebenswürdigkeit, Sinnlichkeit, Melancholie, eine gewisse Religiosität und ein gewisser Stoizismus gegenüber dem Leben und dem Tode, ein tiefes Gefühl für das Jenseitige und ein nicht weniger ausgeprägter Sinn für das Hier und Jetzt ... Lateinamerika ist eine Kultur.« Octavio Paz

Ciro Alegria, Die hungrigen Hunde. Roman. *Aus dem Spanischen von Wolfgang A. Luchting. Mit einem Nachwort von Walter Boehlich.* st 447

Jacque Stephen Alexis, Der verzauberte Leutnant. Erzählungen. BS 830

Isabel Allende, Das Geisterhaus. Roman. *Aus dem Spanischen von Anneliese Botond. Gebunden*

Jorge Amado, Kapitän auf großer Fahrt oder Die unvollständige Wahrheit über die umstrittenen Abenteuer des Kapitäns Vasco Moscoso de Aragão. Roman. *Aus dem brasilianischen Portugiesisch von Curt Meyer-Clason.* BS 850

Mário de Andrade, Macunaíma, der Held ohne jeden Charakter. *Aus dem brasilianischen Portugiesisch und mit einem Nachwort und Glossar von Curt Meyer-Clason. Gebunden*

José Maria Arguedas, Die tiefen Flüsse. Roman. *Aus dem Spanischen von Suzanne Heintz.* st 588

Roberto Arlt, Die sieben Irren. *Aus dem Spanischen von Bruno Keller. Gebunden (Insel)*

Miguel Angel Asturias, Der Böse Schächer. Roman. *Aus dem Spanischen und mit Anmerkungen von Ulrich Kunzmann.* BS 741
– Der Spiegel der Lida Sal. Erzählungen und Legenden. *Aus dem Spanischen von Wolfgang Promies.* BS 720
– Legenden aus Guatemala. *Aus dem Spanischen von Fritz Vogelsang. Mit einem Vorwort von Paul Valéry und Illustrationen nach alten Maja-Motiven.* BS 358

Miguel Barnet, Alle träumten von Cuba. Die Lebensgeschichte eines galicischen Auswanderers. Roman. *Aus dem Spanischen von Anneliese Botond. Kartoniert*

Lateinamerikanische Literatur

– Das Lied der Rachel. *Aus dem Spanischen von Wilhelm Plackmeyer. Mit einem Nachwort von Miguel Barnet. st 966*
– Der Cimarrón. Die Lebensgeschichte eines entflohenen Negersklaven aus Cuba, von ihm selbst erzählt. Nach Tonbandaufnahmen herausgegeben von Miguel Barnet. *Aus dem Spanischen von Hildegard Baumgart. Leinen, Sonderausgabe (Insel) und st 346*

Adolfo Bioy Casares, Der Traum der Helden. Roman. *Aus dem Spanischen von Joachim A. Frank. Gebunden*
– Die fremde Dienerin. Phantastische Erzählungen. *Aus dem Spanischen von Joachim A. Frank. st 962*
– Fluchtplan. Roman. *Aus dem Spanischen von Joachim A. Frank. st 378*
– Morels Erfindung. Roman. *Mit einem Nachwort von Jorge Luis Borges. Aus dem Spanischen von Karl August Horst. st 939*
– Schlaf in der Sonne. Roman. *Aus dem Spanischen von Joachim A. Frank. st 691*
– Tagebuch des Schweinekrieges. Roman. *Aus dem Spanischen von Karl August Horst. st 469*

Jorge Luis Borges, Ausgewählte Essays. *Aus dem Spanischen von Karl August Horst, Curt Meyer-Clason und Gisbert Haefs. BS 790*

Ignácio de Loyola Brandão, Null. Prähistorischer Roman. *Aus dem Brasilianischen und mit einem Nachwort von Curt Meyer-Clason. Gebunden und st 777*
– Kein Land wie dieses. Aufzeichnungen aus der Zukunft. Roman. *Aus dem brasilianischen Portugiesisch von Ray-Güde Mertin. es 1236*

Alejo Carpentier, Das Barockkonzert. *Aus dem Spanischen von Anneliese Botond. BS 508*
– Das Reich von dieser Welt. Roman. *Deutsch von Doris Deinhard. BS 422*
– Die Harfe und der Schatten. Roman. *Aus dem Spanischen von Anneliese Botond. Leinen und st 1024*
– Die verlorenen Spuren. Roman. *Aus dem Spanischen von Anneliese Botond. st 808*
– Explosion in der Kathedrale. Roman. *Aus dem Spanischen von Hermann Stiehl. st 370*

Lateinamerikanische Literatur

– Krieg der Zeit. Erzählungen. *Aus dem Spanischen von Anneliese Botond. Gebunden und st 552*
– Stegreif und Kunstgriff. Essays zur Literatur, Musik und Architektur in Lateinamerika. *Aus dem Spanischen von Anneliese Botond. es 1033*

José Candido de Carvalho, Der Oberst und der Werwolf. Roman. *Aus dem Brasilianischen von Curt Meyer-Clason. Gebunden*

Rosario Castellanos, Die neun Wächter. Roman. *Aus dem Spanischen von Fritz Vogelsang. BS 816*

Julio Cortázar, Album für Manuel. Roman. *Aus dem Spanischen von Heidrun Adler. Gebunden und st 936*
– Bestiarium. Erzählungen. *Aus dem Spanischen von Rudolf Wittkopf. st 543*
– Das Feuer aller Feuer. Erzählungen. *Aus dem Spanischen von Fritz Rudolf Fries. st 298*
– Der Verfolger. Erzählungen. *Aus dem Spanischen von Rudolf Wittkopf, Fritz Rudolf Fries und Wolfgang Promies. Gebunden*
– Die geheimen Waffen. Erzählungen. *Aus dem Spanischen von Rudolf Wittkopf. st 672*
– Ende des Spiels. Erzählungen. *Aus dem Spanischen von Wolfgang Promies. st 373*
– Rayuela. Himmel und Hölle. Roman. *Aus dem Spanischen von Fritz Rudolf Fries. Leinen*
– Reise um den Tag in 80 Welten. Miscellanea. *Aus dem Spanischen von Rudolf Wittkopf. es 1045*
– Letzte Runde. *Aus dem Spanischen von Rudolf Wittkopf. es 1140*

Carlos Drummond de Andrade, Gedichte. Portugiesisch und deutsch. *Auswahl, Übertragung und Nachwort von Curt Meyer-Clason. BS 765*

Lygia Fagundes Telles, Die Struktur der Seifenblase. Unheimliche Erzählungen. *Phantastische Bibliothek. st 932*

Carlos Fuentes, Nichts als das Leben. Roman. *Aus dem Spanischen von Christa Wegen. st 343*

Fernando Gabeira, Die Guerilleros sind müde. *Aus dem brasilianischen Portugiesisch und herausgegeben von Henry Thorau und Marina Spinu. Nachwort von Hans Füchtner. st 737*

Lateinamerikanische Literatur

Nicolás Guillén, Gedichte. Spanisch und Deutsch. *Herausgegeben und mit einem Nachwort von Dieter Reichardt.* BS 786

João Guimarães Rosa, Doralda, die weiße Lilie. Roman. *Aus dem brasilianischen Portugiesisch von Curt Meyer-Clason.* BS 775

José Lezama Lima, Paradiso. Roman. *Aus dem Spanischen von Curt Meyer-Clason unter Mitwirkung von Anneliese Botond. Leinen und* st 1005
Aspekte von José Lezama Lima, ›Paradiso‹. *Herausgegeben von Mechtild Strausfeld.* st 482

Osman Lins, Avalovara. Roman. *Mit einem Nachwort von Modesto Carone Netto. Aus dem Brasilianischen von Marianne Joplowicz. Leinen*
– Die Königin der Kerker Griechenlands. Roman. *Aus dem Brasilianischen von Marianne Jolowicz. Gebunden*
– Verlorenes und Gefundenes. Erzählungen. *Aus dem Brasilianischen von Marianne Jolowicz. Gebunden*

Clarice Lispector, Der Apfel im Dunkeln. Roman. *Aus dem brasilianischen Portugiesisch von Curt Meyer-Clason.* BS 826
– Die Nachahmung der Rose. Erzählungen. *Aus dem brasilianischen Portugiesisch und mit einem Nachwort von Curt Meyer-Clason.* BS 781
– Nahe dem wilden Herzen. Roman. *Aus dem brasilianischen Protugiesisch von Ray-Güde Mertin.* BS 847

Joaquim Maria Machado de Assis, Dom Casmurro. Roman. *Aus dem Brasilianischen von Harry Kaufmann.* BS 699
– Quincas Borba. Roman. *Aus dem brasilianischen Protugiesisch und mit einem Nachwort von Georg Rudolf Lind.* BS 764

Pablo Neruda, Gedichte. Zweisprachig. *Aus dem Spanischen von Erich Arendt.* BS 99
– Liebesbrief an Albertina Rosa. Zusammengestellt, eingeführt und mit Anmerkungen von Sergio Fernández Larraín. *Aus dem Spanischen von Curt Meyer-Clason. Leinen (Insel) und* st 829

Juan Carlos Onetti, Das kurze Leben. Roman. *Aus dem Spanischen von Curt Meyer-Clason. Leinen und* st 661
– Die Werft. Roman. *Aus dem Spanischen und mit einem Nachwort von Curt Meyer-Clason.* BS 457
– So traurig wie sie. Zwei Kurzromane und acht Erzählungen.

Lateinamerikanische Literatur

Aus dem Spanischen und mit einem Nachwort von Wilhelm Muster. BS 808

Octavio Paz, Das Labyrinth der Einsamkeit. Essay. *Aus dem Spanischen und mit einer Einführung von Carl Heupel.* BS 404

– Der Bogen und die Leier. Poetologische Essays. *Aus dem Spanischen von Rudolf Wittkopf.* Leinen

– Der menschenfreundliche Menschenfresser. Essays zur Kultur und Gesellschaft. *Aus dem Spanischen von Rudolf Wittkopf.* es 1064

– Der sprachgelehrte Affe. *Aus dem Spanischen von Anselm Maler und Maria Antonia Alsono-Maler.* BS 530

– Essays. *Aus dem Spanischen von Carl Heupel und Rudolf Wittkopf.* 2 Bände. Leinen und st 1036

– Gedichte. Spanisch und deutsch. *Übertragung und Nachwort von Fritz Vogelsang.* BS 551

– Suche nach einer Mitte. Die großen Gedichte. Spanisch und Deutsch. *Übersetzung Fritz Vogelsang. Nachwort von Pere Gimferrer.* es 1008

– Zwiesprache. *Aus dem Spanischen von Elke Wehr und Rudolf Wittkopf.* es 1290

Manuel Puig, Der Kuß der Spinnenfrau. Roman. *Aus dem Spanischen von Anneliese Botond.* st 896

– Der schönste Tango der Welt. Roman. *Aus dem Spanischen von Adelheid Hanke-Schaefer.* Leinen und st 474

– Die Engel von Hollywood. Roman. *Aus dem Spanischen von Anneliese Botond.* Gebunden

Graciliano Ramos, Karges Leben. Roman. *Aus dem Brasilianischen von Willy Keller.* st 667

Darcy Ribeiro, Der zivilisatorische Prozeß. *Aus dem Spanischen übersetzt und mit einem Nachwort von Heinz Rudolf Sonntag.* Theorie und stw 433

– Maira. Roman. *Deutsch von Heidrun Adler.* st 809

– Unterentwicklung, Kultur und Zivilisation. Ungewöhnliche Versuche. *Aus dem Portugiesischen von Manfred Wöhlcke.* es 1018

João Ubaldo Ribeiro, Sargento Getúlio. Roman. *Aus dem brasilianischen Portugiesisch und mit einem Nachwort von Curt Meyer-Clason.* es 1183

Lateinamerikanische Literatur

Rose aus Asche. Spanische und lateinamerikanische Lyrik seit 1900. *Herausgegeben, aus dem Spanischen übertragen und mit einem Nachwort von Erwin Palm. BS 734*

Murilo Rubião, Der Feuerwerker Zacharias. Erzählungen. *Aus dem brasilianischen Portugiesisch und mit einem Nachwort von Ray-Güde Mertin. Gebunden*

Juan Rulfo, Pedro Páramo. Roman. *Aus dem Spanischen von Mariana Frenk. BS 434*

Jaques Roumains, Herr über den Tau. *Mit einem Nachwort von Hans Christoph Buch. st 675*

Manuel Scorza, Trommelwirbel für Rancas. Eine Ballade. *Aus dem Spanischen von Wilhelm Plackmeyer. Gebunden und st 584*

»Sie wollen nur, daß man ihnen dient ..«. Aus dem Leben des peruanischen Lastenträgers Gregorio Condori Mamani und seiner Frau Asunta. Autobiographie. *Aus dem Spanischen von Karin Schmidt und mit einem Nachwort von Walter Haubrich. Mit Illustrationen. es 1230*

Osvaldo Soriano, Traurig, einsam und endgültig. Roman. *Aus dem Spanischen von Heidrun Adler. Gebunden und st 928*

Dalton Trevisan, Ehekrieg. Erzählungen. *Aus dem Brasilianischen von Georg Rudolf Lind. es 1041*

Cesar Vallejo, Gedichte. Zweisprachig. *Aus dem Spanischen von Hans Magnus Enzensberger. BS 110*

Mario Vargas Llosa, Das grüne Haus. Roman. *Aus dem Spanischen von Wolfgang A. Luchting. st 342*
– Der Hauptmann und das Frauenbataillon. Roman. *Aus dem Spanischen von Heidrun Adler. st 959*
– Der Krieg am Ende der Welt. Roman. *Aus dem Spanischen von Anneliese Botond. Gebunden*
– Die kleinen Hunde. Erzählung. *Aus dem Spanischen von Wolfgang Alexander Luchting. Mit einem Nachwort von José Miguel Oviedo. BS 439*
– Die Stadt und die Hunde. Roman. *Aus dem Spanischen von Wolfgang Alexander Luchting. st 622*

Lateinamerikanische Literatur

– Gespräch in der Kathedrale. Roman. *Aus dem Spanischen von Wolfgang A. Luchting.* st 1015

Lateinamerika, Gedichte und Erzählungen. 1930-1980. *Herausgegeben von José Miguel Oviedo.* st 810

– Der lange Kampf Lateinamerikas. Texte und Dokumente von José Martí bis Salvador Allende. *Herausgegeben von Angel Rama.* st 812

– Die Neue Welt, Chroniken Lateinamerikas von Kolumbus bis zu den Unabhängigkeitskriegen. *Herausgegeben von Emir Rodríguez Monegal.* st 811

– Lateinamerikanische Literatur, Materialien. *Herausgegeben und mit einem Vorwort von Mechthild Strausfeld.* stm. st 2041

– Brasilianische Literatur, Materialien. *Herausgegeben von Mechthild Strausfeld.* stm. st 2024

suhrkamp taschenbücher materialien

st 2020 Ernst Weiß
Herausgegeben von Peter Engel

Ernst Weiß hat auf exemplarische Weise die Zeitströmungen vom Expressionismus bis zur Neuen Sachlichkeit verarbeitet und dabei als Chirurg seine eigenen, meist von medizinischer und psychologischer Problematik bestimmten Themen gestaltet. Sein unverwechselbares, mit allen Dämonien menschlicher Verhaltensweisen vertrautes Werk hat in der Presse und unter den Literaturwissenschaftlern die widersprüchlichsten Reaktionen ausgelöst. Der Materialienband überliefert dieses spannungsreiche Spektrum mit den wichtigsten der zu Ernst Weiß' Lebzeiten verstreut in Zeitungen und Zeitschriften veröffentlichten Reaktionen auf sein Werk. Er dokumentiert aber auch bedeutende oder charakteristische Publikationen, die seit dem Tod des Dichters über ihn erschienen sind, ohne die Widersprüche, Irrtümer und Fehlspekulationen zu verbergen, die sich aus der zögernden und halbherzigen Erforschung und Rezeption eines Schriftstellers ergaben, dessen Werk weder Konzessionen an den populären Publikumsgeschmack enthält noch von einem der politischen und ideologischen Lager zu vereinnahmen ist.

st 2021 Brechts »Guter Mensch von Sezuan«
Herausgegeben von Jan Knopf

Neben die gänzlich neu gearbeiteten Bände zu Stücken Brechts, die bisher nicht in der edition suhrkamp mit Materialiensammlungen zu finden waren, treten Bearbeitungen jener Materialienbände zu den großen klassischen Stücken, die über Jahre hinweg ihr Publikum gefunden und sich selbst den Rang von Klassikern erworben haben. Nach *Brechts Leben des Galilei* und *Mutter Courage* präsentiert sich auch *Brechts Guter Mensch von Sezuan* in neuem Gewand. Wie in jenen Bänden werden die Selbstäußerungen durch bislang nicht publizierte Texte aus dem Nachlaß ergänzt, sind neue Forschungsansätze und Beiträge der letzten Jahre vertreten, wird die Rezeption des Theaters mit ihren Weiterungen in verstärktem Maße berücksichtigt. Ein aktualisierter Bild- und Dokumentarteil gemeinsam mit einer neuen Bibliographie machen das theoretisch Erörterte sinnfällig und prädestinieren den Band für das weiterführende wissenschaftliche wie das allgemeiner interessierte Studium.

st 2022 E. Y. Meyer
Herausgegeben von Beatrice von Matt

Insistierend auf philosophiegeschichtlich vorgeprägten Fragestellungen, hat E. Y. Meyer stilistisch zwar – wie ihm die Kritik bescheinigte – den Weg zu einer klaren, beruhigten und ganz selbständigen Prosa zurückgelegt. Nicht gering bleiben dennoch die Schwierigkeiten, die Meyers Werk dem spontanen Verständnis entgegensetzt: sei es die starke autobiographische Verankerung seiner Themen, die präzise, nicht ablassende, penetrierende Art seiner Darstellung, die Verhäkelung des Gesamtwerks infolge seiner Technik motivischer wie inhaltlicher Wiederaufnahme und Weiterführung. Hier wie dort ist der eindringlich fragende Leser auf einführende und ordnende Hilfestellung angewiesen. Beatrice von Matt unternimmt diese Aufgabe mit einem abwechslungsreich komponierten Materialienband, versucht Meyers Werk durch eine Vielzahl von Näherungen konzentrisch zu fassen: im Gespräch mit dem Autor, durch Präsentation philologischen Materials zu Entstehungsbedingungen und Entwicklungen, im Spektrum der Originalbeiträge ausgesuchter Interpreten.

st 2023 Brechts »Mann ist Mann«
Herausgegeben von Carl Wege

Kaum ein anderes Stück Brechts ist zugleich so sehr Dokument seiner Entwicklung, ist so oft, je nach »Lebensphase« und den zugehörigen Ansichten des Autors, wieder umgebaut worden, kaum ein anderes auch wurde so oft und so weitgehend mißverstanden.
Zum ersten Mal nach Druck und Uraufführung von 1926 macht daher der Materialienband von Carl Wege die Erstfassung des Stücks wieder zugänglich, zum ersten Mal überhaupt bietet er Auszüge aus dem sogenannten Hauptmann-Manuskript, jener frühesten, 1924 in Zusammenarbeit mit Elisabeth Hauptmann entstandenen Rohfassung. Hinzu tritt ergänzend eine Dokumentation der Vorarbeiten zum selben

Thema: so etwa des Galgei-Fragments und bislang unveröffentlichter Notizen und Anmerkungen.
Die Auseinandersetzung mit Stoff und Entstehungsprozeß des Stückes in Äußerungen von Freunden und Mitarbeitern Brechts wird im zweiten Teil des Bandes belegt, ergänzt durch zeitgenössische Theaterkritiken von Alfred Kerr und Herbert Ihering.

st 2024 Brasilianische Literatur
Herausgegeben von Mechtild Strausfeld

»Erst in der zweiten Hälfte des neunzehnten Jahrhunderts tritt mit zwei wahrhaft repräsentativen Gestalten, mit Machado de Assis und Euclides da Cunha, Brasilien in die Aula der Weltliteratur ein.«
Das schrieb Stefan Zweig 1941. Seitdem sind vierzig Jahre vergangen, und die moderne brasilianische Literatur zählt wie die hispanoamerikanische zu den interessantesten und vielseitigsten der zeitgenössischen Literaturen der Welt. Ziel des vorliegenden Bandes ist es, grundlegende Informationen über Autoren und Werke zu vermitteln, um einem größeren Leserkreis den Zugang zu dieser Literatur zu erleichtern.
Chronologisch werden die wichtigsten Namen dieses Jahrhunderts vorgestellt: Machado de Assis, Euclides da Cunha, Lima Barreto, Mario de Andrade, Carlos Drummond de Andrade, Graciliano Ramos, Jorge Amado, Gilberto Freyre, Guimarães Rosa, Clarice Lispector, Joao Cabral de Melo Neto; dazu noch ein kurzer Abriß der Entwicklung von Kurzgeschichte und Roman von 1964 bis 1980. Biobibliographische Angaben komplettieren den Band.

st 2025 Karl May
Herausgegeben von Helmut Schmiedt

Der Name Karl May stand jahrzehntelang für eine als kindlich bis kindisch geltende Unterhaltungsliteratur, die Interesse allenfalls unter pädagogischen und kommerziellen Aspekten zu verdienen schien. Andersartige Kommentare, für die vor allem Literaten wie Ernst Bloch und Arno Schmidt verantwortlich waren, blieben weitgehend wirkungslos, und erst neuerdings entwickelt sich in größerem Umfang eine engagierte, ernst zu nehmende Forschung, die in perspektivenreicher Annäherung an das Werk des vermeintlichen Trivialschriftstellers erstaunliche Dimensionen erschließt: Psychologische und ideologiekritische Interessen kommen dabei ebenso zu ihrem Recht wie formal-ästhetisch und literaturgeschichtlich orientierte Ansätze. Der Materialienband unternimmt es erstmals, die Geschichte und den aktuellen Stand der May-Forschung anhand repräsentativer Beispiele nachzuzeichnen, er führt sie mit einigen neuen Beiträgen weiter. Das bisher umfangreichste Verzeichnis der Werke Mays und eine ausführliche Bibliographie der Sekundärliteratur beschließen das Buch.

st 2026 Kafka. Der Schaffensprozeß
Von Hartmut Binder

Der Band dokumentiert erstmals umfassend die verschiedenen Aspekte, die für die Entstehung der Erzählungen und Romane Kafkas wichtig sind: die lebensgeschichtlichen Konfliktlagen, die spontan als Anlässe des Schreibens in Erscheinung treten und mit seismographischer Genauigkeit seinen Fortgang bestimmen; die damit konkurrierende Eigengesetzlichkeit des Ästhetischen; die Bedeutung literarischer Vorbilder; das Problem des Fragmentarischen und schließlich die Gesetzmäßigkeiten, nach denen das Entstandene stilistisch für den Druck überarbeitet wird. Eine günstige Quellenlage erlaubt ungewöhnlich detaillierte Einblicke in die Werkstatt eines großen Sprachkünstlers, besonders in die psychischen Gegebenheiten, die den eigentlichen kreativen Prozeß bewirken und begleiten.
Entgegen weitverbreiteter Ansicht erweist sich Kafkas Œuvre weder als literarisch voraussetzungslos noch von hermetischer Abgeschlossenheit. Es ist vielmehr Glied einer Traditionskette und mit seinem geistigen Umfeld Prag auf überraschend vielfältige Weise verknüpft. Rahmenbedingungen sinnvoller Deutung sind damit vorgegeben.

st 2027 Horváths »Jugend ohne Gott«
Herausgegeben von Traugott Krischke

Dem verstärkten Interesse am Prosa-Werk Horváths, vor allem im schulischen Bereich, ist mit einer Zusammenstellung

Rechnung getragen, die neben dem umfassenden Angebot werkbezogener Analysen einen Schwerpunkt in der Aufhellung des historischen Umfeldes setzt. Der Bedeutung des Werkes als ein Zeugnis deutscher Exilliteratur und dem speziellen Motivhintergrund ›Jugend im Faschismus‹ gelten daher die einführenden Beiträge. Die Untersuchung der Strukturen und Motivparallelen des Romans im Kontext von Horváths Gesamt-Werk, der Sozialkritik und Darstellung faschistischer Ideologeme sowie des vielschichtigen Horváthschen Gottesbegriffs steht anschließend gemeinsam mit einem für den Gebrauch des Buches im Unterricht konzipierten Kursmodell im Zentrum des Bandes.

Wie in den anderen Titeln der Horváth-Materialien gilt auch in diesem Band ein besonderes Interesse der Rezeption des Werkes.

Eine Auswahlbibliographie zu Horváth unter besonderer Berücksichtigung des Themas »Jugend ohne Gott« beschließt den Band.

st 2028 Frischs »Homo faber«
Herausgegeben von Walter Schmitz

Nach dem Künstlerroman *Stiller* hat Max Frischs *Homo faber* – so behauptete man – die Krisensymptome des technischen Zeitalters illustriert. Inzwischen ist es möglich, die Genese des Bildes von Max Frisch und seinem zweiten Romanerfolg *Homo faber* zu überprüfen und dieses Bild dort zu korrigieren, wo es nötig ist. Dazu hat die neuere Frisch-Forschung, deren ganze Spannweite in den Beiträgen zu diesem Materialienband dokumentiert wird, bereits wichtige Vorarbeiten geleistet; sie reichen von erzähltechnischen Analysen, die zeigen, wie der Roman jene platte Antithetik von »Technik« und »Natur« befragt und auflöst, bis hin zu kritischen Fragen an den Roman selbst, der die Wirklichkeit nur im Reflex des Bewußtseins gelten läßt. Das Spektrum der Beiträge reicht von engagierter ›feministischer‹ Polemik bis zur handwerklich gediegenen Einführung in die Bauformen des Erzählens. Überdies soll der vorliegende Materialienband die in Frischs Werk einmal fixierte historische Bewegung mit Analysen und Dokumenten bewußt machen und zeigen, wie dieser Roman selbst bereits ein Teil jener Tradition geworden ist, welche die jüngeren zeitgenössischen Autoren wie ihre Leser noch unmittelbar betrifft;

der Wirkungsgeschichte des Werkes von Max Frisch sind zwei weitere Originalbeiträge gewidmet.

st 2029 Brechts ›Aufhaltsamer Aufstieg des Arturo Ui‹
Herausgegeben von Raimund Gerz

Brechts *Aufhaltsamer Aufstieg des Arturo Ui*, diese Verhüllung als Enthüllung, hat mit ihrer zupackenden Verbindung von Gangster-Story und hohem Stil der Tragödie theatralische Wirksamkeit unter Beweis gestellt. Der Materialienband geht hinter die unleugbaren Oberflächeneffekte des Stücks zurück; er konfrontiert die letzte Textfassung mit den von Brecht gesammelten und der ersten (im Nachlaß überlieferten) Fassung eingeklebten dokumentarischen Fotos; er bietet unter den Materialien zum Stück neben Brechts ›Anmerkungen‹ und Eintragungen ins Arbeitsjournal verstreute Texte aus dem Nachlaß und die *Geschichte des Giacomo Ui*, umfaßt in einem Kapitel zur Rezeption Kritiken der Aufführungen in Stuttgart und Berlin. Ausgewählte ›Texte zur Erläuterung des historischen Hintergrunds‹, darunter Auszüge aus den Braunbüchern und aus Hitlers Reden, erfassen den historischen Kontext und belegen dessen Bezugspunkte für Brechts dramatische Arbeit.

st 2030 Die deutsche Kalendergeschichte
Ein Arbeitsbuch von Jan Knopf

Die kurze überschaubare Prosaerzählung, deren Gegenstand eine dem Leben des Volkes entnommene unterhaltende oder nachdenkliche Begebenheit ist, und zwar mit lehrhafter und moralischer Tendenz, erweist sich offenbar als unverwüstlich. Im Schulunterricht hat die »Kalendergeschichte« schon traditionell einen festen Platz, und es scheint, daß sie einem Leserbedürfnis entgegenkommt, das sich immer weniger auf ausgiebige und umfangreiche Lektüre einzulassen bereit ist. Das vorliegende Arbeitsbuch bietet repräsentative Texte von Grimmelshausen bis hin zu Oskar Maria Graf und Bert Brecht, die Darstellung ihres historischen und medialen Kontexts, Erläuterungen zum Autor, soweit sie für das Verständnis der Geschichten wichtig sind, ausführliche Kommentare zu den Geschichten selbst, die auch für die Analyse anderer Geschichten des Autors oder für die anderer Autoren heranziehbar sind. Es enthält zu jedem Abschnitt Arbeitsvorschläge und Literaturhinweise. Eingeleitet wird der Band durch Erläuterungen zur Gattungsfrage und zu den historischen Grundlagen.

st 2031 Brechts ›Tage der Commune‹
Herausgegeben von Wolf Siegert

Als Brecht 1949 in der Schweiz den Entwurf seines Stückes *Die Tage der Commune* mit der Absicht fertiggestellt hatte, ihn baldmöglichst in Berlin auf die Bühne zu bringen, während alle Kräfte für den Wiederaufbau mobilisiert wurden, ging es zugleich um die Frage, ob eine wirkliche Revolutionierung der Verhältnisse ohne einen Volksaufstand möglich sei. Daß in der damaligen Zeitlage eine Aufführung des Stücks, dieser »kämpferischen Morgengabe für das Selbstverständnis des neuen [Berliner] Ensembles wie seines Publikums« (Ernst Schumacher), nicht möglich war, mag im Rückblick wie ein Omen künftiger Theaterpraxis erscheinen. Ihre verschüttete Aktualität beweisen die *Tage der Commune* gleichwohl immer wieder dort, wo sie als engagierte Literatur auf die Zeitläufte bezogen werden: aus Anlaß ihrer Frankfurter Inszenierung 1977 ebenso wie vor dem Hintergrund der Ereignisse im Chile des Septembers 1973. Der Materialienband von Wolf Siegert stellt dementsprechend die Dokumentation der Theaterarbeit in den Mittelpunkt seines Interesses. Wie die anderen Materialienbücher zu Brecht bietet er darüber hinaus Zusammenstellungen der Selbstäußerungen Brechts, der Aussagen seiner Freunde und Mitarbeiter, der wichtigsten Analysen sowie eine exemplarische synoptische Konfrontation des Stückes und seiner Genese mit den ihnen zugrundeliegenden Quellen.